THE CRISIS MANAGER

Facing Disasters,
Conflicts,
and Failures（2nd Edition）

逆境领导力

危机管理者如何面对灾害、冲突与失灵

（第二版）

[美] 奥图·勒兵杰（Otto Lerbinger）◎著
卫五名◎译

北京大学出版社
PEKING UNIVERSITY PRESS

著作权合同登记号　图字:01-2013-8854

图书在版编目(CIP)数据

逆境领导力:危机管理者如何面对灾害、冲突与失灵:第二版/(美)奥图·勒兵杰著;卫五名译.—北京:北京大学出版社,2017.9
ISBN 978-7-301-28078-2

Ⅰ.①逆… Ⅱ.①奥…②卫… Ⅲ.①危机管理 Ⅳ.①C934

中国版本图书馆 CIP 数据核字(2017)第 026407 号

The Crisis Manager: Facing Disasters, Conflicts, and Failures (Second Edition) by Otto Lerbinger
ISBN:978-0-415-89231-5
Copyright © 1997, 2012 by Otto Lerbinger
Second edition published 2012 by Routledge.
Authorized translation from English language edition published by Routledge, a member of Taylor & Francis Group. All rights reserved.
Simplified Chinese edition copyright © 2017 by Peking University Press. This edition is authorized for sale throughout China. No part of the publication may be reproduced or distributed by any means, or stored in a database or retrieval system.
本书中文简体字翻译版授权由北京大学出版社独家出版并限在中国地区销售。未经出版者许可,不得以任何方式复制或发行本书的任何部分。
本书封面贴有 Taylor & Francis 公司防伪标签,无标签者不得销售。

书　　　名	逆境领导力:危机管理者如何面对灾害、冲突与失灵(第二版) NIJING LINGDAOLI: WEIJI GUANLIZHE RUHE MIANDUI ZAIHAI、CHONGTU YU SHILING
著作责任者	[美]奥图·勒兵杰(Otto Lerbinger) 著　卫五名 译
策划编辑	周丽锦
责任编辑	董郑芳(dzfpku@163.com)
标准书号	ISBN 978-7-301-28078-2
出版发行	北京大学出版社
地　　　址	北京市海淀区成府路 205 号　100871
网　　　址	http://www.pup.cn
电子信箱	ss@pup.pku.edu.cn
新浪微博	@北京大学出版社　@未名社科—北大图书
电　　　话	邮购部 62752015　发行部 62750672　编辑部 62753121
印　刷　者	三河市北燕印装有限公司
经　销　者	新华书店
	965 毫米×1300 毫米　16 开本　27.5 印张　396 千字 2017 年 9 月第 1 版　2017 年 9 月第 1 次印刷
定　　　价	78.00 元

未经许可,不得以任何方式复制或抄袭本书之部分或全部内容。
版权所有,侵权必究
举报电话:010-62752024　电子信箱:fd@pup.pku.edu.cn
图书如有印装质量问题,请与出版部联系,电话:010-62756370

中文版代序

今天是 5 月 12 日，正是四川汶川"5·12"特大地震九周年的日子。诸如地震之类的自然灾害往往以猝不及防的方式，给人们带来不同程度的突发性伤害。在付出财产甚至生命代价后，人们往往会痛定思痛，探寻应对良策。

其实早在 2003 年"非典"事件之后，突发事件应急与危机管理问题就已经开始在我国受到关注与重视。此后的十多年来，我国各级政府及相关机构聚焦以"一案三制"为核心特征的中国应急管理体系建设，以突发事件应急预案为切入点，着力推进我国应急管理的体制、机制与法制建设，并取得诸多毋庸置疑的进步与发展，并经受住了像汶川特大地震等这样一系列真正危机的巨大挑战与严峻考验。

尽管如此，我们的应急与危机管理依然存在不少脆弱性。考查近年来的相关实践，无论是 2010 年上海"11·15"高层住宅大火所暴露出的多重管理混乱与监管不力，还是 2012 年北京"7·21"特大暴雨所暴露出的城市脆弱性与预警工作不足，抑或是 2015 年天津"8·12"危险品仓库爆炸事故所暴露出的违法、枉法与责任缺失……我们不难发现，不管是相关的政府部门，还是企业与非营利机构，均缺乏全面风险与危机管理的意识和专业规范处置的能力，实践中也暴露出单向思维、被动回应、机械反应等现实问题。而且，在危机管理实践中，我们也发现存在两种较为极端的情况：一种是，负责危机管理的相关方只关注，或者过多关注于危机与对事件本身的处置，而对其他的潜在风险、衍生危机以及公众关切与舆论热点缺乏必要的重视与回应；另一种是过多关注所谓的负面报道与"舆情应对"，而忽略或忽视了对危机本身的化解与处置。上述种种问题及危机管理的脆弱性迫切需要我们高度重视并认真改进。

今天，随着全球化与各类科学技术日新月异的发展，人类所面临的各种不确定性与日俱增，而与此相关联的各类风险，甚至危机也变得日益频繁。正如美国危机管理学者史蒂文·芬克（Steven Fink）所揭示的那样："今天的危机如同人的死亡与纳税一样不可避免。"[1]危机俨然已成为现代"风险社会"中的一种必然，而与危机共舞更成为一种新常态。这种新常态集中表现为三个方面的特征：**全风险**——各类风险每时每刻遍布于人们生活的各个领域、各个环节，彼此相互交织、关联并存或依序衍生；**全过程**——各类风险与危机不再是一种静止、有明确起点与终点的存在，而是动态地嵌入人们社会活动的每一个过程并伴随始终；**全主体**——对风险的治理与危机的管理，不再仅仅依靠政府的作用，依靠拥有科学知识与技能的专家系统，而需要全社会各相关主体的积极参与和配合。2013年中共十八届三中全会明确提出了要"推进国家治理体系与治理能力现代化"，对各领域风险的有效治理无疑是其中的应有之义。我们理应根据这一重大决策部署与号召，认真分析与研究各级政府部门、各类企业和非营利组织所面临的风险与危机，在风险治理与危机管理的各环节构建系统、完善的体系，并提升相关的专业能力。

由卫五名博士推荐并翻译的这部危机管理专著，对于我们加深对各类风险与危机的认识，并在此基础上针对不同类型的风险与危机，全面提升风险治理与危机管理的有效性与专业性，都提供了很有启发意义的重要参考。

2006年1月国务院颁布的《国家突发公共事件总体应急预案》规定："根据突发公共事件的发生过程、性质和机理，突发公共事件主要分为以下四类：自然灾害、事故灾难、公共卫生事件、社会安全事件。"2007年8月30日，第十届全国人民代表大会常务委员会通过的《中华人民共和国突发事件应对法》沿用了这一分类。这一分类法对于当时尚处于起步阶段的我国突发事件应急管理实践，无疑发挥了重要的总体性作用。但一个不容忽视的问题在于，这一分类法没有突出区分其中的人为因素与管理因素。回顾近年来我国频发的各类危机事件，究其原因，有相当一部分存在着这样那样的人为特别是管理上的漏

---

[1] Steven Fink, *Crisis Management: Planning for the Inevitable*, iUniverse, 1986, p. 67.

洞与问题。特别是如果能重视在管理方面加以改善与完善,化解或消除掉由管理问题引发或致使其恶化的危机诱因,我们本可在相当程度上避免此类危机的出现,或者减轻其可能造成的财产损失与生命的代价。

该书的首要贡献,恰恰体现在对于危机的创新性分类上。作者按照人为和管理因素对危机本身的控制力从低到高的顺序,把危机分为自然环境危机、人为环境危机和管理失灵危机三大类和九种具体的危机细类,从而为我们提供了一种涵盖各类危机的综合性分类框架。这对于我们加深对各类风险与危机的认识与研究,具有较强的针对性与现实意义。在此分类法的基础上,作者还注重对新型危机的分析和探讨,尤其是把管理失灵危机予以单列,有助于我们分清楚人为因素特别是管理因素,在危机形成与发展演化过程中的作用机理:弄清楚哪些危机是由失职、不当甚至愚蠢的管理所导致的,哪些是由此而雪上加霜并恶化的。这在相当程度上能够帮助人们廓清危机管理的方向——重视从行为人或管理者视角着眼,重视尽可能消除、化解或减轻那些人为或管理性危机所带来的伤害。

该书的第二大贡献在于,针对每一种细分的危机类型,在追根溯源式的把脉之后,都结合具体、鲜活的案例,在启发人们思考的同时提供很有针对性和可操作性的管理策略。例如结合英国石油公司在墨西哥湾钻井平台爆炸与泄漏事故,在第七章对科技危机及第十章对管理失灵型危机的探讨中,作者对相关的问题、应对与管理战略做了全过程、多环节、多维度且具系统性、前瞻性的分析与梳理。相信这种行文方式能让读者大受裨益。

该书第三大贡献在于,把危机沟通与危机管理作为一个既一分为二,又合二为一的有机过程来对待和研究。这相当于两线作战,既包括对危机事态本身的应对与处置,又包括在整个的危机事态演化与处置过程中对社会公众与新闻媒体的及时回应与重视关注。在信息公开性、透明度与传递速度及范围呈现前所未有之态势的今天,如果大家都能认识到并切实做到这一点,就一定能大大提高全面风险与危机管理与治理的能力与水平。

故此,我愿向学界同仁和各界朋友推荐该书!也衷心祝愿我们的应急与危机管理事业不断进步！祝愿我们的经济繁荣发展,社会和谐稳定,国家长治久安！

彭宗超

清华大学公共管理学院副院长、教授

清华大学应急管理研究基地/

中国社会风险评估研究中心主任

2017 年 5 月 12 日

第二版序言

正如每天的新闻标题所提示的,我们今天生活在一个危机时代。危机俨然成为我们自身和组织生活中不可避免的一部分。人们通过手机对于各类资讯的关注,以及借由"脸书"或"推特"等社交性媒介与亲朋保持联系的热度,不仅昭示着我们对于联络的期望,同时也是我们避免碰到不期而遇之"惊奇"的需要。在人类尚处于依靠人工瞭望塔和倾听"凶事预言者"来警示正在接近的敌人与危险的历史长河中,我们人类与那些时刻保持警惕天性的动物具有共同的特性。随着环境的急剧变动和此起彼伏的警示音,人们逐渐认识到了对各类危机保持警觉的迫切性。

本书的第一版用下面的方式描述了这种危机认识:

随着各种看得见的灾难性危机层出不穷,不同的组织机构别无选择,而只能接受其为不可回避的、亟须纳入日常规划和决策制定环节的现实。本书是为现在和未来的危机管理专业人士而写的,这些男男女女的管理者将遭遇难以避免的情形,他们的临场表现将会决定其自身和所在组织的未来。本书也是为所有类型的管理者而写的,因为本书所探讨的危机管理教训能够增进他们作为政策制定者和决策制定者的素质。

管理者在与市场和外部社会政治环境打交道时所追求的稳定性和可预测性,今天变得越来越难以企及。当今的商业环境充满着太多的不连贯性(discontinuities),基于过去的趋势演化来推知未来变得很不靠谱。管理者必须学会在高度不确定的条件下做出决策,不但要考虑股东的利益,还要兼顾更广泛的利害相关者群体——那些既受到企业决策和行为的影响,也能反过来影响到企业成败的人。

危机管理的迫切性今天仍然存在。但各种危险情形变得更为急迫,关于危机的解决方案更为困难。在21世纪的第二个十年到来之际,危机变得更为多样、范围更广、更具危害性。在商业领域之外,非营利组织也上演着危机频发的行为,并且各级政府也毫无例外地被各种贪腐和丑闻缠身。

还有,混乱嘈杂的全球化进程业已在世界范围内扩散着各类危机。有些是生物危机,比如非典型性肺炎疫情(SARS);另外有些是管理失灵,比如中国的三鹿婴幼儿配方奶粉丑闻。随着危机跨越国界,各类危机借着影响更多的组织和个人而变得更具危险性。2008年的金融危机就是最好的明证,虽然肇始于美国,却危及世界范围内金融机构的经济稳定,并进而造成了影响广泛的难题。从此类危机中复苏需要许多国家的私营和公共部门通力合作。其中的一个后果是,随着政府出台更多的监管举措,商业领域所推崇的自由市场体系将面临约束。

有一些力量和趋势会带来更多的不确定性和可能的危险。比如生物工程之类的新科技,在为不断增长的世界人口提供食品保障的同时,也由于其科学性本身仍隐含着许多不确定性从而引发风险,而不断面临着反对意见。另一个是甲型H1N1流感之类的新型疾病,看似来自自然界。它们必须被上升至危及人类生命的自然灾害。由于人们经常性地在世界范围内旅行,疾病也会随之在全球传播。本书第二版新增了一章,把生物危机作为自然环境中的一种新型危机来专门探讨。

气候变化是另一个具有广泛影响的力量。它引发气象灾害,危及一些陆地区域的存在性,并且威胁到所有生物的健康和生命安全。不仅孟加拉与格陵兰岛,还包括美国佛罗里达等世界范围内的诸多区域,都面临着被淹没的风险。尽管全世界的陆地面积在萎缩,但世界人口预计会从现在的65亿增长到2050年的90亿,这会由于可获取的小麦、大米、石油和淡水等资源减少而引发潜在的冲突。

还有一个问题是,传统上维系组织、社区和民族国家的道德和信任也正面临滑坡。这在遍布于企业、政府和社会组织内不断增长的欺骗和行为失当中可见一斑。

这些趋势和力量为世界范围内的领导人和管理者带来了前所未

有的挑战。剧烈且快速的变化带来了引发危机的各种条件。危机的特征之一是其需要全新的思维方式和途径。危机管理专业人士已经认识到，他们必须超越原先的单纯针对组织日常运作找到的更好途径——"单环"（single-loop）学习模式，而去致力于"双环"（double-loop）学习模式，这要求他们研判为改变现状所能做的事情。这需要管理者在既有的实践经验基础上，强补那些能够帮助他们认识和应对新兴力量和趋势的战略内容。从而，对周围社会政治环境的更多审视，以及跟多样化的利害相关者的更多沟通，这些危机管理的主要内容就必不可少了。除了这些新增的活动内容，组织可能还需要重新审视其目标和价值观、所服务的对象以及所处的环境等因素。今天，像通用电气、杜克能源等大型企业纷纷表示出对通过一项旨在限制原油消耗的气候法案的支持姿态。[1]

这种对高度不确定性条件下组织基本存在前提的重新审视，需要一种整合性的管理决策制定思路。组织必须扪心自问：管理层是否过于看重市场和经济因素，因而忽视了决策所可能造成的政治后果和社会影响？管理层是否过于以自我为中心，因而忽视了员工、消费者、当地居民和其他利害相关者的利益和感受？管理层是否存在对短期收益的偏好，因此忽视了对其声誉，进而对其长期获利能力和生存机会的影响？对其消费者和其他利害相关者进行关键性信息封锁，这是不是有意的或糊里糊涂的欺骗行为？那些有悖职业操守或法律的不当行为，是否是非不分抑或不道德甚至邪恶？这些问题的答案中彰显着危机管理的精髓。

本书分为四个部分。第一部分涉及"为危机时代做好准备"的一些核心性主题。第一章探讨各类危机的意义和性质，以及危机时代得以产生的经济、政治、社会和文化条件。本书认为危机是给一个组织最具价值的资产——组织声誉——带来的一种威胁。接着讨论了危机的主要特征——不确定性、突发性和时间压力。鉴于危机需要快速的决策制订，所有可以提前决策的事情都应该预想到，这就是本书第二章有关应变计划制订（contingency planning）——做最坏的打算，做最好的准备——的内容。

仔细和负责任的危机沟通是所有危机中都不可或缺的活动内容，

因为维持组织的持续运转和捍卫其声誉是至关重要的。第三章讨论了危机沟通的基本内容。一个主要的进展是,从事危机处置的专业人士不再把自己局限于借由传统平面和广电媒介的沟通[1]了。他们越来越借助于互联网世界中的电子邮件、博客、"脸书""推特"、视频网站、MySpace 和其他一些应用。与员工和政府机构等特定群体的沟通也受到了前所未有的重视。本书第二版还新增了一章(第四章),专门探讨与受委屈的和愤怒的个人进行沟通时需要用到的形象修复策略和道歉的艺术。

本书第一版时的第二部分探讨了所有的七种危机类型。该分类法是本书的核心。这样安排的初衷是帮助管理者区分和界定所面对的危机类型,进而选取最高效的应对策略,这类似于医生对已经确诊的病症开出最适宜的疗法。

在新修订的第二版中,不同类型的危机被分成三部分:涉及自然环境的危机(第二部分)、涉及人为因素的危机(第三部分)和那些涉及管理失灵的危机(第四部分)。这样的次序总体上是按照人为和管理因素对危机本身的控制力从小到大来安排的。前两类危机主要偏重于外部力量,而第三类危机主要关注那些内部的因素。

第二部分中的自然环境类危机包括自然危机(这一点人们是有广泛共识的),以及另外两种:生物危机(本书新增的第六章)和科技危机。生物危机和自然灾害具有一个共同点:它们看起来都是发于自然且危及人们的生活。它们也都需要同样的针对自然灾害类危机的应对措施。第七章的科技危机有别于传统的工业事故,涉及人类运用物理学成果推进技术进步的相关领域——航空航天、核能、生物技术和纳米技术。

第三部分的人为危机[2],涉及那些寻求改变一个目标组织的政策和行为,或者有时想对一个组织造成伤害的个人和群体。第八章讨论了由工会、环保群体、动物权益保护群体等所引发的各种各样的对抗

---

[1] 此处翻译为"沟通"而非"传播",以着重强调危机沟通所包含的双向性、多主体性、对等性(symmetrical)、沟通媒介的多样性(特别是近年来随着包括微博等社交性媒介在内的互联网所带来的沟通媒介领域的巨大变革),而非传统意义上借由大众传播媒介(广播、报纸、杂志、电视),由传者占主导地位的不对等沟通。详见詹姆斯·格鲁尼格等:《卓越公共关系与传播管理》,卫五名等译,北京大学出版社 2008 年版,第 1 页。——译注

(confrontations)——此类对抗在民主社会通常被视为一种正常的存在。围绕争论性议题的解决,学者们提出了冲突解决战略(conflict resolution strategies)理论。当对抗性群体运用一些激进的策略时,他们就把危机升级至恶性事件(malevolence),这在第九章进行了探讨。并且,恶性事件也包括那些通过从事恐怖主义和其他手段以达到其目的(包括形成对组织机构和个人的伤害)的暴力群体。

第四部分的管理失灵危机包括四章内容:管理失当型危机(第十章)、管理价值观偏颇型危机(第十一章)、欺骗型危机(第十二章)和管理行为失当型危机(第十三章)。在本书第二版中,第十章是全新的内容,新增该章节的原因在于:有大量的危机纯粹是由失职(negligence)、受误导或愚笨的管理所导致的。该章可看作是对一些一旦背离就会引发不称职(incompetence)或失职的管理原则的概述。第十二章着重探讨了这十年来两类最主要的欺骗型危机:美国安然(Enron)集团和金融体系。当数十亿的美元、欧元或其他货币可以在短短几秒内转至世界范围内的任何地方之时,此类欺骗变得轻而易举。其中的一些欺骗是彻头彻尾的诈骗,因而可作为第十三章中行为失当的实例。该章剖析了麦道夫·庞氏骗局和其他一些形式的失当行为,比如贿赂和贪腐。

这些探讨危机类型的每一个章节(本书第二、第三和第四部分)都区分了某一种特定危机类型的独具特色的特征,提供了有启发意义的实例,并且更为重要的是,探讨了针对每种危机最适用的管理应对战略和策略。有些危机可能完全属于某一种比较明确的危机类型,比如地震就是一种明显的自然型危机。还有一些危机可能主要属于某一种危机类型,但同时也包含着一种或数种其他类型的危机要素。所有危机类型都包含着管理失灵的种种要素。比如,卡特里娜飓风毫无疑问是一场自然灾害,但由于所有层级的政府部门都既没有针对此类巨灾做好充分的准备,也没有进行有效的应对,因而它也是管理失灵的一个现成例子。

每章所提到的危机应对战略涵盖内容广泛:危害(hazard)管理、风险预估(assessment)、工程学、社会心理学、社会学、政治学、经济学、公共关系和一般管理。危机管理的这种跨学科性质,对所有管理都提出了一个学习上的挑战,同时也解释了群体决策制定(group decision-making)之所以必要的原因。

本书第一版中"改进管理绩效"部分共三章内容,其目的是探讨这些学科对于危机管理本身所带来的整合性观念。第一章探讨"风险管理与沟通",第二章探讨"职业操守:管理者的道德准则",第三章探讨"议题管理(issues management)和利害相关者关系(stakeholder relationships)"。

在本书新修订的第二版中,这些整合性观念在其被应用的具体情境中予以探讨。例如,风险管理主要应用于科技类危机中。在认识到一般人们对于风险的预估都是主观性的之后,管理者就会学着去克服专家知识的傲慢之处。这也是风险沟通发展成为一个专业领域的原因所在。职业操守在第四部分介绍管理失灵型危机时有所涵盖,但它有贯穿全书的总体意义。管理者必须找到确保把一些基本的是非观融入其组织文化,并能够由高层管理者来督促的有效机制和方式。议题管理主要应用于对抗型危机和恶性事件中。更宽泛的议题管理思路还可应用于改进对各类危机早期征兆的监管环节。

本书第二版加大了对不断丰富的危机管理文献的参考力度,例如有关修复组织内和组织间关系的部分。第十二章有关欺骗的内容,涉及最新出现的行为经济学(behavioral economics)相关成果——它显示了理性人假设的潜在危险。

第五部分的"结论"内容总结了从危机中可以获得的管理和沟通教训,阐明了危机管理对于日常管理实践所带来的贡献及其方式。一名称职的危机管理专业人士,能够对繁杂的各类信息进行透彻理解和去芜存精式的综合,擅长跟组织内外形形色色的个人和群体相处,拥有既放眼长远又着眼当下的视野。通过本书对众多危机的分析和反思,危机管理专业人士就会了解到隐含在当今管理思维和具体实践中的种种弊端和危险。本书的期望在于,在认识到这些局限性的基础上,管理者能够接受一些新的、降低危机发生率的观念和实践模式,进而提高决策制定的质量和水平。

不同的专业人士会发现本书的一些章节对自己具有特别的价值。公共关系专业人士会发现有关危机沟通和形象修复策略的内容(第

三、第四章)特别有帮助。化工和生物工程行业的管理者和工程师会发现,第七章有关科技类危机的内容对于判定公众对于新科技的反应或设计更安全与让人放心的方法特别有价值。会计行业会认识到努力改进财务信息的透明度以防止破产和公众恐慌的必要性。本书最重要的目的是激发所有管理者的灵感,让他们更加开放,乐于接纳和吸收危机管理专业人士的全新视野和应对危机的全部才干。

目　录

第一部分　为危机时代做好准备　1
  风险与危机管理之间的联系　2
第一章　理解危机　7
  危机的激增与严重性　8
  确认危机　11
  危机的特征——如何影响到管理者　13
  作为机遇的危机　17
  不可避免的新闻媒介参与　18
  公开曝光危机的可能性剧增　19
  危机分类　21
  结论　27
  附录：危机分析指南　28
第二章　风险管理：做最坏的打算，做最好的准备　30
  危机准备的一般状况　31
  危机准备的实例　34
  有关危机准备状况的调查　35
  危机准备的内容　36
  应变计划的要点　39
  记录日志——并从失败中学习　50
  总结　52

第三章 危机沟通 54
媒介会危害到声誉 54
由沟通失败导致的危机 56
危机沟通要点 61
危机沟通指针 63
总结 70

第四章 危机沟通中的形象修复战略 72
防御型和顺应型战略 73
道歉的艺术 74
分析危机类型——马尔库斯和古德曼的研究 78
两个启示性案例:凡士通/福特轮胎案例和大主教劳的案例 80
总结 89

第二部分 自然环境中的各类危机 91
相似点与差异 91
与风险共舞 92

第五章 自然危机 101
主要的自然灾害 102
危害管理战略 106
FEMA 的应急管理战略概要 106
减轻:强化物理性的基础设施 108
准备 109
快速响应——启动应变计划 115
救援和恢复工作 117
结论 124
附录:救援工作的主要议题 125

第六章 生物危机 131
生物疾病的特征 132
主要的生物危机案例 134
处置生物危机的战略 146
总结 153

第七章　科技危机　155
　　科技发展的迅猛步伐　157
　　与风险分析的关联　157
　　三起最近的科技危机　158
　　针对科技危机的危害管理战略　167
　　危险性科技的未来　177
　　结论　178
　　附录：纳米科技　179

第三部分　人为环境危机　183
　　议题管理的应用　184

第八章　对抗性危机　187
　　对抗的动力学　189
　　案例研究　193
　　管理对抗性危机　206
　　结论　216

第九章　恶性事件危机　218
　　恐怖主义　218
　　恶性事件的类别　220
　　反制恶性事件的战略　235
　　结论　242

第四部分　管理失灵危机　243
　　受破坏的关系　244
　　职业准则的核心作用　245
　　衡量成功度　249

第十章　管理失当型危机　251
　　管理失当的案例　252
　　应对管理失当型危机的战略　264
　　结论　273

第十一章　**管理价值观偏颇型危机**　274
　　　　　　偏颇型价值观案例　275
　　　　　　管理价值观偏颇型危机的战略　287
　　　　　　结论　292

第十二章　**欺骗型危机**　293
　　　　　　管理欺骗型案例　294
　　　　　　管理失灵危机的应对战略　314
　　　　　　结论　322
　　　　　　附录：行为经济学视野中的风险　322

第十三章　**管理行为失当型危机**　326
　　　　　　主要的行为失当案例　329
　　　　　　处理管理行为失当型危机的战略　339
　　　　　　结论　344

第五部分　结论　347

第十四章　**从危机中学习**　349
　　　　　　从危机中学习到的教训　351
　　　　　　危机之后的组织恢复　360
　　　　　　不要浪费一场危机！　363

注释　364

索引　413

译后记　426

第一部分　为危机时代做好准备

我们对危机这一词汇耳熟能详。人们越来越会说"我有个危机"，而不是"我有个麻烦"。他们似乎认识到，今天的麻烦更为严重也更难化解。大众传播媒介的报道反映了这一态势，在报刊数据库 Nexis 中搜索"危机"这一词汇时就产生每周将近 1000 个条目。

各类危机无处不在，原因在于人类越过了各种各样的边界。从地理角度上看，传教士们的足迹已遍及世界的各个角落。在全球范围内获取资源并出售其产品和服务的各种企业也是如此。它们的供应链很长，配送中心也横跨全球。世界人口快速膨胀，给包括食品在内的各种资源带来压力。英国经济学家马尔萨斯出现在各类专业文章中的频率更为频繁，因为他早就发出过人口增长会超过食品供应的警告。

另一个是来自人口迁徙所带来的影响，原因在于，随着人们不断涌向更为友好和有利的区域，通常会造成融入和不同文化间共处方面的问题。沟通渠道延伸至世界的每个角落，几乎任何信息在获取上都易如反掌，但也使隐匿问题和坏事变得难上加难。马歇尔·麦克卢汉所描绘的地球村俨然已成现实。变革带来的压力不经意间就会引发不同的危机。正如地壳上的板块断层会引发地震，人类互动时的摩擦点也会激发火花。

随着科学研究在地外空间和细胞内部对新材料的发现，人们对于危机的认识也不断拓展。天文学家的探索已向我们展示了地球在宇宙中是多么的渺小，而环保主义者则警告我们它是多么的脆弱。我们已经被警告，来自地外空间的小行星可能会撞上地球，从而造成类似上古时代的恐龙所遭遇的生物的大量毁灭。物理学家利用诸如"重离子对撞机"这样名称令人生畏的超大型设备，以求发现最小的物质单位，揭示数亿万年前经由"大爆炸"产生地球的方式。与此同时，医学研究者和心理学家利用核磁共振成像（MRI）来探析人类大脑错综复杂的奥秘。他们已经发现，人类并不是通常所认为的那么理性，相反，与他们尚处于进化中的祖先一样，会对危机表现出"紧张不安的"情绪化反应。科学和技术为人们开辟了不确定性和脆弱性（vulnerability）并存的新领域。

人类或许会为所碰到的各种变革及与之相伴的风险而变得焦头烂额。他们也许意识到熵——一种走向崩溃的倾向——或感觉到混乱正在逼近。有些人会表现出对风险的嫌避，掩盖令人不快的刺激源。这种反应隐含着与心理学上的压抑一样的危害。尽管事实上的紊乱感觉消失了，但它会以不健康和不正常的态度和行为方式表现出来。理性的问题解决途径就此阻塞了。人们对于眼前的重要任务会采取一种理性的关注，而忽略——起码是暂时性的——一些"边缘性的"事务。经济学家一直运用 peribus paribus 魔杖——让其他事情保持原样——来对待这一问题。他们也通过把一些变量统称为外部性来限定自己心理上的认知负担。然而，这些解决方式在危机中是派不上用场的，原因在于危机往往是混杂了多重变量的一种整体性事件。风险管理——与应变计划制订——的目的之一就是试图确定那些操作性的变量。

本书第一部分的目的是认识各类危机的性质、做好应对危机的准备工作以及降低其破坏性。第一章介绍了组织及组织中的个人可能会碰到的危机类型，还包括由危机的主要特征——不确定性、突发性和时间压力——所带来的紧迫性。第二章探讨了如何通过风险管理规划——提前确定最具威胁性的情形以及如何使之转化或最小化——来减少各类危机。应变规划——它针对具体的危机情境——的核心内容确定了之后，组织就能够为最坏的情况做好相应的准备。第三、第四章探讨危机的另一项不可回避的内容——传统媒介和社交性媒介报道危机的方式。一个组织的目的是维护其声誉和持续有效运作的能力。

风险与危机管理之间的联系

危机管理开始于风险管理规划制定——排查一个组织可能碰到

的所有"如果……"以及在其社会政治和人文环境中可能面临的危险。在对以下关注点和活动的观照方面危机管理与风险管理具有共同的重叠部分：

- 降低面对自然灾害时的脆弱性；
- 加强对生物疾病的监测；
- 考虑降低科技灾难发生概率的替代性"逆势"（upstream）举措；
- 评估一个组织面对冲突时的脆弱性；
- 建立针对可能的恶性行为的早期监测预警体系；
- 对那些乐观的风险分析研判进行重新评估，以防止价值观偏颇型和欺骗型危机；
- 加强防范管理失当行为的侦测和控制体系。

这些关注点和活动的目的是减少一个组织所面对的风险。这些风险可能以各种各样的形式出现：销量下降、企业股票价值的降低、人力资源的破坏、更严苛的管制环境和声誉损失。像风险管理者一样，危机管理者确认这些风险、对其进行评估并尽力化解它们。然后，这两种管理之间也存在着一些程度上的差异。风险管理者所接受的训练——他们长于"量化"，使其更擅长于对那些涉及数学测算的危机进行评估。危机管理者在脆弱性发展为实际的危机时知道采取什么措施。他们熟稔怎样跟媒介沟通、怎样跟政府机构打交道以及怎样减轻对组织的其他利害相关者的伤害。他们熟稔维护和修复组织声誉的方法。最好的危机管理者——那些拥有管理知识的人——也明白在企业治理、组织文化和信息科技等方面需要什么样的变革。

风险识别所面临的三个障碍

风险与危机管理所昭示的共同信息在于：管理者必须有勇气承认并坦诚地直面风险。他们必须克服若干妨碍对风险做出诚实分析的思维观念：宿命论、信奉"自然主义综合征"（naturalistic syndrome）、自我辩护、担心破坏群体间关系和不愿意放弃短期目标。

宿命论坚信要来的终究会来。它在对待自然型危机时体现得最为明显。一些公共权威和一般公众通常认为，某些自然引发的反常和灾害是难以避免的因而必须坦然忍受。与之密切相关的是自然主义综合征,它让人接受自然的力量及其后果而不是选择抗争。例如,一名新英格兰的女性投票反对氟化水,她的信仰是"任何人不能亵渎上帝之水"。并且,仍有一些希望企业遵循其自然的轨迹运转的经济学家和商业人士,他们认为有问题的企业会被淘汰,健康的企业从而得以生存。正是由于这一原因,在美国的金融系统处于崩溃边缘之时,仍有一些自由市场的推崇者反对联邦储备银行和财政部推出的旨在拯救多家主要银行和金融机构的援助方案。这一观念的主要问题在于,它排斥了人为干预的可能性。

对风险的视而不见或抵触则反映了自我辩护的思维,它力避令人不快的、具威胁性的信息和事情,以及那些破坏群体间关系的"隶属性局限"(affiliative constraints)。至于后者,詹尼斯(Irving Janis)警告道:

> 一旦危机来临,决策者可能会以一种不至于伤及他们与组织中"重要人物"——特别是那些他们需要对之负责的人——之间关系的方式,来寻求解决途径。问题在于,这种方式还不会招致那些要执行此类新决策的下级人员的反对。[3]

人们不愿直面风险的最后一个原因是,不情愿影响到短期目标的实现。正如美国挑战者号宇宙飞船"O"形环的刻意拖延问题所表明的,容忍设计上的致命缺陷致使其走上了不归路。如同应变计划制订和偏颇价值观危机部分所探讨的,管理者在进行风险预估时,必须积极主动地设想到那些"最糟糕的情形"。他们必须鼓励并赋予工程技术人员和一线管理者更多的针对安全因素的话语权,而不要把负面的评估当成对团队忠诚度的干扰或揭发舞弊内情的行为。

面向未来

综合性的危机管理不会仅仅着眼于当下的危机事件,而是以减少未来危机的实际发生率以及提高一个组织应对实际发生危机的能力为目的,推展至应变计划制订。这其中的大部分工作都涉及危机期间的沟通问题,还有一些工作涉及后危机阶段的重建问题。

危机的积极意义是帮助一个组织迎接变革。汉语中的危机一词别有意涵,因为它昭示着危险与机遇同在。危机的创痛为组织重建、改进甚至转型提供了难得的刺激和激励。其成员也形成了一种迎接变革的状态。由于变革的合法化，所存在的阻力也会减少。正是由于这种原因，尽管不存在真正的危机，也不乏一些领导人会把其组织有意地引入危机状态。借助此类重新洗牌和重新解读数据的契机，推行严酷的举措也变得师出有名了。

一旦危机爆发，高层管理者确实应该抓住这种重构组织思维观念的难得机遇。管理者必须确定需要什么样的组织变革，比如加强公司治理、新设部门、改变管理角色、改进控制体系和引入新型组织文化等。这在本书后面所探讨的各类危机的回应和重振战略中都有专门的介绍。

第一章 理解危机

新闻媒介每年都会对各种各样的自然灾害、生物疾病、科技事故、人类冲突和管理失灵进行不厌其烦的报道。当这些事件严重到危及一些核心价值观之时,它们就被归类为危机了。不幸的是,它们看起来出现得更为频繁,也更具破坏性。人类和所有组织都难免其扰。

近年来,管理失灵类危机所涉及的数量最大、范围最广。排名最前的当属2008年的金融危机,它发端于美国,并导致包括贝尔斯登公司(Bear Stearns)、雷曼兄弟和美国第二大房屋信贷银行印地麦克(IndyMac)等数家稍小规模的银行纷纷破产。它伴随着伯纳德·麦道夫(Bernard Madoff)的金融丑闻,他的非法庞氏骗局所造成的损失超过500亿美元。它们还伴随着一连串有关牛肉、西红柿、墨西哥辣椒、煎饼粉、瓶装水和三聚氰胺鸡蛋的有毒食品报道。美国拓普斯(Topps)肉食品公司这样一家超过60年历史的企业,在2008年年初被迫退出市场。

自然灾害是人们更为熟悉的危机类型,它持续性地危及人们的生命财产安全。其中严重的包括:2008年5月份发生在中国四川的大地震,导致超过8万人死亡和500万人暂时性的无家可归;2004年的印度洋海啸造成将近23万人死亡,170万人流离失所;2005年的卡特里娜飓风造成新奥尔良城及其周边地区的大面积破坏。另一种类型的恶性事件型危机,在全球范围内的恐怖主义和地方上的工作场所与学校的暴力事件中可见一斑。2007年发生于弗吉尼亚理工大学的枪击惨案表明,没有一个组织能够幸免于暴力活动。

所有类型组织的管理者都慢慢地——都太慢了——意识到了他们将来碰到危机的高度可能性。他们必须做好在顷刻之间充任危机管理者的准备。他们必须练就对意料之外的不确定性和风险明察秋毫，对正在爆发的危机即刻能挡的危机心智与思维。

危机的激增与严重性

个人和组织所面临的周围环境变得越来越复杂和多变。太多的东西处在变革之中：所有的产品——不仅仅是高科技产品——生命周期更短；诸如生物工程和纳米技术之类的新科技所隐含的风险越来越难以测度；政府管制、撤销管制(deregulation)和重新管制(reregulation)等持续性地改变着市场的规则；竞争变得越来越激烈并业已全球化；消费者维权主义(consumerism)、民权运动、动物权益保护和其他社会运动，需要更快速、更大范围的社会回应；对全球变暖的担心，引发全球范围内以可持续增长的目标来替代先前仅聚焦于经济增长的目标。当管理者的应对能力跟不上这些挑战的时候，危机就出现了。他们的目的是恢复周围环境中的可预测性(predictability)和稳定性，以使他们能够聚焦于传统意义上的日常运作，从而实现其组织目标。

催生危机的种种趋势

自由市场体系的各种压力

为了应对来自股东接二连三的压力以实现每个季度的赢利目标，管理者们正在承担着更大的风险。并且，激励体系——特别是在金融行业——有着鼓励冒险的不合情理效应。当企业执行官们实现或超过了原先的赢利预期和增加了股东收益时，他们会收到红利回报。在银行业中，按揭经办人(originators)通过处理大量的按揭单子，可以获取数目可观的佣金。他们这样做对自身没有风险，因为按揭申请是"被严格审核的"并且被转给了其他的金融机构。他们想当然地认为能够规避短期和长期风险，从而避免危机。

这种观念坚信自由市场体系的自动良性运转，并被英国的玛格丽特·撒切尔和美国的罗纳德·里根所推崇。他们打着"让政府远离我们"的旗号，让民众相信经济增长和繁荣就会随之而来。这种情形也确实发生了，但不是对所有人和不附带金融危机的情形。在20世纪80年代中期，包括著名的伊利诺伊大陆银行(Continental Illinois)在内的多家银行面临着大量资金挤兑的问题。到 80 年代末期,有数十家储蓄和信贷机构破产。2001 年 12 月,曾经是美国第七大的安然公司宣布倒闭。事情恶化到极端时,2008 年的金融危机重创了美国、欧洲和其他许多国家的经济。现在自由市场体系面临抉择,正受到旨在规避未来金融和经济危机的政府管制措施的挑战。

全球化

全球化孕育危机的方式多种多样。对于人们而言,当来自中国的旅客飞抵多伦多、纽约和伦敦等国际机场,进而转至数十个另外的机场之时,国际旅行事实上加速了 2002 年非典型性肺炎("SARS")在全球的扩散。当美国的投资和商业银行销售影响到欧洲和其他地区金融机构的"毒证券"(toxic securities)之时,就发生了同样的危机扩散情形。银行失灵事实上造成了冰岛的破产。

通过具有战略意义的公司间错综复杂的关联,一个国家的公司越来越与其众多的供应商和消费者联结起来。[4] 随着供应链变得更远和更长,它们对于各类干扰变得更加脆弱。有些是由自然灾害引发。例如,2004 年发生在中国台湾地区的大地震破坏了一些工厂,进而严重影响到了世界范围内主板、芯片和其他一些电脑核心部件的供应。当连接南亚和外部世界的三条重要海底光缆出故障时,对其极端依赖的印度电话中心和公司认识到了自身的脆弱性。一些电话中心被迫关闭数小时——要不就是数天。[5] 根据国际管理咨询公司埃森哲(Accenture)的研究发现,受访的管理者中高达 73% 的人在过去 5 年曾遭遇过严重的供应链中断危机。波音公司的梦幻客机长达两年令人沮丧的延期下线,就是由其向数百家供应商采购飞机零部件(比如尾翼部分)的冒进外包战略造成的。[6]

避免此类干扰的通常建议是另外设立属于自己的部分,但这种做法在成本削减的大环境下往往会被搁置。一般企业会被建议通过规划、增强灵活性和创新性的风险管理来增强适应性。[7] 一些企业已经决定通过重新起用"垂直整合"(vertical integration)——一种企业控制原材料、生产和分销渠道的战略——的方式,"重新回到未来"。波音公司已经在部分地这样做了,他们购买了一家制造客机零部件的工厂和另一家合资企业 50% 的股份。他们还购并了一家为梦幻客机生产后部机身的、位于南卡罗来纳州查尔斯顿的工厂。[8]

不再幸免的非营利组织

非营利组织对危机——特别是丑闻——也不能幸免。2007年,美国红十字会的新任首席执行官在承认与一名员工有不正当私人关系后,即在其上任仅六个月后被迫黯然去职。[9]甚至大学也不再幸免。美国圣地亚哥商学院院长在试图购买可卡因时被捕,之后也被迫辞职。具有讽刺意味的是,他的不端行为竟与其所在学校的 MBA 课程描述相悖——"集中于培养具有社会责任的领袖人物,使他们能做出深谋远虑的、给其所在组织和整个世界带来积极影响的决策"。[10]美国雷鸟全球管理学院(Thunderbird School of Global Management)院长安吉尔·卡伯雷拉(Angel Cabrera)曾说,声誉的价值怎么强调都不会过分。"我们作为商学院所积累的一切构成我们的声誉。"[11]

8 危机的严重性

危机被描述为当即和一段时间内——数天、数周、数月、数年或永久——所造成的破坏的数量。评价危机的影响需要来自专家的判断。大众传播媒介在描述危机的严重性时,通常报道的是伤亡数字、财产损失和其他诸如销售量下降之类的财务损失。当然,这还需要考虑其他的后果。一项涵盖上市企业、私人性非营利组织和私营企业的综合性研究对此进行了罗列:

- 主要的组织架构重组;
- 严重的预算削减/下滑;
- 来自监管者的密集审查;
- 潜在地危害到民事诉讼;
- 首席执行官的重新选举/任命;
- 高管的被迫辞职;
- 公众抗议;
- 主要的运营场所变更;
- 政治论战。[12]

当一个组织不仅若干部分,而且整个系统都受到影响时,危机的严重性就会增加。相应的,鲍先特(Thierry C. Pauchant)和米特罗夫

(Ian I. Mitroff)在《变革危机易发型组织》(*Transforming the Crisis-Prone Organization*)一书中把危机界定为"一种在物质上影响到组织的整体系统,并危及其基本设想(assumptions)、主观性自我感和存在核心的破坏"[13]。他们所提到的整体系统指的是全体工厂、组织或行业,而不是该系统中的一个独立部分。例如,美国的三哩岛和苏联的切尔诺贝利核泄漏事故危及环境,并动摇了整个核电行业的未来前景。鲍先特和米特罗夫认识到,如果管理者想避免一场危机,他们就必须警惕其所在组织的基本设想中的错误根子。

确认危机

管理者明白危机何时来临。它可能在一次爆炸或潮汐中显而易见,或者被知晓于报告一次事故(accident)或事件(incident)的电话铃响之时。新闻媒介可能是最早对事情(event)进行报道并询问细节的,比如消费者在一家餐厅就餐后而出现症状之时。而那些急于最先揭露一个事件的有线电视新闻节目,可能会报道一个企业高管的内部交易行为。一名员工可能会发现其产品在脸书或博客上受到了攻击。在此类种种情境中,管理者必须就该情境是否需要启动危机程序进行当机立断的决策。如果管理者感觉到"大麻烦"来了,那它就是一个危机。如果组织的生存都受到威胁,那它就是严重的危机了。接下来,就需要对危机进行全力的密切关注,与此同时把那些日常工作纳入自动运转状态或暂时搁置起来。

危机的正式定义

危机的正式定义会帮助管理者在面临真正的危机时对其进行确认。危机的定义包含以下要素:

- 事情是突发的、预料之外的和不希望发生的;
- 相关决策必须迅即做出;
- 它是一个具有低获利性、高影响的事情;
- 它在起因、效果和解决方法上具有不明确性;
- 它打破了一个组织正常的运转;

- 它妨碍到组织优先目标的实现,并危及一个企业的获利能力、成长和生存;
- 如果没有采取切实的应对措施,它会带来不可挽回的后果和情境的进一步恶化;
- 它会产生重大的心理压力。[14]

本书的定义强调了大多数危机的一个共通之处——危及了一个组织的声誉。因此,危机是引发——或潜在性地引发——一个组织陷入坏名声,并殃及组织未来获利能力、成长甚至其生存的事情。这一定义阐明了危机沟通之所以有时跟具有更广泛意义的危机管理被误解和混淆的原因。声誉是一种无形资产,它提高一个组织的金融价值及其产品与服务的价格。声誉丧失是一个非常严重的问题。危机一旦发生,一个组织的整体价值及其未来的前景,就会经受其投资者、其他利害相关者和一般公众迅即发生的重新评价过程。正如沃伦·巴菲特所言:"树立起声誉需要20年的时间,但毁掉它只需要5分钟。如果你认真地思考这个,你就会以不同的方式来做事。"[15]

声誉代表着人们对于一个人或一个组织的知晓度、赞同的态度和与之相关联的正面特征。一个组织的声誉得益于该组织与其各类公众先前的所有接触,以及广告和其他沟通工作。声誉包含在信誉(goodwill)之中,在一份企业的财务报告中,信誉往往被列入无形资产之中。信誉的价值体现为,在实际资产的价值之外,购买者愿意支付的更高价格。

在一次危机事件中声誉也可能会在短短数小时内遭受破坏。查尔斯·冯伯伦(Charles J. Fombrun)是一家名为声誉研究所的执行总监,他和诺米·哥得伯格(Naomi A. Gardberg)所做的一项研究表明:那些遭遇过广为报道的危机的企业,其危机后的市值会下降。在经受了1982年泰诺胶囊危机后,强生公司损失了10亿美元(占14%),在1985年又一次发生危机时再损失10亿。在发生石油泄漏事故后的一周内,埃克森公司的市值减少了30亿美元(占5%)。在1995年一些科学家暗示在手机和脑肿瘤间存在关联时,摩托罗拉的市值下降了60亿美元(占16%)。[16]正如冯伯伦和哥得伯格所解释的:"很明显,这些市场损失包含了投资者对未来用于清理、法律和赔偿费用的预期判断。

它们也包含了由现有和潜在的消费者、员工和当地社区居民弱化的感知所带来的预期损失。"[17]

危机的特征——如何影响到管理者

面对一个危机情境时,管理者的心智和情绪状态可以进一步对危机进行描述。他们可能会经历不确定性、困惑甚至混乱,并伴随着"失控"感乃至恐慌。下列三个方面的特征尤其突出:突发性、不确定性和时间压力。

突发性

正像弥曾西(Bart J. Mindszenthy)、沃特森(T. A. G. Watson)和科克(William J. Koch)在《没有意外:危机沟通管理系统》一书中所强调的:危机往往都是突然发生的。[18]其他一些学者也谈到了突发性。企业沟通顾问卢卡泽威斯基(James E. Lukaszewski)指出,"危机通常会在一瞬之间爆发"[19];凯旋公关北美议题与危机管理网络的高级副总裁兼总监尼尔森(Chris Nelson)指出:"今天,一项议题的关注度可以在一夜之间从0发展到60。"[20]在著名的泰诺胶囊事件中,强生公司无法预料恶毒之人何时会用氰化物对其泰诺胶囊投毒。百事可乐也难以提前知道饮料罐中何时会发现一个注射器。此类危机事件似乎是瞬间发生的。

然而,危机的突发性和不可预测性不应该被夸大,也必须考虑前情事因。或许已经存在着问题不断累积的情形,或显现着一些具有危险与风险的条件。比如英国石油公司德克萨斯炼化厂对于安全措施的忽视,导致了2005年的爆炸事故。此类淤积型危机,往往经历了长时间的积累直到事件爆发。正如危机管理学会所阐述的:"在危机变得足够大和失控之前,它们就是一些能够及早发现与排除的议题和问题。"[21]

当这种累积情形是渐进的和微不足道之时,管理者会对渐渐迫近的危机征兆持否认态度,正如被置于温水中慢煮的青蛙,全然不知正在被蒸煮至死。当一个人或组织想尽力规避不好的状况时,否认是最常见的行为反应。[22]管理者会建立起一套防御机制,来避免接收那些不好的、危及组织核心设想的信息。

当一个危机循此缓慢的累积型模式,其危险就在于,管理者可能就不会觉察到所累积的问题已经达到了危机的临界点。管理者也可能有意或无意地忽视了此类微弱的、断续显现的早期征兆。人类的天性就是在一切似乎都很好之时,就不会有积极性去留意麻烦的问题。这项工作留给了外人——政府官员、揭发舞弊内情者、公共利益群体或新闻媒介。为了避免意外和保持控制权,组织需要拥有监控系统以随时了解相关进展。

议题管理就是这样的一种监控系统。许多组织已经纳入了此类系统,以确认那些可能转化为危机的有关争论性议题的警示性征兆。此类系统包括四个步骤,分别是议题扫描与监测、议题优先性排序、议题分析和战略制定。从危机管理的观点来看,重要的是为每一种议题——在议题优先性排序和分析环节——设定一个警示管理者即刻启动应对行动的危机临界点。[23]

道化学品公司(Dow Chemical)负责全球议题与行业事务的总监坎尼那·布兰查德(Kanina Blanchard)指出,问题的难点在于,各类议题的复杂性与日俱增。他认为,一个需要特别关注的议题是生物多样性(biodiversity),它具有长期的后续影响。凯旋公关的尼尔森指出,关于议题的另一个复杂性情况在于,一些诸如"地球第一!"(Earth First!)和"人道对待动物之士"(People for the Ethical Treatment of Animals, PETA)之类的组织,"通常并不是为了找到解决方式。他们的目的就是为了持续保持相关议题的热度"[24]。

不确定性

管理者对于忽视不好信息的合理化解释来自于危机的第二个特征:它涉及不确定性——有时是未知(unknowns)。尤其当一个组织的环境复杂且不稳定之时,管理者在获取有关环境因素的充分信息以及预测外部变革方面确有难度。[25]一旦事情果真如此,正如帕特里克·拉格戴克(Patrick Lagadec)在《规避危机中的混乱:规避、控制和限定损失的战略》一书中所描述的,管理者在思考问题时就会丧失正常的心智本能或框架。[26]他阐释了当众多的内部意见和外部主体与利害相关者被波及之时,既有的正常边界是如何被跨越而进入未知的情形——以及在不确定性打破正常状态之时,正常的行事规则是如何被忽略的。

对不确定性进行确定是困难的,但通过估计一些统计学意义上的概率,关注那些最常出现的情形,对若干种危机发生的可能性进行预测是可以实现的。然而,这种方式的危险在于,管理者可能会对那些低概率的事件关注不够。诸如切尔诺贝利核事故和埃克森船长把巨型油轮撞上明显标示的礁石之类事件的可能性是极为罕见的。

管理者对于此类低概率事件的关注变得最小化,他们更喜欢那些与获取短期"最终赢利"结果相关的活动。只有到危机真正发生之时,管理者才会认识到,那些低概率、高影响的事件也必须认真对待。接着管理者会意识到,环境监测工作和风险预估是防范意外性危机发生的第一道防线。他们被迫用一种对有关组织内外环境信息必须持有的开放心态,来代替原有的防御机制和受围心态(siege mentality)。

一个人倾向于否认不好的信息是很容易理解的,特别是当此类信息发生率极低的时候。但是,故意拖延只会倍增催生危机的原因和条件。管理者不应该等到那些不希望发生的事情达到临界点进而转变成事故、对抗、法律官司或公开曝光之后,才认识到那些迫在眉睫的危机的严酷真面目。

时间压力

由于需要做出快速决策以遏制情境的进一步恶化,具有高度不确定性的危机看似突然来临,会加剧本已困难的决策制定工作。这种时间压力加重了危机事件本身给各层级的管理者所造成的巨大压力和心理焦虑感。现在,管理者被置于众目睽睽之下接受考验。在严格的时间框架内,他们能否限定危机所造成的伤害,并在风险和不确定性极高的条件下重新掌控局面?他们能否控制新闻媒介对于负面新闻和轰动性新闻的偏好?每一位牵扯到的管理者都变成了战时条件下的军事指挥官。焦虑感——作为对未知的总体性恐慌——蔓延开来。

当相关决策是在压力下做出的时候,对个人造成的紧张感就会是异乎寻常的,因为他们被逼迫到超出其能力范围的境地,组织系统也会面临重压之下出现的问题。虽然心理学家认为适度的压力能够提高人们解决问题的能力,但过大的压力就会扭曲一个人对现实的感觉,危害其正常的决策能力。拉格戴克列举了由高度压力和焦虑感所造成的一些影响:

- 判断力会受到影响,有时会倾向于考虑正常情况下根本不会去考虑的想法;
- 个体的性格特征会被放大(比如,一个焦虑的人会变得极端焦虑);
- 受围心态会固化,使人变得不愿与人交往、无所事事、沉默不语和懒得行动;
- 开始寻找替罪羊;
- 不稳定成为常态,决策制定者会接受他们刚听到的最新意见;
- 管理高层转为防御型,会以一种本能的方式声称"一切均在掌控之中"。[27]

13 心理学中的三种理论——认知理论、精神分析理论和精神创伤理论——有助于启示我们对危机的压力方面进行进一步的理解。认知理论认为危机是"高度不确定的、复杂的和情绪上的事件",期间人们的信息处理能力受到局限。[28] 其结果是,"危机发生或升级至难以掌控的局面,其原因在于,各级管理者或一线执行者做出了非理性的应对,并在其信息处理和决策制定环节出现了偏见性错误和其他致命弱点"。[29] 由于这些认知上的局限性,个体需要在组织层面上寻求解决之道。

精神分析理论认为,正像挑战者号爆炸事故所揭示的,人格紊乱、精神健康与防范机制会造成一个组织危机。[30] 过度的乐观和系统压力或许阻止了一些涉事方做出禁止升空的决定。至于精神创伤理论,多数危机表明,人们在危机中会受到精神创伤且需要心理咨询。皮尔森(Christine M. Pearson)和克莱尔(Judith A. Clair)指出,危机能够颠覆一个人的信仰——诸如"坏事不会发生在我身上""做正确的事会产生好的结果"等之前的价值感和控制感会荡然无存,取而代之的是感觉到自己"脆弱、无望和急需帮助"。[31] 过大的压力会扭曲一个人对现实的感觉,危害其正常的决策能力。一个人会感到如此疲惫、绝望和愤怒,以致难以做事。

重获平衡

总之,这些危机特征的影响在于,个体或组织的平衡被打破——有些事情出错进而导致不想要和不希望的结果发生。一旦平衡被打破,就会像一把原本稳定的摇椅一样处于充满隐患的前后摇晃状态。一种不稳定的情境就此产生,"系统"也不得安宁,在极端的情形下甚至会引发混乱和伤痛,从而导致"失控感"。

为了重新获得控制和平衡,那些引发危机和打破平衡的力量必须被消除。套用摇椅的比喻,那个进风的窗户就要被关闭,抑或重新放置摇椅使坐在上面的人不再摇晃。应对危机的第二种方式是改变打破平衡的力量本身。这就是组织通过游说改变那些影响到自身的议题走向时所做的工作内容。第三,组织可以改变自身运作进而对此类力量施加影响。比如,当危机是由组织内部愚蠢的政策和行为、疏忽或其他形式的失当管理而非外部因素引发时,可以通过任命新的领导人这一通常的做法来解决。新的领导人则可以把危机当作变革组织的正当理由。有时,现任领导人会巧妙利用危机——比如财政赤字,借此减少或消除反对变革的因素。

作为机遇的危机

正如汉语中的"危机"一词所提示的,危机意味着危险与机遇并存。管理者能够充分认识到危险因素,但也要对危机转化为机遇的时机具有更进一步的理解。把危机当作机遇的价值在于,它能够激励反思和学习。布劳克纳(Joel Brockner)和詹姆斯(Erika Hayes James)认为,危机是一种潜在的、激发组织积极变革的推进剂。[32]他们分析了两种类型的管理者:

(1) 那些仅看到威胁的管理者认为,他们感知到更多的控制感和更少的不确定性,相应地能够采取削减成本、紧缩预算和其他一些严苛的行动;

（2）那些能看到机遇的管理者更可能改变自身的思维和行为以适应相关的情境。

第二种管理者更可能在一个组织中采取必要的变革行动。

那些不是仅仅关注结果和过程的管理者，更可能识别相应的机遇。那些容忍并正常对待失败的组织创造了一种学习氛围，并通过掌握新技能和掌控新情境进而让管理者提高相应的能力。这种学习的取向能够保证组织对于不好的情况做出更加具有适应性的应对。

管理者把危机当机遇的感知，受到个人和组织价值观的影响。人们表现出自我调节行为（self-regulation），这是一种把自身行为与自我观念跟适当的目标和标准相适应的过程。这样做有两种方式：关注于推进或关注于规避。前者是受到欢迎的，因为它鼓励面向机遇的取向；它是自我调节的一种"求赢"形式，而不是"求不输"的形式。[33]当机遇看起来是可抓住的时候，它也就更可能被注意到。试图在亚洲遭受海啸波及的大片区域建起新的防御基础设施，就不像在新奥尔良及其周边区域的重建努力更为可及。

另一个影响到机遇感知的因素是管理者的个性和感知方式。那些具有较强自我效能感（self-efficacy）的个体更可能会看到机遇。当危机被认为不是特别严重或影响有限之时，以及人们认为组织不应为危机的发生承担过多责任之时，这一取向也会较为普遍。一个组织的信仰体系也能够培育员工的积极观念，比如拥有乐观（"能够做"）的态度。[34]

15　不可避免的新闻媒介参与

通常的情形似乎是，只有在受到"坏媒介"报道的时候，一件事才会变成危机。因此，危机管理者最紧迫的关切是，新闻媒介以及今天的社交性媒介如何描述和对待危机事件。媒介充当着"放大器"，因为它们能够总体上倍增危机事件的破坏程度。一个组织及其管理者的声誉、他们的法律责任和政府干预的可能性都处在风险之中。正是由于这一原因，大多数提供危机管理服务的咨询公司主要涉及危机沟通方面的能力。

因此,出于保护组织的声誉和可信度的考察,管理者必须对新闻媒介和社交网络的角色保持高度敏感。因为它们毫无疑问地拥有建立或摧毁声誉的力量,并且在危机期间此种力量还会成倍增加。新闻媒介之所以被危机吸引,是因为危机本身是构成新闻的重要因素:灾难、危机、冲突、犯罪和腐败(5C)。坏新闻更畅销,并且公众希望媒介承担"看门狗"角色,以向其警示即将到来的危险。

而社交性媒介——博客、脸书和推特——选取和报道什么样的危机事件,以及新闻记者对待此类事件的方式,却是更加不确定的危机根源。

公开曝光危机的可能性剧增

各类危机滋生的广度和深度都在增加,因为当今的组织运作环境是一个巨大的地球村,这是一个人们已经全天候"联结在一起"的信息社会。埃及首都开罗正在发生的事,随即就会在美国有线电视新闻网(CNN)和卡塔尔半岛电视台予以报道。印度孟买发生的恐怖袭击,最先出现在脸书上。在如此众多的旁观者面前,各类事故和灾难根本无法被隐瞒。鸵鸟政策已经不再奏效。

使得民众可以扫街式地搜寻商店、餐馆和其他处所的空中摄像术,是公开曝光的又一来源。微软的虚拟地球、谷歌的街景地图及谷歌地球争相提供地球上的空中即景。尽管他们的目的是吸引本地化的商业广告,但其服务却可以让媒介、任何其他"看门狗"及普通人用来观察和报道有问题的行为。[35]

政府机构提供了曝光组织恶行的另一来源。各式各样的政府管制措施要求组织向公众——进而向新闻媒介——披露数量繁多、种类庞杂的信息。根据美国《信息自由法案》,每年美国联邦政府归档的不计其数的其他信息,可供公众随时查阅——仅有少许的例外。国会的听证会——特别是危机后的——导致了对信息的进一步需求和披露。而一旦提起法律诉讼,更多的信息就会被公开。

另一最新的、影响深远的要求是,那些生产或储存特定有害物品的企业必须向美国联邦环境保护署报告此类物品的类型和数量,这进而会使相关信息向媒介与公众公开。这是由美国国会 1986 年通过的《超级基金修正与再授权法案》(Superfund Amendments and Reauthorization Act，简称 SARA)中的《应急规划和社区知情权利法案》(Emergency Planning and Community Right-to-Know Act，SARA Title Ⅲ)所授权的。

公共责任团体所做的研究向公众和媒介提供了另一种信息来源。诸如英特费斯(Interfaith)企业责任研究中心和经济优先理事会之类的团体，在收集和传递有关美国企业运作的信息方面表现得尤为活跃。通过与企业和其他组织的较真儿，公共利益团体吸引了媒介的关注并能够引发危机。

揭发舞弊内情是由那些与内部情境的关系足够密切从而了解内情的个体来实施的。这些人可能出于良知或被政府机构及私人基金提供的报偿所激励。有时，他们是被公共利益团体和新闻发言人所唤醒，比如著名的拉尔夫·纳德(Ralph Nader)[1]就曾呼吁有良知的员工"站出来揭发"其雇主的恶行。由于私营领域的员工往往在"随意性的"合同约束下工作，联邦政府和一些州对此类员工提供了保护措施。

危机的专业应对及其勃兴

公共关系专业人员一直参与危机管理工作，其原因在于危机会危及一个组织的声誉。他们向媒介提供有关信息并对博客内容做出回应，与此同时，关注遭遇麻烦的组织的声誉会受到什么样的影响。他们也知道与组织的各类利害相关者——股东、员工、政府官员、当地社区、供应商、批发商等——进行沟通的重要性。除了负责危机沟通事

---

〔1〕 拉尔夫·纳德是美国社会活动家，美国消费者运动之父，最受尊敬的公设辩护人，曾以独立候选人身份三次参选美国总统(1996 年、2000 年、2004 年)。在过去三十多年中，他致力于提高美国人的觉悟，在使人们关注产品安全质量、要求政府规范工业生产以保持安全标准等方面具有巨大的影响。他为保护美国一般老百姓的权利，与大企业对抗，并组织各种全国性团体为公共利益奋斗，维护消费者及劳工的权益。他著述颇丰，于 1965 年出版的《无速不危:美国汽车设计埋下的危险》(Unsafe at Any Speed: The Designed-in Dangers of the American Automobile)一书，揭发了设计不当的汽车潜在的危险，引起了广泛注意。《打不起的官司》是其最新的著作。转引自哈尔·哈特:《打造成功的新闻发言人(第二版)》，卫五名译，北京大学出版社 2007 年版，第 13 页。——译注

务,公共关系专业人员还通过界定那些可能发展成危机的议题,以及帮助灌输组织伦理和对社会责任的观照,从而帮助组织规避可能的危机。他们还参与到应变计划制订当中,并制定使组织修复其声誉和受到伤害的跟公众间关系的战略。

大多数公共关系公司把危机沟通/管理列为其服务项目之一。2008年6月,博雅(Burson-Marsteller)公共关系公司在美国首都华盛顿新成立了一个议题和危机服务团队,其成员均是白宫、国会和政治团体的前雇员,为客户提供危机沟通、企业社会责任(CSR)、诉讼公关和敌意的媒介环境等方面的咨询服务。2009年,这一团队又开辟了一个新的服务项目,聚焦于与产品相关的议题和危机,比如召回、监管类沟通(regulatory communications)和利害相关者介入。[36] 作为一家区域性的公司,位于俄亥俄州哥伦布的威尔逊公共关系机构提供危机管理方面的咨询与培训,包括媒介培训工作坊、灾害模拟和危机方案制定等内容。[37] 还有些公司把危机管理与安全方面的服务相结合,以满足目前在国家安全方面的服务需求。

一些行业组织所提供的项目也反映出对于危机管理的兴趣。比如,纽约安全分析学会(New York Society of Security Analysts)举办了一场名为"剖析企业危机:困境管理"的会议。演讲嘉宾包括:曾经领导企业彻底变革的人讨论从困境中如何寻找价值;企业破产律师谈论破产保护和债权人与债务人的影响与权利;借款人和投资者讨论企业在其财务报告和运作中识别危险信号的战略和观点。[38]

危 机 分 类

根据危机的分类及其各自的征候,危机管理专业人士能够更轻易地识别危机的类型,并确定最恰当和最有效的应对举措。这种方式类似于美国医疗协会(American Medical Association, AMA)的《家庭医疗指南》。[39] 阅读者被告知如何根据特定症状的显著性——根据单独一种或多种症状的综合表现——去追踪并得出符合逻辑的结论:采取什么样的对策?例如,一个具有100华氏度体温的人就有了发烧的症状。只有进一步检查了其他症状后才能够确定具体的疗法。如果一个人头疼且/或并发骨骼及关节痛,那就有可能是病毒感染。所可能考虑的治疗措施就是附带抗菌、抗生和抗真菌药物的免疫注射疗法。[40]

AMA 的方式也可能应用于应对组织危机。在企业总部前面的大规模示威(症状)应该被划定为一种对抗型危机。接下来应该问的问题是(如同发烧情形),示威者是些什么人,他们代表的(如果有的话)是何组织,他们的不满或要求是什么,他们是否使用了合法的或非法的手段,他们是否已经吸引到了新闻媒介的注意,等等(参见第八章)。危机管理者接下来就可以确定:是否需要请求警方干预,是否要举行一场记者招待会来回应示威者,是否需要会见他们的领袖人物,是否要谈判或者启动冲突解决策略。

为了有助于此类对危机的鉴别,危机管理专家顾问和相关著作列举了多种多样的危机类型。库姆斯(W. Timothy Coombs)综合了多种类型后做出了如下的分类:

- 自然灾害;
- 恶性事件;
- 技术故障;
- 人为故障;
- 挑战;
- 巨型破坏(megadamage);
- 组织不当行为;
- 工作场所暴力;
- 谣言。[41]

上述的大部分类型有助于确定应该采取什么样的行动。然而,也有一些类型可能归并一下更好,原因在于,它们恰好解释了特定类型危机发生的原因,或显示出了一个危机的影响范围。比如,在本书中工作场所暴力被理解为具有多种可能原因的恶性事件:挫折、愤怒或一种破罐子破摔的感觉。人为故障或失误在实践中可能与所有危机类型相关;比如,三哩岛事件的人为失误说,在另一方面也可以理解为技术型危机。关于巨型破坏,比如埃克森原油泄漏事件告诉我们,一大片区域受到原油泄漏的影响,但它不是导致泄漏的原因。专家们当然不会在不同的分类术语上千篇一律。最终的检验在于,对每种分类的甄别与命名,能否启示人们聚焦应该关注的核心问题,以及是否有助于找到最合适的应对和复原策略。

在本书中,危机被分为三种主要类型:自然环境危机、人为危机和管理失灵危机。每种类型下面又包含了若干亚型的危机,它们是对危机的分类基础。

自然环境危机

自然灾害

自然灾害和巨灾(catastrophes)仍然主导着众多对于危机的定义。它们包括危及生命、财产和环境自身的地震、飓风、塌方与山体滑坡、海啸、暴风雨雪、洪涝、旱灾等。近年来发生的大灾害包括2004年的印度洋海啸、2005年横扫新奥尔良的卡特里娜飓风和2008年中国四川的大地震。它们真切地证实了人类对于长久以来被称为"上帝之举"(不可抗力)的脆弱性。然而,此类开脱性的解释并不能使那些公共权威部门免于受到问责。那些在灾区遭受灾害折磨的人们不禁要问,所在社区为什么对灾害没有更好的防备?为什么没有收到足够提前的灾害预警?为什么应急响应如此缓慢或不足?

随着人口的增长,对于自然资源的搜罗已经延伸到不太友好的地区,导致在靠近洪灾、暴风雨雪、火山喷发和地震发生的区域,聚集了大规模的人口、建筑物和废物废料。近年来有关生态不可持续发展趋势的报道逐渐增多。最成问题的是,由"欠发达世界急切享受发达世界生活水准的冲动"[42]而造成的人口急速增长和生态破坏。2008年7月在澳大利亚悉尼的一场青年大会上,教皇本笃十六曾生动地重申了这一主题,他说:"现在我们不情愿地认识到,我们所赖以生存的地球表面伤痕累累,为了满足人们贪婪的消费,到处存在着对地貌的侵蚀、森林砍伐和对世界矿物及海洋资源的大肆挥霍。"[43]

全球气候变暖已经成为危及人们健康和沿海地区可持续发展的主要全球性议题。越来越多的科学家警告了臭氧层的破坏和温室效应。从最初被商业界冠以耸人听闻者并遭到抵制以来,科学家们已经积累了大量的证据表明,事实上全球气候变暖业已发生。美国前副总统戈尔的电影《令人不安的真相》对这些观点进行了总结,并呈现了大量的证据,诸如消退的冰川、北冰洋融化的冰山、格陵兰岛的萎缩和南极洲企鹅数量的减少等。

现在数量众多的科学家宣告了全球变暖的现实,并且他们中的大多数坚信这是由人类的活动造成的。全球变暖提高了自然灾害的发生率。由于南大西洋的海水变暖并产生速度更快的飓风,可以预见在墨西哥湾地区会产生更多的飓风。2005年卡特里娜飓风之后出现的更多飓风,致使美国国家飓风中心因为没有足够多的名称来命名飓风而发愁,最后不得不借助希腊字母。飓风将变得破坏性更大,在气象学家通常使用的萨菲尔—辛普森(Saffir-Simpson)飓风等级中,4级和5级的飓风数量会翻番。[44]在本世纪内,像孟加拉这样的低海拔沿海区域,可能会变得不再适合人类居住,并且适合农业耕种的区域也会发生明显的变化。积极的意义是,在加拿大这样的北部区域适合耕种的农业面积会增加,而北冰洋的水面将会适宜全年通航。全球变暖的负面影响是,冰川融化并不能解决已经隐现的世界范围内的水源短缺问题,这可能导致在今后40年内整个中东地区和亚洲的水源消耗殆尽。[45]

和经济全球化一道,全球变暖也提示人们,对环境的威胁也越来越成为全球性的问题。英国《卫报》指出:"曾经一度是地域性的污染问题,现在汇集起来成为一个巨大的危及地球脆弱的生态平衡的主要威胁。"[46]有些人还预测了出现巨灾的可能性。在《崩溃:社会选择毁灭或成功的方式》中,戴蒙德(Jared Diamond)列举了12种不可持续的生态趋势,其中包括全球变暖和人口快速增长,他希望这些问题不要"以一种我们无可选择的方式——比如战争、种族灭绝、饥荒、流行病和社会崩溃的方式"来解决。[47]

近年来,人们把更多的关注投向另一种自然类危机:生物危机,这已在诸如艾滋病的持续扩散、"SARS"大流行、墨西哥流感爆发[1]等危机中显现出来,当然还有对未来可能的、无现成疫苗的变异性新疾病的担心。

---

〔1〕即2009年4月开始于墨西哥,后来扩散至全球多个地区并最终被定名的甲型H1N1流感。——译注

科技

在发达国家和地区,危险的来源已经从自然界急剧地转向科技方面。[48]随着科技变得更为复杂和密切关联,功能出错的概率成倍增长,其影响也变得更大和更为深远。科技领域的管理专家派罗(Charles Perrow)指出,科技失败和从失败中恢复的潜在风险是如此巨大,因此,一些科技——比如核能——应该被整体摒弃,而像海上交通之类的行为则应该被严格限制。[49]

派罗指出了现代科技之所以蕴藏风险的两大特征。其一是复杂性,不仅表现在科技内容上,还表现在其亚系统和更大的系统中;其二是此类亚系统间的密切关联性,导致一个亚系统的功能出错就会连锁性地引发整个关联系统中其他亚系统出现不可预料的反应和后果。[50]

人为危机:对抗和恶性事件

人际环境中出现危机的原因是,全球范围内人们的期望值都在持续性地提高,当满足感被拉低或遭遇挫折的时候,他们就会转向进攻性的行动。从更广泛的意义上来看,社会和政治环境也热闹起来。随着管制种类和数量的增加,政府在经济事务上的作用已空前增加。[51]这些管制已不再停留于具体行业的问题,而是涉及少数族裔权利或环境这种横跨所有行业和机构的议题。这又会激化更进一步的社会行动。

跟科技领域的方式相似,人际和社会环境也变得更为复杂、相互交织和紧密关联,从而导致更多的冲突产生。随着人们变得信息更为灵通和受教育程度更高,他们要求更为安全和可靠的产品、风险更低的工作环境、公平的工作机会、薪酬公正和其他更多的权利。受到大众传播媒介、卫星通信和电脑网络的重要影响,人们纷纷加入通常借助对抗——有时甚至是恶性事件——行为的社会行动群体。

这些群体的目的是施压以满足其要求,揭露企业和政府的不当行为。他们关注各种真实存在的或想象的委屈与不满,根据变化了的价值观和对于企业行为的新期望,提出新的要求和主张。这些群体互相竞争以得到媒介的关注进而推广其笃信的事业。美国公共事务基金会(Foundation for Public Affairs)出版的《公共利益档案》列举了250个最有影响力的公共利益群体,这些群体的关注问题涵盖:民权/人权、社区提升、消费/健康、企业/政府诚信、经济体制、能源/环境、公共政策等。[52]在诸多议题上,许多企业不断遭遇此类群体的对抗性行动。其中的一些对抗会升级为危机,因为这些群体已经认识到,在吸引媒介关注、进而引起管理层关注方面运用促成危机的策略是非常高效的。

危机的另一个来源是政府机构、各类群体和个人的恶意行为。极端的个人和群体会运用恐怖主义及其他一些暴力形式,来迫使有关方满足其要求或进行恶意的报复。他们的要求可能纯粹是自私的,比如勒索者的行动。袭击目标看起来通常是随机选取的;有时那些最明显和最脆弱的目标会被选中。此类恶性事件危机不仅会给企业的正常运作带来风险,也会引发极大的不确定性。管理者监控此类有暴力倾向的群体并预测其行为的能力是极其有限的。

许多企业已经遭遇被敌对的当政者没收财产、犯罪分子的勒索企图、电脑病毒的入侵与中毒、有关企业或其产品的恶意谣言和产品变造等危机。并且,世界范围内的紧张局势和意识形态冲突已经引发了不仅针对政府目标,也会针对私人组织的恐怖活动。

管理失灵危机:管理失当、价值观偏颇、欺骗和行为失当

不断增长的自然和生物灾害的出现,以及逐渐积聚的来自社会和政治环境的压力,给管理者们造成了空前的重担。但他们自身的行为却是第三类危机的根源——在过去几十年间,管理失灵危机已经在以惊人的速度持续增多。

巨大的市场和金融压力促使管理者采取一些有问题的行为,比如非法的海外和政治贿赂、欺诈、盗用和其他一些不合乎职业准则的活动。再加上政府的加强管制、日趋激烈的国际竞争和恶意并购等现象,此类压力就变得更为沉重。为了追求高收益并生存下去,管理者承受着越来越大的风险。他们已甘愿拿自己的声誉——和更广泛的公众信任去冒风险。很明显,这些无形资产得到的投入和维护极其微不足道,部分原因在于,管理者对短期目标的关注超过了长期打算。因此,随着公众对企业信心的丧失,导致原本保护企业自主管理的屏障被去除,从而埋下更多政府干预的种子。在目前这样一个急速变化的世界,包括公信力在内的所有东西都是稍纵即逝的。此类短视行为已经导致了太多的管理失灵危机,也加剧了与社会行动群体间对抗之类的其他危机。

除了一般性的管理失当行为,还有三种较为普遍因而值得重视的管理失灵亚型。第一种涉及价值观偏颇,表现为管理者过度关注企业的"最终获益"和股东及其自身的利益,而以其他利害相关者的利益为代价。埃克森原油泄漏事故就是牺牲环境利益的典型案例。第二种涉及欺骗,安然公司事件和2008年的金融危机就属于这一类。第三种涉及不符合职业伦理、不合法甚至涉嫌犯罪的特定管理者行为失当。麦道夫的庞氏骗局和西门子公司靠行贿获取生意的行为即属此类。

结　　论

危机发生的频繁程度和严重性程度,正随着科技和社会本身的日益复杂而加剧。随着全社会"看门狗"数目的增加,越来越少的危机能够保持不声不响。因此,聪明的管理者正在投入更多的精力与时间关注和理解各类危机——其原因和演化机制、脆弱性、减少危机发生的方式,以及一旦发生之时,减少其对生命、财产和最宝贵的无形资产——声誉——造成破坏的方式。本书的目的是,致力于使危机管理成为每一位管理者所负责任和所具能力的重要部分。

如果风险管理和应变计划制订得到了完善的执行,下列有关成功危机管理的原则就会得以充分体现:

(1) 对危机征兆的早期侦测,以保证合适的应对策略能够胸有成竹;
(2) 能把事件影响限定在组织内部,且未造成伤亡;
(3) 在危机期间和危机后能够保证组织业务的正常运转;
(4) 学会学习:作为危机的后续结果,组织的政策和程序进行适应性的变革,且这些教训能够运用到未来;
(5) 组织通过高效的危机应对,提升了组织的声誉;
(6) 来自组织内部和外部利害相关者的各类资源能够得到保证;
(7) 相关决策能够做到及时、准确,并以事实为基础。[53]

而管理者需要形成基于以下认识的危机理念：
(1) 危机可以随时发生；
(2) 风险因素必须纳入到相关业务规划和决策制定之中；
(3) 必须建立各类有关的监测和反馈系统，以保证预警系统的正常运转；
(4) 发展和维护与各利害相关者间的良好关系，并把该项工作作为夯实坚固的危机基础设施（crisis infrastructure）的关键环节；
(5) 必须配备危机管理专业人士的岗位与职能，依据组织规模及其脆弱性程度来决定是全职还是兼职。

再次重申，本书的目的是，致力于使危机管理成为每一位管理者所负责任和所具能力的重要部分。

附录：危机分析指南

一个危机必须从被认为是危机肇始者的、特定个体或组织的视角来进行分析。根据危机的时间进程，下列框架中的内容需要仔细观察和报告：

1. 描述危机事件
- 4个"W"（何人、何事、何处、何时？）
- 涉及何人或何事？
- 事件类别辨析
- 受影响组织及其主要管理者的档案

2. 危机的影响
- 伤亡和财产损失
- 财产性损失：销量、股价
- 法律官司
- 组织声誉
- 更广义的影响，比如环境和"社会成本"
- 大众媒介和网络对事件的报道
- 影响广度

- 准确性和公平性
- 背景/视角
- 对事件原因和组织处置危机的预估
3. 危机背景
- 相关的经济、社会和政治议题
- 法律和管制
- 所涉相关方的过往经验
- 公共舆论
4. 应对
- 是否执行了危机应变方案——如果有的话？
- 即刻采取的行动措施
- 危机沟通工作
- 所采取的其他措施,比如削减广告投放
5. 后危机期
- 后续沟通
- 重建工作
- 机构变革
- 对组织危机战略、行动、沟通工作的评估

第二章　风险管理：做最坏的打算，做最好的准备

现在越来越多的管理者逐步认识到，那些会影响到其组织运作和声誉的危机事件，终将会不可避免地发生。他们希冀引入风险管理，来做好应对此类危机情境的准备。风险管理的要义在于，确认存在的各类风险并对其进行分析，并且规划出应对方式。一些企业从"企业风险管理"（enterprise risk management，ERM）的视角来看待风险管理，它在单个业务单元上把风险与战略相关联。[54]会议理事会（Conference Board）把 ERM 定义为"一种深度的、前馈性的方式，用以规避、减缓以及处置一个组织的各类风险——它涵盖战略、运营、金融、法律等方面"[55]。其最大的目的是，保证在决策制定过程中就考虑到相关的风险议题，以避免措手不及的意外和"可预测到的"失败。由于存在糟糕的风险管理过程，现实中有太多"已知的未知情况"被"束之高阁"。《失败的风险管理》一书的作者哈伯德（Douglas W. Hubbard）称之为一种综合性的应对企业风险的方式。[56]

概而言之，那些引入风险管理的企业视其为一种帮助他们在众多领域做出更明智决策的核心学科。哈伯德列举了 12 个领域。本书探讨了其中的 3 个：物质安全（physical security）、信息安全和自然灾害中的业务恢复。而本书根本没有涉及的另外 3 个是：投资的无常波动、外国政府的政治风险、让销售商或消费者分担风险。另外有 6 个在本书中进行了部分的探讨：在管理失灵的情形中对于必要的政府监管与照管的遵从；当发生恶性或有违伦理的行为时竞争对手的作为；当暴力引发对抗时的工作场所安全问题；用以减少危机管理需求的各类保险；存在产品缺陷风险的产品可靠性问题；等等。最后一个领域——任何可能引发重大损失的不确定情形——在风险管理和危机管理中

的表现一致。"⁵⁷简言之,风险管理的范畴大于危机管理。

风险管理和危机管理均致力于减轻风险:缓解或缓和风险——以某种方式对其进行弱化。⁵⁸正如风险管理,危机管理中应变计划的最终目的是降低一个组织的总体风险。然而,风险管理涉及"一个组织的总体风险及该项工作既定的、可期望的回报",还包括危机的转嫁,如通过保险或协议。⁵⁹哈伯德给风险管理下了一个简短且充满喜感的定义:"在抓住机遇方面放聪明点。"他给出的长定义是:"对各类风险的确认、预估和优先性排序,据此协调和精心运用各种资源,以最小化、监测和控制那些不好的事情的发生概率和潜在影响。"⁶⁰

这一定义也同样适用于应变计划制订。尽管其关注面有些狭窄,但麦耶斯(Kenneth N. Myers)在《总体性灾害应变计划制订》一书中指出,它是一种"发展战略和方法论,用以平衡较低的灾害发生概率和需要采取的必要步骤,这些步骤的目的是:(1) 采取防范性的措施使灾害发生的可能性最小化;(2) 在灾害一旦发生时,提供有组织的应对;(3) 在灾害恢复期保证日常业务的持续运转"⁶¹。他把应变计划制订称为一种像经济学一样的"蹩脚学问",因为"没有人愿意去探索无尽的深渊"。他在书中为一家名为 Bestabrand 的食品企业提供了一个完整的应变计划模版。其开头的政策声明重申了应变计划制订的宗旨:

> Bestabrand 食品公司应变计划的政策是:(1) 确保对单个的灾害做出有组织的、高效的应对,而此类灾害可能导致电话沟通、远程数据沟通或 DEC/VAX 电脑设备无法连接或不可操作,或致使正常工作场所无法工作;(2) 在正常的处理能力恢复之前,确保基于电脑技术的业务功能能够持续运转。⁶²

虽然涉及现已过时的科技,但这一声明强调了危机准备的重要性,而这种准备正是风险管理与应变计划制订不可或缺的部分。

危机准备的一般状况

危机准备是风险管理的一种形式。它与危机三阶段——危机前、危机中、后危机——的第一个阶段有关。在危机前阶段——一个危机发生之前的平静时段——危机管理专业人士要做的是,努力弄清楚一个组织最可能遭遇的危机类型,确定这些危机发生的概率,并针对每一种危机情境做好尽可能多的前期准备。第二阶段是危机中,这一阶段是最动荡、最无常和最危险的,因为危机的时间压力特征要求在高度不确定的条件下以最快的速度做出相关的决策。管理者既寻求限制危机事件本身所带来的破坏,也试图限制媒介的危机报道对公众所造成的伤害。在第三阶段的后危机期,管理者通过变革组织结构、企业治理政策、企业文化和控制机制等方面,来实现从危机中恢复。他们也同样寻求重建和强化组织声誉。

27 由7城学习机构(7City Learning)对众多"从事数据分析者"[63]和风险管理专业人士所做的调查显示,2008年的金融危机激发了人们对于风险管理的兴趣。其报告指出,随着金融危机的来临,人们对风险管理的关注显著上升:55%的受访者表示他们被咨询了风险管理问题,其中更有35%的受访者表示经常被咨询此问题。[64]这一发现佐证了哈伯德的观点:风险管理是一种"在管理方法上新出现的、快速发展的趋势……"[65]当危机管理者把风险界定为"可能会发生的坏事"时,他们应该能够提供足以使其他管理者信服的、旨在使其认识到应变计划制订重要性的案例。[66]达美乐比萨(Domino's Pizza)就是这样的一个启示性的案例。

达美乐公司对恶作剧视频的拖延回应

达美乐比萨公司对一段恶作剧视频的拖延回应案例,显示了在快节奏的社交媒介盛行的当下,应变计划制订的紧迫性。达美乐是一家拥有49年历史的美国餐饮业品牌,在世界60个国家拥有8700家门店,每天的营业流水超过100万单。一段视频显示,一名达美乐职员把奶酪粘在鼻子上,然后又放在一块三明治上。该视频由其同事制作并发到了美国最大的视频网站YouTube上。[67]该同事在视频中还说道:"5分钟后它就会被外卖出去,有人就会吃掉它,是的,吃掉它。但他肯定不会想到,奶酪粘过他的鼻子,上面还留着一些奇怪的气味。这就是我们在达美乐干的。"[68]

很不幸的是,达美乐公司仍旧用传统媒介的思路行事。该视频于复活节后的星期一被发上网,45分钟后,其发言人麦克因泰尔(Tim

McIntyre)被一个消费者事务博客通报了有关的警讯。这一监测功能是有效的,但直到第二天公司管理层才决定做什么。他们的决策是不过激反应,希望负面的东西能够自行平息。他们一直等着公司首席执行官和总裁多依勒(Patrick Doyle)星期三从佛罗里达返回应对这一视频事件。

麦克因泰尔表示,他们并没有浪费事发后的 24 小时,因为他们沟通了全美所有的连锁系统,发现并开除了视频涉及的员工,之后把他们转交警方,还向事发门店派驻了健康部门的人员。[69] 达美乐还与那家博客进行了沟通,因为其读者被认为在当时是与该事件最相关的。到第二天晚上,达美乐自身的社交媒介团队报告:"在推特上开始有一些对此事的谈论者。"[70] 该团队设立于一个月前,正在计划将达美乐引入脸书、推特和其他一些相关的社交媒介网站。

到星期三中午,YouTube 上该视频的点击量已过百万。当天达美乐公司把多依勒的回应视频上传至 YouTube。麦克因泰尔承认,达美乐的反应没有做到足够快,他表示:"然而没有人能够回答:碰到以前没经历过的事,你会怎么做,而不是足够快地去做?"[71] 这一表态显示,应变计划制订的一些基本观念还没有被认可。

位于波士顿的尼克拉泽公共关系公司(Nicolazza & Associates)总裁尼克拉泽严厉批评了其长达 48 小时的拖延,并推荐了美国童子军座右铭中那一"过时的观念"——"做好准备"。他指出,这再次证明:"一些大企业并没有在危机沟通的应变计划制订上花费足够的时间。"[72] 最初麦克因泰尔对 ragan.com 表示:"现在,它(那段视频)只是在网站和博客上。它今天没出现在美国广播公司(ABC)、美国有线电视新闻网(CNN)或《今日美国》上。"[73] 这恰恰表明他误判了社交媒介所具有的威力。

短短几天内,达美乐公司的声誉就遭受了严重的影响。一项由 YouGov(每天为数百个品牌)所做的网上调查显示,其在消费者心目中的质量排名由正面转为负面。麦克因泰尔陷入了深深的沉思:"甚至包括那些已经跟我们在一起长达 10 年、15 年甚至 20 年的忠实顾客,人们纷纷批评达美乐公司的作为,这是不公平的。"[74] 博雅公司负责其美国危机事务的董事总经理盖乐格尔(Paul Gallagher)把这一过程称为"梦魇"并指出:"从数字危机(digital crisis)的角度而言,这是一家企业面临的最严峻的情境。"[75]

当麦克因泰尔做出如下的建言时,他的忠告显得比较中肯:"尽自己所能以快速解决一个议题的多方面麻烦。"他补充道:"你不能仅采取强硬态度。如果有人仍相信存在着一个你可以随时翻看的笔记本或手册,并且上面写着'当X发生时,做Y即可',那你就是在欺骗自己。"然而,应变计划制订的目的是尽其所能来证明上述的观念是错的。

危机准备的实例

在一家建筑企业的危机准备和应变计划制订的实例中,除了关注最好、最恰当的项目设计和施工外,也包括一个扎实的健康、安全方案与相关培训。危机方案集中于工地疏散和安全规程,以确保工人远离伤害。所有必要的应急联络电话都印在工地上显眼易见的拖车上。与公众和媒介沟通也是该方案的重要内容。围绕疏散程序、火灾应对、建筑物坍塌、工人伤亡和潜在的碎片溅落周边区域等问题,都要有相应的讯息沟通准备。对于危机事件,给出的具体建议是,在相关的高级管理者或老板本人能以一种专业的方式对外呈现信息之前,沟通工作要有所节制。所做的任何表态和措辞都应该简单和扼要,且仅限于下述的正式措辞:"我们正致力于使危机得到控制,在合适的时候会回来向你们提供更多的信息。"[76]

海洋浪花(Ocean Spray)公司的案例也展示了风险管理——更具体来说是应变计划制订——的价值。在认识到飓风袭击给其佛罗里达州的葡萄柚生产基地所可能带来的多重风险之后,公司采取了两项措施:加固了对抗强风的建筑物的最脆弱的部分,并以不太多的投入购买了备用的便携式发电机。企业所做的准备得到了回报。在2004年剧烈的飓风期间,其工厂遭受了4次特大飓风中的2次正面袭击,飓风凶猛异常,几乎摧毁了该州大部分的葡萄柚作物。在飓风到来之前,公司遵从预警提示,调低了储存其冷冻产品的冰柜温度(以应对停电),并把便携式发电机放置在现场备用。尽管经历了长达48小时的电力中断,冰柜仍保持了足够的冷藏温度,且其工厂设施只受到了一些表面的损伤。备用电力设备发挥了关键性的作用。该企业通过确保其业务持续性的运转,展示了企业风险管理和应变计划制订的价值。[77]

往往是在危机之后,危机管理的必要性才会被充分认识到。比如,弗吉尼亚理工大学枪击案提高了大学对于危机准备的认识。波士顿大学校长布朗(Robert Brown)向全校教职员工发出了如下的邮件:

> 鉴于弗吉尼亚理工大学惨案的影响,我们正在评估波士顿大学应急预案和沟通系统,以确保它们是最有效的。大学的一个安全与保卫专家团队正在评估相关程序,以保证我们能够快捷、高效地应对突发状况,并与我们社区的所有成员沟通。[78]

弗吉尼亚理工大学枪击案中已经应用了一种更有效的方式:推特是另一种联络学生的方式,因为绝大多数学生都随身带着手机。

有关危机准备状况的调查

不幸的是,很多的研究显示,组织很少拥有危机方案。那些即便有此类方案的组织,也没有认真地对待此事。由美国南加州大学危机管理研究中心所做的针对《财富》500强企业的研究表明,有95%的企业毫无准备。[79]另一项由普华永道的管理晴雨表(Management Barometer)针对104名首席财务官和董事总经理的调查表明,尽管有近半数参与调查的企业在2004—2007年间面临着危及其一个或多个业务单元的危机,仍有三分之一的被调查者根本不考虑其企业应对主要危机的问题。超过60%的被调查者很自信地表示,诸如法律与保险服务、财务管理、会计与汇报等这些核心的业务程序,已经可以充分地确保企业对危机事件做好相关的准备。[80]换言之,他们坚信传统的风险管理。

而福瑞斯特调查公司(Forrester Research Inc.)的研究发现则更让人沮丧。尽管在189名被调查的科技企业领导人中有70%的人表示,他们的企业对危机"做好了准备"或"非常好的准备",但他们的实际作为却没有支持此类乐观的宣示。其中,27%的企业没有备用数据中心，而在拥有此类备用中心的企业中，有48%把备用中心设置在离原设施80公里的范围内，而这种距离很难帮助企业躲过自然灾害。另一个不好的发现是，只有40%的被调查企业每年演练一次灾害恢复程序，另有23%的企业根本不对其危机方案进行检验。[81]真实的演练有助于评估应变方案的充分性。[82]哈佛大学公共卫生学院的一项研究发现，尽管对可能的甲型H1N1流感的担心笼罩美国，但仍有三分之二的美国企业对大流感的影响毫无准备。[83]

这些研究发现再次表明，管理层对于应对那些低概率危机事件的项目投入持抵触态度。要改变这一现状，危机管理专业人士所面临的挑战是，呈现具体的情境证明有些危机的发生概率超过管理者的原有估计，并且一场危机的后果会是灾难性的。

危机准备的内容

危机准备包括以下内容：管理层重视风险的意愿、董事会的参与、引入情境规划和构建一套支持危机准备的基础设施。

管理层重视风险的意愿

危机准备开始于管理者对于风险与风险承担的感知。这种感知是一个企业关于其风险脆弱性的文化信仰的一部分，也意味着管理层把风险管理纳入日常职能的程度。然而，管理者可以借助各种各样的防范机制，来反对这种对责任的延伸。这其中有一些诸如此类的合理化解释："我们的企业规模会保护我们"，"我们的员工非常敬业，因而我们毫无怀疑地相信他们"，"如果危机来临，有人会来帮助我们"，等等。[84]管理者一定不能被此类让人安心的假设麻痹得乐不思蜀，因为只有在他们意识到组织对于危机的脆弱性之时，才会为危机准备工作配置资源。

管理者应该从风险的视角，不间断地分析其组织的运作和管理框架。这一过程类似于一个生产工厂的安全经理需要时时巡查任何存在危险情况的工厂车间时所做的工作。[85]持有这一取向，一个管理者也会评估其组织对于风险脆弱性的认识，以及一旦危机发生时能够派上用场的相关框架和程序的可获得性。其目的是设计并推行一种能够与危机相适应的组织系统。不幸的是,那些完全以绩效为导向的管理者会反对这种内省式思路,因为这正如卡沫雷(Abraham Carmeli)和斯高布罗克(John Schaubroeck)所警告的那样,他们既不想花费时间对其运作和管理框架进行不间断的分析,也不会前馈式地对潜在的问题进行监测。[86]

董事会参与

为了在企业整体层面启动危机准备程序,一个企业的董事会和高层管理者必须重视风险管理的重要价值。正如会议理事会和奥纬咨询公司[1](Mercer Oliver Wyman)所做的一项调查所显示的,有91%的董事会成员和高层管理者要么乐于接受企业风险管理,要么正在积极地准备、开发或推行它。促使董事会参与的一些驱动因素包括:对企业治理要求的遵守(66%)、对于战略性和操作性风险全面了解的愿望(60%),以及对未来5年企业内外各类风险不断增多的预期。[87]另一项由FM Global互助保险公司[2]和哈里斯调查公司(Harris Interactive)所做的调查也支持了企业风险管理的观点。该调查显示,全世界范围内,在年营业额至少5亿美元的企业中工作的600名财务管理者,把96%的北美企业的风险管理置于从中到高的企业优先级。[88]

一些董事会的董事成员设立了一个特别的风险管理委员会,从事以预测和防止麻烦问题为目的的日常情境规划工作。例如,雷诺烟草公司(Reynolds American Inc.)曾经模拟其董事长和首席执行官在一次飞机事故中死亡,并为此召开了一场模拟的董事会会议。这场长达两个小时的模拟会议暴露出该企业在应急继任者方案上的不足。他

---

[1] 奥纬咨询公司是一家专注于银行、保险等金融行业战略和风险管理的管理咨询公司。——译注

[2] FM Global是一家全球性的从事财产保险和工程防损风险管理的互助保险公司。该公司渊源于其创始人艾伦(Zachariah Allen)在1835年对其纺织厂房设施进行防损改进、将潜在的火灾隐患降至最低,并要求保险公司降低其保费遭拒后的创意。他的做法是:召集接受其防损理念的当地其他纺织厂业主创立了一家互助制保险公司,仅承保那些"风险状况良好"的工厂——现在被称为"严格受控风险"(Highly Protected Risks,简称HPR)的财产,且在年底将剩余的保费以分红的形式全部返还被保险人,这一做法演化成今天的"FM Global成员奖励机制"。——译注

们发现,在没有如此沉重的死亡氛围弥漫的情绪中,与会者更容易就此发表自己的见解。[89]

在风险管理中董事会正在吸纳更多的成员。在美国全国企业董事协会(National Association of Corporate Directors)探讨风险管理作用的一场圆桌会议上,24位与会的审计委员会主席认为"整个董事会有必要介入"对风险的监测工作。杜邦公司(DuPont Co.)前首席执行官克罗尔(Jack Krol)在2002年加入美国泰科公司(Tyco)董事会之际,运用了另一种参与的方式。他创造了一个每年巡访一个业务单元的风险预估程序,并由1—2名董事会成员去评价一份包含10项内容的风险清单和拟议的改进措施。接下来他们会与全体董事会讨论所发现的问题。[90]该清单包括各种早期预警监视系统的存在与否,比如核查与安全相关的各类设施以及对相关法律和规章的遵守情况。

一旦危机发生,有些董事会即开始参与。在新世纪财经集团(New Century Financial Corp.),那些平常只提供见解和对企业进行监督的独立董事,担负着实际行动者的角色。他们具有的资历可带来以下好处:(1)创造了一个关注危机的亚委员会;(2)直接从各级管理者那里收集相关信息,而不是单纯依靠首席执行官;(3)雇用了仅限于董事会内部的顾问;(4)扮演着执行者的回音板角色。[91]

构建一套支持危机准备的基础设施

一个组织的某些特征会使其易于觉察到对于危机的脆弱性,并提供了对于危机事件的"减震器"。这些特征包括:

- 广大员工中盛行一种时刻留意任何潜在的危险或破坏性事件的文化。这种文化信仰通常存在于高层管理者认识、重视并对危机管理有需求的氛围中。一个组织的文化应该反映着周围环境的道德观,并从总体上体现着职业道德。
- 与各类利害相关者间深厚的双边关系会激励他们参与到风险管理当中,并会弱化他们对于危机事件的负面反应。此类的反馈机制包括员工申诉系统和消费者投诉系统,这都有助于提升对于一个组织政策、程序和行为的满意度。利害相关者也可以被纳入到危机管理规划当中。

- 一种开放的、提倡信息分享和运用团队方式应对危机的管理风格。不同于仅对个体的管理者进行培训的方式,应该激励一种对坏事情的集体观念,只有这样才能保证个体和集体都是可靠的。
- 在电脑技术和信息通讯准备方面的变革可以提供进一步的支持。纽约全国票据交换所(National Securities Clearing House)负责沟通事务的副总裁古德斯坦(Stuart Z. Goldstein)指出了此类科技基础设施的三项内容:(1) 一种整合性的数据库,能让所有涉及公共事务/企业沟通的部门共享内部信息;(2) 能够访问外部数据库的网络接口;(3) 一个能够追踪和有助于分析关键性利害相关者对众多议题所持态度的诊断性数据库。[92]这种基础设施能够让一个组织对危机事件进行快速的评判,并抢在新闻媒介和其他相关方之前做出表态和稳住情势。

危机准备是一个整体性的概念,它涉及上至董事会下到普通员工、外至所有利害相关者的整个组织及其环境。

应变计划的要点

应变计划制订就是把风险管理应用于具体的、事情可能会出错的情境中。其目的是把握并化解尽可能多的不确定性和风险,保证在危机来临时管理者能够保持对自身事务的控制权。[93]它集中于对所有可能发生的情况做好准备——提前去做尽可能多的工作来应对每一种情境。具体而言,一个应变计划的目的是:
- 通过构想应对措施、沟通程序和相关责任划分,消除危机期间的模糊性;
- 向具体管理危机事件的人员提供指引;
- 向危机期间负责与新闻媒介和主要公众进行沟通的组织的新闻发言人提供指引;
- 指明组织内部额外的应急和公共事务资源与人员。

一份应变计划会在开头部分阐明其目的,接着描述下列步骤。

确认脆弱性区域

每一个组织和行业都必须确认其所有潜在的危机情境和脆弱性区域。像危机管理研究所之类的机构帮助我们准备了不同类型的脆弱性评判报告。[94] 比如,由于使用一些带有风险的技术,化工企业的脆弱性是极高的。他们的生产过程和产品可能会危及人们的生命、健康、财产或环境,也会引起极大的公众关切。此外,规模较大的企业对于产品质量诉讼、政府监管和公众对抗等风险表现得更为脆弱。有意思的是,危机管理研究所在探讨商业领域的危机时,列举了2008年最可能产生危机的5大行业:银行业、食品业、证券经纪人/投资公司、石化行业和保险业。[95]

具体的脆弱性

代表一个组织所有部门的应变计划制订团队应该以确认每一个可能的灾害或可能发生的危机事件为底线和起点。他们一开始就需要梳理危机定义,并列举其组织和行业已经遇到的各类危机和主要问题。以下是一些有益的来源和研究的程序:

1. 列举危机类型应该求助于刺激性思维。本书第一章和第二、第三、第四部分就是为此而写的,当然也可能参照与危机相关的其他著作。[96]
2. 应该检视组织的各类资源。通过审查公共关系部门的新闻剪报资料,可以梳理过往的应急情况和相关事件。像Lexis/Nexis之类的数据库搜索,也会显示更多的类似信息。还可以与高层管理者、运营经理和法务、保卫、人力资源等部门领导、安全设计与工程人员、危机计划团队成员等进行对话交流。这不能漏掉任何一个可能的人。如果有工会,也要跟其领导人交流。访问厂房、设施、分部和部门,仔细审查其潜在的脆弱性。
3. 跳出组织,与当地政府官员、警方和消防部门的领导、社区领袖及相关的公共利益群体进行对话。也要联系行业协会和本行业中的其他企业,以了解相关新闻报道和有关过往危机的其他信息。企业保险顾问是另一个有价值的搜集潜在风险的来源。

在与各级管理者的交流中,要特别问及"最糟糕的案例"情形。鼓励他们去设想他们的组织——尤其是在他们职责范围内——可能发生的最糟糕的事情。米特罗夫在《为什么有些企业从危机中变得更强更好》一书中提醒,这项工作极其困难,因为这要求管理者改变自己的参考框架。[97]倾听他们提及的危机类型、他们对于事件发生可能性的估计、致使事件恶化的因素、受影响的群体、企业运作会受到的影响,以及组织应对危机的方式。尝试把他们所说的内容与组织外部可能作为背景的,甚至可能使某一情境升级的事件、议题和趋势联系起来综合考虑。

这项检视工作还要包括"历史性的"参照——过去一个世纪的主要灾难——而不单单是过去10年所发生的事情。[98]这一设想最糟糕情形的方法的最终目的是,列出一份在组织所有环节中最可能发生的危机清单。并且,通过研究过往危机所体现出的模式,可以得出重要的、可以为管理者付诸实践的教训,进而危机发生的可能性就降低了。

一旦拟定了危机清单,就可以根据其严重性程度来排序:一般、严重、重大。一般性事件可以是那些仅限于组织内部、对第三方和环境仅造成较小伤害、损害和影响的事件。对此新闻媒介仅会投入有限的注意。严重事件是可以发生在组织内部或外部、可控或不会蔓延的事件。由于仅产生中等程度的影响,此类事件会牵扯到组织外的权威机构,新闻媒介会产生适度的关注。重大事件是那些当下还难以控制或确保不会蔓延、导致一例死亡或三人以上的人身伤害、会牵扯公共权威部门、具有实际或潜在的公共意义并广受媒介关注的事件。[99]

"事前分析"是危机准备计划中一种暴露薄弱环节的好方法或乐观思维。在一群人制订了相关的计划之后,再把他们召集在一起进行特别的训练。让他们设想一下已经过去了一年时间,并且告诉他们当这一计划被应用时本身就是一场灾难。给他们45分钟的时间让他们在一张纸上写下所发生的事情。这一计划为什么会出现灾难性后果?[100]

基于组织"公共本性"的脆弱性

在设想一个组织具体的脆弱性之外,计划制订团队应该基于一个组织的公共本性来评价其脆弱性。正如下文要谈到的,判断一个组织的公共本性需要运用法律的、经济和政治的视角。经验显示,一个组织被感知的公共本性越大,人们对其的期望值会越高、看法更严苛。总之,人们期望组织满怀公共本性去遵循政府规章,其中之一是对于除危及国家安全之外的所有活动情况的"公众知晓权"。

除了田纳西河谷管理局(Tennessee Valley Authority)[1]之类的政府性企业,美国公共事业是被公众认为带有公共本性的。在没有竞争的前提下,公共事业被政府作为天然的垄断主体,被赋予了特许经营权,在特定的地理边界内排他性地提供既定的服务。竞争因而被排除了,但反过来,公共事业必须遵守政府有关费率、服务和其他事务方面的管制。尽管其他一些特定的行业和企业从技术上讲不属于公共事业,但也可能会被视为如此。如同伯尔勒(Adolf A. Berle)和米恩斯(Gardner Means)在其经典著作《现代企业与私人财产》一书中的逻辑,这些企业通常被称为"公共企业":

> 那些掌控着超大型企业的极少数人手中的经济权力是一种极其庞大的力量,它能够伤害或有益于为数众多的人,影响到整个区域,改变贸易走向,毁灭一个社区而给另一个带来繁荣。他们所控制的企业已经远远超过了私人企业的范畴——他们已经更接近于社会机构了。[101]

在2008年金融危机期间和之后,许多经济学家得出如下的结论:如果一家银行或其他金融机构变得"太大而不能破产",那它就应该被分拆成较小的单元,或者像公共事业一样,接受更广泛的管制。

正如1971年[2]的Munn v. People判例所显示的,美国法院长久以来都坚持公共利益高于私人财产权的观念。在这里美国最高法院引入了如下原则:一旦私有财产"受到公共利益的影响,它就不再仅仅

---

[1] Tennessee Valley Authority 是罗斯福总统为了应对大萧条的影响而根据国会相关章程于1933年成立,专责解决田纳西河谷一切问题的由美国联邦政府所有的企业,负责整体规划并服务于船运、水土保持与抗洪、粮食生产与肥料供应、发电等经济发展事务。它位于美国田纳西州,但管理和服务区域包括田纳西州大部,亚拉巴马州、密西西比州和肯塔基州的一部分,以及佐治亚州、北卡罗来纳州和弗吉尼亚州的小部分。它是美国联邦政府第一家,也是迄今最大的、针对区域发展规划,并创新为"地理导向"的一家整体解决方案机构,并且获得了很大的成功。——译注

[2] 原文如此,应为1876年。——译注

是作为私有财产而存在了"。最高法院还指出,"当私有财产权对公众造成后果,并影响到整个社区时",它就披上了公共利益的外衣,需要接受公共管制。

按照这种思路,在辉瑞公司(Pfizer Inc.)宣布其建造一个毗邻的研究基地的计划后,最高法院在康涅狄格州新伦敦的特伦堡(Fort Trumbell)区域启用了土地征用权(Eminent-domain)。紧接着该市决定建造一处面积达 90 英亩,包括滨水酒店、会议中心和新居民区的地方——所有这一切都是以繁荣该区域的名义。[102] 在这一开洛对新伦敦(Kelo v. New London)的案件中,最高法院发布命令,只要能够服务于一些广义上的、确定的公共目的,州政府就可以以私人开发商的名义没收私人财产。[103]

下面列举了一些由于其公共本性而使企业出现脆弱性的具体原因:

- 一个企业或行业受惠于政府或使用了公共资源。银行业、广播电台、原子能行业和冶金行业,以及占用与使用政府土地者都会被归为此类。基于人们对政府支持金融体系的信任,银行业得以使用现金和信用工具;广播电台使用属于公共资源的电波频率,它必须分配到具体的使用者才能发挥作用;原子能行业使用了之前已花费数十亿美元的公共投入来做的相关科学研究及其成果;石化及采矿业——特别是当所有权为外国拥有时——被认为是耗费本属于全体人民的、有限的自然资源。

- 一种产品或服务在生物意义或文化意义上是必需品。它是在一个既定的社区或区域内所有人实际上都需要的东西,比如医疗机构的服务、奶制品配送、每天的报纸和当地交通设施。判定是否为必需品的一种方式是考察行业纠纷的历史,注意那些广受公众关注且被认定为"突发事件的纠纷"。如果没有替代品或其他的提供来源,且此类需求不能被拖延,公众舆论就会对此类物品的短缺、价格过高和质量缺陷问题做出快速的反应。

- 一个行业缺乏竞争。不存在从公共利益角度自动管制该行业的"看不见的手"。在这种环境中,公众就会容许来自政府的管制措施。

被视为"公共企业"的企业可能是在一个行业中最显眼和举足轻重的。众所周知,大型企业通常是政府和社会行动团体的目标,也会吸引最多的媒介关注。

设立危机临界点并分配危机预警责任

除非采取应急措施扭转局面,否则潜在的危机一旦被确认,就要为每一种认定的情境设立一个"危机临界点",即一个标志危机来临或即将发生的具体讯号或一系列指示性迹象。此类明显的讯号在事故之类的危机中是最显而易见的——造成一定数目机组人员和乘客死伤的飞机失事,或伤及员工、损毁财产并破坏环境的工业火灾与爆炸事故。

印度博帕尔(Bhopal)惨案中,在毒气业已扩散至当地社区之时,缺少一个严格界定的危机临界点——有时体现为使用意义含混的"事件"一词而非"事故"[104]——是导致对当地居民警示过程中致命性拖延的最直接原因。对危机临界点的困惑,导致了有关毒气泄漏时对当地社区的警告拖延。与此相反,当2008年美国国家气象局确信艾可飓风将正面袭击得克萨斯州的休斯敦时,当即发布了一份毫不含糊的撤离警告:"那些不听从撤离指令,在独立屋、一或二层房屋居住的人会面临死亡。"[105]

许多危机并不遵循自然灾害的模式,相反会由一系列较微弱的讯号逐渐生成,而这些讯号出现在引爆危机的最高点到来之前。不幸的是,由于没有刻意搜寻此类早期征兆的工作,抑或未能从组织外部的某些事情、议题和相关趋势中推断到严重问题的存在,这些早期征兆与讯号就难以被留意到了。例如,可能已经存在着许多消费者对于一款产品的投诉、员工对于一些错误做法的关切与描述,或者来自政府部门的约谈,但由于没有人被分配来负责,这些征兆就不会被注意到。派罗指出,缺乏问题辨识的另一个原因是,有些特定的情境是难以去设想的,即"启发式"——一种面对信息进行构想的简单方式——是不现实的。[106]对此类征兆进行监控的责任必须转变某一员工的职责内容,或者设立一个独立的岗位,比如消费者投诉经理、审计官或伦理审核官。

不管危机遵循何种模式,应该向具体的个人分配责任,一旦达到危机临界点,确保有人向危机管理团队发出警讯。组织还应向其工作人员灌输积极、警觉的意识,只有这样才能保证那些潜在的危机触点会被发现,并随时引起领导层的关注。[107]对于诸如火灾之类的易被识别的突发情况,组织中的任何人都可以鸣响警铃。培训在不同工作面值守的员工,一旦发现某一程序出错或变得危险,就立即鸣响警铃。这些人及其上司应该知道,需要立即报告给危机沟通中心。对于一些不太明显的事情,就应该培训和授权给指定的个人,比如审计委员会的成员。

对于任何被指派去承担判断达到危机临界点责任的人而言,应该清楚了解相关的指令,以及需要通报的人。一个较好的做法是,在相关人员的手机里植入需要通报者的姓名和电话号码。作为备份,还有一种过去的做法是,把需要通报者的姓名、手机和办公室与家庭电话号码列在一张钱包大小的卡片上,提供给那些担责者。危机管理团队的"指挥官"是第一个需要被通报的人,通常再由其通报给其他人。

组织并培训一支危机管理团队

每一个组织都必须组织一支集中的、层级较高的危机管理团队。而对于拥有不同分支的企业,应该设立类似的当地团队。核心成员包括首席执行官或其他高层运营官、高级公共关系或沟通官员、总顾问,对于大型、多分支的企业,还包括受影响部门的负责人。并且,根据所在行业和危机的性质,可能还包括以下人员:首席财务官、安全保卫负责人、环境事务负责人、工程技术负责人、人力资源负责人和市场营销负责人。[108]其前提是,该团队含有擅长沟通的人,而拥有高超的沟通技巧也是该团队领导者的重要素质。[109]

在著名的泰诺胶囊危机中,美国强生公司的危机管理团队领导人是其董事长伯克(James E. Burke),还包括公司总裁、所涉部门的一名负责人、执行委员会的一名成员、强生附属的麦克内尔(McNeil)消费品公司(其生产泰诺胶囊)负责人、一名总顾问和负责公共关系事务的副总裁。危机工作小组还应该围绕不同类型的危机情境——比如火灾或自然灾害——而设立,还要对小组每位成员分配具体的工作任务。在涉及泄露隐私的危机中,还应该包括信息技术方面的负责人。

指定危机沟通中心

一些组织设立专门的、类似于"战时办公室"的危机控制或沟通中心,在这里协调危机管理团队的相关活动。英国航空公司在希斯罗机场设立了一个24小时随时待命的危机控制中心,以及一个随时对所有危机事务提供建议的法务部门。它也对其他航空公司开放其法务部门,这些公司在危机时购买其服务。[110]

沟通中心在条件和设备方面应该达到一些要求:面积应该比容纳预想的媒介代表人物所需的面积再大25%,在边上还要再配备一个供单独采访的独立房间。在桌椅之外,还应有方便电脑使用的网络宽带连接、复印设备、传真机、书写工具(纸张、铅笔和钢笔)、订书机、剪刀、一般参考书、电话(在手机无法使用的情况下)、电码号码名录、音视频播放设备、衣帽架和告示板。还要安装从公共关系部转到危机沟通中心的电话转接功能。媒介资料夹(Press kits)应该以数字形式保存,包括一些现有的图片和背景性信息。正如玛格拉(Melanie Magara)在北伊利诺伊大学枪击案后所评论的:"你肯定不希望你的所在地处于危机之中,但由于远超平常的手机通话量,可能导致那些沟通渠道不堪重负。"[111]

整个组织上下都应通告危机管理团队及各类专门工作小组的职责与关系。与此同时,告诉所有员工,把所有来自新闻媒介有关突发情况的问询都转至危机沟通中心。那些可能会被媒介记者提问的人必须接受过媒介关系培训,并参与过最好有新闻记者在场的模拟环节。如果应急团队是应变计划的一部分,那么,还必须对团队成员的准备状况与支持性设备进行检查。

可以综合运用包括游戏、模拟演练和专题演练等形式,以让管理者对危机做好相应的准备。大多数此类培训项目都借鉴了美国国务院培训外交官应对危机的危机管理操作项目(Crisis Management Exercise Program)。危机模拟演练可以用来发现应急计划(Emergency Plan)中最明显的疏漏,比如所倚重的核心成员生病或休假在外,或者所设置的危机控制中心距离可能的灾难原因太近。从理想状态而言，危机演练应由外部独立的专家来执行，辅以组织内部人员——而这些人必须对组织的现有系统既敢于批判，也要明了替代性的系统。[112]

做好事前的安排

一个应变计划会包括名目多样的、旨在改进组织应对危机能力的事前安排。有时作为应急计划，应变计划还会包括诸如提前安排多余的场所与后勤物资——租用简易床和宾馆房间供有需要的员工使用，租用船只和其他交通工具用于转移需要异地安置的员工。此类计划还应包括在会被用作应急避难的地方贮备食品和其他必需品。

事先获得应变计划措施的许可

如果实施应急计划的内容需要事先征得政府权威部门的许可，那就应该提前获得。如果这样不现实，那就应该认真弄清楚审查许可程序，包括所有涉及的人的姓名、地址和联系电话（包含应急电话号码）。组织内部的审查和许可程序也应该进行同样的检查、审核并保持随时更新。在埃克森原油泄漏事故中，缺少使用化学溶解剂的明确许可是当时所面临的困难之一。

列出那些需要告知的公众并排序

任何一个公共关系部门都应该有一份包括所有公众的清单——主要的利害相关者、群体——受到组织影响或反过来影响到组织的群体和个人。他们应该从危机视角进行审视，而那些被列入应变计划的公众则（1）必须立即被通报，以保护相关生命和财产；（2）应该在危机允许的前提下被告知，比如：不在现场的员工、供应商和分销商等。

美国环球航空800号航班的教训

1996年7月17日，美国环球航空公司800次航班失事表明，一旦政府权威部门介入，情绪化的情境是如何致使一个企业对其应变计划失控的。这架搭载230人的航班从纽约肯尼迪机场起飞前往巴黎，在纽约长岛上空爆炸起火后坠毁于附近海域。由应变计划交换公司（Contingency Planning Exchange, Inc.）组织的会议发现了所存在的一些沟通问题。美国红十字会负责大纽约区灾难服务的总监里夫斯

(Melvin Reeves)提到了知晓哪些人必须被通报,以及有哪些训练有素的可用危机应对者的重要性。

另一名亲历者、美国海岸警卫队上尉指挥官麦卡锡(John McCarthy)指出:"你会发现自己会跟那些你之前根本不会想到的机构共事。"[113]一个例子是,纽约州应急管理办公室与多达 21 个机构一起工作去调查这次爆炸、清理沙滩、慰问悲痛的家人,并从混乱中理出一些头绪。纽约市长朱利安尼(Rudolph Giuliani)也参与其中,他关心的是通报遇难者家属、对环境的可能影响以及保持公众知情。市长办公室负责应急管理的副主任比利特(Bradford Billet)指出,有一位高级别的官员在现场回答问题和发布指令是至关重要的。而环球航空显然疏忽了这一点,在肯尼迪机场最初只有一个负责机票事务的主管在对付那些潮涌般急于知道答案的家属。

现在,危机计划制订越来越离不开当地权威机构的参与。社区对于工业产品及其生产过程所带来的危险享有"知情权"。有些计划就是由政府部门提供的。例如,美国联邦环保署起草了《化工类突发事件应急准备方案》,目的在于帮助州和地方政府应对有毒化学物质的排放。这份包含两个部分的方案,帮助社区在制定和改进其应急方案时获取有毒化学品的相关信息。[114]

应急计划也必须针对企业因受干扰而造成的损失来制订。正如欧洲风险管理协会总裁罗德尔(Hugh Loader)所提出的,一个企业所遇到的最糟糕的事是"失去了你的消费者"。[115]如果是一家制造型企业,那么,它就应该拥有多个另外的供应商,而不是仅有一个可能会因不可预料的危机而导致关门的供应商。

准备用于危机的媒介清单和背景性新闻资料

一份及时更新的媒介机构清单是一项基本要求。传统的报纸和广播电视仍在其中,但在新的媒介环境中必须增加社交媒介。正如一份针对美国、欧洲和亚洲 120 家企业网站所做的分析显示的,这种趋势是世界性的。[116]这也是过去 10 年间大趋势的一部分,却已让互联网成为一种分享知识、想法和组织信息的关键性渠道。

如同达美乐比萨案例所显示的,一个大的危机事件往往最先是在社交媒介上被发现和报道的。当美国航空公司1549次航班冲进哈德逊河时,正是推特最早提供了全世界都能看到的照片。推特连同博客、社交网站(如My Space和脸书)、图片/视频分享网站(Flickr和YouTube)一道,被作为微博的工具之一。[117]例如,美国海岸警卫队利用社交媒介传递公共信息,并特地用推特来进行及时更新。他们利用图片、视频和YouTube来传播有关救援的故事、回应原油泄漏事件和传递有关执法活动的信息。[118]

媒介清单应该包含公共关系联络人的姓名和电话号码(手机、办公和家庭电话)、传真号码和电子邮箱地址。有些组织还提供可供媒介问询技术细节和求证各类数据的专家与其他相关人士的名单。有时组织也会把这些具有"高可信度"的人作为背景和补充性信息的来源。最好让这些人能够及时了解组织的相关政策和活动。此类信息应保存在电脑中,以备随时更新。

在当今这样一个社交媒介快速发展的新世界,许多组织已经建立了"网上新闻间"——也被称为"网络关系"(Net Relations)、"网站公共关系"和"互联网公共关系"。[119]它们被作为存放媒介所需信息的总部。随着许多报纸缩减其办公场所,以及越来越多的"移动记者"在家办公,此类新闻间变得越来越重要。这些记者通常背着装有笔记本电脑、手机、摄像机和录音设备的"双肩背包"。[120]一项由TEK[1]针对网上新闻间于2009年4月所做的调查显示,在危机期间有90%的记者为了获取突发新闻和企业声明会去浏览网上新闻间。[121]该调查发现记者会关注以下信息:

- 公共关系联络人及其手机号码;
- 新闻通稿,更喜欢按照新闻类别分类组织的稿子;
- 关于组织背景的信息,包括组织历史和时间年表——且不要忘记了组织地址(美国必能宝公司(Pitney Bowes)的网上资料页实例可参见:http://news.pb.com);
- 产品信息/新闻资料夹(美国信诺保险公司(CIGNA)拥有多类型新闻资料夹的实例可参见:http://newsroom.cigna.com);

---

〔1〕 TEKGROUP Inc.是一家专注于在网上提供新闻软件与服务的公共关系公司。——译注

- 可下载的高像素照片、公司标志和其他图片资料(美国大型药品、食品零售连锁企业 Walgreens 在网站新闻间提供可下载的各类图片可参见:http://news.walgreens.com);
- 关于组织情况通常会被提问的问题(FAQs);
- 各类活动日历;
- 财务信息;
- 以前的新闻报道;
- 视频资料(美国迪士尼公园的网上新闻间实例可参见:http://www.disneylandnews.com);
- 音频资料(福特汽车公司的实例可参见:http://media.ford.com);
- 社交媒介账号的链接;
- RSS 订阅;
- 企业博客;
- 推特订阅。但需要注意的是,仅有 61% 的记者表示愿意从一个企业的推特账户接收相关的推送内容。[122]

指定和培训新闻发言人

  一个组织应该储备在危机期间可能会被召来做新闻发言人的候选人名单,并对他们进行应对新闻媒介方面的专业培训。对于任何一个特定的情境,新闻发言人的身份都应与事件的严重性程度相匹配。例如,对于一个具有全国影响的危机而言,由地区经理来出面就显得不太恰当。

  正如通贯本书并在下一章集中讨论的"危机沟通"中所体现的,危机计划激活于危机期间,但其益处既体现在危机期间,也体现在后危机期。

记录日志——并从失败中学习

  危机管理者尽管在危机期间面临另外的负担和压力,也应该就所接收到的所有信息、所遵循的程序和做出的决策措施记录日志。每一个参与危机管理的人都应该记录下自己的所做与所思。这一原则强迫管理者看事情变得更为客观,也会促进回应策略的形成。那些负责沟通事务的人也应保留所有的媒介接触日志——既包括来自媒介的问询,也包括自身的主动联系,这只需要记录下联络的日期和时间、报刊、电台或电视台的名称,以及问询的主题和给出的回应内容。

在危机期间,此类日志信息可以在不同的个体和团队之间共享,以使他们在不同的转换过程中可以平顺地进行责任交接。其最终目的是,有助于评估危机处置的好坏,以及发现存在的疏漏和不足。危机过后的分析有助于改进将来应对危机的绩效,并为后危机时期的重建工作提供支持。有些组织在危机过后正式询问其员工,其目的是重新评估他们的工作,了解改进的方式。其着眼点在于让应变计划更具综合性和现实性,考虑是否需要更多的培训和演练工作,优化相关的方案和程序。这种反思意味着,一份危机应变计划永远没有终点;它必须不断地更新和优化。所有的计划都应该显示其最后一次修订的日期。

在有关组织危机准备的文章中,卡沫雷和斯高布罗克认为,从失败中学习的过程对于一个组织的危机准备至关重要。[123]他们指出,这一过程在具有安全心理和对失败高度宽容——而这一态度会被那些担心这会有损于其"乐观、有远见和高效的领导者形象"的管理者所抵触——的组织中更为常见。[124]这也正如被誉为行为经济学之父的卡尼曼(Daniel Kahneman)所言,决策制定者不会情愿回到过去去审视自己曾经的错误,原因在于这有悖于他们的利益。"没有人愿意暴露自己。因此,任何系统性的尝试收集决策制定方式的努力——这对于任何希望改进的组织都万般重要——通常都会在组织内部被刻意阻滞。"[125]然而,尽管那些以前曾有过危机经历的组织会比没有此经历的组织有更高的准备水平,但只有在他们努力做到从失败中学习的时候,才会切实提高其危机准备程度。

单环学习与双环学习之间的区别也适用于从失败中学习的过程。前者侦测到一种不希望的事态,例如房间中的低温(即一个恒温装置),但它不会解释造成低温的原因。双环学习会找到导致低温的原因,比如打开的窗户或缺少隔热材料。正如卡沫雷和斯高布罗克所指出的:"二阶(Second-order)问题解决行为是一种回应机制,它不仅矫正当前的问题以保证运营的持续性或一项服务的约定条款,还通过矫正其原因或让其他人认识到其存在从而在更广泛的意义上解决失败的问题。"[126]在解决当前的困难之外,双环学习还可能导向对新机遇的把握。

美国快餐连锁企业 Jack-in-the Box 很晚才认识到学习的价值。在接连出现由于未熟的汉堡所导致的食客死亡和发病进而造成业务和声誉损失之后,Jack-in-the Box 邀请了一位外部的专家(微生物学家)去仔细考查从供应商开始的、每一个可能导致细菌污染的工作环节。[127]借助双环学习模式,他们努力发现问题所在,并通过根本性地改变其规范、政策和目的——提高汉堡的烹饪时间——从而矫正了错误。[128]他们拒绝了仅对危害进行控制的解决方法,即使未来的消费者相信其食品是安全的。在之后的年度会议上,该企业还宣布了一项预算分配方案,其目的是"矫正"自身并帮助那些食物中毒的受害者。[129]

在危机期间,一个组织的领导层会受到近距离的仔细审查,有时甚至受到挑战。许多问题会随之引发。诸如飞机爆炸、石油泄漏或丑闻之类的事件,会导致一个组织的成员质疑该组织的文化信仰。可能还会质疑其所应用的技术类型——比如核能和化学品——及其管理程序、政策、实践和路线。最终旧有的实践和关系会被替代。在涉及危机技术的组织中,为了让自身感觉到"真正对危机做好了准备",相关的警示措施——或许以额外保护的形式——还是必不可少的。

总　　结

风险管理已经成为一种不可避免的管理职能,其原因在于,最可能的有关未来的图景是:各类危机将持续性地不断爆发。自然、科技和人类的共谋,使当下的管理面临复杂的挑战,而这种挑战又需要在比以往更短的时间框架内做出回应。但有些危机,却是由管理者自身造成的。但是,相关的调查显示,许多的组织由于太过于关注当下的运营,从而拖延了针对未来可能的危机做出应有的决策。董事会成员和高管必须承担起责任,把风险管理纳入组织的日程。

应变计划制订是风险管理的一种形式。它在事实基础上,承认大多数组织迟早都会面临危机,因而必须做好相关的准备。理解了已经出现的危机类型、引发危机的原因、处置危机的方式以及可资学习的教训,会有助于管理者应对未来的危机。应变计划制订就是一种学习过程,也是针对那些不希望发生,但又不可避免的危机的一种演练。

第三章　危 机 沟 通

危机沟通决定着一场危机是否会演变得比危机事件本身还要严重,原因在于,传统媒介和新兴媒介对于危机事件的报道方式,会在很大程度上决定一个组织的利害相关者和一般公众看待和对待该事件的方式。传统媒介还会通过调查性报道引发危机,而新兴媒介则会报道一些没有被传统媒介观察到的信息。例如,2006年索尼就陷入了一场危机,其导火索是,有人在博客中提到戴尔电脑中配置的索尼电池起火的事情。[130]这件事在网络世界中扩散得异常迅速。类似的事件也发生在2005年,当时一名有影响力的博主贾维斯(Jeff Jarvis)在博客中贴出系列的冠以"戴尔地狱"(Dell Hell)的帖子,被数千人分享。[131]他在博客中详细描述了跟戴尔消费者服务部门之间噩梦般的遭遇。

然而,并不是每一个不友好的媒介报道都是危机。卢卡泽维斯基(James E. Lukaszewski)在其著作《危机沟通计划内容与模式》中指出,负面报道可以更准确地被认为是"媒介攻击",而不是危机。[132]他举出的例子包括:《华尔街日报》一篇关于种族多样性的文章不友好地点了一家企业的名;一名企业董事长在颁奖时很明显地侮辱了三名拉丁裔获奖者;在TCG商店发现毒品交易时由联邦、州和当地权威部门进行的一场突然搜查;裁员;在社区发生的一起导致一名儿童重伤的卡车事故;在一个社区参与项目中由于帮派交火而导致的一名志愿者的死亡。本章就会讨论这些情境所需要的不同沟通应对方式。

媒介会危害到声誉

不友好的媒介报道——包括传统和新兴媒介——的危害是,这些报道会潜在性地危害到一个组织的声誉,并导致员工关系、消费者关系和社区关系等方面的问题。运用危机沟通的速度和效果,会影响到危害的严重性程度,以及事件会否发展到危机的烈度。在戴尔电脑的案例中,该企业创造了一个先例,即在引发问题的新兴媒介上做出回应,而不是在传统媒介上发一份致歉声明,或完全忽略那些网上的声音。[133]

正如上一章中达美乐案例所彰显的,那种向组织所有高层咨询如何对待一篇不友好报道的奢侈做法已经行不通了。关键性的回应时间不再是最初的 24 小时。由于社交媒介的即时报道和有线电视新闻的 24 小时全天候特性,现在的回应时间变成了最初的 24 分钟。博雅公共关系公司负责危机与议题管理事务的董事总经理道依纳(Karen Doyne)指出:"满足公众期望值是危机沟通中的主要评判标准之一。特别是由于科技因素的影响,公众期望值总是不断上升的。早前是 24 小时播出的新闻电视网,接着就是互联网,而现在人们当即就要求提供信息,并且是一种持续性的即时标准。"[134]

鉴于每一个危机都会产生信息落差,当一个组织迅捷地填补此空白时,它实际上就抓住了一个影响潜在的负面报道传播的绝妙机遇。而一个受困于危机的组织保持沉默则是无异于自废武功,因为这会让新闻媒介和公众认为其隐瞒了相关的情况。并且,危机发生后的最初几个小时或——在瞬息万变的危机中——数分钟对于组织获得事件报道控制权(不仅仅是描述发生了什么,还可以框定事件的性质)是极端重要的。

道依纳建议采取如下行动:
- 不间断地监测大众媒介,更要重视导致许多现代危机发生的网络空间;
- 在危机发生后的第一新闻周期发布一份声明,应涵盖你知道的情况、不知道的情况以及要做的事情;
- 给出一个明确的计划,交代你如何应对危机,以及为避免再次发生类似危机所要采取的行动。在危机过后,接触主要的利害相关者群体以弥合受影响的关系。[135]

由沟通失败导致的危机

上述建议在俄罗斯"库尔斯克"(Kursk)号潜艇沉没事件、天主教堂遭遇性丑闻和爱氏晨曦食品公司(Arla Foods)卷入丹麦报纸对穆罕默德的报道事件中,都没有得以遵守。

俄罗斯库尔斯克潜艇沉没后的沉默[136]

沉默是危险的。2000年8月12日,在巴伦支海域距离摩尔曼斯克海岸160公里的地方,正在进行海军演习的俄罗斯库尔斯克号攻击核潜艇沉没了,造成118人包括49名军官沉入海底。[137]其原因是一次或数次原因不明的爆炸。俄海军尝试了数次,试图营救那些困于沉没潜艇中并在里面敲击的、尚且存活的官兵,但都失败了。而在附近海域监视此次演习的英国和挪威的北约船只提出的营救支援也被拒绝了数天,直到错过了最后的机会。

库尔斯克号沉没事件可以从多个角度来分析。它是一场涉及偏颇型价值观的事故,因为俄海军更关注的是挽回其荣誉,而非官兵的生命。但其意义在于,俄海军和政府进行了极差的危机沟通实践。[138]俄官员直到两天之后的8月14日星期一,才报告了这一事故。他们提供的信息也是不真实的,这体现了苏联的保密传统。他们还就沉没事件指责了北约船只,并坚称艇内官兵没有人幸存于当时的爆炸,而且确定没有人敲击潜艇内壁以提示他们还活着。

然而,俄官员被证明是错误的。从一名打捞上来的官兵口袋里发现的便条证明,118人中至少有23人幸存于当初的爆炸。这是记者喜欢的富有人情味的新闻。当这些官兵的遗体被打捞上岸时,俄罗斯和全世界的新闻媒介报道了数千名死亡官兵家属和朋友的愤怒情绪。世界范围内的人们倾听着官兵们在生命的最后几小时所写下的、被公之于众的记录。[139]俄罗斯和全世界的新闻媒介对于库尔斯克潜艇沉没事件进行了大量的报道。包括《共青团真理报》在内的多家俄罗斯报纸也严厉谴责了俄拒绝外国援助的做法。

而俄总统普京的缺位则是同样严重的危机沟通失败,他远在黑海的度假胜地且没有对公众或遇难官兵的家属做任何表态。直到4天之后的 8 月 16 日，星期三，他才公开发言。美国有线电视新闻网报道，直到 8 月 18 日"不断高涨的公众怒吼才迫使普京总统缩短其在黑海——他在那里对巴伦支海情况未明的事故保持沉默——的休假，回到莫斯科"[140]。尽管他宣布了在 8 月 23 日举行官方哀悼，但这一姿态并没有安慰亲属的情绪，因为许多人正等待下葬其亲人。[141]

天主教堂的性丑闻[142]

天主教堂的性虐丑闻显示了一个长期郁积的危机是如何被突然的媒介关注而引爆的。尽管不时有相关的媒介报道出现，天主教堂一直忽略或淡化这一蛰伏长达十多年的议题。在 20 世纪 80 年代中期，美国路易斯安纳州作家拜瑞(Jason Berry)对广为流传的神父性虐待问题进行大量的报道，并在全国范围内接受了数家电台和电视台的采访。[143]他的《不要把我们引向诱惑：天主教神父和对儿童的性虐待》一书出版于 1992 年。但那件丑闻没能唤起公众的警觉。而 1996 年 7 月《波士顿环球报》有关天主教神父杰格汉(John J. Geoghan)的报道也是如此。1995 年 12 月，在一名教徒诉称杰格汉性骚扰她的三个儿子后，他在大波士顿的沃尔瑟姆(Waltham)被控对儿童进行性骚扰。[144]而天主教堂再一次没有做出任何回应。

一家小型报纸揭开了黑幕

最终，2001 年 3 月波士顿当地一家规模较小的报纸《波士顿凤凰报》发表了由劳姆巴尔杜(Kristen Lombardo)撰写的长达 7000 字的轰动性报道，从而成功揭开了黑幕。[145]除了报道杰格汉的问题，作者还揭露了包括劳(Bernard F. Law)主教在内的当地教堂等级体系是如何串通一气从而导致性虐事件持续不绝的。教区当局只是把那些犯错的神父在接受心理咨询后转换到其他教区。很显然，教堂体系更关注自身，而非儿童的权益。

小型报纸的揭露，促使该地两大报纸《波士顿环球报》和《波士顿先驱报》把此事列入议程，开始每天报道这一丑闻。这已成为一种通行的模式，即主流新闻媒介跟随小型报纸或博客对于敏感事务和有权势个人或机构的先前报道，进行更纵深和影响更大的后续跟进报道。

其他的一些因素也有助于解释已经发生的变化。这次时间颇为恰当。公众对于披露性丑闻的态度发生了变化，使此类曝光具有了爆炸性的威力。而有关克林顿—莱温斯基的性丑闻打破了先前不对涉性议题进行报道的新闻界禁忌。另一因素是，为数不少的人——包括记者和受害者——能够使一种想法冲过引爆点，格拉德威尔（Malcolm Gladwell）在其同名著作中对此进行了阐述。要实现这一突破，意味着宗教不再享有来自世俗的自动尊崇或遵从。[146]最后，教堂让人难以置信的不回应态度和作为也有责任。最后时刻，梵蒂冈召集美国主教开会，他们承诺把这一议题列入将于2002年6月13—14日召开的达拉斯大会上，并推出矫正性的措施。[147]主教们投票通过了对在过去、现在或将来被发现牵涉性虐待的任何神父禁止担任神职的决定。然而，在免除这些行为不端的神父的圣职，从而不再让其行使自称"神父"时的权力——特别是对于儿童而言，这一称谓一直以来包含着极大的尊敬之意——方面，那些主教们则没有同意受害者的此项要求。[148]

当波士顿爆出关于若干神父被控涉童不法性行为的新闻时，附近教区的人们都极为关注，并与全世界一道等待事件的发展。华盛顿大主教区的新闻发言人吉伯斯（Susan Gibbs）指出："事件开始之初，它是一个单一教区的问题，人们所了解的相关信息不会比新闻报道的内容更多。接下来，它就随机地演化，并朝着'没有人会知道去向何处'的方向不胫而走。"[149]美国主教理事会通过在其网站上贴出相关指令和问答来做出回应，但来自媒介的狂轰滥炸使许多沟通官员焦头烂额。"当你一天之内接听数百个电话时，就很难再做到有效沟通，也很难再找到合适的能够就此议题说话的人。"[150]对他们而言，不同教区只能通过相互发送关于爆炸性新闻的邮件和信息警讯来进行有限的合作。

而华盛顿大主教区1995年在自己的地盘也处理过类似问题，当时三名神父被控涉童性虐待。"我们提前知悉了相关问题，"吉伯斯说："我们做到了坦然面对并经受了挑战。这才是处理此类问题的最好方式。"[151]事实上，他们真诚地回应了受害者，并安排《华盛顿邮报》的一名记者对其进行了匿名采访。这种做法的长远意义是强化了教堂、新闻媒介、受害者及其成员间的关系。因此，当最近又出现一起神父承认其不恰当行为的丑闻时，先前建立起的良好关系就发挥了作用。该教区把1995年的案例视为一种典范。他们主动联络了新闻媒介,麦克卡瑞克(Theodore McCarrick)大主教通过由神父在棕枝主日(Palm Sunday)[1]弥撒宣读的信件向天主教区公开了这一丑闻。

扁平化教堂的复杂性

然而,如果没有认识到"教堂"所包含的多个层级关系,就不能很好地探讨这一危机。教皇本笃的声明代表了教堂的最高层级,即梵蒂冈。尽管教皇拥有至高无上的作用,但教堂的日常运作是扁平化地分散到地方层级的。事实上,教堂类似于世界上一个多层级、多语言、多文化的团体,被一套核心价值观和信仰整合在一起。在另一种组织环境中,有些信条可能不会被遵守得那么坚定。

当有人问及:"梵蒂冈为什么不能指示教区把此类性虐待事件上报?"吉伯斯解释道:"有成千上万的当地法规管辖着此类问题……很难提出一个适用于所有地方的特定政策。"他进一步指出:"我们有全球性的核心教义,但我们教堂的运作方式却是地方性的。"教皇传播教义,但对教义的运用却依赖于教区。"比如,性虐待儿童很明显是邪恶的、违法的,但这需要当地教区去恪守。"因此,这就有了犯规的潜在可能性。"这是一种扁平化的结构,也肯定是问题重重的。"[152]

波士顿教区首当其冲。劳主教成为首要的新闻发言人和决策者。他在很大程度上限制了形象修复的努力,这在下一章中将予以探讨。次一最高层级的就是教皇,他现在不得不认为劳的声明也是对这场沟通危机的必要回应。

尽管媒介关系和沟通问题是该危机的主要硬伤,但它同时是一个显著的管理失灵型危机。在部分意义上,它也是一个偏颇性价值观导致的危机,因为教堂显得更关注神父的福祉和自身的权威性,而非受虐待的儿童——受害者。它也是一个欺骗性的实例,因为教堂对法律机构和教区居民封闭了涉事神父的相关信息。最后,它还是一个行为失当型危机,因为教堂没有依据现有戒律施以应有的处罚,似乎也宽恕了行为失当的神父。

---

[1] Palm Sunday 指的是复活节前的星期天。——译注

50　爱氏晨曦食品：无辜的旁观者会受到媒介立场的伤害

作为丹麦的一家在中东市场具有重要地位的乳品企业，爱氏晨曦食品公司由于《日德兰邮报》(Jyllands-Posten)[1]不友好地刊登了穆罕默德卡通形象[2]的漫画而成为受害者。其中一幅漫画中穆罕默德戴了一个像炮弹形状的头巾。另一幅显示，一个在天堂的戴头巾者告诉那些正在向上攀登的携带自杀炸弹的人停下来，因为"我们已经没有处女了"——而这正是标榜的对伊斯兰殉道者的回报。[153]这家报纸的目的是显示丹麦对于新闻自由的热忱。

来自穆斯林的当即反应是由其在丹麦当地的领袖发起的。他们分别向报社和丹麦文化部发出了一封抗议信，但均未得到回应。他们面见丹麦首相拉斯穆森(Anders Fogh Rasmussen)的要求也遭到拒绝，但他做出如下的回应：

> 言论自由有广泛的适用范围，而丹麦政府也没有对新闻媒介施加影响的手段。不过，丹麦立法禁止亵渎神灵或歧视性质的言论行为。受冒犯的一方可以将此类行为或言论诉诸法院，单个的案件要由法院来裁决。[154]

不满足于这一回应，丹麦穆斯林把这一事件搬至中东地区，在那里这一议题上升至一场危机。报复性的抵制丹麦产品的行动在沙特阿拉伯首先爆发，那里的超市贴出告示表明丹麦产品已经被清除。这一抵制行动蔓延至整个中东地区。

随着事态迅速恶化，爱氏晨曦食品公司成为受牵连的无辜受害者。它不得不决定如何回应：要么远离纷争（像新西兰企业的做法），要么公开其立场。如果选择后者，它又不得不决定是否支持丹麦官方有关新闻自由的立场，或者让自身脱离丹麦媒介和政府的立场，而这

---

[1]《日德兰邮报》为丹麦发行量最大的日报。——译注

[2] 2005年9月30日丹麦《日德兰邮报》刊登了讽刺伊斯兰教先知穆罕默德的12幅漫画，而在伊斯兰世界，刊登穆罕默德图像被认为是亵渎行为，由此引发伊斯兰世界的强烈不满和民众的抗议。丹麦政府尽管谴责刊登这类漫画的行为，但也指出丹麦民族的幽默特质，并强调捍卫民主与言论自由。随后，丹麦、德国、瑞典、挪威、比利时、冰岛及其他部分欧洲国家及美国的报纸也陆续刊登这些漫画，立场同样是捍卫言论自由。这导致伊斯兰世界的反对情绪与动作逐步升温，最终使该事件成为国际瞩目的新闻及政治事件。——译注

又可能因此激怒丹麦民意。爱氏晨曦公司选择公开其立场。2006年1月27日,该公司在沙特报纸上刊登了丹麦政府的相关新闻通稿,并明确显示由其支付了这笔广告费用。它认为这一新闻通稿"重申了丹麦尊重所有宗教信仰",但同时它也补充道:"……言论自由所隐含的是丹麦社会一个核心的、不可或缺的内容,并且丹麦政府不能影响到一个独立的报纸刊登何种内容。"[155]

这一做法虽然取悦了丹麦人,却在中东地区产生了事与愿违的后果。目睹愈演愈烈的抵制行动,并担心可能被迫完全撤出这些市场,爱氏晨曦公司选择了远离漫画纷争的办法。2006年3月中旬,它在25家阿拉伯报纸上开展广告攻势,请求消费者重新考虑对于爱氏晨曦公司的态度。

一些在中东地区有销售业务的新西兰企业表示,投放针对消费者的广告是一个错误的做法。他们的建议是,爱氏晨曦公司应当从一开始就尽量避免发表直接的公开意见,反而应该借助外交渠道、公共关系和在商言商的方法,比如利用其分销渠道的穆斯林"把关人",强调有关其产品质量和恪守伊斯兰教规方面的做法及相关讯息。这些中间人将会安抚那些零售商。这种做法对新西兰企业是有效的,也应该对爱氏晨曦公司有效。

危机沟通要点

卢卡泽维斯基指出,危机沟通开始于新闻发言人对于一个危机事件所做的第一份公开声明。它"设定了回应过程的基调、优先顺序和节奏",并且很可能引发次生破坏。[156]他建议应该设立如下的"顺序和优先次序":

- 限制危机问题,终结危机问题,或起码控制危机问题。
- 与那些受最直接影响的人沟通:比如受害者、家人和亲属。这种做法有助于减少媒介的关注和报道,与此同时还能建立员工、社区、公众和监管机构官员的信任。
- 与新闻媒介和其他外部的沟通渠道——以及那些"自我任命者"沟通。[157]

战略思维是危机沟通的重要部分。首先要关注的是控制对一个组织的声誉造成的破坏。另外的目的是利用媒介关注的时机,作为公开展示自身的机遇,即将组织宗旨、价值观和相关运作告知公众。高层管理者必须考虑那些经受考验的组织基本目标和价值观。在位于美国加州圣博纳迪诺的加内福管道(Calnev Pipeline)公司地下管线爆炸案例中,管理层意识到政府有可能收回导致该公司业务丧失的管道经营权,或者要求其重新铺设费用惊人的管道。因此,有必要让公众知道这些管道对于当地经济的重要性。[158]

一旦危机爆发,应变计划的长处和短处就面临考验。一如既往,现在该方案必须被应用于特定的情境和所做出的进一步判断。必须确认危机的真正发生,危机管理团队必须被动员起来,而且也必须采取相关措施去控制所造成的破坏。此时的公共关系工作集中于媒介关系和与各类利害相关者间的关系。

运用媒介关系的基本准则

正如本书中的众多案例所揭示的,危机沟通工作基于公共关系专业人士所积累的一些基本的媒介关系准则。伯格(Chester Burger)的《怎样面对新闻媒介》是一篇经典地阐述这些"基本准则"的文章。[159]其中的一些准则与体现对公众关切程度的新闻发言人的总体态度密切相关。第一个准则"从公众利益的视角——而非组织视角来谈论危机"揭示出,媒介和公众想知道危机事件对他们造成了怎样的影响,以及如果可能的话,他们应该做些什么。第二条准则"尽可能以个人的口吻来表述"还应该包括对受伤害个人或动物的同情。

还有一些准则涉及对记者采访的处理:"如果你不想让自己的某些言论被引用,就不要说出来","如果提问中包含冒犯性的或你不喜欢的语言,不要去重述它——即使要否认它时。"伯格还建议:"不要跟记者争辩,否则你就会失去冷静。"在涉及讯息本身时,伯格指出:"把最重要的事实放在最前面","不要夸大事实","如果记者的提问直来直去,他就有权利得到一个同样直来直去的回答。"但不要答非所问。[160]

伯格的最后两个准则对于危机沟通是最重要的:"如果管理者不

知道问题的答案,他应简单地说,'我不知道,但我会帮你找到答案'",以及"说出真相,即便它会有伤害。"防守挡击(stonewalling)和隐瞒相关的危机信息是管理者最常犯的错误。

一场危机会急剧改变一个组织与媒介间的关系。在危机期间,媒介关系工作的职责从"让我们说出来"改变为"让我们控制信息的流动"。[161] 为了增加危机期间受到公平对待的概率,埃森哲的高级经理艾弗斯缪(Greg Efthimiou)建议公共关系人员在媒介关系处于"平静状态"时就着手建立和维护良好的关系。他引述一位能源公司高管的话说,"在平静状态时,保持前馈式的姿态并发展媒介关系是至关重要的,只有这样,在碰到危机时你才能凭借业已建立的信誉安然渡过难关"[162]。在发现危机的苗头时,向记者提前通报可能是有价值的。这种分享信息的做法,好过放任记者自己去深挖和寻求其他的——并不总是可靠的——信息来源。[163]

这当中的一个问题是,一些记者是否应该受到优待。通行的做法是所有记者都应在同一时间给予同样的信息。但对于后续的电话问询,通讯社的记者应该被给予关照,因为他们服务于所有类型的媒介。不过,通过提前设置一个网站,所有记者都可以接触那些关键性的事实和组织的有关背景信息。这一网站的设计可以提前安排,也可以提供针对多种危机情境的模板。[164]

危机沟通指针

在上述一些有关媒介关系的准则之外,危机沟通还涉及一些指导方针。下面总结了其中的一些重要内容:

查明并直面危机现实

危机并不总是宣示自己的到来。正如在应变计划制订部分所讨论的,诸如地震、停电、电话系统瘫痪、导致多人死亡的工业事故之类的事件往往会自动标示为危机。但正如天主教堂的性丑闻案例所揭示的,许多缓慢积聚型的危机要么会被忽略,要么会被漠视,即便相关情境已呈黑云压境之势或相关警讯已逐渐明朗之际也是如此。

在确定哪些事情会决定危机接近临界点方面,关键性的判断能力是非常重要的。如同食物中毒案例中的情况,前期的事实收集工作,通常对于查明危机情境是必不可少的。一旦来自记者的问询或医院的电话向管理者警示可能的危机来临,就必须迅速跟组织内的相关管理者和技术人员,或组织外经验丰富的人士查证相关的信息。在第二章所探讨的达美乐比萨之类的其他类型危机中,则必须第一时间留存原始证据(上传至网络的视频)以启动危机回应机制。如果应变计划能够先觉性地列出这一特定的危机情境,那么就可以按照方案中拟定的回应策略行事。

激活危机管理团队并向高层管理者报警

任何人在察觉到一个事件或问题,并判断其有达到危机临界点的可能性时,危机激活程序就开始了。如果这一情境是由内部发现的,这个人就可能是一线运营人员。而在食物中毒案例中,这个人可能是外部的医院人员。这些电话应该归总为一个单独的号码,通常设置在组织的公共关系部门。从那里,依据事先安排的应变计划程序,危机管理团队成员和组织高管可以得到相关警讯。

为了缩短这一告知过程,可以采用一套自动的报警系统[165]或电话树技术——借此每一个接听电话者再电话通知另外几个人。依据危机的严重性程度和影响广度,最先接到警报的可能是当地的危机管理团队,或者在严重的危机中,则是总部的危机管理团队。简言之,应变计划开始启动了。

指定危机媒介中心

一旦一场严重的危机发生,大批记者和电台、电视台的采访队伍就会立即涌向涉事组织,因此,必须设立一个危机媒介中心。例如,在挑战者号爆炸的第二天,附近就聚集了1400—1500位来自媒介的人员。[166]在危机事发地设立一个现场的危机沟通中心,并向媒介告知其位置。不过,它必须是易于接近的。如果涉及受限制的区域,现场的新闻中心应该与这些区域分开。而在事故性的案例中,它应该避开现场。

在现场的沟通中心和总部沟通中心之间必须保持即时的沟通联络。一旦危机发生，就应该把危机沟通中心的位置告知新闻媒介，并且必要的话，还要为他们安排交通工具和住所。接着，就需要实施应变计划中有关沟通中心的各项安排了，比如：媒介资料包的准备与分发。还要向记者们提供茶点。

进行必要的事实收集工作

收集应对危机所需的以及记者到来时需要的所有相关、必要的信息。做好准备回答记者需要的"5W"——何人？何事？何时？何地？为什么？——以及情况怎样？设想记者会问以下的问题：

- 发生了什么？是什么导致了危机发生？
- 具体的伤亡数字是多少？
- 对财产和周围环境造成了什么样的损失？
- 是否存在任何的公共健康或环境危害？
- 相关救援和救灾行动是如何推进的？
- 危机引发了什么后果——法律、财务等？
- 肇事者是谁？又涌现出了哪些英雄？
- 能够采访到哪些目击者、专家、受害者和其他相关的人？[167]

不要忽略那些看起来似乎微不足道的事实。例如，在强生公司泰诺胶囊中毒事件中，由于最初否认在胶囊生产的地方存有氰化物——后来被发现后他们不得不承认在其实验室存有用于测试原材料的氰化物，强生公司遭遇了暂时的信用挫折。

统一口径

许多的危机计划都表达了指定一个面向政府官员、新闻媒介和公众提供信息的单独新闻发言人的美好愿望。这样做的目的是管理层要统一口径——即便是涉及不止一个新闻发言人的情形。

新闻发言人的筛选取决于危机的严重性程度及其性质。在较大型危机中，一位高级别官员——最好是首席执行官能够充当首要的新闻发言人，因为他代表着组织。但他必须熟知新闻媒介并对此轻车熟路。在泰诺危机中，强生公司董事长兼首席执行官詹姆斯·伯克的出现满足了这一要求。然而,如果危机不是特别严重,首席执行官一般不要充当新闻发言人,因为这会向媒介传递最坏的危机尚未出现的讯号。[168]

正如第四章中的火石/福特案例所表明的,组织高管应该表达出对于事故或产品瑕疵受害者的关切,并承诺采取纠错行动。在埃克森原油泄漏案例中,其董事长罗尔(Lawrence G. Rawl)由于在首次的记者招待会上没有做出任何表态,在事件发生三周后才去漏油现场视察,招致大量的批评。他的更深度参与和高调露面是极端重要的,原因在于环境危害的程度和这一事故触目惊心的图片报道视角。

与具体危机相关联的一般岗位员工也应被纳入新闻发言人角色人选。在诸如航天或生物科技等涉及技术复杂性的领域,技术性专家也可能是恰当的人选,当然,其前提是他们充分了解整体情况并善于表达。在其他情境中,对于主要涉及投资者的危机而言,首席执行官出面可能是最有效的;或在涉及雇员的危机中,则人力资源经理是最佳人选。还必须在首要新闻发言人之外,准备替补人选。其中的重要考量是,在危机期间必须有一个权威的信息源时刻值守在媒介中心。如果还存在一个现场的危机沟通中心,那些被通报"统一口径"讯息的专职沟通人员也应同样地值守在现场。还应提醒所有员工,必须把所有来自新闻媒介的问询都转至危机沟通中心。

统一口径对于保持信息的准确性和真实性,以及避免出现破坏组织声誉的愚蠢性错误是非常必要的。而在1979年美国三哩岛事件中就出现了这样的一幕。当时,大都会爱迪生公司(Metropolitan Edison)和美国核能监管委员会(Nuclear Regulatory Commission)是向媒介提供事故情况的主要信息源。在最初的几天里,他们提供了极少有价值的信息。正如拉格戴克所描述的:"……他们对于媒介问询的回应令人难以理解、互相矛盾且毫无章法。在事故发生的第一天,甚至没有人清楚该由谁来负责向公众提供信息。爱迪生公司从三个不同的地方发出了声明,但所提及的有关非现场辐射各不相同。"[169]咨询专家海德(Richard Hyde)评论道:"事故发生的最初阶段,在现场缺少称职的新闻发言人,也没有综合性的危机沟通计划,严重妨碍了向公众持续提供有价值信息的任何努力。"[170]

快速说，全都说，准确说

一旦有关危机的关键性事实被确认，就应该在咨询组织高管和法律顾问的前提下，准备相关的声明和新闻通稿，并尽快举行相关的记者招待会。也应向相关新闻媒介发布一份媒介警报（Media Advisory），告知发布会地点、联络人及其联系电话。美国公共关系新闻资讯（PR Newswire）和美国商业资讯（Business Wire）两大专业服务机构可以快速地发送此类警报。当然，还有必要抵制那些主要关注可能的未来诉讼的法律顾问们根深蒂固的警告。开放、诚实和准确攸关一个组织的声誉，而这在危机中往往要经受最严峻的考验。敢于把坏消息公之于媒介的意愿则是展示公开的另一种方式。

如同黑莓公司的教训所显示的，沉默会危及一个组织的声誉。2007年4月17日，从当天晚上八点一刻一直到第二天上午，大约有500万黑莓无线电子邮件设备的用户发现邮件服务无法使用。一场停电事故让北美和海外的漫游用户无法再使用邮件服务。而服务提供者黑莓公司也没有解释原因，这激怒了一些消费者。直到第二天晚上，黑莓公司才发布了一份声明，把问题归咎于一个未经充分测试的"非关键性"软件升级。在此声明发布之前，公司新闻发言人曾表示，找出停电的根源需要更多的时间。这引发了不少的猜测，一些技术专家和分析师认为，这一问题毫无疑问跟黑莓公司位于加拿大滑铁卢的所谓网络运营中心的中断事件有关联。

单从术语上而言，起因确实是技术上的，但危机本身却是声誉上的，其原因在于黑莓公司迟缓和欠缺的沟通问题。面对黑莓公司一直以来自夸其平台是多么可靠的海口，这次所遭遇的质疑是如此的难堪。正如波士顿贝斯以色列女执事（Beth Israel Deaconess）医疗中心的首席信息官哈拉姆卡（John Halamka）所说："我发现他们对讨论这一事件的不情愿态度有点令人费解——而这伤害到了其可信度。"[171] 一些用户感觉到，黑莓公司欠他们的不只是一个道歉；他们也想得到补偿。

"尽管把它说出来"的建议中，引出的问题是"它是什么"——应该披露多少。对记者应该提供"所有的"与危机事件相关的信息，以帮助他们写出完整的报道,因而那些不受欢迎的报道就不会缠上身来。"他们会揭露其他的什么内容?"是必须予以考虑的问题,特别是在他们受到激励的情况下。危机事件越大,应有越多此类的障碍会被穿越。尽管有些模糊,对此的建议仍然是提供尽可能多的信息。

尽管面临开放性沟通的压力,但那些未经证实的或猜测性的信息是绝对不能提供的。如果被追问,就告诉记者相关事实正在收集过程中。不过,"不得猜测"的准则并不意味着不能对一个事件做出明确的解读;例如,当卡纳维拉尔角(Cape Canaveral)地面上的所有人都目睹了挑战者号爆炸时,美国宇航局新闻发言人就不应该还言指"一个明显的爆炸"。[172]

基于传统,一些特定的其他信息在告知近亲属之前是不能披露的,比如遇难者姓名信息。航空公司在空难后公布乘客的名字已成为一种惯例。但在美联航232次航班迫降美国爱荷州苏城(Sioux City)事件中,美联航最初拒绝提供。记者被告知了乘客名单的复杂性——因为有三份:一个是由预订中心提供的,一个是办理登机的,还有一个是登机口的"起飞名单"。[173]

不要干扰记者的正当行动,但需要在危机现场时刻护卫他们和摄像人员。这些善举会在媒介报道中更为平衡的处理中得到回报。如果遇到不合理的要求,也要向他们解释不能满足的原因。尽管也需要对记者和摄像人员的行动做出某些限制,但公共关系人员应该尽力向媒介提供帮助。

沟通必须是迅速的,因为危机中的事件瞬息万变,相关的决策也必须快捷。如果相关信息迟迟未提供,新闻媒介也会变得不耐烦;他们就会尝试其他的信息源,有时甚至把机会提供给不友好的信息源。在三哩岛事件中,记者们通过记录车牌号并循此在州车管所档案中发现住址进而成功跟踪到一些员工。在危机当中,都应该对媒介——包括传统和新兴媒介——进行监测。一旦在媒介报道中发现错误或不准确的地方,就应该立即采取措施予以矫正。

考虑先发制人的战略

纤美国际公司(Metabolife International)生产了一种流行的减肥

药——纤美345,据报引发了危险的副作用。在1999年9月9日接受美国广播公司电视新闻节目《20/20》记者迪阿兹(Arnold Diaz)采访后,其公司首席执行官埃雷斯(Michael Ellis)觉得不公平,随即决定启动一场先发制人的攻击。在10月15日预定的节目播出之前,埃雷斯花费150万美元推出了整版的报纸广告和广播节目,公开其对《20/20》节目不公平的担心,并公布了一个网站地址(www.newsinterview.com),预告将有一段未经编辑、长达70分钟的对埃雷斯和公司医药总监史密斯(Randy Smith)的采访视频放在该网站。

这种努力可否抵销那个负面的节目? 在10月15日的节目播出后,埃雷斯认为节目还不算"极端不公平"。但他为自己的行动辩称,这在"一定程度上让该节目没做得太过分还是有效的"。他的公共关系顾问斯特里克(Michael Sitrick)表示,该网站在最初的15小时里吸引了超过100万人次来访问。该公司在节目播出前的宣传行动,帮助《20/20》节目实现了当晚在18—49岁女性当中最高的收视率。该节目的后果之一是,有更多的人知道了减肥药的副作用,以及一些令人难堪的个人信息,即埃雷斯曾在1988年被控非法生产毒品甲基苯丙胺(Methamphetamine)。[174]

直接与利害相关者沟通

有关危机的信息也必须尽快地传递给相关的政府机构和组织员工、股东、经销商、供应商和消费者。比如,航空公司需要通报美国国家运输安全委员会(National Transportation Safety Board)和美国联邦航空管理局(Federal Aviation Administration)。向所有负责调查事故或其他危机原因的当地、州和联邦安全部门展示合作姿态是非常重要的。

员工作为另一类主要公众的原因在于:第一,他们可能直接参与到危机当中——比如在事故中,或由于他们自身的安全及使用其公司产品的消费者安全问题受到影响。第二,一旦他们认为其雇主应该对危机负责,他们的士气和对于组织的自豪感就会受到影响。第三,他们可能会被邻居和新闻媒介追问危机情况和对雇主的评价之类的问题。所有员工应被告知,把所有来自媒介的问询都转至危机新闻发言人。出于种种原因,组织应该利用既有的沟通渠道告知员工,在必要的情况下,可使用告示、网站、社交媒介和会议等。他们也应该被通报记者招待会的内容。他们也想知道自己的工作是否会受到波及,以及组织针对危机正在采取的矫正措施。

特别是在产品瑕疵或产品篡损(tampering)的事件中,需要随时向员工和经销商、患者和医生通报情况。在做到快速回应的经典案例中,在宣布第一例死亡患者是由泰诺胶囊中毒所导致的当天中午,强生公司已向众多经销商、医生和健保业者发出了50万份的邮递电报。其国内的员工收到了两封信件,一则让他们获取及时的信息,二则感谢他们对公司的支持。公司还设置了一部免费的消费者热线电话,在整个11月接到了超过3万个电话。所有跟泰诺有关的消费者信件都予以了回复;从危机开始的1982年9月到11月月底,得到回复的信件就多达3000封。

在跟供应商打交道方面,应特别注意要把相关信息通报给行业媒介,因为卢卡泽维斯基认为:"在披露或揭露相关信息方面,行业媒介是最具杀伤力、负面性和竞争性的。"[175]他还建议,消费者服务部门和采购部门应该协调跟消费者和供应商的沟通。

总　　结

危机涉及的一项重要内容是,在危机期间和之后如何开展沟通工作。一旦组织的声誉受损,危机所造成的破坏就会成倍上升。因此,必须开展维护组织声誉的沟通工作。如果一场危机被认为暴露出了极严重的管理纰漏或显示出处置失当,那么,经年累月所积累起来的组织无形资产,就会在短短数小时或数天内损失殆尽。

现在危机变得公开透明,其原因在于,人们受到了影响,而媒介也把它作为具有重要性的新闻予以报道。试图隐瞒危机的发生或其中的重要细节已成徒劳,库尔斯克沉没事故就证明了这一点。而有关天主教堂的性丑闻危机也显示,对一个长期郁积的危机采取拖延策略或视而不见也是极端不明智的。一旦危机公之于众,一些基本的问题也会进而恶化。危机沟通的好与坏,直接决定着组织——特别是其声誉——所受创伤的小与大。这也正是危机管理课题通常等同于危机沟通的原因所在。

有时,一些媒介的行为——如丹麦《日德兰邮报》的报道——会引发危机并使与之关联的组织深受其害。发生此类事情时,如同爱氏晨曦食品公司所做的,涉事方除了明确声明自己的立场外别无选择。危机沟通再一次成为最重要的工作。

危机沟通可将媒介关系的原则——而这正是公共关系的核心职能——应用于一些具体的危机情境中。除了此类基本内容,危机沟通专业人士还围绕危机期间的工作,形成了有关最高效措施和沟通工作的一些独到见解。这正是上面所总结的有关危机沟通工作的八项指针。

第四章　危机沟通中的形象修复战略

近年来,危机沟通领域新出现了形象修复战略,一些学者甚至把它看作是"主导性范式"。[176]这一战略聚焦于危机发生之后——特别是被指存在不当行为时——组织领导人和新闻发言人所做的表态(statements),以修复其形象[1],维护其声誉。一般意义上讲,它是印象管理(impression management)的一部分,意指人们希望以一种美好的方式呈现自身,并据此相信他人就会更为友好地对待自己。

《道歉式危机管理》一书的作者赫瑞特(Keith Hearit)把形象修复战略引入对于道歉的研究,更多地关注个人在被控失当后努力洗刷自己的名声。他对辩解(apologia)和道歉进行了区分,前者指的是"防御"或"言语防御",后者通常指的是不进行防御、承认错误并表达懊悔之意。[177]这一区分反映了接下来要探讨的防御型和顺应型(accommodative)战略之间的差别。

他指出,个人和组织所面临的大多数公共关系问题,都根源于组织的不当行为。为了为自己的行为辩护,组织会用以下五种典型的回应方式:

---

[1] 关于"形象"(image)一词,美国著名公共关系学者、享誉世界的公共关系理论权威格鲁尼格教授曾指出,由于它的含义几乎与使用它的人一样众多而庞杂,它基本上作为同义词与讯息、声誉、认知、感知、态度、可信度、信仰、沟通和关系等词混用,以至于学者无法对其进行严谨的定义、测量和分析。因此,他建议在公共关系理论和实践中尽量不要使用这一词汇,"在我的书中绝不会使用它,除非要加上引号,以表明我确实不知道它所表达的确切含义"。在中文语境里,根据《现代汉语词典》的相关释义,"形象"是指"❶能引起人的思想或感情活动的具体形状或姿态;❷文艺作品中创造出来的生动具体的、激发人们思想感情的生活图景,通常指文学作品中人物的神情面貌和性格特征"。也很难把这一词汇与公共关系实践中的"组织"联系起来。在公共关系特别是危机沟通实践中,对于"形象"一词的使用也过于宽泛且不够严谨,致使"塑造形象"的工作流于形式、表面化和外在化,有时甚至是掩盖、掩饰碍于示人的本来面目。因此,作者在行文中把"形象"与"声誉"连用,以表示其所包含的"声誉"意义。特此提醒读者在阅读时予以注意和详加辨析。——译注

- 否认("我们没干这事");
- 反击;
- 区分情况("事实上这不是我们的错");
- 道歉("我们承诺不会再这样做");
- 法律("找我们的律师谈吧")。[178]

它们的目的是"通过公开承认——而非原谅——去修复以形象为基础的社会关系"。[179]赫瑞特显得对此类努力持怀疑态度,他表示,它们"可以被概括为一种对于失败的语艺修辞"。辩解包含有一种仪式性的沟通形式,"借此一个组织踏进一间公开忏悔室,利用已经设计好的悔恨与修复主题,并借此完成所需的规定动作,以让涉事的个人或组织远离媒介的头版报道热点"[180]。

有关形象修复战略的大部分文献都介绍了另外的战略,并为每种战略举出了所适合的情境。贝努瓦(W. L. Benoit)曾列举出14项形象修复战略,后来又缩减至以下5个:否认、规避责任、减少冒犯、矫正性举措和羞愧(mortification)。[181]在关于"道歉式语言表达"方面,赫瑞特也详细阐述了"辩解者在形成自己的回应时必须运用的一些战略"。这些"形象修复战略"包括:否认、改善、区分情况和超越(transcendence)。[182]这些战略运用于一个组织遭遇行为不当(wrongdoing)的指控之时,这基本上等同于管理失灵——尤其是行为失当型危机。

防御型和顺应型战略

在决定如何回应行为不当的指控方面,一个组织必须首先确定采取防御型还是顺应型战略,即是否为危机承担责任。在防御型战略中,对危机的责任被以一种或另一种形式所否认——它针对指责为自己辩护。而在顺应型战略中,一个组织对危机承担应有的责任,并寻求对受影响的群体——比如受害者——进行补偿。律师往往主导此类决策的制定,尽管公共关系人员会强调这对于组织声誉及与其利害相关者之间关系的影响。

顺着这一框架,库姆斯依据一个组织对于危机所承担的责任"弱"或"强",把一个具体的危机置于一个连续体中。[183]防御型处于该连续体"弱"的一端,而顺应型则处于"强"的一端。库姆斯还把五种类型的危机——谣言、自然灾害、恶性事件、事故和行为不端——置于这一连续体中,谣言在"弱"责任一端,而行为不端在"强"责任一端。[184]他提出的形象修复战略也同样地置于这一连续体中,以居于弱责任一端的否认战略开始。在下列清单中,他对每一种战略进行了解释,并对涉及多个特征的危机适用情形给出了相关的建议:[185]

- 否认:否认采取了相关活动或把指责推给他人。这适用于危机证据缺失的情形;不适用于危机破坏较为严重的情形。
- 攻击指控者,有时伴随着威胁——比如起诉,设想能够找出指控者是谁。
- 找借口或规避责任:申明某人的行为是一个意外,他行动时的出发点是好的;认为某人的行为是其对自身所遭受行为的合理反应;或认为某人的行为是由于信息匮乏——这被称为无可行性。
- 正当化和最小化:尽力减少一种行为的冒犯性;通过辩称该行为没有显现出来的那么严重从而使用区分情况的策略;攻击指控者的可信度。仅适用于危机破坏较小的情形。
- 讨好:赞扬利害相关者或自己,比如提醒过去对利害相关者所做的好事。适用于那些具有良好声誉和历史的组织。
- 羞愧:承认错误并请求原谅。
- 矫正性举措:承诺去处理所造成的损毁并采取措施避免事故再次发生;适用于行为不端和事故的情形,尤其是具有事故历史的组织。
- 彻底道歉:适用于具有行为不端情形的组织。

道歉的艺术

道歉艺术是对于危机管理和冲突解决的一种重要的语艺修辞取向。赫瑞特的《道歉式危机管理》[186]和拉泽尔(Aaron Lazare)的《道歉》[187]等多部著作探讨了这一取向的重要性,以及如何对需要道歉的情境做出有效的回应。那些自认为是某些人言与行受害者的人,会觉得需要一个道歉。

正如美国马萨诸塞大学医学院院长拉泽尔所指出的,道歉"是一种由冒犯方做出的改变其言行的持续性保证。它是有别于就孰大孰好进行争辩的、一个特定的冲突解决方式。它也是一种大力度、建设性的冲突解决形式"[188]。他认为,"人类最深远的一种互动方式就是做出和接受道歉。道歉具有消解耻辱和怨恨、排除复仇欲望的力量,也会使受冒犯方产生谅解"[189]。这意味着,道歉是对具有伦理性质的情境做出的一种回应。赫瑞特在书中探讨了个人、组织和机构如何回应具有伦理性质的批评与指责。

凯勒曼(Barbara Kellerman)在发表于《哈佛商业评论》的《领导者何时应该道歉及何时不应道歉?》一文中指出,做出道歉不仅变得可以接受,而且也成为一种常规:"道歉是领导者不时运用的一种策略,以图以最小的代价跨越过失面向未来。"[190]达特茅斯学院管理学教授朗格(Dennis Logue)则认为,道歉"会为他们购买一次机会。一旦没能抓住,那么他们就会陷入某种真正严重的困难"[191]。抑或如赫瑞特所指出的,"一次好的道歉终结一种循环……这如同一出道德剧[1]的第三幕——邪恶受到惩罚。它绝对是个强有力的剧场"[192]。当日本乳品企业雪印公司(Snow Brand)生产了一批导致14 000多名消费者患病的牛奶时,公司派出2000名员工到受害者家中,面对面地鞠躬、表达歉意并向每位受害者支付现金补偿。[193]

美国捷蓝航空(JetBlue)展现了一次道歉的全部策略。2007年情人节当天,乘客由于在跑道上苦等10个小时而被该公司激怒。一场冬季暴风雪严重影响了美国东北部地区的空中交通,该公司在纽约肯尼迪国际机场的服务受到首当其冲的运营压力。[194]捷蓝航空曾构建了"把人性化带回空中旅程"的文化,并向乘客提供首尾一贯的关照。现如今其声誉扫地。尽管存在天气方面的原因,采取防御型战略已绝无可能。更让人头疼的是,该公司的乘客被滞留在机场跑道上。[195]

公司首席执行官尼勒曼(David Neeleman)运用了道歉战略并表

---

[1] 道德剧是一种流行于15世纪和16世纪的英国的戏剧形式,用于教育大众道德问题。其剧情结构、角色安排和演出形式都有特定的套路模式。剧中人物代表善与恶,表达"人的堕落与救赎"的寓意主题。——译注

示:"我们非常抱歉并甚感难堪。但首先是,我们深感歉疚……我们给我们的消费者造成了不可接受的延迟、航班取消、行李丢失和其他不便……对于我们所造成的焦虑、沮丧和不便,很难用语言来表达我们此刻有多么的歉疚。"[196] 这些道歉语言本身是较为充分的。但对比其自身文化,捷蓝航空需要做出更多。尼勒曼列出了一些即刻要落实的措施,以重获消费者的信心。然而,其最具意义的行动是,印制了一份新的捷蓝航空消费者权利法案——其官方的处置未来业务中断事务的承诺书,包括有关补偿的具体细节。更进一步的行动是尼勒曼本人应辞任首席执行官,他本人当时表示不会这样做。但四个月后,他辞职了;接任者是来自另一家航空企业的巴格尔(Dave Barger)。

英国银行家为金融危机所做的道歉

2008年金融危机发生后,英国大众媒介上开始出现银行家应否被建议去道歉的问题。罗素(Jonathan Russel)在报纸发表的文章中指出:"鉴于大众对银行家血液的胃口,他们知道他们的露面可能既会有失脸面,也会对自身在金融危机中的作用做出解释。"[197] 英国国会议员弗伦(Michael Fallon)也赞同这一观点:"我们当然希望从他们身上看到更多的谦逊。"[198] 该文章指出,向公众道歉在英国并不普遍。一个著名的例外发生于2008年,面对当时希思罗机场第五航站楼启用第一周的混乱状况,英国航空公司首席执行官威尔士(Willie Walsh)站出来正式道歉,并就所出现的麻烦承担责任。

对于道歉,英国的专家会怎么说呢?英国资深的公共关系专家帕汀格尔(Piers Pottinger)指出:"政客和商人有一个共同点:他们不喜欢道歉。因为这会显示出弱点。"律师伯克利(David Berkely)认为:"为了有实际意义,道歉必须基于责任感。有时,即便是情感宣泄,表达出对于人们的同情和真实的悲伤情绪是非常重要的,但更需要做的是承担责任。"曾服务于英国数家大企业的绩效心理学家莫里斯(Karl Morris)指出,如果使用得当,一次道歉可以挽救事业和声誉。"它应该是一个具体的道歉,针对的是一个我们称之为显而易见的纰漏。你需要做的是去说:'在这件事上我做错了',而不是说:'我真没用。我不适合干这事儿。'与之相反的是,如果有人不愿承认纰漏,每个人都会认为他是愚蠢的"[199]。

事实上,接受过紧急财政援助的皇家苏格兰银行(Royal Bank of Scotland, RBS)和哈里法克斯银行(HBOS)[1]的前老板在英国财政部特别委员会(TSC)国会议员面前,给出了他们"影响深远的"道歉。他们辩解到,他们误判了两家银行所遭受的金融乱局的程度。不过,随之而来的行动使可能已博得的任何同情荡然无存。在那次会议后不久,RBS宣布要裁掉其106 000名英国员工的2%[200]。并且,据媒介报道,HBOS的前主席斯蒂芬森(Stevenson)勋爵和前首席执行官霍姆贝(Andy Homby),连同另外两名银行家,一年被支付了760万英镑的薪酬。《每日星报》的一名专栏作家对此的批评尤其严厉,他的文章标题显示:"抱歉……但我们在维持我们的金钱并解雇2300人。"[201]金钱指的就是支付给出席会议的4名银行家的760万英镑费用。对此的建议是,他们的高薪酬是不适当的,原因在于,这些银行家承认自己并没有银行业的从业资格。在英国这样一个仍存在阶层制度的社会里,公众态度可能会由于这些银行高层拥有皇家身份这一事实而被蒙上某种色彩:RBS的老板是古德文(Fred Goodwin)爵士、RBS的前首席执行官是麦克基勒普(Tom McKkllop)爵士、HBOS的前主席是斯蒂芬森以及第四名银行家克罗斯贝(James Crosby)爵士。[202]

美国银行家的道歉

懊悔和谦逊是道歉的重要内容,这在银行家的公开露面中应该表现出来。当八名华尔街银行家到达首都华盛顿时,他们恰当地给人留下了谦虚与抚慰的印象。力避那些坐私人飞机从底特律飞抵华盛顿的汽车企业高管所犯的愚蠢失误,这些银行家把他们的飞机停在家里。他们适时宣扬了多年来他们(相对)不太高的薪酬预期。在面对美国众议院金融服务委员会(House Financial Services Committee)成员临时的激烈质询时,他们很礼貌地端坐着。美国银行(Bank of America)首席执行官刘易斯(Kenneth Lewis)甚至把自己从"宇宙船长"降级为"下士"。但正如《今日美国报》所评论的:"金融界的领导

---

[1] HBOS是隶属于苏格兰银行集团的英国最大的金融保险和抵押贷款银行。——译注

者仅仅表现得谦逊是不够的。他们应该努力解释自身过去的行为以及对于未来的想法。"[203]

不过,此类有模有样的谦逊被一些银行家的大笔花销所出卖。有立法者注意到,在获得来自美国政府的紧急援助一周后,美国国际集团(AIG)竟然为在加州一个富丽堂皇的度假胜地的会议花费超过44万美元——其中有20万用于住宿以及2.3万用于休闲疗养。[204]而花旗集团(Citigroup)在金融危机期间斥资4200万美元购买飞机的计划,更是公共关系上的一个愚蠢举动。包括首席执行官潘伟迪(Vikram Panden)、凯登(Lewis Kaden)和集团副主席在内的多名高管,围绕如何处理此事展开了激烈的讨论。在奥巴马总统表态这一购买计划"不能容忍"且财政部官员向其高层施压之后,订单才被取消。[205]

道歉的效果也会被当时一些其他的行动所减弱。上文提到的两名英国银行家,被传曾对一名向其警告即将到来的灾难的员工采取"解雇并封口"的做法。这指向了霍姆贝的前任,即HBOS负责人,他据称解雇了一名因担忧银行成长过快而可能带来危险的高层管理者。而此事的揭露者摩尔(Paul Moore),是HBOS风险管理部门的原负责人,他直接负责评估风险与安全间正确平衡的事务。摩尔先生断言道:"任何没有被金钱、权力和自负遮住眼睛的人",都会认识到HBOS和其他银行正在面临日益严重的问题。他说:"我告诉他们,他们的销售文化完全跟其系统和控制力不相匹配。"他被迫同意"封口令",这让他没能够大声疾呼。

分析危机类型——马尔库斯和古德曼的研究

正如库姆斯所指出的,对于一个具体的危机,需要做出判断以决定适当的战略,这其中还包括确定危机本身的类型。然而,有些危机的类型是模棱两可的。例如,事故的发生具有很多原因,因此,根据不同的危机类型对其进行分类可能更为有益——有些基于技术,而另一些基于管理失当,比如人的疏漏。马尔库斯和古德曼的文章,阐述了在事故以及丑闻与产品安全问题方面确定责任的一些复杂性因素。

马尔库斯和古德曼探讨了由企业管理者发出的涉及三种危机的

姿态是如何被其利害相关者——包括股东、消费者、员工和供应商——所解读的。[206]其标准基于股票价格的受影响情况,集中于投资者对于不同危机应对战略是如何做出反应的。当投资者的利益受到重视时,股价就会走高;而当受害者的利益受到重视时,股价就会走低。其目的是确定防御型与顺应型战略中哪一个效果更好。

下面列出了三种类型的危机及其跟受害者之间的关系:

- 事故是意料之外且无事先设计的、一次性出现互不关联、"不希望发生或不幸的事情"[207]。事故会出现受害者,因此倾向于使用防御型战略。
- 丑闻是"有损于当事方声誉的、见不得人的或有失尊严的事情"[208]。此类事情的受害者不那么明确易辨。丑闻通常不是互不关联的;它往往具有鲜为人知的起因,却没有即刻的受害方。它由个人和组织的过失和不胜任而引发。典型的肇因包括贪婪与腐败、政府失灵与无力戒除不法行为、企业疏于监管其员工,以及盛行"每个人都这么做"和"有可能侥幸脱逃"的社会环境。鉴于肇事方的难辞其咎,顺应型战略因而是最适合的。
- 产品安全事件:没有一个事情会由于一次打击而产生大面积的伤害;相反,正如福特公司斑马(Pinto)汽车所暴露的安全问题[1]一样,往往存在着重复性的系列疏漏或终将被曝光的真相。对此,防御型与顺应型战略都是不合适的。

在详细阐述防御型与顺应型战略时,两位作者把防御型姿态定义为"管理者坚称问题根本不存在、力图减少人们对于他们及其企业未来赢利能力的质疑,并采取相关行动尽快恢复正常运转的表态"[209]。他们提到了在印度博帕尔发生的美国联合碳化物集团(Union Carbide)印度公司毒气泄漏的案例,其领导者一直否认存在过失,且意指可能存在着蓄意的破坏。[210]

---

〔1〕 Pinto 为福特公司在 20 世纪 70 年代为对抗大众甲壳虫等进口车而匆忙推出的车型,但伴随销量上升的却是不时出现的质量问题。其中尤以该车发生撞击后油箱会起火甚至爆炸为甚。最令人震惊的是,1994 年该公司一份内部备忘录流出从而曝光了惊人内幕:福特公司早就发现了该车型油箱设计缺陷,在经过企业利益优先但枉顾驾乘人员生命安全的所谓成本收益分析后,管理层决定对油箱缺陷问题置之不理。更为可笑的是,这一内幕并非被无意泄露。因为在福特公司提交给美国国家公路交通安全管理局的报告中,这一成本收益分析过程被用来解释之所以当年不召回该车型的理由。——译注

顺应型姿态指的是"管理者承担相关责任、承认问题的存在,并试图采取相关行动改进相关情境的表态"[211]。他们举出了两个案例:美国克莱斯勒公司总裁艾柯卡(Lee Iacocca)因其员工被指使用废弃的里程表装配汽车而公开道歉,另一个是美国大陆航空公司总裁罗仁佐(Frank Lorenzo)就困扰该公司的行李错置、航班延误和预订错误,公开以广告的形式表示道歉。在致歉时,艾柯卡说:"我们最大的考量是我们的消费者,那些对克莱斯勒足够信任并从我们这里购买汽车的人。我们确实做了一些让他们对我们的信任产生怀疑的事情。我们有错吗?当然有错。"[212]

马尔库斯和古德曼的研究结论是,投资者对于事故中的防御型姿态会做出更为积极的反应,原因在于他们希望获得更好的股票回报。而对于丑闻情形恰恰相反:投资者对于顺应型姿态反应更为积极且希望更好的回报。而对于产品安全和健康类事件,投资者对于防御型或顺应型姿态的反应则没有明显差异。他们指出,与那些成因相对缓慢的事件与事故不同,此类事件的起因没有那么复杂。企业通常最起码能够控制产品召回并附上警示性信息。福特公司对于斑马问题车型的防御型应对决策引发了声誉损伤,以及对于受害者的巨额赔偿。他们的文章支持当危机造成可识别的受害者时采取防御型的战略。

两个启示性案例:凡士通/福特轮胎案例和大主教劳的案例

凡士通/福特公司轮胎召回案例

2001[1]年8月9日,日本普利司通集团下属的美国分支凡士通公司(Firestone Inc.)宣布主动召回650万只轮胎,主要涉及福特探险者(Explorer)车型,这一召回最终花费将达3.5亿美元。这些轮胎曾被表明是美国众多翻车事故的原因,截至8月15日已造成62人死亡,而到当年12月6日则致146人死亡。[213]凡士通公司副总裁兰普(John Lampe,他在稍后的危机期间被任命为总裁)对福特的探险者车

---

[1] 原文如此,应为2000年。——译注

型设计提出指责,意指轮胎问题主要发生于"一种情形下的一种规格轮胎"。当时他还没有点明是福特的探险者车型,因为凡士通公司不希望危及自身作为探险者车型主要轮胎供应商的地位。另外,在福特公司和凡士通公司之间还存在着家族关联。(福特总裁 William Clay Ford 的母亲,是凡士通(Harvey S. Firestone)的孙女。)

福特公司非常坚定地指责由凡士通轮胎胎面分离所造成的事故,"我们生产的探险者车型使用了除凡士通之外的其他品牌轮胎,就没有出现任何问题"[214]。福特公司否认了其探险者车型存在某些消费者所指责的悬挂系统与轮胎技术规格上的设计缺陷,尽管其在 2002 年推出的新款中改变了之前的设计,以使其更宽、更低从而更安全。正如其后来采取顺应型战略时所承认的,这一否认的战略产生了适得其反的效果。

从防御型转换为顺应型战略

两家公司都使用了否认的形象修复战略。轮胎召回以及涉及伤亡的法律诉讼将是代价不菲的。然而,凡士通公司似乎不能够说清楚胎面分离的原因。他们互相指责对方并运用了区分情况的战略——对于凡士通而言,这是一个"有关汽车的问题";而对于福特而言,则是一个"有关轮胎的问题"。否认和差异化支撑着他们的防御型战略。在长达一个多月的时间里,几乎每天都是有关胎面分离、车祸死亡和相互指责的新闻报道。两家公司对于胎压的不同建议——26 磅/平方英寸对 30 磅/平方英寸——吸引了大量的媒介关注。与此同时,各自的企业声誉和产品品牌却遭受着接连不断的重创。互联网上充斥的由轮胎行动群之类的消费者群体掀起的大量报道更激化了这一问题。比如,《商业周刊》的一篇文章把福特的问题总结为:"福特:一场信心危机。"[215]

他们开始意识到,他们最初采取防御型姿态的决策是一个巨大的错误。一种顺应型的姿态成为必需。这不仅仅是一个沟通问题。他们忽视了公众的感知,转而更重视企业的赢利而非消费者的安全关切。正如《洛杉矶时报》的一则标题所揭示的:"福特和凡士通没能认识到消费者才是他们最核心的利害相关者。"[216]他们奉行的是买卖思维,而当时所需要的却是承担起对于产品保障应有责任的关系思维。

如同哈佛大学商学院教授葛瑞瑟尔(Stephen Greyser)所指出的："他们或许低估了消费者信心对其企业声誉的重要性。"[217]

负责审查保修要求的法务部门似乎视消费者为原告——敌人，而销售部门视消费者为讨厌的声索者。企业看起来也没做任何努力，去把所获得的有关信息跟轮胎方面的消费者满意度调查——或者更广泛地——跟企业的消费者关系项目相整合。这俨然已成为一场偏颇的管理价值观危机。两家公司必须申明其消费者友好型的企业文化，并相应地修正其危机管理方略。

69　早期的预警征兆被忽略了

两家公司同犯的重大失误是，他们忽略了早期的预警征兆。在1998年年底，福特公司曾听闻销往委内瑞拉的探险者车型存在轮胎方面的问题。1999年，在收到有关胎面的问题后，福特公司对销往波斯湾国家的所有车型更换了凡士通轮胎。他们想当然地认为这一问题跟美国本土无关，其依据(或理由)是这些国家的气温高于美国。[218]

他们还忽略了另一早期征兆。作为一名单独的研究者，美国州农汽车保险公司(State Farm Mutual Automobile Insurance Co.)的博尹登(Sam Boyden)发现了凡士通轮胎胎面分离的规律，并于1998年把此信息提交给了美国全国公路交通安全管理局。但该政府机构听任其便，认为死亡数目(在第一次报告中只有22例)还不足以让其采取相关行动。对此线索，凡士通和福特公司都没有相应的进一步行动。这一决策过程恰恰显示出议题管理与危机管理之间的关联性。轮胎胎面分离的议题被及时地通报了，但正如后续的事件进展所表明的，却没有被充分地予以分析。偏颇的价值观或许影响到了这一分析过程，从而在短期的收益面前，对于企业声誉的长远观照被牺牲了。

胎面分离问题也是一个未能识别到正在积聚的郁积型危机存在的经典实例。2000年2月，休斯敦KHOU-TV电视台的沃尔纳(Anna Werner)报道了与福特探险者车型上凡士通轮胎胎面分离相关的车祸规律。凡士通公司不仅没把这当作一个危机达到临界点的征兆，还释出更多的否认。毕竟，这则新闻仅来自于一家地方电视台，当然可以对其影响进行限制。不过，当全国性报纸《今日美国报》在8月7日报道了这一新闻时，其决策改变了。两天后，凡士通公司宣布召回行动。

福特公司后来也承认,这则报道也是引起公司警觉的触发器。

新闻媒介再一次显示出了其作为社会"看门狗"的作用。不管对其喜欢与否,媒介时刻审视着组织的一言一行。由于其担负着整个社会非官方的危机指示者角色,媒介对于特定事件的判断会影响到公众对于一个组织及其管理者的感知。在每一场危机中,一个组织都必须忍受来自媒介的审判。因此,对损失进行控制的一个主要方面,即是缓和媒介对于管理者的批评,从而保全一个组织的声誉。鉴于这是公共关系的工作内容,因而其在危机管理中具有不可替代的角色。

凡士通公司违背了真诚道歉的原则

在发表于《哈佛商业评论》的文章中,凯勒曼提出了真诚道歉的原则:

- 承认犯错;
- 承担全部责任;
- 表达出悔意:如说出"对不起"(类似于羞愧);
- 保证错误不会再重复;
- 即刻性——时间适当。[219]

这些原则几乎全被凡士通公司首席执行官小野正利(Masatoshi Ono)违背了。尽管他遵循了在大型危机中公司高管必须出面表态的准则从而得了一点分,但他违背了即刻性原则。直到召回措施宣布将近一个月后的 9 月 6 日,在其出席国会听证会的时候,人们才听到他的声音。他对自己的沉默辩解称,他限制自己保持低调以便于让其美国公司的高管们去处置危机。当他打破沉默时,他说道:"对于这件事情发展到今天的听证会……我也承担完全的个人责任。"[220]

他的表态也没有满足凯勒曼所提出的真诚道歉的其他原则:他并没有承认犯错,因为他仅认为是"事件"。他最初表示承担全部责任,但后来他却食言了;辩称他只是为了向那些在使用凡士通轮胎过程中遭遇车祸的人表示关切,并且道歉本身并不是承认去担责。他从没说过对车祸表达歉意;他也没有保证错误不会再重复。[221]

由普利司通/凡士通在 8 月 16 日推出的广告也于事无补。那条被冠以"如果你的凡士通轮胎在主动召回范围内该如何做"的标题的广告中,包含着如下段落:"对于因本次召回可能给您带来的任何不便或忧虑,我们表示歉意。我们的消费者的安全和信心一直以来是普利司通/凡士通公司的第一关切。"这一致歉并未对已经生产的"低劣轮胎"表达悔意,对消费者安全的关切显得也不真诚。

外国公司使沟通工作复杂化

凡士通公司的外国身份使危机沟通工作变得更为复杂。首先,它破坏了统一口径的发言原则。兰普和小野的表态互相冲突。而其母公司普利司通集团总裁海崎洋一郎(Yoichiro Kaizaki)也同样混淆事端。他一直保持沉默,直到9月16日纳瑟尔和小野被传唤向美国国会作证之时,这一举动才迫使他做了相关表态。根据一个来自企业的消息源,在日本最大的商界游说组织日本经济团体联合会(Keidanren)的东京总部举行的长达90分钟的新闻发布会上,他表示:"由一个对相关情境不太了解的日本人做出的解释,可能已经激怒了美国消费者。"他还说:"我们对在日本境内的下属机构的管理相当仔细,但对海外的下属机构的管理没有投入同样的关注……我们让美国分公司运用它们自身的文化。这就存在着失误的因素。"[222]

福特公司的沟通相对较好

在首席执行官纳瑟尔(Jacques Nasser,一位成长于澳大利亚、具有法国人名字的美国人)担任主要新闻发言人的切实帮助下,福特公司在与其员工和消费者沟通方面表现得较为积极。他在广告和电视节目中公开表示:"有两件事情我们从未懈怠过:您的安全和您的信任。"他还让热线电话中心保持24小时运行,并使为此项工作服务的员工由通常的300人增加至800人。福特公司还向其员工通告:没有什么比福特的企业声誉更重要。[223]它们的员工沟通工作包括:

- 一系列由高管参加的市政厅风格的会议,以与员工讨论福特/凡士通轮胎召回事件的进展情况;
- 在公司内部每天的电视节目中,对事件情况进行直播,如纳瑟尔在国会参加听证会的实况;
- 为管理者准备用于其运营团队的展示性材料;
- 一份福特员工报纸的特别版。[224]

在与消费者沟通方面,凡士通和福特两家公司都用整版的报纸广告宣布了召回行动。不过,纳瑟尔触及了更多的消费者,因为他出现在一则《星期一橄榄球之夜》[1]节目中播出的广告中。两家公司都通过其企业官网提供了有关轮胎召回的信息。[225]凡士通官网发出了一封由其总裁兰普签名的《致凡士通召回消费者的公开信》。还包括他9月6日在国会作证的相关内容。福特官网也包括纳瑟尔9月6日出席国会相关委员会的表态。[226]

恢复性的努力

矫正性举措是形象修复的主要内容。在召回之后,两家公司都努力去重获公众的信心。凡士通公司主管公共事务的副总裁卡尔博威克(Christine Karbowiak)承认:"当前消费者对于凡士通公司的信心确实很低,我们需要做出努力。"[227]2000年9月12日,凡士通公司聘请凯旋公共关系公司(Ketchum)去"修复其业已败坏的形象,重树其在美国首都的地位——在那里该公司正面临攻击"。[228]卡尔博威克解释了从福莱公共关系公司(Fleishman-Hillard)转聘凯旋公司的原因:"凯旋公司最契合我们的企业个性和总体业务。该公司在首都华盛顿有一个强大的存在,而这对于我们非常重要。"[229]

凡士通公司面临一个巨大的消费者信任和信心赤字问题需要去克服。在召回轮胎之外,其形象修复还需要进一步的矫正性举措。这包括:

- 10月10日革除了无能的小野正利。他在国会听证会上的道歉是仪式化的,被认为缺少诚意。
- 承认该公司生产了一些"低劣轮胎"。即便消费者和新闻媒介已经确认了这一事实,律师们围绕此表态仍可能会争论数小时。令人耳目一新的是,他们最终承认了这一明显的问题,而这正是朝向重获信任的一步——尽管是很小的一步。而生产这些劣质轮胎的位于俄亥俄州代顿市的工厂,长久以来具有很差的劳工关系。处在劳资纠纷过程中的员工可能伤及了轮胎的质量。
- 普利司通集团总裁海崎洋一郎明确了凡士通公司的未来及其与母公司的关系。在一次记者招待会上他说:"毫无疑问普利

---

[1]《星期一橄榄球之夜》是一档在美国电视体育频道ESPN播出的关于美国国家橄榄球联盟的直播节目。——译注

司通会重塑凡士通,而且我们希望以最快的速度重获消费者的信任。"在一次坦率的谈话中,他也承认母公司应对美国的业务施加更多的控制,以保证凡士通达到母公司的标准。

- 凡士通公司开始重构其人员架构,并以任命兰普为新的总裁和首席执行官为开端。他在利用美国管理团队运营美国业务方面获得了前所未有的自主权,其危机管控工作也无须再时时先征得来自东京的许可。[230]

- 加强消费者关系。改进质量控制程序并雇用了更多的质检人员;建立了一个轮胎消费者的数据库,以显示其关注程度,并方便其与消费者沟通重要的产品信息,以及向消费者提醒任何有关产品的监督或召回的情况。如果企业没有消费者关系部门,就应该设置一个这样的机构,并且最好授权其向负责销售之外的高管直接汇报的权力。给予消费者发言权,例如通过在董事会安排一名消费者代言人,或者设置一个既能发现相关议题又能回应企业决策的消费者咨询委员会。有必要认识到并在企业利润和消费者需求与权利之间设置恰当的平衡点。

- 凡士通公司计划通过利用其经销商力争恢复销量,利用跟赛车活动的关联重获消费者的信心。制作一条显示其轮胎被用于赛车的广告,应该会强化其企业形象。

凡士通/福特案例最有意思的是两家公司在开展危机沟通方面的拙笨表现。他们违背了"尽早说,一次说完"的危机准则,这导致在长达一个月的时间里,有关胎面分离和车祸死亡的新闻报道几乎每天都在出现,企业形象也随之变得越来越难堪。

大主教劳的形象修复战略

当一个危机是由媒介曝光而引发时,媒介关系就成为最小化所造成的伤害、修复受控者形象的适当回应方式。劳遵循了这一思路,集中于前文所探讨的形象修复技巧。他精心准备了一则在记者招待会上释放的讯息,这为以道歉形式开展形象修复战略的可能性提供了绝妙的检验机会。

道歉

大主教劳请求其信众就娈童丑闻原谅他。他在波士顿世贸中心对将近3000名天主教徒表示：

> 我站在你们面前，意识到你们多数人对我的信任已经受到伤害，因为我应负责任的决策……在此，我衷心地对此表示对不起。

他补充道：

> 请你们相信我的保证，我会尽我所能去寻找出路，也就是到达我们需要去的地方的路……我会把你们的话放在心间。我会在祷告时细细思量，并会尽心考虑他人，请求上帝，我们能够从这里迈向前方。[231]

遵循有效道歉的相关原则，劳避免了直接去否认犯错，并公开承认了其过失。但他在谈到行为不当的神父时，通过含混地表示"判断已经做出"，也缺乏有关娈童性质的相关信息（运用了欠可行性战略），从而避开了承担个人的责任——这是有效道歉的另一原则。他表示，他相信治疗专家和医生的专业意见。他的道歉很大程度上使用了羞愧战略，即承认犯错并请求原谅。这类似于忏悔室里的懊悔行为。为了强化并完结其道歉，劳承诺采取矫正性的举措。除了避开正面承担个人的责任，劳的道歉也很难称得上是一个有效的道歉，因为他回避了提及对受害者的补偿问题。他也没有对受害者表达出应有的同情——他使用了"对不起"（I'm sorry）——这一表述比"我道歉"（I apologize）传递了更多的情感力量。

在可用的形象修复战略上，劳并没有做到完美无缺，这缘于以下两个限制性因素：他的听众和他所面对的背景。此事涉及的公众群体包括：一般社会公众、他的"信众"、"波士顿地区自由的天主教徒"，以及最重要的受害者及其家庭。至于背景，劳与其受众的"关系历史"是一个影响因素，尤其是联系到将近十年前他对于一则有关秽言恶行神父报道的回应方式。鉴于公众对于劳傲慢与偏执的印象，对劳的道歉诚意的公众质疑也显得合乎逻辑。由于对其道歉诚意的印象与评价是检验道歉有效与否的最终标准，公众反对劳所做的回应也显得顺理成章了。由《波士顿环球报》和WBZ-TV电视台所做的一项调查显示，在波士顿有48%的天主教徒希望劳大主教辞职。[232]

只有《波士顿环球报》对于劳"异乎寻常的道歉"印象深刻。或许由于他们活在一个语艺修辞的世界里,其记者和编辑对于劳"感人的"道歉及"懊悔的"和"谦卑的"举止,做出了友好的反应。听闻劳承认他做错了并请求原谅,看起来终结了面对媒介要做的道歉。尽管劳释出个人的歉意且没有借助其他中介环节从而获得了一些加分,但也应注意到,他在依靠新闻媒介去说服其信众。然而,对于公众舆论新闻媒介的影响是有限的。

形象修复战略的局限性

至于其之前在处理神职人员涉性虐童事件的政策取向上,劳使用了"加持"战略。但这一政策取向并没有让他避免做出错误的决策。他的价值观是偏颇的,其原因在于天主教堂的威权性质,以及劳本人的个性与行为所彰显的特质。缺乏公开及不愿披露相关信息即等同于欺骗,也客观上解释了对于劳缺乏真诚的公众质疑和信任流失的原因。鉴于劳在超过十年时间里一直对来自其所辖教区居民的投诉充耳不闻,并有意忽视对神父不当行为的新闻报道,他自己也可被指控为行为失当。

此类影响深度和范围的危机,不能单靠沟通和道歉来化解,而必须借助其他适用于危机管理失灵情形的回应策略。最后,形象修复战略的局限性是,在问题较为错综复杂的情境下,它们仅仅关注形象。为了证明其道歉是真诚的,劳必须表达出其愿意辞职的意愿。通常在企业环境中,首席执行官的辞职姿态能够减轻伤害,缓和危机,这点在安然丑闻案例中已有明证。但劳对于不断高涨的辞职压力——有些甚至来自教堂讲坛边上——持抵制姿态。但正如劳在《波士顿先驱报》的一篇文章中所说的:"大主教并不是一个企业的管理者。他不是一名政客。这是一名牧师的角色。这是一名教师的角色。这是一名神父的角色。当这个家庭出现问题时,你不是转向走开。你是在神的帮助下化解它们。"形象修复技巧在那些较为单纯的情境中奏效。当用在很难处理的教堂事务及其化身劳身上时,就会显得错漏百出了。

总　　结

　　综合性的危机管理超越当下的危机事件,以减少未来危机的发生为目的推进应变规划制定,增强一个组织的能力以应对真实发生的危机。大多数此类工作会涉及改进危机期间的沟通问题;另有一些则涉及后危机阶段的重建工作。

　　危机为一个组织提供了变革的机会。汉语中的危机一词别有意涵,因为它昭示着危险与机遇同在。一场危机为组织重建、改进甚至转型提供了难得的刺激和激励。危机的创痛也为一个组织的成员提供了变革的机会。由于变革的合法化,所存在的阻力也会减少。正是由于这种原因,尽管不存在真正的危机,不乏一些领导人会把其组织有意地引入危机状态。借助此类重新洗牌和重新解读数据的契机,推行严酷的举措也变得师出有名了。

　　当危机真发生时,高层管理者确实应该抓住这种重构组织思维观念的难得机遇。管理者必须确定需要什么样的组织变革,比如加强公司治理、新设部门、改变管理角色、改进控制体系和引入新型组织文化等。这在本书后面所探讨的各类危机的重振战略中都有专门的介绍。这些和其他的战略会在本书最后一章中予以总结。

第二部分　自然环境中的各类危机

第二部分探讨了自然环境中的三类危机：自然灾害、生物危机和科技危机。自然灾害或许是人类最早的危机类型，因为洪涝灾害、地震、火山喷发一直伴随着我们，并为危机管理的演化奠定了根基。生物危机也具有很长的历史，比如中世纪的黑死病，但由于艾滋病、非典型肺炎和其他传染病的出现，也由于全球化在地理区域上的蔓延，它们受到了新一轮的重视。此类疾病也源于自然，并与自然灾害存在着相似性。科技危机与自然环境密切相关，因为它们源于人类在生产产品和建造各类建筑物与其他设施过程中对于相关科学和技术的应用，而这些已经变身为自然环境的一部分。

相似点与差异

这三类危机的处理所涉及的战略，都使用到与自然灾害相关的应急管理的一些基本原则。自然灾害与科技危机造成人身伤害和财产损失，生物危机仅影响到人类和其他生物。正是由于这一原因，生物危机被与中子弹相提并论。

第二个差异是，在阻止危机发生的人为干预度方面，自然灾害最低，科技危机最高。尽管在避免或降低科技危机发生方面可以做些努力，但对于自然危机，人类则显得无能为力。人类不能阻止飓风、海啸或地震的发生。他们所希望做的是，预测其何时发生，并通过减轻性的举措和准备性的工作力图减少所造成的破坏。这也是自然危机被认为是"上帝之举"的原因。总体而言，它们是无法控制的，因而公众会宿命般地选择接受。与此相反，科技灾害被认为是"人造的"，受人为操纵的影响。生物危机则介于两者之间：其成因不可控，但其扩散与严重程度却依赖于早期人为干预的成与败。

从风险感知、公众舆论和法律地位角度而言,这种以可能的人为干预度进行的区分是至关重要的。对于一场自然灾害或生物危机的来临,上帝可以被质疑,却不能指责。但对于人类实体——企业、政府机构和非营利组织,却可能由于一场看起来能够避免和控制的科技灾害,不仅会遭受指责,还可能被诉。人类指责他人的倾向是十分强烈的,这又会被借此而来的可能帮助和补偿企图所强化。

其他的差异之一是,一些自然乱象自身也促成了较高的可预测性。有些事情的发生概率是很高的,比如:美国东南部沿海地区遭受持续性的飓风袭击,孟加拉国经受更多的洪涝灾害,太平洋和印度洋脆弱地区发生的地震灾害,等等。另一差异是,自然灾害和生物危机不会顾及政治边界或私人财产界线,而科技危机事件一般产生于一个组织财产的内部,且大多数仅限定于组织内部。

不过,有些科技危机由于太过庞大而超越了正常的边界。1986年切尔诺贝利核爆炸危机影响到了东欧大部,埃克森原油泄漏事件破坏了威廉王子湾的大部分地区。并且,如果科技危机的界定再加以扩展以包括对于更广泛的环境的影响——如酸雨、有毒物品对地下水的渗漏、地球臭氧层的破坏和温室效应等,那么,科技危机的地理和环境范围就大大超过自然灾害与生物危机了。

与风险共舞

风险分析的作用

对于管理者规避或降低风险的压力是空前的,并且,在直面风险的理性态度在社会上站稳脚跟之前,这种压力必须被充分认识。幸运的是,对于风险分析不断增强的认识及其作用,使风险因素在管理决策制定过程中取得了更大的发言权。不过,管理者必须比那些对各类风险进行专业计算的科学家、工程师和其他技术人士向前走得更远;他们必须明判哪些风险是公众可接受的,并相融于社会、政治和经济上的公众关切。基于这些原因,必须考虑一般公众对于相关科学和技术的态度,以及他们的风险感知水平。

管理者还必须投身于越来越多的风险沟通工作。尽管很多诸如化工和医药等以科技为基础的行业,很早就投身于风险分析工作,但对风险沟通工作的足够重视却是最近才出现的。而美国《超级基金修正与再授权法案》(SARA)中的《应急规划和社区知情权利法案》为此提供了最大的推动力。这一立法已经成为鼓励或迫使企业致力于与其员工和当地社区进行风险沟通的主要推动力。[233]

具体而言,该法案要求州长任命本地的规划委员会,该委员会必须围绕下述问题推出相关的方案:

- 确认那些制造或储存危险化学品的设施;
- 划定用于运输危险品的线路;
- 拟定一旦危险品泄漏后,应急响应人员应该遵循的程序;
- 确定危险品泄漏是否发生的检测方法;
- 列出社区和工业设施所需要的应急装备清单;
- 疏散方案;
- 培训项目。

《应急规划和社区知情权利法案》所涵盖的企业必须满足如下四项要求:

(1) 向所在州专门委员会、本地专门委员会和本地消防部门递送物品安全数据表(MSDSs)。(社会公众可以从本地专门委员会查看物品安全数据表。)

(2) 让公众知晓在其厂区存放的危险化学品的数量(以区间范围表示)。

(3) 汇报排放量——他们排放到空中、土壤和水中的特定化学品的数量。

(4) 有现场备用的应急响应方案。

该法案改变了使用危险品的企业与其所处社区间的关系,使企业更"易于遭遇跟当地社区间的争议和问题"。[234]现在企业必须让公众知晓在其厂区存放的危险化学品的数量(以区间范围表示)。拥有家庭电脑的个人,以很小的花费,就可以获取与该法案相关的数据信息。

为数众多的企业对该法案的反应是,纷纷充分认识到了全力投入风险沟通工作的必要性。他们遵循了一个准则:一个一定规模的信息传递项目会不经意地消除可能存在的公众恐慌,且其效果远强于真正传播实质性风险信息的做法。基于这一原因,在1989年7月1日该法案规定的提供相关信息的截止期限前,陶氏化学品公司(Dow Chemical)推出数本小册子,向其员工和当地社区解释该法案的内容、公司减少污染物的具体项目、其排放物,以及跟健康标准相比这些项目的状况等。[235] 该公司还为其企业消费者举办了一整天的研讨会,在密歇根州米德兰市(Midland, Michigan)的工厂建立了一个电脑数据库并向公众开放。

对风险的公众感知

公众对于科学和技术的态度背后隐含的是对风险的公众感知。人们似乎相信,他们能够生活在一个没有任何缺点和风险的社会中,与此同时享受工业社会的成果。当确实要考虑危机时,他们往往高估由相关企业和行业所带来的风险,而低估日常生活中的风险,比如开车上下班和家中放置的氡。

对于公众不良的风险感知,企业界倾向于指责大众媒介。风险感知研究的专家斯洛维克(Paul Slovic)指出,人们之所以变得对越来越多的事物更加担心,是因为在媒介影响之外,还存在着其他一些原因。他提到:

- 人们已经目睹了为数不少的骇人听闻且挥之不去的灾难——博帕尔毒气泄漏、切尔诺贝利核泄漏、挑战者号爆炸,有些人还认为现在灾难发生的可能性比以前要大。
- 如同当时的蒸汽机和内燃机一样,今天强大的新科技给人们带来的是陌生和恐惧。
- 人们变得更为沮丧;一方面他们被要求系上安全带,加强锻炼以减少风险,但其他的风险往往不期而遇。
- 有些科技所带来的益处不足以使其潜在的代价合理化,例如,如果食物是安全的,那么对其使用伽马射线进行灭菌处理并贮存起来并没有什么益处。
- 当专家们围绕官司互相攻击之时,公众只会去质疑所有相关的事实。
- 特殊利益群体促使相关议题引起公众的关注。[236]

被感知的风险

上述的影响因素说明了公众对风险的预估。不同于科学家所使用的定量取向,这些被感知的风险往往是定性的。正如勒尔奇所指出的:"我们不害怕危险发生的可能性……却害怕出现更多个人的、非理性的恐慌。"[237]在公开会议上,当公众被要求接受一个增长率不超过百万分之一的癌症死亡风险时,他们通常就会很生气。然而,他们却会在会议间隙抽烟、在不系安全带的情况下开车回家、忽视家庭中存放的氡——这些风险更为可观。[238]也难怪科学家、政府决策者和企业管理者会总结:公众不会理解风险的科学性层面。

影响到风险感知的因素通常被称为愤怒(outrage)因素,因为它们会引起人们对于多项议题的怒气和抵制。这包括:对有害废物设施的提及、对工业设施的许可与扩张,以及林林总总的环境与公共健康关切。下面是一些影响到公众对于风险的愤怒与可接受程度的风险感知因素概览:

易接受的	不易接受的
自发的风险	非自发的风险
后果立现	后果延迟
无变异	存在很多变异
有确定性的风险	无确定性的风险
易于公开的	难以公开的
职业性遭遇的	非职业性遭遇的
一般性危险	"骇人的"危险
影响所有人	影响特殊敏感人群
有意利用的	会被误用的
结果可逆的	结果不可逆的[239]

对于风险情境,公众关切上升或下降的影响因素:

上升的公众关切	下降的公众关切
在时间和空间上群发的伤亡事故	偶发的伤亡事故

陌生的	熟悉的
不能理解的机制或过程	能够理解的机制或过程
具体地危及儿童	没有具体地危及儿童
危及后代	不会危及后代
有明确的受害者	统计学意义上的受害者
大量的媒介关注	较少的媒介关注
重大及有时小型的事故	没有重大或小型事故
不对等的风险与收益	对等的风险与收益
不明的收益	明确的收益[240]

风险感知的原则

上述使风险变得可接受或不可接受、关切程度上升或降低的特征清单,涉及一些必须认真考虑的原则:

对熟悉的事物,人们感知不到危险。人们不会质疑其工作、生活方式或邻近地方的安全性。诸如汽车——有时香烟等熟悉的事物是不用担心的。另一方面,核电站就容易引起担心,部分的原因在于,其地点已远离都市中心区,并且相关法规也对公众参观核能设置做出了限制。

有利的成本收益计算,使风险更易于被人们接受。在欠发达国家,核电就没有引起过多的恐慌,原因在于此类核电站的经济重要性盖过了其风险。同样,曾经的防御设施根本没有顾及对环境的影响,因为赢得冷战是压倒一切的收益。

当社区居民觉得那些对社会有广泛益处的必付代价与负担集中于其社区时,或者自私点来讲,即便自己会受益,人们就是不希望承担任何的社会代价时,就意味着一种**邻避综合征(NIMBY)**[1]**的态度在盛行**。这种公正性诉求还体现于,贫穷的人们觉得正因为自己缺少政治肌肉,才导致自己的地方被选作废物填埋场。邻避综合征候通常会明显地见诸核电设施和其他类型的发电项目中。比如,一份哈里斯的调查显示,在56%的公众反对在其家门口兴建核电站的同时,也有高

---

[1] Not in my back yard(NIMBY)是20世纪80年代由当时担任英国环境事务大臣的尼古拉斯·雷德利所创的词语,字面意思是"不要(兴建)在我(家)的后院",是形容一个新的项目或发展计划受到该区或邻近地区居民反对的贬义词语,也称为保家征候。——译注

达55%的人反对火力发电项目。[241]

在对与风险关联的成本进行计算时,一个组织还必须考虑到所谓的**"高阶"影响**——那些超越当下的影响,比如在一次事故中造成的死亡人数——将包括诸如后续的诉讼费用和受损的企业声誉等在内的衍生影响。在与凡士通公司就轮胎召回的纠纷过程中,福特汽车公司学到了这一教训。

对于自认为能掌控的风险,人们的恐慌就会少一些。那些进行跳伞、蹦极、滑雪和滑板等休闲运动的人乐于承担更高的运动风险,因为他们觉得自己掌控着此类情境。同样,即使紧挨着核电站居住,其危险也小于每周在街边骑一次自行车,但前者的风险是不可接受的。应用精神病学家、位于首都华盛顿的一家非营利机构行为与健康研究所总裁杜邦博士(Robert L. DuPont)指出,对于核电站的恐慌被夸大了,其原因是,其风险被认为控制在"大型机构"和"遥远的官僚系统"——比如美国国家核能监管委员会——手中。[242]

公众对于不明风险、"骇人(dread)风险"和"高指向性事故"(high-signal accidents)恐慌性较强。不明风险是那些还没有被科学所认识,也不能被察觉的新型风险。暴露于其中的人在当时并不知已身陷风险,因为其影响是滞后的。至于不熟悉的风险,人们的恐慌性更强。核电就认为是一种"不明风险",即界定为"被判定为不可察觉的、不明的、新型的、其损害表现滞后的危险"。[243]化工科技和生物技术即显示着此类不明的风险。

"骇人风险"也让人更为恐慌。此类风险被界定为具有如下特征:"缺乏控制感、极度恐惧、灾难性可能、致命性后果,以及不对等的风险与收益等。"[244]而不明风险与骇人风险的共同特征是"高指向性事故",即便规模很小,人们也会把它放大到极致,因为它们被看作是将来可能的灾难性倒霉事的迹象或兆头。一旦一个组织所处的行业——比如核电——被如此感知,事故的高指向性层面就加剧了该组织所要面对的"控制"问题。

三哩岛核泄漏事故,不仅使拥有并运营该电站的机构遭遇灭顶之灾,还对核能行业和整个社会造成了难以估量的代价。对于行业而言,其代价是更严苛的监管措施、世界范围内更少运转的反应堆,以及公众更大的对于核电的反对声浪。而整个社会由于需要更多地依赖于非核能资源，也受到了伤害。

影响到公众愤怒情绪的其他因素还有：与看似有失公平的风险相比，那些看似公平的风险更易于被人所接受；与那些从伦理角度看不令人反感的风险相比，令人反感的风险似乎更危险；与人为风险相比，自然风险似乎更易于被人所接受；与那些在时间和地域上零星、单个出现的事故相比，以一桩大事面目出现的灾难更让人恐慌。[245]

新威胁

自然环境所面临的科幻型威胁是，宇宙中大型行星或彗星碰撞所带来的小行星和其他天体可能会撞上地球的令人沮丧的未来图景。这在地球的历史上曾经发生过，也被指责为造成恐龙灭绝的原因。在《天空正在陨落》一文中，伊思特布鲁克（Gregg Easterbrook）引证了之前这曾经发生过的证据。[246]他提到了美国哥伦比亚大学的地球物理学家阿伯特（Dallas Abbott），该学者指出，在公元536年，一个直径达300米的天体撞击了澳大利亚北部的卡奔塔利亚湾（Gulf of Carpentaria），释放了相当于1000颗原子弹的能量。飞溅到大气层中的灰尘和油气应该遮蔽了太阳光，致使地球暂时性的冷却。一个世纪前的1908年，一个在接近地面时起爆的小行星或彗星，在西伯利亚的通古斯卡地区（Tunguska, Siberia）引发了巨大的爆炸。它给数百平方英里范围内的区域造成了灭顶之灾。假定该爆炸发生在伦敦或巴黎上空，这些城市就会消失了。俄罗斯宇航局很严肃地判断小行星阿伯菲斯（Apothis）于2036年撞击地球的可能性[1]，并计划着将其引开的努力。阿伯菲斯将会是一个"国家破坏者"，足以摧毁相当于整个法国国土面积的区域。[247]

上一代人的标准假设是，每100万年地球就会被危险的域外天体撞击一次。但到20世纪90年代中期，这一可能性就变成了每30万

---

[1] 关于此事，根据美国宇航局2013年初发布的消息，这一小行星撞地球的可能性已经被排除。美国宇航局设在加利福尼亚州的喷气推进实验室的科学家，根据2011年和2012年获取的更新数据，以及2013年1月9日该小行星远远地飞掠地球时获得的最新数据，得出了上述结论。具体内容可参见《美国宇航局排除了小行星于2036年撞击地球的可能性》，中国天文科普网，http://www.astron.ac.cn/bencandy-3-8279-1.htm。——译注

年一次;现在,一名小行星专家认为,每一个世纪中危险天体撞击地球的概率是十分之一。[248] 不过,未来学家和作家科尔兹威尔(Ray Kurzweil)给出了较为乐观的预测:宇宙中偶尔出现的庞大和破坏性的来访天体,几乎肯定会在它们毁灭我们之前被首先毁灭。[249]

第五章 自然危机

自然危机——通常被称为灾害——涉及诸如危及生命、财产和环境自身的地震、火山喷发、龙卷风与飓风、洪涝、塌方与山体滑坡、海啸、暴风雨雪和旱灾等。灾害专家把这些事件称为自然危害。[250]当它们导致人员伤亡或破坏人们赖以生存及其生活品质所依的自然与物质资产时,它们就变成了自然灾害。[251]作为人类最早接触的危机类型,它们为研究其他危机奠定了模式和分析工具。自然灾害是最经常报道的危机。

随着与天气相关的自然灾害的发生频度和严重性的增加,气候变化越来越被质疑为元凶。并且,由于气候变化影响到水源、沿海地区洪灾、疾病与饥饿,且从宏观意义上给人留下了一个更为恶化的环境,因而也置人们于危险的境地。[252]这一观点被若干研究所佐证。灾害流行病学研究中心（Centre for Research on the Epidemiology of Disasters）认为,与天气相关的危害已经成为大多数灾害的主要触发器。[253]提到2010年发生在澳大利亚昆士兰的洪灾,气候变化投资者集团（Investor Group on Climate Change,该集团在澳大利亚和新西兰两国管理着6000亿美元的专项基金）主席培冈（Frank Pegan）表示:"尽管毁灭性的洪灾是一种极端的天气事件,但我们清醒地知道,气候变化的后果是此类事件频率的上升。"[254]慕尼黑再保险公司（Munich RE）发表的报告《极端天气、气候变化、坎昆2010》指出:截止到当年9月底,2010年已经成为有记录以来130年里最热的一年。该公司还指出,自1980年以来,与天气有关的自然灾难数量——比如洪灾——已经增加3倍,而暴风数量也翻了一番多。[255]如果此类严重的预测都成真的话,我们可以预见,自然灾害就会在危机管理中占有更大的分量。

主要的自然灾害

21世纪的第一个十年里最具破坏性的自然危机包括:2004年12月26日的印度洋海啸,2005年8月28日重创新奥尔良的卡特里娜飓风,2008年5月12日发生在中国四川以及2010年1月12日发生在海地的大地震,2009年1月28日发生在澳大利亚维多利亚州的山林大火,以及大约一年后在澳大利亚昆士兰的洪灾。

2004年印度洋海啸

2004年12月26日,四十年来世界范围内最强的地震在以印度尼西亚北部为中心的区域暴发了,并引发了海啸,冲过了从泰国到印度、斯里兰卡和马尔代夫的12个印度洋沿岸国家的海岸线,导致22.7万人死亡,170万人流离失所。[256]《环球记者》称之为"按理是世界上最具毁灭性的自然灾害"[257]。

有些地方侵入内陆超过一公里的海水,致使印度尼西亚苏门答腊岛南部与东部超过50万人离开自己的家。当高达4米的巨浪席卷泰国南部著名的旅游胜地普吉岛时,造成158人死亡。英国外交大臣斯特劳(Jack Straw)指出:"尽管借助科技我们在掌控自己的生命方面已经取得了巨大的进步,但如此强度的地震真的是令人震颤而又极端可悲的。"[258]

海啸由发生于水下的地震而引发,它向南亚各地释放了巨大的冲击波。英语中的海啸一词即是日语,由海港与波浪合成。它在世界范围内借指广泛蔓延的后果。[259]这一高达里氏8.9级的地震发生于早上7时59分,离苏门答腊海岸10公里的海底。

卡特里娜飓风

卡特里娜飓风是降临到美国一个城市和地区的最严重的自然灾害。2005年8月28日,它在新奥尔良城引发滑坡,致使1500人死亡,洪水漫过该城四分之三的区域。历史上仅有1990年导致8000人死亡的得克萨斯州加尔维斯敦(Galvaston, Texas)飓风可以与之相提并论。在新奥尔良城周边区域,也造成了大面积的破坏,路易斯安那州的 16 万个家庭遭受损失,受保险的财产损失高达 250 亿美元,而受保险的私人损失介于 400 亿美元—600 亿美元。并且,经济损失估计高达 1250 亿美元。[260]新奥尔良城本已捉襟见肘的基础设施——公路、供水、污水处理、电力、医院和学校——被摧毁或严重破坏。

广泛的环境和文化破坏

在靠近新奥尔良城的存在海洋生物与野生生物并展现出自然之美的沿海沼泽地区,对环境的破坏是相当严重的。那里已经被无数的油气钻井设备和管线所侵蚀。沿着海湾沿岸 100 万英亩的湿地,曾被环境规划者认为是抵御风暴的第一道防线,也被破坏掉了。路易斯安那州沿海的商业渔场设施,其产量曾占到全美国商业海产品产量的三分之一——每年大约 100 万磅的鱼、蟹和牡蛎,现在也严重破坏,有的还被彻底摧毁。[261]路易斯安那州蓬勃发展的钓鱼比赛行业,每年产值超过 10 亿美元,也遭受打击。流经美国最大港口新奥尔良港的密西西比河航运被迫中断。该市广受赞誉的旅游业被釜底抽薪。正如《城市:一部全球史》[262]的作者考特金(Joel Kotkin)所指出的,新奥尔良的主导产业"不是开创未来,而是展示其过去,而这些中的大部分现在被淹没在水中"。[263]而重建工作却是一个漫长的过程。

中国农历年冰雪灾害与四川大地震

2008 年的中国可谓祸不单行。2008 年 1 月中旬,正当多达 1.78 亿中国人赶在回家的路上准备庆祝农历新年之时,50 年来最恶劣的天气袭击了中国的中南部地区。[264]大部分人被滞留在火车站。由于供电线路断落和煤电运输中断,火车也被迫停驶。这样的煎熬持续了两个多星期,致使数十人死亡、建筑物损毁、机场和公路被迫关闭。在靠近香港的广州市,火车和飞机停运后有 20 万人睡在了临时帐篷里。

2008 年中国遭遇的第二个灾难是,5 月 12 日下午 2 时 28 分降临于中国西南部四川省高达里氏 7.9 级的地震,其威力是如此巨大,以至于泰国曼谷都有震感。[265]这是该国三十年来最严重的自然灾害。一位高级别的地震专家向震区居民警告道,鉴于余震可能会使业已受损的建筑物倒塌,因此其破坏力可能与主震一样强烈。[266]

这次地震造成超过 8 万人死亡,使 500 万人无家可归,并使许多的家庭、学校建筑物、公路和其他基础设施遭受破坏。此类破坏严重且影响广泛。倒塌的学校——往往起因于粗制滥造——吸引了大量的媒体关注。最惨痛的一例发生在北川，一所建成于1998年的学校整体坍塌，致使2793名学生中的1000人死亡。为了展示积极姿态，温家宝总理在新学期第一天对该校进行了一次出人意料的造访。[267]

海地大地震

2010年1月12日下午，至少是1770年以来最强烈的、高达里氏7.0级的地震袭击了首都太子港。[268]海地官方报告有22万人（后来估计有31.6万人）死亡，30万人受伤；10.5万栋房屋倒塌和20.8万栋房屋受损；1300所学校和50家医院坍塌或不能使用；总统府和大多数行政机构也被严重损毁。[269]将近130万海地人无家可归，其中超过75万人在太子港城区。[270]海地本已薄弱的基础设施几乎完全被摧毁。电力中断，机场控制塔不能正常运转，海港设施崩溃，路上堆满了各类残骸与尸体。不过，移动电话网络受损不大。然而，在海地的救援群体却无法互相联系，而在纽约、波士顿和其他移民社区的亲属在了解幸存者和受损程度方面也面临着重重困难。

海地大地震令人震惊的后续影响，暴露了这一国家极端落后的一面。海地是西半球人均收入最低的国家，其政治和社会基础也最为薄弱。尽管地震无可避免，但当地甚至从没做过建筑物抗震方面的任何努力。当危机引发"混乱"时，只能任由其发展。太子港政府机构极为孱弱和腐败。其最初的响应形同阙如。对于引发的后续混乱，甚至也没有警察和消防部门来应对，部分原因在于这些机构也是地震的受害者。尽管海地号称有1万家非政府组织（NGOs）——有人称其为"非政府组织共和国"——但它们过于分散和弱小以致无法有效地应对。该市及其周边区域处于事实上的隔绝状态。那些幸存者不得不在震后的创伤中自己照料自己。

"留给海地幸存者的时间正耗尽"之类的报纸标题，反映了海地人绝望的斗争。[271]饮用水、食物、医药器械和避难所都处于极端缺乏的状态。全力抢救被困于建筑物中的人和救治受伤者，是一场与时间的赛跑。人没有水可以存活3天，没有食物可以存活5—6天；或对于那些受伤者,只要没有致命的组织损伤即可。这会是一个对于危机响应与救援工作的极端考验。

发生在澳大利亚、俄罗斯和巴基斯坦的火灾与水灾

澳大利亚的"黑色星期天"

干旱一直是澳大利亚的维多利亚州面临的问题,随之引发的,便是可怕的野火。2009年1月28日,维多利亚经历了历史上最严重的热浪,到2月7日,温度高达115.5华氏度(46.4摄氏度),墨尔本则高达120华氏度。那天出现了600场火情,成为数十年来最严重的情况。死亡人数达到173人。一些人直接在家中葬身火海,另一些人没被完全烧掉的身姿显示,他们是在逃离火海的过程中遇难。应对火情是澳大利亚人生活的一个显著特征,而面对持续性的极端酷热天气,这需要重新考虑。[272]

昆士兰三分之二的区域被淹

一场大型的洪水淹没了澳大利亚的昆士兰州,被水淹的区域相当于法国与德国的面积总和。在这一区域,86个社区被洪水淹没或阻隔;1.75万个家庭和超过3000家企业受冲击。[273]罪魁祸首被指为自气象记录以来最强烈的——如果不是最严重的话——拉尼娜(La Nina)现象。[274]罗克汉普顿(Rockhampton)全市被淹,而另一城市图沃柏(Toowoomba)的居民则遭遇了一场令人惊恐的暴洪(flash flood)——有人称之为内陆海啸——致使他们在绝望中紧抱树枝、指示牌和电线杆以保命。居民被警告严防毒蛇,比如东部拟眼镜蛇(Eastern Brown 或东部棕蛇,它的长度超过6英尺,被认为是世界上排名第二的最毒蛇类)——以及远离费泽罗伊河(Fitzroy River),以防潜伏的鳄鱼。[275]

澳大利亚第三大城市、昆士兰州首府布里斯班的大部被灌水淹没,影响到两万个家庭。[276]昆士兰洪水造成的经济损失也是极为惨重的。澳大利亚保险巨头安宝集团(AMP Capital)高级经济学家卡尼(Bob Cunneen)指出,这将高达大约60亿澳元和该国GDP的0.5%。[277]

2010年夏的俄罗斯火灾

由于经受俄罗斯有记录以来的夏季高温,大火涉及了俄罗斯中部

地区的森林和干涸的沼泽地区,导致20余人死亡,超过2000人无家可归。俄紧急情况部(Ministry of Emergency Situations)表示,包括42处蔓延至陆地的沼泽火情,共有779处发生火灾。超过1万名消防员和2158套消防设施——包括43架飞机——被征用。[278]由于数千英亩的小麦被烧焦,世界小麦价格预期将上涨。

巴基斯坦的骇人洪灾

2010年7月28—30日,巴基斯坦遭遇了一百多年来最严重的洪灾。洪水从印度河奔涌而下,把这个国家分为南北两半,淹没了大量的村庄、城镇和城区。洪峰从北部山区开始,横扫南部与西部的信德(Sindh)和俾路支斯坦(Baluchistan)省。所造成的损失包括人员伤亡、牲畜、农作物与贮备食物,还摧毁了数不清的家庭和灌溉系统。有200万人遭受到这次洪灾的影响,90万无家可归者还面临着腹泻、疟疾和其他疾病的困扰风险。[279]

危害管理战略

危害管理(hazard management)是一种有目的的活动,即全社会就相关危害进行告知,决定如何做出应对,并实施相关措施对危害进行控制或减轻其影响。[280]自然灾害的管理战略来源于风险管理中用于减轻风险的一些一般原则,以及由美国联邦应急管理署(Federal Emergency Management Agency,FEMA)所推出的准备性举措。

FEMA的应急管理战略概要

在美国,FEMA是政府中主要的灾害协调机构。它提供即刻的灾害救援,对维修道路、桥梁和关键性的公共和私人建筑提供所需的资金,并可对受难的个人提供上限1万美元的贷款。在1992年因对安德鲁(Andrew)飓风的较差应对而受到严厉批评后,FEMA曾进行了大幅改组。

克林顿总统聘任了曾任阿肯色州应急服务办公室主管的专业灾害专家威特(James Lee Witt)来领导FEMA。基于他的洪灾现场考查

第二部分　自然环境中的各类危机

和愿意跟受害者、官员、救援人员和媒介交谈,对他的积极评价逐渐形成。通过去中西部考查洪灾破坏情况时"穿着牛仔裤、脚登鸵鸟皮样式的牛仔靴和一条带有大号黄铜扣的皮带",他进一步强化了其公众形象。[281]然而,随着FEMA在小布什政府时期倒退到政治模式,其在克林顿政府时期所取得的进展都废灭了。它不再是一个内阁层面的政府机构,而"被降级为"一个"处在庞大的国土安全部下面的相对弱小单位"。[282]其预算被削减,而那些未经灾害规划或管理相关培训的人员被置于管理职位。

FEMA一直以来由于推出危害管理的四个阶段而受到赞誉,它被广泛地应用于对自然灾害的规划与分析。这四个部分包括(如图5.1):

(1) 减轻(mitigation)——一旦一个危机发生,减少其对人们生命和财产伤害的努力;

(2) 准备——改进危机响应能力的努力;

(3) 响应——为了减少损失,在一个危机发生之前、期间和之后当即采取的行动;

(4) 恢复——使受创区域稳定并让其回归正常状态的行动。[283]

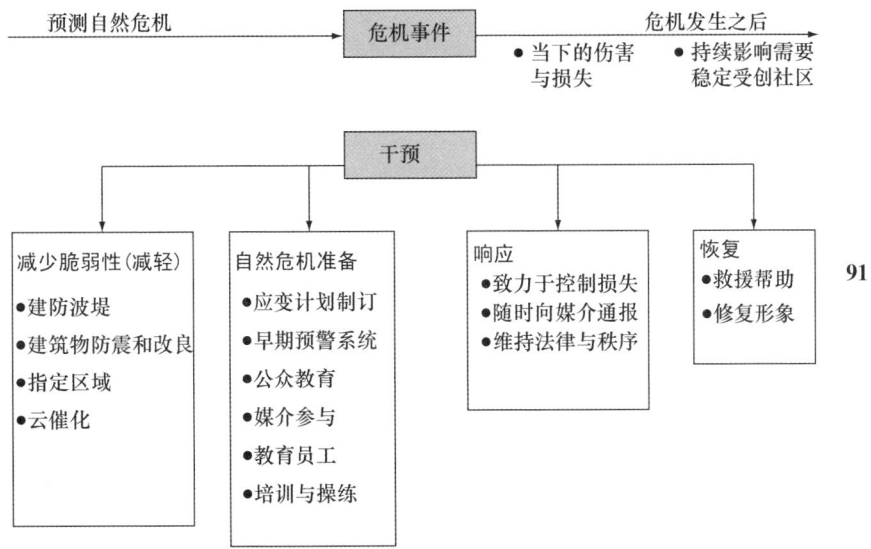

图5.1　自然危机的危害管理

减轻：强化物理性的基础设施

减轻就是通过在危机发生之前做好任何可能的准备以保护生命、限制损失、增强易感社区快速回归正常的能力，力争去减少灾害的影响。其主要的问题包括：是否准备了万全计划，是否考虑到最坏的情境，是否采取措施减少对于危害的暴露度并最小化其影响。解决办法则有赖于一些简单的事情：比如教育孩子在危急时如何做，或在不坚实的山坡上种上树以防山体滑坡。更复杂一些的解决办法包括：倡导防震建筑建造和负责任的城市规划等举措。[284] 美国地质调查局（Geological Survey）联合世界银行所做的估计认为，如果能够投入400亿美元用于危机减轻和防范工作，全球范围内与自然灾害相关的经济损失将减少2.88万亿美元。[285]

沃弗（William L. Waugh）在其《应急管理指南》一书中提出了四种危机减轻类的工作：

（1）"硬"工程型或结构型应对，比如建造近海的防波堤与海堤，以减少浪潮的威力与内陆洪水，或改良易受损的建筑物；

（2）"软"工程型或环境型应对，比如用砂填料去改善沙滩区域，或种植沙滩草类与其他植物以减少沙子的运动并保持天然的坡度；

（3）"被动"或非结构型反应，主要是一些涉及土地利用的管制类措施，比如利用划分区域措施以限制靠近海滩之地的开发，以及控制灾后在海边易受区域重建的土地利用政策；

（4）气象型反应，比如通过云催化措施减少飓风的威胁。[286]

新奥尔良的硬工程与中国的软工程

作为第一类的危机减轻工作，硬工程型尤其与新奥尔良密切相关，原因在于该城大部分位于一个海拔高度低于海平面10英尺的盆地里。依密西西比河而建的防洪堤和庞恰特雷恩湖（Lake Pontchatrain）是为了保护这座城市，但防洪堤的建造是基于防御3级飓风，而不是所发生的更为严重的4级。FEMA对于新奥尔良城应急计划的一个疏漏是,没有对最坏的情境予以严肃考虑。即使曾有预测会出现 4 级或 5 级的飓风,但防洪堤建造得不够高、不够结实。

硬工程的价值从荷兰的经验可见一斑,1953 年这里的洪水造成了近 1900 人死亡。由此开始了一项长达 40 年、耗资 80 亿美元的名为三角洲工程(Delta Works)的项目,这是一个包括水闸、大坝、防洪堤和堤障的网络。这项工程包括 1997 年完工的一个可移动的大型海墙——马仕郎防风暴大坝(Maeslant Barrier),它可以把北海通往鹿特丹市(Rotterdam)的航道关闭。[287]这项庞大的基础设施项目,包含能够保护这个国家防御任何可预测的风暴和由全球变暖所导致的海平面缓慢上升的众多防洪堤和船闸。

而对于中国受到地震影响的地区而言,土地利用政策和建筑标准的重要性就尤其关键。从美国加州地震得出的一个广为认可的教训是,可以通过对新建筑和既有建筑物结构改良推行更严格的建筑标准的方式,减少地震所造成的破坏。新奥尔良和其他受海啸影响的国家,也能够受益于更好的土地利用政策和更严格的建筑标准。例如,在泰国的沿海区域,很多建筑物就是离海水太近。上文沃弗提及的气象型反应,在近年还没有被运用。

准　　备

准备工作指的是:(1) 增强物质上和机构上的人为准备;(2) 创立早期预警系统;(3) 致力于公众教育。

物质准备——沃尔玛的基础设施堪称典范

新奥尔良本可作为 FEMA 应急管理战略的应用典范,但它却不光彩地显示出了既没有现成的指挥人员和物资的程序,也没有可用的交通工具(比如救援船和直升机)清单。[288]对比而言,沃尔玛(Wal-Mart)可作为 FEMA 和其他救援组织的典范。8 月 24 日,当沃尔玛负责业务可持续工作的总监杰克森(Jason Jackson)走进公司应急指挥中心的时候,他了解到卡特里娜飓风被重新分类为更具破坏性的热带低气压。他由此遵从了公司具体的用于应对灾害的应变计划要求。两天后,又有包括货运和防损专家在内的 50 名沃尔玛管理者和支持人员来支援他。8 月 28 日飓风在该地区造成滑坡之前,沃尔玛公司一直在运送应急设备——包括发电机、干冰、瓶装水——到指定的临时区域,以确保在遭受灾难时公司门店能够及早重开。

沃尔玛公司相对于 FEMA 的优势在于,它在全国大部分地区拥有自己的货车、转运中心为数不少的门店。当全州 600 名执法官员聚在一起准备开展救援工作之时,却没有相应的供给。但他们在飓风来袭一天后向沃尔玛求援,两天后他们就迎来了两大车的手电筒、电池、即食食物、保护性设备和弹药。[289] 杰克森在处置灾害方面受到过良好的训练,因为他拥有应急管理方面的学士学位和安全管理方面的硕士学位。

启动早期预警系统

尽管自然灾害的发生是不能控制的,但它越来越能够被预测。如果监测系统成功运转的话,人们就会得到警报,从而采取预防性的措施。在传递预警讯息方面,大众媒介是极为重要的环节,并且推特和 YouTube 之类的数字媒介在逐渐发挥补充的甚至有时承担主要的功能。

然而,本地电台仍是应急信息传递不可多得的媒介,这不仅在于通过仅靠电池的收音机即可收听相关讯息,还在于其在突发情况时即刻播发信息的能力。[290]在 1989 年安德鲁飓风暴发时,当居民住房遭受破坏和供电线路折断导致电视机无法使用之际,由军方提供的救援电台大显身手。在没有停电的地方,本地电视台也能够发挥同样的作用,并有提供可视画面的优势。随着手机和社交媒介的日益普及,对本地电台和电视台的依赖性在降低,但正如在新奥尔良、四川和维多利亚所看到的,它们仍然发挥着至关重要的作用。

在新奥尔良和其他受亚洲海啸影响的国家,那些自然灾害的受害者可能义正辞严地指责当局没有提前发出预警。卡特里娜飓风的来临在数天前就曾被预测。在山体滑坡两天前,休斯敦电视台开始了连续性的飓风报道。DPK 公共关系公司总裁肯尼(Dan Keeney)利用推特快讯,让其客户及时了解风暴的进展。其中有一条是这样的:"直升机所拍照片显示,警方在护送救护车进入加尔维斯敦,以转移病情严重的患者。向北的通道中断了。"[291] 当时存在的极大不确定性是,飓风在造成滑坡时会沿着什么样的路径前进——它是否会正面冲击新奥尔良,以及防洪堤是否会决口。

答案很快变得明朗。8 月 29 日上午 8 时 14 分,美国国家气象局(National Weather Service)新奥尔良办公室发布了一份暴洪预警:"在田纳西街的工业渠会发生防洪堤决口,继而决口会造成 3—8 英尺深的洪水。"[292] 它通过奥尔良防洪堤理事会(Orleans Levee Board)的无线电传输,收到了相关的信息。在国家气象局失去联络后,其在亚拉巴马州莫比尔市(Mobile)的办公室在当天上午的 10 时 52 分重复了上述警讯。早期信息的另一来源是布兰科(Kathleen B. Blanco)州长,她在当天早上 7 时 33 分全国广播公司(NBC)的节目中近乎绝望地表示:"我认为洪水已经冲垮防洪堤系统,并且正——正在奔涌而来。"[293] 美国军方的工程部队官兵也在当天一早了解到有一处决口的情况,但"风暴来袭后数小时的通信中断而导致的庞杂后勤问题"造成了一些混乱。[294]

就新奥尔良的防洪堤是否决口,新闻媒介给出了混乱的甚至是相互矛盾的报道。尽管哥伦比亚广播公司(CBS)和全国公共电台(National Public Radio)正确报道了工业渠决口和当天的洪水,但美国广播公司的《晚间世界新闻》节目进行了错误的报道:"在新奥尔良,整个区域都淹没在水中,但防洪堤仍然屹立未倒。"本地记者考夫曼(Jeffrey Kaufman)指出:"仅仅是降雨把许多区域淹没在水中……而不是让很多人胆颤的末日飓风造成的。"[295] 最后,海雷耐特(Helinet)直升机公司开始向各主要的新闻机构提供新奥尔良的航空照片,从而使这些机构开始了解所造成破坏的严重程度。

有趣的是,美国国土安全部部长谢特夫(Michael Chertoff)的消息源不是专门的政府预警系统,而是大众媒介。他在 8 月 30 日表示,他拿起报纸看到"新奥尔良躲过一劫"的标题时,得出了防洪堤会在 29 日的当天夜间决口的结论。但后来才了解到,主要的决口开始于 29 日的上午。负责国土安全的首长和大众媒介被严重误导了。

在印度洋,根本不存在一个国际性的追踪海啸的系统。正如泰国和印度尼西亚官员所承认的,对于巨型海浪的早期预警,"本可以挽救许多人的生命"。随着气象预测和科技的进步使人们可以预知即将来临的危害的早期征兆,这一观点越来越显得名副其实。自然灾害的受害者往往指责当局没有发出早期预警。但该区域的众多国家还不能提供复杂的设备去建构此类的早期预警系统。[296] 尽管印度尼西亚和其他东南亚国家投入数百万美元安装警报器并推行其他项目,但不能期望他们在所有需要的地方都部署警报器。2010 年 10 月 25 日,发生在印尼偏远的明打威群岛(Mentawai Islands)的稍小规模的、造成 300 多人死亡的海啸(7.7 级)中,这一局限性显现了出来。[297] 对于农村地区,一个更为现实的选择是聚焦于公众教育,即要求村民一旦感觉到地震之时就跑到更高的地方去。

在中国,尽管 2008 年 1 月全国各地都呈现出寒冬的征兆,但没有人告诉旅客有关的漫长恶劣天气。中国气象局甚至发出了错误的天气预警。在 1 月 25 日天气状况已经变得颇为严重之时,当局仅启动了 3 级(最低级别)的恶劣天气应急方案。两天后,即大雪持续 17 天之后,政府部门在当天早上把预警级别提升至 2 级,当天晚上又提升至 1 级。铁路部门的表现也不尽如人意。一直到 1 月 28 日它才启动了应急方案,旨在应对春节假期急剧上升的旅客人数。而启动其他的应急方案被认为没有必要。[298]

主要的大众媒介也没有发挥建设性作用。1 月 11 日,也就是极端天气的第二天,中央电视台晚间新闻节目对降雪进行了报道。而在 1 月 14—16 日连续保持沉默之后,该台在 1 月 18 日错误地指出,受降雪影响地区的大部分交通已经恢复。直到 1 月 26 日大规模的电力中断造成大批的愤怒旅客滞留之时,该台的晚间新闻才显著地报道了这一灾害。第二天,由总理温家宝主持召开了一个应急会议,着力解决燃煤和电力短缺问题。

在后来的地震灾害中,中国政府认识到信息会通过互联网和手机传播,从而学会了放松对大众媒介的限制。在那场地震中,一名四川的大学生在距离震中近 100 公里的宿舍里找到躲避处之后,记录了地震情况并发到了网上。微博、短信和网上视频引发了极为迅速的一线报道,也同时造成了谣言的病毒式扩散。[299] 这种开放性有助于促进新华社这一国营媒介报道的空前透明度,它在危机期间提供着源源不断的报道。毫无意外的是,其中的一些报道延续其对于政府的支持立场。例如,一则图片的评论写道:"当你看到胡锦涛或温家宝搂着一名8岁的儿童之时,它就会柔化人的形象。事实确实如此。"[300]

借助公众教育和媒介做好准备

公众教育——通常借助大众媒介——是一种较好的准备战略。个人和组织必须懂得如何面对早期预警,在没有此类预警的时候,他们必须依赖自己的经验,来确定如何应对危险信号。如果亚洲的旅游胜地配备了经过训练能判别海啸征兆的专业人员,他们本可以告诫那些游客。公众教育项目或许已经给人们提供了简单易行的建议,一旦海啸出现,"像风一样跑开,远离海域"[301]。

公共官员必须把现有方案以及人们如何应对突发事件的重要信息告知公众。这里有四项工作:

1. 在任何危机发生之前,让公众知晓本地的突发事件应急方案,以及应急管理机构的合法性。管理者们可以通过提出技术性的培训和开放特殊设备来建立可信度。一旦危机真的发生,可以通过佩戴铭牌、臂箍、显眼的制服和明确标示的车辆等方式,让应急人员更容易被识别,从而有助于救援工作。

2. 构建并维护公共沟通渠道。公众应该对于具体的危害和保护性的措施保持警觉,这主要可通过印刷出版物——比如发布宣传册——来告知。涵盖各类突发事件主题的宣传册,可从当地政府和若干联邦机构——美国国家气象局、林务局、地质调查局和应急管理署——获取。而公共服务声明与应急服务人员的电台和电视台专访,也可以强化宣传册的作用。

3. 应该鼓励信息交换,并且危机管理专业人员应在他们的所在地成为倾听岗哨和信息传递者。设立"危害信息"电话热线并广为人知,并配备经过培训能够处置相关问询的专门人员。在危机期间,这种电话能够扩展为控制谣言或确认预警的热线。那些社区的社团与居民咨询委员会及志愿者团体也应该配备新闻发言人。

4. 让公众参与到应急方案制定过程中。在危机情境发生前高效的应急方案制定必须基于准确的数据，但也必须对于危机中和危机后高效的信息传播做出部署。正如前面已经提到的那样，方案的制定必须考虑到突发事件中人们的行为因素；比如，在家庭所有成员被说服之前，他们是不愿意离开危险区域的。一旦应急计划制订完毕，就应该广为宣传，并训练公众能够识别警讯与那些一目了然的征兆，以及辨识应急专业人员。

应该告知公众，潜在的危害并不总是立即就可以分辨清楚的，例如，很多有毒气体是无色无味的，辐射也不是一般人体可以感觉到的。相关的指令应当尽量详细和具体。诸如"让家人做好准备离开家"之类的笼统建议，既没有帮助价值也缺乏信息量。应列出明确清楚的疏散步骤。专家指出，疏散方案应该尽量简单化。美国特拉化大学灾害研究中心的共同主任戴斯（Russell Dyhes）建议，应基于生命的自然节奏：比如"只需告诉人们远离此地并向北走""人们逐步适应……他们就会像在飓风灾害中所做的那样安全疏散"[302]。疏散方案还应考虑到人们的返回问题。[303]

与大众媒介的合作是灾害发生前的计划制订和应急工作中不可缺少的一环。因此，应遵循以下一些与媒介合作的注意事项：

- 与本地报社、电台与电视台新闻部门建立具体的联系。鼓励出版人、编辑和新闻总监参与总体的计划制订过程，并围绕应急电力、交通、食品供应和其他重要事项，让他们制订自己的灾害应对计划。他们也应该知道，美国联邦通讯委员会（FCC）允许电台和电视台在突发事件中可以超越正常时段播出。

- 评估大众媒介抵御灾害的能力。媒介的应急计划应当涵盖应急发电机和便携式播出设备的事项，以保证在低电压情况下能够投入使用。应急人员也应该了解在哪里能够全天候地联络到新闻和技术人员。随着手机的广泛使用，公共安全官员也开始抱怨来自警方、消防和一线应对者对于应急无线电通讯的干扰情况。美国第三大移动运营商 Sprint Nextel 的网络就是一个突出的问题，原因在于其使用的频段与警方和消防部门存在重合。[304]

- 鉴于灾害随时都有可能发生,需要确定公众的收听收视偏爱,以便于在应急情境下使用最高效的大众媒介。同时,还要考虑到公众的语言偏好,比如对于西班牙裔公众需要通过西班牙语广播。公众中的信息混乱很少是由大众媒介单独造成的。社交媒介可能最先报道有关一场灾害的信息,或者会进一步扩散来自大众媒介的信息。

澳大利亚发生的野火灾害显示,让有关火灾的信息即时通过推特发布出来是一种理想的状态。而依赖于陆上电话线路,或收听收看广播电视是远远不够的。甚至有人反映,应急电话从来没有人接听,消防人员则表示所请求的支援根本没来。澳大利亚广播公司的一家电台变成了某种意义上的应急信息服务机构,但它所播出的内容主要是基于不准确的,甚至延误关键性的数分钟及数小时的政府官方报告。靠近墨尔本的玛丽斯威尔镇所遭遇的火灾势头凶猛,以至于没有人确切了解所发生的一切。其当时遭遇的火墙高达300英尺。[305]

快速响应——启动应变计划

快速响应对于挽救生命和使破坏最小化是必不可少的。良好的应变计划的实施大大有助于做出人员疏散、探寻和救援行动、应急医疗服务事项、执法和危机沟通方面的重要决策。对一场具体灾害的严重程度和特征必须迅速做出判定,以便于调整现有计划,或在必要的情况下,扩展现有计划,从而应对现有的或新出现的问题。巴基斯坦政府就曾因对于印度河洪灾的迟缓与完全不称职的应对而饱受指责。

中国加速的响应时间

与应对南方冰冻灾害的迟缓形成鲜明对比的是,中国政府对于四川地震的响应堪称典范——且远远好过美国在新奥尔良飓风灾害中的表现。胡锦涛主席主持召开了执政党最具权力的常委特别会议,专门讨论这一灾害并表示,救灾和救援工作是政府的头等大事。具有象征意义的是,在地震短短几小时后,他[1]就从北京出发赶往受灾地区,并出现在震后的残垣断壁上与被困的受害者交谈。[306]中国立即启动了现代史上规模屈指可数的救援行动,并像年初抗击冰冻灾害时那样运用了军队。这包括拥有200万人民解放军的历史上规模最大的空运行动,投入了将近10万人的部队官兵。[307]除此之外,来自上海等地的消防队员利用挖掘机、切割机和超重机在废墟中搜寻营救。

人员疏散:新奥尔良的失败与澳大利亚的被阻滞

当卡特里娜飓风来临之际,"在飓风袭击之前和之后,在联邦、州和本地官员之间的协调工作可谓一团糟"[308]。FEMA已经变为政府蹩脚响应的代名词。之前的准备计划被忽略了。而受聘于美国应急管理署、位于路易斯安那州巴吞鲁日市(Baton Rouge)的咨询公司IEM拟订了《东南路易斯安那飓风灾害应对方案》,并为此收到了80万美元的奖励。该方案曾警告到,"大量的"城市居民将无法疏散,并且"在执行该方案时,一个主要的限制因素就会是缺少交通设施"。[309]而按这一方案行事的杰斐逊社区(靠近新奥尔良城)报告称,该社区大部分居民成功疏散,而那些没有离开的人也备有几天的食物和饮用水。

纳金(Ray Nagin)市长声称他所下达的疏散行动命令在执行时却极为糟糕。大部分拥有汽车的人设法逃离,但大多数贫困的人由于没有交通工具而被滞留。那些本可用来疏散他们的公共汽车被弃用,后来却被发现浸泡在洪水中。而外包的事项也遭遇了严重的拖延。FEMA曾经外包了大量的响应方案,以至于该机构花费数天来聘任项目承包商,而承包商花费了更多的时间去推进。正如威特在离开FEMA负责人职位之后曾解释的,"我的经验是,任何时候你在应急计划中加入更多的官僚层级,就是制造累赘"[310]。

鉴于澳大利亚的部分地区极易引发野火,那里的人们被要求做出抉择:"要么早点离开,要么就留下来去扑火。"直到"黑色星期六"多数人选择的是留守,部分原因在于"澳大利亚人性格中的自立特质"。防火方案包括搬离房屋周围的易燃物,贮存足够多的水,并时刻准备

---

[1] 原文如此。此处应指国务院总理温家宝,他在地震发生当天的晚上7时多就已抵达成都并立即赶往灾区。国家主席胡锦涛于5月16日上午抵达四川灾区。——译注

着在火头逼近之时扑灭它。公共信息广告告知人们着长袖衣裤,避免穿所有的在高温下引燃更快的合成纤维衣物。此类高温可以隔着关闭的窗户引燃屋子里的地毯和窗帘。现在,那种"要么留守要么离开"的政策受到质疑。人们如今被告知最安全的选择就是离开。

救援和恢复工作

一场灾害发生后的救援工作为人们提供了维持生命的关键性物品:水、食物、避难所和医疗救治。每一小时每一天都意义重大,因此快速应对是必需的。此类工作通常由政府机构、非营利组织与非政府组织开展,当然也包括人们之间的互助。由于救援工作所涉及的主题较为广泛,本部分在探讨那些即刻开展的工作之外,把另外一些更宽泛的政策议题和复杂问题放在了本章后的附录中予以介绍。

中国的救援工作

中国震后救援工作的一个显著特征是,高度重视废墟清理工作以利于疏散和向受灾区域运送大型设备,从而有助于开展营救工作。临时避难所更是急需的。中国政府利用党组织的优势,为大约 500 万无家可归者解决了这一问题。[311] 人民解放军官兵搭建起了绵延数公里的红、白、蓝相间的帐篷区。这一区域成为新的城镇中心,免费提供源源不断的饮用水和食物,还有来自中国红十字会志愿者的充足医疗护理。该中心还设置了邮政局,以及由中国移动通信公司提供的手机卡。[312]

一个显著的特征是,中国政府力争保持社区的凝聚力,这为灾害专家所推崇。中国还充分利用其经济优势,安装了快速生产的低成本、价值 460 美元的舒泰龙泡沫塑料板房(室内面积约 15 平方米并带前后窗,以及供电,并且在每一排的尽头都配有公共厨房和卫生间)。这种设计通常为建筑工人所使用。私营企业也参与了进来,比如什邡的一家化工企业腾出了自己的一块空地,为 300 名由于地震无家可归的员工家庭设计建造了一个新的帐篷村。[313]

在灾害应对的各项要求下达之时,危机恢复工作就开始启动了。

新奥尔良和那些海啸波及的亚洲国家的相关经历,业已说明了其中的问题和经验。而重振旅游业对于上述这两个区域同样重要,原因在于这是当地就业和收入的主要来源。

新奥尔良恢复缓慢

在新奥尔良,通常在救援工作中冲锋在前的美国红十字会,最初也表现得缓慢且糟糕。对于该市的贫穷人群,是救世军[1](The Salvation Army)向他们提供了饮用水、热饭、食品杂货和其他的物资,另外还有50美元现金。在东比洛克西(East Biloxi)的扬基体育场,该组织也是施救的非营利组织和教堂中最突出的一个。它带有军事色彩的结构,大大增加了其工作效率。其在组织设计上针对快速动员,并在事前着重对人员进行培训以应对各类灾害。在美国,它能够调动超过6.5万人的专业力量,这几乎相当于美国红十字会在职人员的两倍。红十字会后来向避难与帮助中心派遣了16.3万名工作人员和志愿者,但其中的一些程序却饱受指责,比如,只有那些住在巴吞鲁日避难所的人才能够申请应急财政帮助。[314]

在救援工作中,沃尔玛也发挥了重要的作用。首席执行官斯考特(Lee Scott)对其下属下达了倾巢出动的命令。[315]他们的卓越表现包括:成为布什—克林顿卡特里娜基金(Bush-Clinton Katrina Fund)的最大捐款者,承诺1500万美元的现金捐助;分别向救世军和美国红十字会捐款100万美元;向那些因洪水而被迫流离失所的员工提供1000美元的应急资助,并保证可在本国范围内的任一门店给他们替代性的工作机会。他们还向得克萨斯、路易斯安那、密西西比和阿肯色州的疏散中心运去了100多辆货车的物品;向受影响地区的居民免费提供为期7天的应急药品供应;并无偿空出数十栋沃尔玛建筑物,作为避难所、食物银行、临时工作台和警方指挥中心来使用。在一则题为《我们众志成城,力压任何风暴》(The power of us all working together is stronger than any storm)的整版广告中,他们向公众通告,每一个沃尔

---

[1] 救世军是一个于1865年在英国伦敦成立,以军队形式作为其架构和行政方针,并以基督教作为信仰基础的国际性宗教及慈善公益组织。它以街头布道和慈善活动、社会服务著称。——译注

玛门店和山姆俱乐部(SAM's Club)都设立了一个应急联络服务点。那些有需要的人可以把有关自己境况的信息或查寻受飓风影响亲友的消息张贴于此。[316]

其他的企业也加入到了这一行动当中，主要向他们的员工提供旨在减轻灾害影响的援助。万豪集团(Marriott Corp.)这家在新奥尔良当地拥有15处酒店共计2800名员工的企业，向其员工支付了一直到月底的薪水，并在休斯敦机场万豪酒店的舞厅为这些受灾者提供食宿。[317]希尔顿酒店集团在该地有11处酒店，在风暴后向当地运送了5辆卡车的应急物资。[318]

关于灾后恢复，据其市长兰德里奥(Mitch Landrieu)表示，卡特里娜飓风发生近5年后，新奥尔良才开始"不再想着恢复城市原貌，转而构想我们所向往的城市"。[319]谈到"新奥尔良灾后5年指标"这一由美国布鲁金斯学会和大新奥尔良区数据中心(Greater New Orleans Community Data Center)共同起草的项目报告，他指出，新奥尔良已着手重建比之前更安全、更可持续和经济上更有活力的社区。该指标还列出了洪灾后新出现的一些有影响力的民间团体、涌现的创业潮和规模较大的联邦与慈善投资。

该地超过90%的返回人口和近85%的工作恢复等指标，也直观地衡量着所取得的进步。[320]工资与家庭平均收入均有较大改善，贫困水平也下降了。不过，这其中的部分原因是变化了的人口统计数据，因为一些低收入者、非白人家庭、拥有子女家庭在飓风后的搬离，致使他们在该地所占的比例下降。比较显著的进步还包括：重塑公共教育体系、降低高犯罪率，缓解种族悬殊、降低对于那些夕阳产业(比如造船业)的经济依赖。濒临倒闭的学校已不多见，而四年级和八年级学生在阅读和数学方面的表现在提高。

由于在新奥尔良重建规模问题上争论不休，其长远的恢复进展被延缓了。一些官员认为，那些低于海平面的区域应该被铲平，并开辟为公园。而为了恢复家园，则必须首先加固和筑高防洪堤。在1990年加尔维斯敦飓风之后，工程人员修筑了绵延超过10英里、高达17英尺的海堤。[321]而在新奥尔良开建同样的工程，则需要筑起25英尺或更高的海堤，并且由于要加宽堤基，更会涉及对私人地产的征用问题。[322]另外，在水渠汇入庞恰特雷恩湖的地方，还需要安装保护性的闸门。

对于意识形态和环境问题的考量，也延缓了重建计划。尽管有些人把新奥尔良所遭遇的窘迫作为为其争取庞大政府规划工作的绝妙借口，但另外一些人仍然钟情于自由市场的思路。有关能源和自然资源管理的政策问题也需要妥善解决。了解到湿地可作为抵御飓风的防线，有些人倾向于恢复此类天然的缓冲区域。一位耶鲁大学的生态学家指出："我希望，这其中的一个教训是，有关减少对湿地保护的言论能够到此为止。"与此相关的问题是，对于开发那些最具脆弱性的区域设立限制，并停止对处于沿岸山丘、岛屿和其他脆弱地点的建筑物提供联邦保险。[323]

在有关众多重建方案的讨论中——新建轻轨系统、新的学校、长达一英里的河岸公园、博物馆和其他文化设施——人们被提醒，最重要的决定因素是保持这座城市的个性特色。[324]正如密苏里大学城市规划教授维格纳（Jacob Wagner）所指出的："新奥尔良的灵魂都是关于人的……只要人们返回家园并重建，其灵魂就会存续。如果他们不这样做，当地文化的破碎或许就不可避免。保持这座城市的当地特色，则必须是讨论如何重建的重要内容。"[325]

海啸过后的大规模救援和旅游业恢复

海啸灾难引发了一场史无前例的国际救援行动，其中大部分由非政府机构来承担。联合国主要负责灾害应对的官员埃格兰德（Jan Egeland）把这场随即展开的人道救援反应称为"非凡甚至是异常的有效、快捷和得力"。[326]这当中，澳大利亚一马当先，德国、欧盟和日本紧随其后，这些都超过了美国政府的相关诺言，尽管加上来自私人的捐赠后，来自美国的数目稍微超出日本一点点。

灾难性的印度洋大海啸对于该地区每年高达1000亿美元的旅游业是一次沉重的打击。根据国际旅行和旅游业理事会（World Travel and Tourism Council）的统计，2004年旅游业占到泰国GDP的12%，在斯里兰卡这一比例达到10%。[327]随着灾难过后一周多时间一些旅游者重回到普吉岛海滩，一些涉及伤亡者敏感议题的质疑声音开始出现：

"一些美国人在消费者曾经被淹死的购物中心当街打沙滩排球。女性游客在上周救援人员曾经收拾尸体的地方裸露上身晒日光浴。该岛红灯区提供色情表演的酒吧又重新开张了。"[328]这其中的麻烦是,对于游客和旅游业而言,多长的哀悼期才是恰当的。

中国香港国泰航空和泰国国际航空等多家航空企业以及万豪国际集团等酒店连锁企业,通过让游客更易于取消或推迟其日程,来化解敏感问题。[329]但总体而言,"业务照常"的态度大行其道。泰国旅游局业已在一些亚洲国家启动其作为度假胜地的推广活动。在丹麦、挪威和瑞典等多个欧洲国家的政府向其国民发出不要到受灾地区旅行的警示信息之时,东南亚国家联盟的20个成员却在1月25日为期两天的会后声明中表示:"在国际社会的帮助下,我们相信,亚洲的旅游业将会尽快恢复并超过12月26日之前的水平。"[330]一些人甚至据此推测,假期旅游收入会很快地帮助普吉岛恢复元气。

截至2004年结束之际,普吉岛已经有超过805间酒店客房可以开门迎客。万豪酒店预计在12月31日就可以全面营业。其游泳池在清理完淤泥与垃圾后又重新注水;靠近海滩的餐厅也修复一新。万豪集团负责全球营销事务的高级副总裁为"普吉岛又回来了"这一促销活动准备了大量图片。她说:"如果说要展示功能完全恢复的游泳池和场地,那倒需要些时日。"企业高管们也意识到相关的风险,因而"在这个节骨眼上不会推出直接面向消费者的广告活动"。相反,他们首先与旅游业者沟通,推出了一些旨在吸引业内人士和特许团体的促销活动。[331]

海地:无序的救援以及令人失望至极的缓慢恢复

在破坏力巨大的地震发生数小时和数天里,救援工作是极为迫切的。电视节目播放着震后浩劫的画面和人们所面临的绝境。紧接着,援助从美国和其他国家纷纷送来。然而,外界通往太子港的唯一快捷通道仅剩机场。幸运的是,仍有一条跑道没有受损。仅一天之内,该机场就由于救援飞机而超负荷运转,致使有些飞机在降落之前不得不在周围盘旋长达5小时,或者只能降落到临近的多米尼加共和国或别处。直到3天后的星期五,美国空军才运来了航空管理设备来应对空中交通问题。[332]

随着各种饮用水、食物、药品、救援队伍和医护人员的到来,所面临的最大问题变为确认优先次序与协调救灾物品的发放。似乎一切都无人负责。救援队伍及其搜救犬救出了一些被困的受害者,但由于缺少用来移除废墟的重型设备,他们的行动受到严重的限制。尽管在国家足球馆这样的开阔地带搭建起了临时医院,但其医疗供应仍被卡在机场。正如一位志愿和医护人员所言:"没有手套,没有处理伤口的物品,也没有抗菌药剂。"[333]

不过,社交媒介在以下两个方面或许发挥了效用:(1) 在灾害应对中调动起了公众参与;(2) 使各参与主体间的沟通更为顺畅。耶茨(Dave Yates)和帕魁特(Scott Paquette)对社交媒介在海地危机中的作用进行了专门研究,他们指出,社交媒介可用于"正式组织内部以支持开放的、合作性的知识分享和再利用。如果运用得当,社交媒介可以充当快捷的决策环和更全面的知识库"[334]。传统的"知识管理系统"通常会导致信息"筒"(silos)。现在,美国政府前所未有地倚重社交媒介,来协调众多的地震应对机构间的知识和行动,这些机构包括美国国际开发署(U. S. Agency for International Development)、国务院和美国空军。这种新型的知识管理系统帮助解决了如下问题:缓解在机场排队等待降落的大型救援机群的拥塞状况;克服医疗药品与器械短缺的困难;逮捕监狱脱逃者;报告受污染的湿地;为人道主义救援使命提供便利。两位作者总结:社交媒介"满足了救援组织所需要的信息系统的灵活性、适应性和跨界沟通的需要"。

然而,地震发生两三天后,那些住在拥挤空间甚至大街上的人仍然没有获取到饮用水,食物也没有指望。只有一部分被发现的死难者被其活着的亲属掩埋掉。卫生设备极端匮乏。而由于缺少饮用水和卫生器材,值得担心的是震后疫情的爆发。海地在医疗系统匮乏与较严重的疾病流行状况方面是臭名昭著的。[335]另一个隐现的麻烦是,四月份的暴雨季即将来临,而那些灾民还没有足够的帐篷来栖身。

鉴于缺少救援工作的协调环节,美国军方承担了主要的救援任务。但在每天甚至每小时都显得异常重要的黄金时间,大规模的美国军方人员和装备要等到周末才能抵达。一些有经验的灾害应对专家建议,应空投饮用水和食物,但军方担心零散的投放会引发骚乱。因此,他们坚持安全人员必须到现场管理物品分发事务。截止到周末,数辆运水的卡车从圣多明戈抵达太子港,但净化水设备仍未能运转。

私营机构在救援行动中提供了应有的帮助。UPS 和德国快递公司 TNT 通力合作,再加上国际物流公司智傲集团(Agility),每天向灾区运送数吨的食物和给养;社交媒介脸书在 5 天内为世界粮食计划署(World Food Program)募集了 150 万美元;加勒比地区最大的移动电信运营商 Digicel 公司通过其移动网络,向 200 万海地人分配了即时话费。[336]

由于缺医少药危及数千人的生命安全,健康风险成为一个尤为紧迫的问题。业已在海地开展 20 年业务的一家美国救助团体"健康伴侣"(Partners in Health)警告到,诸如坏疽和脓毒症之类的感染,每天会让 2 万海地人面临死亡威胁。好消息是,载有 550 名医疗人员与 1000 个床位的美国医疗船在震后第八天抵达海地。[337]

有关海地震后六个月的恢复状况,《洛杉矶时报》在题为《海地的持续性灾难:糟糕的规划、迟缓的物资配送和腐败导致震后恢复工作停滞》的报道中进行了全面的描述。[338]美国有线电视新闻网的一篇报道刻画了这种悲惨的局面:儿童"在孤儿院里几近饿死,而数英里之外就是一个堆满尚未分发的食物的救援仓库;一边是数辆推土机静静地待着,而与此同时却花钱雇人用铁锤来敲碎混凝土废墟并放在桶里运走"。该文章发出了"难道那儿没人负责吗"的质问。

对疾病爆发的担心还是应验了,当年稍后就爆发了霍乱,到 11 月中旬已经造成 796 人死亡,超过 12000 人必须住院治疗。此次疫情的重灾区在太子港北部的阿蒂博尼特(Artibonite),这里聚集了许多地震中无家可归的幸存者,却没有可饮用水源。但霍乱疫情对于太子港而言也如同黑云压境,那里有超过 130 万人仍生活在脏乱的帐篷城市中。[339]而缓慢的重建进展、严重匮乏的卫生设备和清洁水源无时不在加剧着危害。

在地震一周年之际,此种境况几乎没有什么改观。大约 160 万人仍然无家可归,失业率介于 70%—80%。[340]据英国救援组织乐施会(Oxfam)所发布的报告显示,由于缺少来自海地政府和国际社会的得力领导,海地的重建工作处于瘫痪状态。"简言之,对于进展很难有乐观的估计"。太多的捐助仍被用来照顾住在帐篷中的人。海地恢复过渡委员会(Interim Haiti Recovery Commission)这一新设立的重建专责机构,拥有规划、批准和协调项目的权力,却几乎流于摆设。[341] 好消息大部分来自于海地和美国官方的乐观声明,其中之一是韩国的Sae-A贸易公司在海地北部要建立一个产业园,这一项目在未来的七年中能够提供两万个就业机会。[342]

海地急切地需要从救援转向重建。这其中需要多种国家建设战略:统一的协调,比如让数千个非政府组织通力合作;整顿财产所有权方面混乱的法律问题;在征得同意的前提下清理地震废墟;加快改进基础设施。不过,总体而言,那种使新奥尔良逐渐获得重生的政治和社区精神及相关行动,在海地还没有出现。

结　　论

21世纪的第一个十年里,美国和亚洲经历了数场破坏力巨大的自然灾害。曾经有一种论调,担心气候变化是否会增加自然灾害的发生频率和严重程度,这还需要从更长远的时间维度来确定这一观点的真实性。在任何事件中,无论公共领域还是私营领域的危机管理者都必须改进他们的专业管理能力。

灾害管理规划、应对和恢复工作,要求公共机构和私营组织在社区基础上的参与和合作。鉴于对公共健康和安全的观照是政府的一项职责,政府官员对此必须承担起最终的责任。他们应该在推出应对各类主要危害和灾害的政策和项目中发挥首要的作用。具体在哪个层面开展这些工作,则是一个复杂的问题。一方面,当地社区是针对一个事件或灾害的第一响应者,但另一方面,中央政府应为本国内的所有居民提供基本的人道主义服务。

各类灾害通常难解而复杂,以致危害管理往往是支离破碎的,这不单单指政府层级,也涉及联邦、州和地方政府每一级各自应该做哪些事情。不过,灾害应对专家的共识是,这些公共机构间的以及其与非营利和私营组织的协调与合作,是一项基本的前提。

针对自然灾害的危害管理,为自然环境中的所有危机提供了框架。这一框架包括:减轻、准备、响应、救援/恢复。生物危机和科技危机会用到其中的一部分。因为自然灾害的发生是不能够控制的,而公众的注意力又会集中于响应与救援工作。然而,危机管理专业人士却必须探寻旨在减轻自然灾害事件危害的工作方式与方法,并且遵循应变计划制订的原则,做好一切可能的准备去面对它。

附录:救援工作的主要议题

接受国外救助

是否接受国外援助的决定必须尽早做出。在权衡依靠自力更生还是求助国外的资源方面,中国政府选择了后者。最初,有些中国官员婉拒了一些来自国外的帮助提议,例如针对捷克共和国派出包括15名地震搜救专家和经过特别训练的搜救犬的提议。[343]但几天后,中国外交部发布声明,中国将接受外国突发事件应急队伍"提供的嗅探犬、光纤探测器和其他搜救幸存者的科技装备"[344]。

中国吸取了日本的教训:1995年阪神地震时,日本拒绝了国外帮助。而如果日本政府不是始终拒绝来自国外的援助并造成拖延,那些埋在废墟中的幸存者原本可以被救出更多。当时,日本决定只接受来自驻日美军基地的毛毯、饮用水、防水物料和帐篷,而拒绝其他飞机、移动发电机、挖掘机和搜救犬。由于日本政府官僚体系的羁绊,一支包括医生和护士在内的法国救援队60名成员及其所携带的6吨装备和嗅探犬被拖延了3天。由于没有日本的医疗许可,来自法国和美国的救援医生不允许就地处置那些受伤严重的幸存者。

正如哥伦比亚大学的日本专家柯蒂斯(Gerald Curtis)教授所指出的,地震把日本的弱点赤裸裸地暴露无遗。"力量体现在民众身上;他们的自我克制、秩序和咬紧牙关的坚忍令人赞叹。但其官僚体系却表现拙笨。在日常情况下其尚能正常运行,这个国家甚至能做到靠自动驾驶来飞行;但当发生紧急情况时,其领导人就束手无策了。"[345]其官僚体系错在派遣救援力量时的缓慢。当"被曝光斥责灾民为爱哭的孩子并让他们努力自救"时,大阪市长采用了"指责受害者"的方式。[346]更令日本政府蒙羞的是,日本最大的犯罪集团山口组(Yamaguchi-gumi)却向附近饱受饥苦的灾民发放食物、饮用水和纸尿裤。据报道,他们动用了小型摩托车、船只甚至直升机,向城区和附近区域运送各类物品。[347]

缅甸救援工作中的政治干预

发生于2008年5月3日、曾重创缅甸伊洛瓦底江(Irrawaddy River)三角洲地区的纳尔吉斯(Nargis)热带风暴灾害,再好不过地从反面证明了政治因素的作用。其灾后应对受到交通运输条件和一个偏执型非民主政府的严重影响,因为该政府更关心的是保持权力而非帮助灾民。[348]尽管该国气象与水文部在一周之前就被告知热带风暴形成的信息,但其国营媒介也未能及时发布有关风暴的警讯。[349]

一些国家沉迷于自力更生或坚定维护其国家主权。缅甸就是后一种情况的不二范例。风暴发生两周多后,缅甸军政府仍坚持只放进一些零散的国外援助,并且禁止大多数外国救援人员和设备入境,尽管其死亡人数已上升到13万。该国还拒绝了美国海军舰船直接向受灾的三角洲地区运送援助物品的请求,也不允许来自法国和英国的海军这样做。[350]世界粮食计划署的一名发言人抱怨说:"我们千方百计筹集到的所有救援食品和设备都被没收了。"[351]并且,为了争取从救援行动中获致好感,政府军被发现把印有军队高级指挥官名字的标牌粘在原本由泰国提供的救援物资上。[352]

该国政府的所作所为糟糕透顶,以致让曾表示可在半小时内把其船只和直升机开进灾区的法国提出了"行动责任"的想法,这意味着在某些极端的情况下,挽救人的生命是可以超越一国主权的。[353]缅甸军政府的首要任务是遵循大选时间表,并要求该国民众为使其统治权力合法化并永续化的新宪法投票。[354]曾连续两周未露面的丹瑞(Than Shwe)将军,最终视察了受灾地区,并宣布实行为期3天的全国哀悼日。[355]

救援承诺的充分性

对于亚洲国家遭受海啸袭击后前所未有的国际救援行动,联合国主要负责灾害应对的官员埃格兰德曾批评许多西方国家给予的救援仅占到其总体国家收入的很小比例。"我无法理解我们如此吝啬的原因,真的……并且圣诞节期间理应让许多西方国家至少记得我们已经多么富有。"[356]

当美国遭受到应对不力——仅为日本承诺援助的一半——的指责之后,其援助激增到3500万美元,并承诺会派遣15 000人的救援人员搭乘在太平洋的军舰赶赴印度洋。[357]美国军方调集了20余艘军舰、6架大型运输机和9架监测与救援飞机。[358]美国海军的救援行动继而导致该地区民众对其好评如潮,并有助于平息早前的反美情绪。

另一个对于政府承诺的批评是许多承诺根本没有兑现。根据伊朗政府的数字,2003年该国巴姆(Bam)地区遭受地震重创时,当时承诺捐赠给受灾民众的11亿美元的救援,只有1750万美元最终到账。而洪都拉斯和尼加拉瓜也仍在苦等1998年遭受米奇(Mitch)飓风横扫后所承诺的87亿美元捐赠中的三分之二。[359]

私营领域弥补了吝啬的政府海啸援助

私营领域对于海啸的援助是空前的。联合国从世界范围内的机构和个人捐赠者那里募捐到了25亿美元,这占到所有捐赠总数的大约50%。[360]美国的企业募捐到了5.65亿美元:2.73亿美元的现金;1.4亿美元的实物捐赠;7300万美元的货品。捐赠数额较多的包括辉瑞制药公司(捐赠1000万美元现金和价值2500万美元的药品)、可口可乐公司(1000万美元)、埃克森美孚公司(500万美元)、花旗集团(300万美元)、比尔及美琳达·盖茨基金会(300万美元)、强生公司(承诺200万美元的"初期现金捐赠"及医疗产品与其他急需物资)。

那些在海啸受灾地区设有办公室或工厂的制药企业也纷纷派出员工并送去抗生素、营养补品、婴幼儿配方奶粉、婴儿食品和其他物资。处在灾区的可口可乐、百事可乐和万豪集团的员工运送了瓶装水、食品和其他物资。[361]而多年来一直与红十字会和其他救援机构保持良好关系的可口可乐公司,更是把其软饮料生产线转换成了饮用水灌装平台,并利用自身的配送体系运送到救援地点。

企业的优势与劣势

109 企业倾向于认为灾害是一种挑战:这需要分析具体情境、勾勒出最急迫的需求,并以一种反映救援"市场"的方式予以应对。某委员会的执行董事摩尔(Charles Moore)曾指出:"企业应该把灾害救援纳入其业务模式与核心能力之中。"这种契合对于卡特彼勒(Caterpillar)公司再自然不过了。该公司 2005 年在灾害救援方面捐出了 230 万美元的现金,而 2004 年这方面的捐赠只有 10 万美元。该公司社会责任事务的主管经理鲍尔(Will Ball)表示,其经销商网络捐赠出的各类设备的价值也高达数十万美元。[362]

企业也发现了其慈善工作的弊端所在。许多企业当年确实提供了实质性的物品和服务,并且其现金捐赠也提供了难得的帮助。但是,太多时候,在需求一方与可供应一方之间很少有沟通,因而有太多企业捐赠出了不需要的,但又往往堵塞跑道和占用空间的物品。企业也被建议与当地的官员及公益组织开展持续性的,而非单纯在危机期间的合作。各方参与所凝聚的力量理应受到重视。致力于跟政府、非营利组织和企业合作以改进自然灾害应对工作的公益性组织弗里茨机构(Fritz Institute)主席弗里茨(Lynn Fritz)指出:"私营机构在方法和技术方面并进而对无法预料的事情做好准备方面具有优势。……他们最擅长培训工作。这些都是人道主义领域的显著特征。"不过,他也指出,只有跟人道主义组织通力合作时,企业才能发挥出最大的优势。例如,发言人沃(Kathleen Waugh)表示,美国玩具连锁商玩具反斗城(Toys "R" Us)就跟拯救孩子(Save the Children)及类似的组织之间具有伙伴关系。[363]

但是,在私营—公共这一伙伴性的救援体系中也存在着薄弱环节。由于缺乏综合性的需求者与相关需求物清单,也就没有一个相配套的哪些企业及在何处可以满足此类需求的追踪机制。这导致那些好心人自发捐赠的物品堆积如山,但大部分(西方人的衣物、碳酸饮料等)却派不上用场。企业和人道主义机构也为此进行了专门讨论,以寻求通过某种形式的伙伴关系找到最佳的合作方式,进而发挥出各自的优势。企业的优势在于"提供基金、物品和专业运筹等方面的资源";而人道主义机构的优势是数十年来在灾害救援一线所积累的经验,以及关注于长远发展的积极性。[364]

所吸取的教训

2004年的海啸灾害之后,企业界和非营利组织认识到了改进危机准备工作的思路与方式。美国企业界圆桌会议(Business Roundtable)[1]主席、辉瑞制药集团董事长和首席执行官麦金奈尔(Hank McKinnell)指出,今后的灾害应对需要更具协调性和效率。其动作之一是确定哪些区域需要什么资源。麦金奈尔表示:"灾害发生时一旦接到通报,众多企业就会当即确认可以提供的相关装备、物资供应与熟练员工的专业特长。"[365]在海啸应对中,有时一些资源只是简单地运送过去,而当地救援机构也不知道如何处置。还有,大量募捐后运送到斯里兰卡的旧衣物一无用处,因为其文化传统禁止穿着别人的旧衣物。而从疫苗与药品到排水管与发电机的所有物品对于灾区却是急需的。另一项工作是改进与红十字会、联合国儿童基金会(UNICEF)等机构之间的协调,以保证顺畅的沟通渠道,并让彼此的专长可以一目了然。

海啸灾害中遇到的救援问题在2005年10月克什米尔大地震的处置中得以克服。国际运输企业把具体而微(nuts-and-bolts)的物流技巧运用到应急供应链中。来自敦豪航空货运公司(DHL)的管理者威柯斯(Chris Weeks)与美国军人一道,临时创造了一种"快球"(speedball)方法——把食物和帐篷快速运送给数以万计的地震幸存者。帐篷、食物和其他物资被塞进红色的聚丙烯袋子中,多年来敦豪公司一直用这种方法来装运松散的货物。这些袋装物资由直升机运至靠近灾民的地带后投向地面,一袋就能保证7个成年人生存10天。[366]

敦豪公司也运用了一些其他的管理方法。2003年伊朗巴姆地震之后,数十个救援组织与政府的援助物资运抵当地机场,被卸载后占

---

〔1〕 Business Roundtable(BRT)是由美国各大企业的领导人作为其会员的协会,其成员企业的总市值占到美国股票市场的三分之一,其宗旨是推进有利于企业界的公共政策,进而促进美国经济发展。由美国铝业公司与通用电气公司的领导人于1972年共同发起成立。——译注

用了跑道,进而影响到其他飞机的起降。他们对卸装程序进行了重新安排,抵达的货机被拖离跑道,并由那些会精准跟踪物资类别及发往去向的专业队伍来卸装和转运。这一思路就是"用货运公司服务其客户的门到门模式,来管理应急期间的响应行动"[367]。

鉴于在2004年印度洋海啸应对中学到的教训,救援组织在2009年海啸时已经可以做到从容应对。拯救孩子组织已在印度尼西亚的不同地点建起仓库,并对数百名救援人员进行了专业培训。[368]乐施会已与当地的救援合作机构一道储备了5000套防水柏油帆布和卫生设备。慈善组织世界宣明会(World Vision)快速向印尼的巴东(Padang)派出了一支需求评估团队。通过把个人与国际草根慈善项目联结的网站(GlobalGiving.com),许多来自个人的捐赠纷至沓来。

第六章　生物危机

　　诸如艾滋病、疯牛病、非典型肺炎和甲型H1N1流感(猪流感)的发生,代表着另一种类型的自然危机,这可以称为生物危机。它们来自于自然界中的自发疾病,并在人或动物之间传播。美国流行病学家、全国生物监测咨询亚委员会(National Biosurveillance Advisory Subcommittee)主席布里伦特(Larry Brilliant)指出,源于动物的病原细菌转移到人身上——有时被称为"人畜共患病",占到所有传染病的60%,以及新发传染病的75%。[369]除了艾滋病、非典型肺炎和甲型H1N1流感之外,其他一些常见的疾病还有禽流感、西尼罗病(West Nile)、猴痘(Monkeypox)和埃博拉病(Ebola)。

　　生物疾病逐渐成为主要的致死病因之一,因而必须作为一种主要的自然环境危机类型纳入到自然灾害之中。传染病出现与自然灾害发生的一个共同点是,起初看起来自然发生的事情能够导致重大的伤害。根据加州奥克兰儿童医院医学博士席瑞尔(Herb Schreier)的研究,1999年,仅3种传染病(结核病、疟疾和艾滋病)所造成的死亡人数就是因自然灾害而死亡人数的160倍。[370]

　　有关未来疾病爆发的骇人场景已经上演。库克(Robin Cook)在其新发表的《传染病:未来流行病的新惊险场景》一文中指出:这"让那些自信满满的公众对于一场迫在眉睫的严重流行病的高风险感到震惊"[371]。他看到了黑死病(Black Death)的重演,该疾病开始于14世纪,曾致使四分之一到三分之一的欧洲人死亡(大约1500万到2500万人)。[372]他在书中所描述的传染病更加迅猛。他认为,它业已从禽流感开始发力,尽管目前得以控制,过去3年中该病已造成60%的接触者死亡。他自己的应变计划是他的滑雪板小屋,那里储存了必要的物资。

生物疾病的特征

在动物与人之间传播

生物疾病的一个主要特征是从动物到人的传播。非典型肺炎已知是传染自家禽,尽管艾滋病的真正元凶还属未知,但人们怀疑它是由猴子最先传染给人类的。这种由动物到人传染的原因之一是,随着人口的增长,人类入侵到了历史上原属于动物的地盘。2008年整个非洲消费掉近7亿只野生动物,这相当于总计达20亿千克的"野味"。[373]

另一个原因是,对于鸡、猪和牛等的现代化产业饲养模式,正培育着让药品难以发挥作用的细菌。正如美国马里兰大学药学院流行病学教授西伯盖尔德(Ellen Silbergeld)所指出的,"产业化农业正培育和扩散着具耐药性的细菌,从而降低了药物本身所具有的保护公众健康的效果"[374]。工厂化的肉鸡养殖通常为了促进生长而喂食抗生素。西伯盖尔德发现,那些从事把肉鸡从鸡舍转移到运输卡车上的人中,有41%的成为空肠弯曲杆菌的宿主,该菌对鸡是有益的,但在人体中就成为病原体,是美国胃肠疾病的第二大元凶。

约翰霍普金斯大学水与健康研究中心主任施瓦布(Kellogg Schwab)指出,在养猪场,普通粪池中"可能存在数万亿的细菌,其中的89%具有耐药性"[375]。当施瓦布从一个养猪场下行方向的地表水与地下水进行取样时,她发现,与养猪场上行方向的水样相比,上述水样所包含的病原体超出11—33倍。来自农业领域的人士当然不同意西伯盖尔德和施瓦布的观点,并强调减去抗生素会导致更多的动物患病。尽管支持用药物来治疗患病的动物,但西伯盖尔德和施瓦布坚信,应该禁止用所有的抗生素来喂食动物。

对鸡和猪喂食抗生素的一种长期危害是,在抗生素发明之前曾经是罪魁祸首的细菌感染,可能会卷土重来。已经有令人忧心的征兆显示,各种细菌正进化出更加复杂的抵御抗生素的机理。而无法控制的耐甲氧苯青霉素金黄色葡萄球菌(MRSA),则受到了更大的关注。据估计,它在美国每年致使超过18 000人死亡。[376]布莱森(Bill Bryson)在其广受欢迎的《万物简史》一书的《小世界》一章中解释道："传染源是一个被称为 A 类链球菌的一般性细菌属种,它通常只会引发脓毒性咽喉炎。由于未知的原因,在极少的情况下,有些此类细菌会穿透喉部黏膜,进入人体进而产生最致命性的后果。"[377]

最让人惊恐的生物危机是大范围流行病——"一种传染病在许多国家的不同区域快速扩散,几乎以同样的严重程度波及每一个地方"[378]。通常它是一种新的或与众不同的类别,致使辨别与确认工作十分困难。1918—1919 年爆发的大流感(有时称为西班牙流感大流行)在全世界范围内造成 3000 万人死亡。因此,2009 年,奥巴马总统的一个科学顾问小组围绕甲型 H1N1 流感所做的"合理情景推演"听起来十分恐怖。他们估计,将有 6000 万到 1.2 亿美国人——占到美国总人口的 20%—40%——会感染该病,并会造成 3 万到 99 万人死亡。[379]

幸运的是,那些估计并没有成真——至少在第一波如此。在 12 月初,美国疾病预防与控制中心(CDC)报告,从当年 4 月至 11 月中旬,约有 4700 万美国人——或六分之一——感染了该流感,其中 9820 人死亡。[380]在 10 月中旬至 11 月 14 日之间的秋季高发期,有 21.3 万人入院治疗,这跟通常感冒高发季节的患病数字持平。其中的绝大多数患者是非老龄成年人和儿童。

现在已知的第一个艾滋病例是一名 1959 年被发现的、死于一种神秘的、无法治疗的疾病的英国水手[381],自此之后该病已经使全世界为之胆战。2007 年,有 3320 万人感染 HIV(引发艾滋病的病毒)。随着多个国家推出治疗措施,其致死率在下降。在处于高峰的 2005 年有 220 万人死于该病。[382]一种好的迹象是,公共卫生工作者已经成功说服数百万人改变或戒除了那些危险的行为。

偶尔,大众媒介会报道一些新的危险细菌源。其中一个就是,来自北非干旱平原的粉尘云,会携带着细菌、真菌以及可能的病毒和杀虫剂到美国和加勒比地区。科学家估计,每年有数亿吨计的尘土被吹起。一种名叫聚多曲霉的生物曾导致加勒比海域珊瑚礁上的海扇大规模死亡。而其中一种曲霉菌更是艾滋病患者致死的主要元凶。[383]

生物疾病与自然灾害之间的异同

生物疾病的应对跟自然灾害的情况有诸多类似之处。它们需要采取减轻性的工作以削弱脆弱性，以及准备性的措施与早期预警系统，还需要一些旨在限制其危害的应对措施。不过，为了更为高效地规划与应对，也必须充分认识其中的差异——这包括地理因素、持续时间、侦测和危害范围等。

自然灾害发生在具体的地域区域，这能够当即或很快就予以确定。我们提到了发生在日本大阪与中国四川的地震、澳大利亚南威尔士的旱灾、孟加拉湾的台风。相反，生物疾病通常发端于一个具体的地方，但很容易快速扩散到世界范围内的多个城市和地区，因为它是通过呼吸的方式传播。全球化对于疾病的大范围传播是难辞其咎的。而商品的跨国运输和人员的跨国流动，助长了细菌的迁移。正如菲德勒（David P. Fidler）在其《SARS、治理与疾病的全球化》一书中所指出的，有关传染病控制的伟大陈词滥调是，细菌是无国界的。[384]

一场生物危机的持续时间是数周或数年，而一场自然灾害是以数天或数周来计的。欧洲 14 世纪的黑死病持续了整整一个世纪，1918—1919 年的大流感持续超过两年，而 1981 年首次检测到的艾滋病一直持续到今天。自然灾害的出现是显而易见的，但一种生物疾病的侦测与确认通常是困难的。其潜在的危害范围集中于人而非财产，因而有点类似于中子弹。

主要的生物危机案例

下面 3 个案例描述了生物危机开始、演化到结束的方式。近年来，SARS 危机受到最多的关注，也大大有助于许多国家和专业组织形成应对生物疾病的危机管理。2009 年开始于墨西哥的甲型 H1N1 流感是对从 SARS 危机中所获教训的一种检验，也是探索进一步的问题和解决方法的一种机会。漫长而拖延的疯牛病案例，暴露出把科学方法运用于解决具有重大经济和政治影响的问题时所遭遇的困难。

SARS 危机

发端

2002年秋,严重急性呼吸综合征最初在中国广东省被确定为非典型肺炎。当年11月,世界卫生组织(WHO)负责流感项目的官员在北京参加一个有关中国流感疫苗政策的常规会议时,一名来自广东省的卫生工作人员提到,其区域内有数名患者感染了一种非常罕见的严重流感。世卫组织获取的样本显示它是一种常规病毒。[385]然而,到2003年3月4日,香港报告了一个SARS死亡病例。2003年4月2日,世卫组织发布了有关前往中国香港和南方的旅行警告。这种在2002年秋季以少数几个病例开始的疫情,到2003年4月16日已经在23个国家发展到3235个感染者,造成154人死亡。[386]

SARS是一种病毒。病毒自身是不能生存的,但一旦找到合适的宿主就会生长。已知病毒有5000种左右,它们跟人类的数百种疾病相关,从普通感冒到天花、狂犬病、黄热病、埃博拉病、小儿麻痹症和艾滋病之类的令人讨厌的疾病。通常,流感每年在全球范围内会造成50万人死亡。[387]而仅天花在整个20世纪就造成了大约3亿人死亡。[388]

关于SARS的起源,尽管存在着众多流行病学方面的猜测,主流的假设是SARS病毒在中国广东省的某个地方从一种动物身上转移到了人身上。[389]该省以其"湿货市场"而闻名,在那里有各种各样的鲜活动物在销售。其中有三种疑似的SARS来源:果子狸、狸和鼬獾。在科学意义上,引发SARS的病原体是一种新型的冠状病毒(SARS-CoV)。[390]SARS的爆发是一个巨大的挑战:"在没有任何有效的诊断、治疗或疫苗技术的情况下,公共卫生如何能够阻止一种新型的、依靠呼吸方式传播的病毒?"[391]SARS代表了第一个"使公共卫生进入一种全新的和异乎寻常的全球政治环境的传染病"[392]。

大尺度开放取代了传统的神秘

SARS的流行暴露了威权政府隐瞒坏消息的倾向与做法。在对SARS的爆发保持缄默中,中国呈现了其保密的传统,以及老百姓知道得越少越好的信条。有人把中国的做法与苏联对切尔诺贝利核泄漏及俄罗斯对库尔斯克核潜艇沉没事故的处理方式相提并论。克林曼

（Arthur Kleinman）与沃特森（James L. Watson）在《SARS在中国：大范围流行病的前奏？》一书中总结：中国对于SARS的处置"反映了有关治理的陈旧模式：群众动员、来自中心的威权式控制和对于军队与警力的强硬动用"[393]。

有关SARS爆发的信息披露，中国经历了三个阶段：(1) 信息压制；(2) 承认爆发但否认并刻意隐瞒流行的规模；(3) 叫停系统性的欺骗。[394]

第一阶段：信息压制（2002年11月—2003年2月初）。2003年1月，广东省卫生部门发出了一份有关非典型肺炎病例的报告，但按照中国法律它被认为是一项"国家机密"。[395]然而，人们还是觉察到了疫情，进而在广东省引起了恐慌。在2002年11月27日到2003年2月初，世卫组织的全球疫情警报和应对网络（Global Outbreak Alert and Response Network）借助移动电话用户和中国当地新闻媒介，收集有关疫情的信息。

2月8日的一则手机短信写道："广州出现了致命流感。"[396]当天，中国的手机用户通过电子邮件和网络聊天室把这一消息转发了4000万次，充分展示了这一新兴媒介的影响范围。作为一家领先的、非政府的全球传染病疫情爆发电子报告系统，ProMED-mail也收集并公告了这一消息。并且，尽管存在着政府的限制，广东的记者还是对疫情进行了报道。中国有关方面压制信息的企图没有成功。

第二阶段：否认承认。基于互联网和当地媒介的相关信息，世卫组织2月10日正式向中国政府要求了解相关信息。第二天收到的一份报告显示，在广东省发生了300例急性呼吸综合征患者，其中5例死亡。中国因而承认了疫情的爆发。同一天广东卫生官员举行了一场安抚性的记者招待会，声称"情况在掌控之中"，中国政府也重复了这一估计。2月27日，中国卫生部宣布，广东省的疫情已经结束了。[397]现在看来，此类乐观的声明否认和隐瞒了疫情的规模。

大约一周前的2月21日，在全球公共卫生史上一件重要的事情发生了。来自广东省的64岁医学教授刘剑伦入住了香港的京华国际酒店911房间。在广东时，他曾经治疗过感染神秘呼吸疾病的患者。在染病的情况下，2月22日刘本人因严重肺炎而入住香港的一家医院治疗。他于3月4日死亡。在入住酒店的一夜时间里,他把病毒传染给了在同一层的至少16名房客和来访者。这些人包括一个香港居民、一个美国商人、一个新加坡人和两个加拿大人。京华酒店因而成为病毒的中心点,进而向其他城市和国家扩散。[398]

有关疾病的报告被确认了。3月12日,香港的医院报告了流感样症状的爆发情况。基于这一信息,世卫组织发出了一份有关非典型肺炎的全球警示。这是一个大胆的决策,因为一些世卫组织的工作人员感到困惑:"我们是不是在使整个世界恐慌?"[399]在提供有关潜在致死性疾病的信息而又不引发恐慌方面,必须保持履行义务的精巧平衡。[400]后续的病例报告证明了这一决策的正确性,并鼓励世卫组织做出更具风险性的报告。3月15日,世卫组织把这一神秘的病症与飞机旅行联系了起来,这一报告对于商业和旅游业具有深远的影响。该组织还发布了一份旅行警示,并宣布SARS是一个全球性的健康威胁。正是在此时,世卫组织才把这一新病症命名为严重急性呼吸综合征,即SARS。[401]因而,3月15日成为此次疫情治理的引爆点。

3月26日,中国报告了有关广东省11月至次年2月疫情(仍称非典型肺炎,而不称其为"SARS")的新数据:793例感染者和31例死亡。整整一个月的时间,世卫组织从中国官方没有收到进一步的信息,而中国官员仍表示疫情在中国处于掌控之中。他们甚至发布了一个名为"SARS根本不可怕"的小册子。[402]

然而,中国疾控中心的负责人在4月4日以一种前所未有的动作,"为未能向公众告知一种在世界范围内已感染超过2000人的致死性呼吸道疾病"而公开道歉。[403] 4月9日,蒋彦永这名退休的老军医和共产党员公开批评中国相关政府部门刻意隐瞒北京的SARS疫情规模,并对4月3日中国卫生部有关疫情在掌控之中的表态表示怀疑。一时间情况趋于白热化。

有一段时间,中国中央政府似乎要跟世卫组织密切合作,尤其是在总理温家宝做出SARS可能影响到中国经济、国际形象和社会稳定的警告之后。[404]但是,正如菲德勒所总结的,这种看似合作的精神"同样是一种明显的伪装"。[405]对于世卫组织而言,采取进一步的措施已经变得刻不容缓。该组织认识到,来自中国的合作对于对抗疫情是至关重要的,而外国记者也开始批评世卫组织未曾就中国的"隐瞒行为"做出应对。[406]4月16日,中国官方似乎开始合作,允许世卫组织代表参观一些军方和其他的医院。但一些政府官员做出了进一步的隐瞒举动,他们把数十名SARS患者转移到了不会被参观到的医院,而这一事件被《华盛顿邮报》广为报道。最终,由于没有从中国获取到充分的相关信息,世卫组织在一场新闻发布会上公开批评了中国。

第三阶段:突然的坦诚。4月18日,中国领导人宣布开始一场应对SARS的全国战争,并命令官员停止隐瞒疫情。在一场全国直播的新闻发布会上,中央政府承认,首都北京的SARS感染者几乎是之前公布数字的10倍。[407]两天后,卫生部部长和北京市市长被免职。为了防止疫情的进一步蔓延,中国政府在4月21日宣布取消了传统上长达一周的五一假期,并关闭了电影院、歌舞厅、网吧、图书馆和教堂。他们还对数千人和数十家医院采取了隔离措施。

正如来自中国人民政治协商会议的信息所解释的:"如果SARS问题处理不好,我们的对外关系和国际地位就会受影响……如果这一问题再恶化,政府的合法性也会受到质疑。……这不是小事。"[408]中国不能再被隔绝,因为每年吸引着520亿美元的国外投资,并在出口方面赚取大量外汇。

5月1日,世卫组织报告称在27个国家和地区累计发现5865例SARS患者,其中391例死亡。[409]但与SARS做斗争的进展也就是在这个月取得的,截至月底,SARS的蔓延被有效控制。到2003年6月,在这种新型病毒和呼吸道疾病出现4个月之后,SARS"没再出现死亡病例"。[410]这一斗争成为有关传染病的全球公共卫生工作历史上的一个重大胜利,世卫组织也因其在对抗SARS过程中的领导作用而受到赞赏。克林曼与沃特森总结到,中国式的干预奏效了,因而也被赞为控制未来传染病流行的一种途径。[411]

伟创力集团(Flextronics)的应对

单个企业中,伟创力集团在披露信息方面犹豫否决的案例,与中国政府的做法如出一辙。该企业在珠海拥有占地150英亩的厂房,这里地处广东珠三角的西部,与之前葡萄牙的殖民地澳门隔江相望。[412]这一区域是世界最重要的生产基地,也是SARS可能的起源地。微软公司的 Xbox 游戏主机就是在此生产的。它的 7 个工厂雇用了 11600 名员工，每年产值高达 10 亿美元。

在位于纽约的中国劳工观察（China Labor Watch）暗指其存在 SARS 问题之后，该企业最初予以了否认。但在 3 月 28 日，一名装配线工人由于呼吸道疾病而死在了员工宿舍里，而他的一个朋友也发病了。管理人员认识到 SARS 的后果是非常严重的。一场严重的流行性疾病还会打乱为 Palm、美国商用机器公司（IBM）、戴尔、索尼爱立信和摩托罗拉等众多国际电子企业的代工生产。在对死亡的装配线员工及其朋友进行了快速的调查之后，该公司发布了一份声明，表示他们患的是结核病，而非 SARS。公司还出具了尸检医学报告，并对死亡员工所属小组的 30 名员工进行了隔离。

然而，没过多久开放度就扩大了。当地医生和公共卫生官员向该厂员工进行了简要介绍，厂区的公告板都张贴着有关 SARS 的信息。这些讯息发挥了作用，原本在三月份很少戴口罩的员工，到四月初戴口罩者已达三分之一。所有曾经离开过珠海的员工都必须连续 10 天（这被认为是病毒的最长潜伏期）每天测量体温。

意识到需要把相关信息告知其合作客户，该企业利用电话、网络链接和视频会议与他们通报情况。他们得到的保证是，病毒不会通过该厂生产的产品传播，因为这些细菌在人体外只能生存几个小时的时间。他们也澄清了微软将把代工转向别处的谣言。

对世卫组织和中国的危机启示

对于一个可能会发展成大范围疫情的流行病，其焦点是全球范围内的死亡和病例总数。有关 SARS 的担心是，无法对其有效地加以控制。SARS 需要一个全球范围的应对，而世卫组织做到了。

世卫组织面临着一个合法性危机：其功能会被各国接受和尊重吗？在全球范围内监测疾病并做出早期预警以防失控方面，它能建立自己的声誉吗？在中国限制相关信息并拒其于门外之际，世卫组织的合法性受到了挑战。这种缺少合作的做法使世卫组织难于履行其使命，并让其他成员国批评其缺乏勇气。世卫组织也担心打破其在面临争议时不公开冲撞和为难成员国的传统。它也不想为那些与中国有合作关系的非政府组织制造麻烦，况且在实现公共卫生目标方面，跟中国还存在着"正式关系"。

尽管存在这些考虑,世卫组织分别通过在3月12日发出的一份全球警报、3月15日发出的旅行警示,坚定维护了其合法性。2003年4月16日,世卫组织更为大胆地批评了中国在提供诚实信息方面的持续不合作做法。当世卫组织的举动在2003年5月的世界卫生大会——世卫组织最高级别的决策机构——上被力挺时,其合法性得以证明。两份支持世卫组织在SARS爆发期间的领导地位和所采取行动的决定案顺利通过。大会"确认了采取密集与紧迫国际合作的必要性,明确了世卫组织在领导国际范围内的行动以控制和狙击SARS方面的关键性作用"[413]。世卫组织在中国所发挥的影响力在SARS系列工作中成为经典的篇章。

中国面临着一场诚信(credibility)与信任(trust)危机,原因在于其更多地关注于自身的主权与国家利益,而不是给其他国家及其民众可能造成的潜在危害。通过压低SARS蔓延方面的关键性数据,中国把自身塑造成为一种为了维持那些游客与希望跟中国做生意的商人正常入境,而不惜牺牲其他国家经济及其公民生命与安全的姿态。这也使其将本国民众置于危险境地,因为在本国境内也可能会因疫情走向全面失控而产生现实的风险。[414] 如此做法也显示出一个危险的、为了实现其所宣称的目标而不惜去冒险的倾向。简言之,经济发展优先于人们的安全。其主权是至高无上的,而其作为国际社会的一员所应承担的责任则可以牺牲掉。

正如SARS案例所严肃揭示的,在全球卫生以及诸如全球变暖之类的事务中合作是必要的,在这里民族主义是没有市场的。与俄罗斯等威权性国家相似,中国已经认识到,有关重要议题的秘密已经难以再保守。互联网使所有社会走向公开透明。在2003年5月的报告中,世卫组织总结了可以从SARS中吸取的教训:

> 这是所有国家都要吸取的最重要的教训:在今天这样一个全球化的、借由电子网络彼此相连的世界里,那种由于担心经济和社会后果而封锁传染病病例的企图,必然被看作是一种短视性的权宜之计,它包含着高昂的代价——在国际社会中的诚信丧失、加剧对于国内经济的负面影响、伤及邻国的生命安全与经济,并

且在本国境内也可能会因疫情走向全面失控而产生现实的风险。⁴¹⁵

猪流感[1]：一个续篇？

不同于中国,当疫情一出现,墨西哥就立即与世卫组织合作,并保持异乎寻常的透明性。它已经吸取并运用了从 SARS 中学到的经验。针对疫情存在着较好的监测和病例筛查措施。那些接触过患者的人也一一被联络或找到。并且,政府还采取了数项应对措施：命令暂停全国范围内所有的学校、夜店、餐馆与会议；命令佩戴医用口罩,并由军队在大街上发放给人们；利用充足的媒介资源刊播电台和电视台广告,呼吁人们一旦染病应立即前往医院就诊,而非自行处理；启动疫苗接种项目。⁴¹⁶

发端

关于猪流感何时在墨西哥出现尚没有定论。墨西哥卫生官员注意到,在 2009 年 3 月底和 4 月中旬出现了流感病例的大幅度增加,与此同时,他们开始关注那些死于该病毒的健康者。这一新型的致命流感在墨西哥城造成 20 人死亡,并且在全国可能已经感染了超过 1000 人。在美国卫生官员声明这可能是一场猪流感疫情后,墨西哥官方在 4 月 25 日晚通过关闭学校而拉响了警报。两天后的星期六,总统卡尔德隆(Gelipe Calderon)签署了一项紧急命令。之前,他已要求军方在首都和周边郊区派发了 400 万只口罩。⁴¹⁷这一举措具有象征意义,明确传递着流感疫情严重性的讯息。

类似于在中国广东的情形,墨西哥的疫情也隐现着一种新的传染源。由于密集的畜牧养殖程序使牲畜与人密切接近,流感病毒可能快速与密集地发生变异。而猪又恰恰容易感染起源于哺乳动物和禽类的流感病毒。在流感病毒从鸟到人的传播过程中,猪扮演着中介角色。猪可以作为宿主,在其身上两种(或更多)具有动物传染性的流感病毒能够发生"基因突变"——产生一种新的生物。这种情况往往还

---

[1] 2009 年 4 月最先出现于墨西哥的流感疫情,最初被错误地称为"猪流感"(Swine Flu),后被世卫组织正式更正为甲型 H1N1 流感。——译注

伴随着糟糕的卫生条件、贫穷以及各种类型的公共卫生匮乏。而在墨西哥，专业能力、协调能力与规则都是严重不足的。[418]

与确诊SARS相比，确认一名患者是否为猪流感更为困难。SARS患者只在患病后期具有接触传染性，此时各种症状已显露出来，这让人更容易确定其密切接触者，从而防止这些密接者造成新一轮的病毒传播。但墨西哥流感的患者通常在显露出症状之前，已具有接触传染性。[419]

与中国的外交纠纷

墨西哥不希望把这一流感命名为"墨西哥流感"，尽管它发端于那里，而倾向于用科学命名称之为H1N1，从而不致危及其旅游业与贸易。美国副总统拜登也没有帮助墨西哥的努力。尽管一份美国政府发出的旅行提示仅仅表示"避免所有前往墨西哥的非必要旅行"，但拜登在4月30日出现在全国广播公司《今日秀》节目中时表示，他会建议自己的家人不要乘坐飞机、地铁或置身于任何密闭的空间。航空公司和公共交通行业对此十分愤怒。美国公共交通协会（American Public Transportation Association）总裁米拉尔（William W. Millar）反驳道："人们应该继续乘坐公共交通。公交车和火车与任何其他公共区域一样安全。"美国交通部部长拉胡德（Ray LaHood）表示："乘坐飞机是安全的。"[420]

当中国卫生部门对数十名搭乘飞机、来自墨西哥的商人和旅行者采取隔离措施时，墨西哥政府严厉批评了中国。[421]在中国主要大城市的大约40名墨西哥公民也被采取相关措施以进行观察，尽管检测显示他们没有携带该病毒。[422]这些行动导致在中国与墨西哥之间发生外交纠纷。[423]墨西哥外长声称，墨西哥公民在中国（实际是在中国香港的一家宾馆）被隔离在"不可接受的条件下"。他们的房间被密封，每天两次由护士把体温计放在门外以监测身体状况。

北京坚决的、严阵以待的战斗姿态，是由于想避免被指责SARS期间马虎地应对。并且，由于其人员高度聚集，中国感觉自身更为脆弱。双方达成的外交解决方案是，两国都派专机到对方国家接回本国公民。中国也与加拿大产生了冲突，22名蒙特利尔大学的学生在没有明显流感症状的情况下，刚下飞机就被隔离了起来。一名外交部新闻发言人表示,这一行动"符合中国的相关规定"。[424] 中国还禁止了从加拿大艾伯塔省(Alberta)进口猪肉,因为作为世界上最大的猪肉生产国和世界半数猪肉的消费国,中国觉得较为脆弱。

猪流感牵涉到猪肉

把 H1N1 称为猪流感引发了一个公共关系问题,这会让猪肉制品行业担心,消费者会停止吃猪肉。由于猪被确认为此次流感的传染源,许多人错误地认为,吃猪肉是危险的。像美国多个州的做法一样,俄罗斯禁止从墨西哥进口肉制品。[425] 作为此类恐慌的结果,美国弗吉尼亚州的史密斯菲尔德食品公司(Smithfield Foods)——全球最大的猪肉加工企业,在墨西哥拥有养殖场——眼睁睁地看着其在纽约股票交易中心的股价跌了12%。

为了纠正人们关于吃猪肉的错误认识,美国全国猪肉理事会(National Pork Board)发起了一项宣传活动。2009 年 5 月 6 日,该组织推出了一则由其总裁维弗(Steve Weaver)签名的整版广告。其标题是"让我们把猪肉——和所有事实——放在桌面上"。这一广告写道:"一言以蔽之,猪肉是安全的。这是专家们所支持的一个事实。"接下来还专门引用了其中两位专家的话,美国国土安全部部长纳波利塔诺(Janet Napolitano)说"吃猪肉不会感染甲型 H1N1 流感。猪肉制品绝对安全",以及美国疾控中心的表态:"你不可能通过吃猪肉或猪肉制品感染该流感。"[426]

疯牛病

疯牛病的来临是非常重要的,因为它凸显了农场利益和政府是如何坚定地阻挠其被确认为一个主要危机的。政府不愿意面对这一问题,并处心积虑地欺骗公众,从而伤害到对于政府的信任。有鉴于那些生命面临极大风险的少数人,这一问题彰显了有关风险的心理学:当存在其他选项时,人们不愿意尝试哪怕是极小且遥远的"恐惧"风险。对于极为高昂的经济损失和屠宰数百万头奶牛的过激行动,消费者根本不关心。

疯牛病的科学命名是牛脑海绵状病(BSE)。其显著标志是大脑呈现星状的极小孔洞,或一种被称为星形胶质增生的状态。它最早在患上痒病（之所以如此命名是因为绵羊开始表现怪异，蹭掉或擦掉大量羊毛）的绵羊身上被发现并予以研究。传统的解释认为，疯牛病最初是痒病的一种，该痒病由于向奶牛喂食粉碎的羊肉骨粉——之后成为粉碎的牛肉骨粉——作为蛋白质辅料的行为，而进入牛的食物链。[427]

1986年，疯牛病在英国正式被发现，兽医维塔克（Colin Whitaker）博士向英国农业、食品与渔业部（MAFF）报告了他的发现。[428]但它一直保持鲜为人知，直到1996年3月20日，英国的首席医疗官卡尔曼爵士（Sir Kenneth Calman）举办新闻发布会并表示，在疯牛病与人类所患的克雅氏病（CJD）之间存在关联。随着被国内外的大众媒介广为报道，这一公开化的"吃英国牛肉会患上克雅氏病的关联"演变成一个危机事件。

大约发现于1920年的人类克雅氏病，与通常老年人所患的一种自然发生的退化性大脑疾病相关。其典型症状是"严重性紊乱、突然发作和痴呆"。[429]最可能的元凶是一种被称为胫病毒的蛋白质。克雅氏病在人群中的发病率大约是百万分之一。

英国农业、食品与渔业部的核心观点是，没有证据显示疯牛病存在对人的风险。它把牛感染疯牛病的原因主要归因于喂食环节添加的固化辅料。在这一过程中，动物残体和尸体被加工制作成可以喂食动物的包含肉与骨成分的辅料。这一过程也生产可用于药品、甜点、饼干、明胶和黏糖的副产品。在撒切尔夫人执政时期放松管制的环境下，整个行业可能对此漠不关心。[430]

对疯牛病的最初解决办法是温和的，但也是不切实际的。由英国农业、食品与渔业部发起成立的索斯伍德委员会（Southwood Committee）专家小组，给出了三个有利于行业的建议：只销毁那些已经感染疯牛病的动物；由反刍动物加工的辅料不能喂食给奶牛；产自显示已患病奶牛的奶不能再使用。[431]但是，在这一禁令于1989年生效之后，感染疯牛病的奶牛数量并没有减少。而来自利兹大学的临床微生物学家拉塞（Richard Lacey）博士向农业、食品与渔业部提出的建议是，一旦发生疯牛病例，其所在饲养群必须全部予以屠宰，而不能仅限于那些染病的动物。这一彻底的方案显得不可思议因而被拒绝。[432]

1990年英国政府发起了一场广告宣传行动,以让公众相信吃英国牛肉是安全的,否认力量的强大由此可见一斑。为了证明安全性,英国农业、食品与渔业部大臣古莫尔(John Gummer)使用了孤注一掷的策略,他自己在新闻发布会上吃汉堡,并拿着另外一个喂自己4岁的女儿。脑海绵状病咨询委员会(SEAC)这一新的委员会也宣告成立,以继续对疯牛病进行研究。在该委员会于1994年3月19日召开的一次会议上,英国内阁的高级成员试图压制任何有关变异型克雅氏病(vCJD)的声明,但卫生事务大臣杜瑞尔(Stephen Dorrell)坚持,公众应该被告知。第二天,他在国会下院演讲时语惊全国,他表示,尽管政府之前的多次表态都与此相反,但疯牛病可能已经通过食用牛肉而传染给了人。[433]即便如此,晚至1994年10月,政府仍宣称,在疯牛病与人类海绵状疾病之间尚没有业经证实的关联。

一夜之间,英国牛肉市场崩溃了。即便是国内的快餐连锁企业,比如麦当劳、温迪和汉堡王等也纷纷拒绝使用国内的牛肉制品。[434]雪上加霜的是,欧盟也在3月25日禁止了英国牛肉在全球范围内的销售。当1996年有年轻人也开始感染克雅氏病——后来这被确定为一种新型变异型克雅氏病(nvCJD)——的时候,否认变得更为困难了。多年后,一个微小但情绪化的事件加速了政府正式承认疯牛病日子的到来。1990年5月10日,英国报纸报道称,一只猫死于疯牛病,并担心人类可能成为下一个受害者。[435]2000年,政府最终屈服并采纳了拉塞提出的屠杀整群奶牛的残酷建议。当时有超过450万头牛被宰杀。[436]

其他国家也遭遇了疯牛病问题。伦敦帝国大学的唐纳利(Christi Donnelly)在发表于《自然》杂志的文章中指出,到1987年,法国至少有1200头牛感染了疯牛病,并且有两个法国人死于克雅氏病。2000年10月,法国政府宣布,来自至少11头潜在被感染的牛的牛肉已经进入市场。11月底,德国和西班牙也分别报告了各自的第一个疯牛病例。[437]2003年,当一头被感染的奶牛在加拿大艾伯达省被发现的时候,美国对来自加拿大的牛肉关闭了边境,这导致损失高达700万美元。[438]

苏南伯格(Patrick van Zuanenberg)在其《疯牛病:风险、科学与治理》一书中总结道:英国政府对疯牛病危机的处置表明,"通过向以科学自居的机构或团体分派进行风险预估的责任,并不能把科学与其政治背景截然分开"[439]。他指出,疯牛病代表着一个以科学为基础的政策制定的失败,并认为科学是被用来"为有瑕疵的政策判断提供合理解释,以及为伪装的事情提供一种掩饰"[440]。

处置生物危机的战略

疫情流行前的准备

近年来,随着国际合作的需求被重视,世界各国对于应对流感大流行做好了更为充分的准备。普林斯顿大学的艾肯伯里(G. John Ikenberry)在其文章中呼吁集中式应对(centralized responses)的出现。他建议,美国应该帮助建立一个"国际合作的基础设施……发展出共享的能力以应对各种各样的突发事件"[441]。

疫情大流行前的准备分为四种形式:(1)改进的卫生基础设施;(2)抗病毒药品的生产与储备;(3)疫苗接种工作;(4)各类组织的准备工作。

改进的卫生基础设施

医院缺失、人手(医生、护士和其他人员)匮乏以及药品与医疗设施的不足,阻碍着对于生物疾病的应对。许多艾滋病患者不知道的是,他们患病的原因是缺乏用来检测的医疗设施,即便得以确诊并且药品齐备,也没有卫生工作者对其日常治疗进行管理或监督。随着更多医疗基础设施的设立,这一问题正逐渐得以解决。[442]

在墨西哥政府的疫苗接种工作中,其卫生设施的不足是显而易见的。为了阻止疾病的到来,在症状刚出现的最初几天里必须注射疫苗,并且鉴于不当的疫苗接种会增强病毒的抗药性进而加剧爆发的风险,也必须保证充足的剂量。[443]尽管与5—10年前相比,今天的公共卫生系统已经能够更好地应对流感疫情了,但一种高致命性的流感也可能会让美国和其他西方国家哪怕是最高级的卫生系统束手无策。[444]

抗病毒药品的生产与储备

疫苗接种能够阻止有些疾病对人造成伤害。在甲型H1N1流感肆虐期间,抗病毒药物的生产和储备被给予了更大的关注。早在2009年春季,奥巴马政府就对疫苗下达了命令。但直到11月,4000万份疫苗才最终到位。政府的过分谨慎受到了部分的指责。例如,一些官员担心,由于迅速转向针对新病毒的疫苗生产,季节性流感疫苗是否会受到影响。[445]

不过,主要的问题是制造流感针剂所需要的借助鸡蛋去培养原始疫苗材料的缓慢过程。由于这一原因,美国最初得到的消息是,到九月份疫苗才能够予以提供。欧洲逐步采用了更为快捷的借助哺乳动物细胞的方法。只有诺华公司(Novartis)的两个工厂采用了现代的方法。[446]为了针对未来的疫情做好准备,美国需要投资建设更为现代化的能够快速生产流感疫苗的厂房及设施。[447]在英国,政府计划向全国人口提供充足的可用疫苗。英国国家健康服务中心(National Health Service)让那些担心已经感染甲型H1N1流感病毒的人,可以通过电话或网络进行诊断和开出治疗药物。[448]

作为应对疫情的准备性措施,美国做出了数个推荐性安排。其中之一是储备达菲(Tamiflu)和瑞乐砂(Relenza)之类的抗病毒药物,并要求增加此类药物的生产。医院则被要求腾出更多的隔离房间,并形成保护医护人员免于感染的程序。在疫情初期,亚特兰大的疾控中心在获得请求的前提下,可随时向纽约、加州、德克萨斯和墨西哥派遣专业团队。它能够通过从国家战略储备库提供达菲、口罩、手套、洁肤啫喱、呼吸机和其他物资来予以支援。最后,美国疾控中心还为全国140个实验室提供测试包,再加上数十种来自世界其他国家的此类物品,让他们对新型流感进行检测。

4月25日,世卫组织召开了一个应急专家会议,但表示在提升流感警戒级别之前,需要更多的信息。[449]

疫苗接种工作

为了应对疫情,2009年5月奥巴马总统请求了15亿美元的应急拨款,包括研发疫苗的费用。但到10月中旬,原本希望在10月底能派上用场的4000万份疫苗被推迟了。[450]加拿大一家风险咨询公司的总裁杜汉(Ralph Dunham)指出,有些企业向药品制造商支付年费以期储备抗病毒药物。[451]

然而，公众对于疫苗接种工作的合作却是有限的。由皮尤调查中心针对 1000 名成年人所做的调查结果显示，47% 的人不愿意接种。而这些人中，35% 的人表示他们认为疫苗太危险，或者认为疫苗还没通过彻底的验证。23% 的人表示，他们没有感染疫情，或者就是不想接种，另有 16% 的人根本不相信疫苗，或认为疫苗会使自己染病。[452]一些疫苗的怀疑者甚至担心可能的吉兰—巴雷综合征（Guillain-Barre Syndrome，GBS，又称急性感染性多发性神经炎）这一潜在的致命性神经紊乱副作用。在 1976 年对抗当时疫情的疫苗接种工作中，接种疫苗的 4000 万人中有数百人就感染了上述病症。

各类组织的准备工作

企业和其他组织应该通过参与应变计划制订，为可能的疫情作好准备。他们应该彻底预估其运营可能受到的影响程度，以及如何做出应对。服务和供应环节的中断与扰乱，其影响能够持续 18 个月。零售商会由于消费者害怕到公共场所而受到波及，商务旅行会被限制，企业衰败的步伐也会加速。[453]最为重要的是，也必须考虑员工所可能受到的影响。

在一场实际的大流行疫情中，总人口中 30%—35% 的人要么染病，要么需要照顾染病者。美国商务部部长骆家辉（Gary Locke）、卫生与人类服务部部长西贝利耶斯（Kathleen Sebelius）和国土安全部部长纳波利塔诺在新闻发布会上共同建议，企业应该允许其员工待在家里康复或照顾患病亲属的灵活性。他们应该考虑一些替代性的工作安排，比如家庭办公。[454]并且，交通中断或强制性隔离等也会影响到员工的出勤率。为了做好准备，建议各类组织应对关键性岗位建立后备人选，通过对员工进行核心工作技能方面的交叉培训，或找到其他的方法以提升员工能力。[455]雇主也应提供可用的洗手液、灭菌香皂、吸尘器与清洁用纸巾。在极端的情况下，他们应该避免共用工作台、电话、电脑键盘、订书机、钢笔和铅笔。

培训与模拟演练可以提高应变计划被正确遵守的概率。2007 年 10 月，2725 家美国的金融机构参与了一场危机演练，他们被置身于一个近乎真实的疫情爆发情景中。那些名字中以特定几个英文字母开头的员工被假定不能工作，其他的员工需要遵从事前安排好的行事程序。这一演练采用了英国金融服务管理局（Financial Services Authority）于2006年所推出的模式。其结果是迫使金融机构更多地系统思考人力资源政策。例如，即便储备有大量的流感药品，却发现尚未确定该对哪些员工进行治疗。他们还计划重新调配销售和产品开发部门的员工，到那些直接服务消费者的岗位去。[456]

事先围绕伦理问题做出决策

对资源的配置涉及许多需要事先做出决策的伦理问题。在第二波甲型H1N1流感之前，加拿大多伦多大学的生物伦理学联合研究中心，通过一个针对500名受访者的全国性电话调查，以及对另外100人的一系列市政厅会议讨论，列出了若干此类问题。[457]他们的发现涉及：

- 医护工作者的责任：90%的受访者表示，在安全措施到位的前提下，医护工作者应该尽力工作并直面所有的风险。基于其职业及在不良条件下提供医护手段的训练，医护工作者被认为承担着一种不言自明的社会契约。不过，85%的受访者表示，在一场流感危机期间，医护工作者应该被提供免费的伤残保险和死亡抚恤金，而84%的受访者认为，那些在工作中感觉到不安全的医护工作者拥有投诉的权利。《经济学人》刊文指出，墨西哥当地媒介曾报道了数起有关救护车司机拒绝运送流感患者的事件。[458]
- 诸如呼吸机、疫苗和抗病毒药物之类的稀缺医疗资源的分配：尽管大多数患者能够通过常规方法治愈，但那些重病患者就需要稀缺与昂贵的设备。关于抗病毒药物，94%的受访者表示，医护工作者在疫情爆发期间应受到优待，89%的受访者认为儿童应该受到第二位的优待。不过，年龄因素本身不应作为病患严重程度的指标，或者左右有关资源分配的决策走向。流感患者的需求也必须跟其他的患者与受害者一起进行通盘考虑。
- 富裕国家与不幸国家分享此类资源的责任：大约91%的受访者认为拯救生命是流感大流行相关准备工作最重要的目标，但44%的受访者认为拯救生命仅在加拿大是最重要的事，而

50%认为拯救生命在全球范围内都是最重要的事。进一步的问题涉及,各国是否有权利对来自疫区的旅行者拒绝入境;为了使伤害最小化、避免污名化、防止在国际旅行与贸易方面的不必要限制,应该采取怎样的合作?
- 政府的限制性措施:为了保护公共利益,政府可能需要限制旅行、集会与隐私方面的个人自由。85%的受访者认为,在疫情爆发期间,政府应该拥有这些权力,但同时在限制期间及之后也具有相应的责任,比如提供食物、避难所、社会支持和满足其他的基本需求。
- 信息的可获得性:无论对于专业人士还是普通公众,应该通过多种不同的渠道与手段提供相关的信息。透明性应成为一个准则,并且信息接收者应知晓信息的来源与出处。

公众教育

在美国,疾控中心向公众推荐了防止新型流感的方法:洗手;咳嗽时用自己的衣服袖子遮住;避免触摸眼、鼻或口;一旦染病就待在家里,让染病的孩子离开学校,在关闭学校的问题上遵守公共卫生建议,避免人群聚集,其他一些保持社会性距离的措施。[459] 香皂与洗手液生产商以及口罩设计制造者加大了其营销力度。汉高公司(Henkel)增加了其黛尔雅(Dial)香皂的广告宣传并鼓励人们洗手,而生产普瑞来(Purell)洗手液的强生公司在其产品官网上更新了有关卫生的信息。[460]

由美国食品药品监督管理局(FDA)推出的长达24页的新版材料,为药品与医疗设备生产厂商提供了广告宣传指南。它给出了向消费者与医护专业人员呈现有关风险信息的方法。该局指出,对风险信息的忽略或弱化处理,是对其准则的最常见的违反行为。其中一个例子是,当一则广告表示一个产品要求每月进行血液检查的时候,它应以明确无误的语言标示出来,而不能仅仅表示可能需要"特定的监测"。它也指出,如果伴随激扬欢快的音乐和受益于某药品的"不协调的"患者形象,那么有关该药品副作用的详细内容就会给人留下一种不一样的"净印象"(net impression)。[461]

对于自然灾害,人们已经努力改进有关疾病的早期监测与报告体系。正如SARS疫情所显示的,由于医疗设施的缺乏、政府官员的不合作以及有人担心其牲畜被捕杀而刻意隐瞒等因素,在有些地方监测工作会出现问题。对于艾滋病,没有检测的一个主要原因是"担心被发现"。

疯牛病的监测已经实现,在屠宰场每头牛都要接受所谓的快速检测。每头花费大约20美元,筛查所用的时间是数小时,而不再是数天。堪萨斯州阿肯色城的克里克斯顿农场(Creekstone Farms)希望能采用这一检测方法,一部分原因是为了进入韩国牛肉市场。由于担心疯牛病,韩国禁止从美国进口牛肉。[462]欧盟采用了这一快速检测方法,在2001年至2006年间,在屠宰场已认定为健康的牛肉中又检出1117例疯牛病个案。为了保护牛肉产业,美国农业部拒绝了克里克斯顿农场的检测请求,其理由是,如果一个企业一旦采用,那么来自消费者的要求就会促使所有的企业都去采用,这会导致牛肉成本的增加。消费者联盟[1](Consumers Union)的高级科学家汉森(Michael Hansen)称这是一个"疯狂的"决定。[463]

据《经济学人》的报道,全球疫情预警系统仍处于令人苦恼的保密状态。其原因是可以理解的,但极为短视并具有潜在的危害。政府担心完全公开可能会使当地人恐慌,并伤害到旅游业和贸易。中国似乎已经从其SARS经历中学到了教训。当2008年5月经历了一场会引发危险的手足口病的肠道病毒时,其极高的透明度是显而易见的。尽管存在由于疫情发生于奥运会开幕前3个月之际而造成的担忧,中国仍报告了集中于安徽省阜阳的15 799个病倒,其中28例死亡。在此前一年,则发生了88万个病例,其中17例死亡。[464]

乐观的是,越来越多的国家参与到国际努力中,在研究疾病与汇报疫情方面坚持透明与合作。例如,印度尼西亚政府现在允许任何人都可以使用其有关禽流感病毒的基因数据。[465]2006年5月,全球流感大流行组织(Global Pandemic Initiative)这一新型的伙伴机构正式成立,它是一个由世卫组织、美国疾控中心、美国商用机器公司与其他十

---

[1] Consumers Union 是美国一家依靠来自消费者的捐赠、致力于"检测产品、告知公众与保护消费者"的非营利组织,出版有在各行业消费者心目中颇有影响的权威刊物《消费者报告》。——译注

多个组织共同参与的合作机构。它作为全球准备项目的一部分,旨在应对潜在传染病的爆发。另一个新的机构是加拿大政府的全球公共卫生情报网络(Global Public Health Intelligence Network,GPHIN),它对七种语言的公共数据进行搜集,以发现疫情爆发的早期征兆。

在SARS与甲型H1N1流感爆发期间,许多国家使用热成像摄像机,对来自墨西哥、加拿大和美国的飞机乘客进行筛查。法国通过向前往墨西哥旅行的乘客发布警示并让其规则洗手的方式,使他们提高对流感危险性的认识,以避免出现大规模的感染人群。

世卫组织警戒级别

为了帮助有关国家和地区的卫生部门做出应对健康警示时所应采取措施的决定,世卫组织已经设置了一个包含六个级别的体系。当达到4级时,由于这意味着会有更多的疫情出现,有关国家就需要采取相应行动。在此级别上,由于防止疫情蔓延已经变为不可能,世卫组织会聚焦于减轻方面的工作。此时,疫情的爆发是迫在眉睫的。5级意味着,甲型H1N1流感病毒已经导致同一区域内的至少两个国家爆发。6级意味着疫情的大规模流行。这需要三个判定条件:(1)病毒必须导致高致死率;(2)它必须在人群中扩散得相对快速和容易;(3)它在宿主的孵化时间足够长。[466]

一些权威专家认为,世卫组织的流感大流行等级向公众传递出错误的信号。"在一场较为温和的疫情中,它也能够达到其最高级别,因此,尽管全世界的人仅是在抽鼻子,它也会预言世界末日的来临。"[467]认识到这一困境,世卫组织总干事表示:"我们不能过度反应,当然我们也不能自鸣得意。"[468]努力在一个严重疫情的真正危险与过度反应的风险之间取得平衡,这就是沟通工作的关键所在。

对公众进行警示的新方式正在出现。新美国媒介(New America Media)推出了一个应急网络系统,它利用具有种族特色的媒介向全美国的少数族裔社群传递重要的卫生与应急警讯。种族媒介的代表会激活其媒介渠道,向其数百万计的,那些通常借助主流媒介无法覆盖的读者、观众与听众传递信息。[469]

互联网也可以作为一个快速的、有关流感疫情的早期警告途径。谷歌公司推出了流感趋势(Flu Trend)网页,展示出其有关流感关键词搜索的汇总数据。他们发现,人们搜索流感关键词的时间与其表现出流感样症状的时间之间存在着高度的相关性。其分析运用了一个有关流感活动的七级[1]量表,范围涵盖从"最小"到"极强"。该网页还包含有美国疾控中心的流感预防讯息、流感疫苗接种点查询,以及流感相关新闻报道的链接。哈佛大学医学院下属的儿童医院也是互联网的拥趸,它拥有一个名叫健康地图(HealthMap)的网站,对2.4万个网站中与疾病相关的术语进行分析。接着,在一张世界地图中,会用彩色标识显示登革热、禽流感和其他疾病的相关结果。[470]

快速而果断的响应

只有各卫生相关组织具有最新的应变计划时,快速而果断的行动才能得以保证。确保能够联系到管理者及上级主管是至关重要的,诸如此类的简单事务可以借助网站、电话热线或电子邮件等手段进行提前的安排。应鼓励所有团队成员建立起"呼叫树"(Calling Tree)[2],以确保在危机时能够联络到其他成员。责任应该分配到具体的人。《华尔街日报》香港办公室所采取的临时措施包括:与员工建立网络连接使他们能够在家工作、提供正确的口罩以保护他们、隔离办公室。

总　　结

生物危机是来自于自然环境的另一种威胁。1918—1919年的流感大爆发,向人们揭示着我们自身在那些其本质尚未可知的疾病面前的脆弱性。SARS疫情展示了此类疾病在全球范围内的扩散程度,尤其是再加上全球化的加剧影响。这同时表明,各个国家不能就疫情保密,以及国际合作的重要性。

生物危机应对工作中的一种危险是,经济和政治层面的考量会干

---

[1] 现已改为五级。——译注
[2] 呼叫树,或译作呼叫树形图或调用树形图,是一种可用于危机情形下向成员通报讯息的电话程序。其通常的安排是,一个人向一定数量的成员打电话并告知相关讯息,再由已接电话者向下层层传达相关讯息,以保证最终所有涉及的成员都能够接收到这一讯息。其核心在于要定期检验借助电话的沟通渠道是否畅通,而电话号码的失联或变更可能会导致危机期间的严重影响。——译注

扰对于疫情的理性与科学的分析。这在英国疯牛病案例中得到了最为激烈的展现,农业利益团体与英国政府的应对方式严重影响了其相关产业。中国对于SARS的早期应对,也受到担心其国际贸易与国家形象等方面因素的阻碍。

  对于生物危机的应对,可以借用一些在自然灾害中运用的危害管理策略。不过,其重点更多地体现在准备、早期探测与预防工作上。类似于自然灾害的应对,一旦危机发生,需要的是当即响应。地方性的举措已难奏效,因为这越来越成为一种全球性的事务。这种做法的一个积极影响是,会刺激和带动其他形式的国际合作。

第七章 科技危机

自现代工业时代以来,由人类对于科学与技术的运用而引发的危机,无论是在数量上还是其影响上,都远远超过了自然灾害。当人们试图去利用或改变自然环境时,他们就会碰到不同程度的风险与不确定性,在极端情况下,这就会引发科技危机。美国宇航局的太空探索、核电设施的建造、从海底提取原油,以及转基因农作物与新药的发明,代表着先进的科技创举。近年来,纳米科技成为隐含着许多未知与不确定性的新型技术。

工业和其他的科技事故引发了一个分类上的难题:它们是科技危机,还是由疏忽、错误决策或偏颇的优先安排而导致的管理失灵危机?表面来看,英国石油公司(BP)在墨西哥湾的钻井平台爆炸事故是一个管理失当型危机,大多数观察家也这么认为,因为存在着太多的错误决策。但它也应被视为一个科技危机,因为一个更深层次的解释是,海底钻探所涉及的复杂性仍是一个属于科技前沿性的话题。正如《纽约时报》在报道这一事件的总结性文章中所指出的:"调查人员已经剖析了英国石油公司的油井设计与哈利伯顿(Haliburton)公司的加固工作,发现问题重重。"[471]只要涉及知名的和普通的科技因素,这一钻井平台爆炸与沉没事件就可以归为一起工业事故,这一叫法也适用于飞机坠毁、工矿厂房、建筑物、道路与桥梁建造等方面的"常规事故"。

要满足科技危机的分类,一个事故必须由相对未知的、未经检测的或未觉察到的科技因素而引发。美国明尼阿波利斯 I-35W 大桥的垮塌事故就可称得上是一个科技危机,因为后来发现,它由一个有缺陷的工程设计而引发。[472]同样,当1981 年7 月 17 日堪萨斯城凯悦酒店(Hyatt Regency)3 个"悬浮人行道"塌向地面并造成 114 人死亡的时候,它也被视为一个科技灾害,原因在于一个金属组装件出现了抄近道的致命缺陷。[473] 尽管工程师在设计时把 3 个人行道中的 2 个立在了正常竖起的金属柱子上,但用来替换较短柱子的组装件却倾斜着放置在不同的高度上。工程师是难辞其咎的,因为他们在显示有短柱子的最终图纸上签字同意了。

当科技因素较为复杂和互相交织时,一场事故也会被归为科技危机:大系统中的一个子系统会触发另一个子系统出现事故,并且有时会使整个系统出错。派罗(Charles Perrow)在其《正常事故:与高风险的科技共舞》一书中指出,类似于三哩岛核泄漏或切尔诺贝利核电站爆炸之类的、有别于事件或事故的危机,代表着整个系统的混乱。[474] 上述英国石油公司的钻井平台爆炸事件也符合派罗有关复杂和互相交织的系统特征,其中的一个事件会引发一系列灾难性的后续事件。

正如 1986 年切尔诺贝利核事故所表明的,核电是科技危机的绝佳范例。由于附近区域核辐射的长期性影响,以及那些参与建造巨型防护工程(石棺)以防止进一步辐射的众多工人,直到今天,核泄漏造成的死亡率还在继续攀升。该工程需要 40 万吨水泥和 7000 吨钢材,后来又用新的金属支撑物进行了加固。[475] 泄漏现场周边 30 公里的范围被列为禁区。一些生态专家指出,这场灾难的影响还会再持续 150 年。直到今天,有关肉制品消费的禁令还从白俄罗斯、俄罗斯和乌克兰延伸到瑞典与英国的多个市场。[476] 由于放射性坠尘的原因,英国近 370 家农场仍然被严格限制其饲养绵羊与利用土地的方式。自 1986 年以来,这一数字已经下降了 95%。而在当初,在英国大约有 9700 家农场和 422.5 万只绵羊受到严格限制。[477]

在危害管理中,科技危机与自然灾害具有许多相似性。不过,一个重要区别是,人们不会认为有人应该为自然灾难的出现负责,但他们却会为一场科技灾害寻找要指责的人,因为他们认为科技会受到人为的操纵。为了阻止科技灾害,人们理应有所作为,也可以应用多种多样的"科技解决方法"。因此,随着由于政府未能为应对各种自然灾害做好准备或因实际应对欠妥而受到批评,这种指责的态度也逐渐蔓延至自然灾害领域中。

公众期望科技的使用者能够控制事故的发生,并把其伤害降至可以容忍的程度。但具体什么程度才是可以容忍的？这一问题本身就是政策制定者所面临的最为棘手的问题之一。目前已知的是，当人们认为某项科技的产出对于人类福祉是至关重要的时候，其容忍度就高。而当一项新科技的倡导者就其安全性做出过于乐观的表态时，人们的容忍度就低。正如本章附录中所探讨的纳米科技那样，成本与收益因素的糅合作用解释了人们对于新兴科技的希望与担忧。

科技发展的迅猛步伐

在整个人类的历史中，科技已经成为变革的主要推动者。通过发明工具和运用推理，人类学会了控制自然环境为自身谋福利。在后来的历史中，蒸汽机的制造、铁路的修建、电灯的发明、汽车的无处不在以及在通信科技领域兴起的电话、无线电、电视机、手机、电脑与互联网的使用，业已展示了科技的影响力。

作为发明家与预言家的库兹维尔（Ray Kurzweil），为我们展示了过去100年间通信科技的采用速率是如何日新月异的。他指出："每隔10年采用新范式的时间会减少一半。以这种速度，整个21世纪所取得的科技进展，将相当于（以一种线性的发展视角）以2000年当年的进展速率发展2000个年头。"[478]根据他的预测，到2020年人工智能就会与人类大脑的能力不相上下。他还以另一种方式指出："在21世纪，我们将不会经历仅仅100年的科技进展；我们将会见证两万年的进展规模……或者相当于整个20世纪所取得进展的1000倍。"[479]因为科技在以指数级的速度快速发展，我们必须认识到，全社会对于变革的吸收与接纳将不会一帆风顺，危机也将以不断增长的频次降临。

与风险分析的关联

与科技进步密切伴随的不确定性提出了对于风险预估的需求，只有这样，那些不受欢迎的结果（如死亡、伤害、破坏与灾害）发生的可能性才能被避免或至少降至最低。风险预估试图去估计对人们健康或环境造成伤害的性质、严重性与可能性。在工业研究、设计、开发、测试与工程方面的技术专家,通常都开始于这一过程。

由于管理者在决策时必须考虑社会、经济与政治等因素,在技术专家之外,其他一些人也需要参与到风险预估当中。这些专家不存在技术专家通常持有的"风险管理"偏见。例如,在生物科技领域,考虑人们对于使用转基因产品风险感知的重要性体现在,现在有一些消费者抗拒此类产品。鉴于包括英国在内的一些国家要求转基因产品必须明确标示的现状,还要考虑此类问题的政治后果。

然而,反对由技术专家做出的决策,会带来并造成科技危机。例如,美国宇航局官员曾因挑战者号航天飞机爆炸事故而受到指责,他们在考量竞争与政治因素之外忽略了安全问题。在墨西哥湾钻井平台爆炸事故中,对于最终结果的过度关注被怀疑是导致问题并进而引发事故的罪魁祸首。

当专家与公众对于风险的看法迥异时,问题也会产生。美国国家环境保护局发现,在专家认为氡、室内空气污染和杀虫剂残留会比有毒垃圾堆放和地下储存罐填埋带来更大健康风险时,公众担心的却是后者。[480]当人们觉得自己能够掌控时,就更愿意去冒险。

因此,从社会、政治与心理的角度而言,管理科技危机比管理自然危机更为复杂。人们越来越想知道管理者是如何进行风险预估并做出决策的,并在涉及个人的情境中,他们希望积极发声以表达主张。如果他们认为一个地方——比如在一个社区的有害垃圾存放点——是无法容忍的危险或有毒时,他们就会抗议。并且,如果人们认为不断加剧的科技风险与成本超过其益处时,他们就会选择牺牲产品创新与经济增长。鉴于此类原因,在对于科技危机的公众反应中,涉及科学与技术的风险感知与公众态度发挥着极为重要的作用。[481]

三起最近的科技危机

英国石油公司在墨西哥湾的钻井平台爆炸了

英国石油公司的深水地平线钻井平台位于距离路易斯安那海岸50英里的海域,在2010年4月20日遭遇了系列的爆炸冲击,并在两天后沉没。[482]尽管危机凸显着管理失当(参见第十章),但对其更为全面的了解则需要把它作为一个科技危机来看待。钻探承包商瑞士越洋公司(Transocean Ltd.)是世界上最大的海上钻探承包商,拥有2.1万名员工和140个钻井平台,为英国石油公司负责这里的钻探事宜[483],哈利伯顿公司处理关键的加固工作。爆炸造成126名员工中的11人死亡,并使连接钻井平台与油井的管道扭曲变形。

在水面下近一英里的油井泄漏出原油,一直到事故发生87天后的7月15日,英国石油公司在油井处放置了一个新的、密封控油罩后,漏油才最终停止。[484]不过,直到9月18日,通过"底部截断"的方式在油井口下部位置依靠加固程序做封死处理,这口油井才最终变得无事。[485]英国石油公司最初估计每天泄漏的原油为5000桶,但后来发现接近60 000桶,是加固过程中的一个严重计算错误才导致了这一结果。[486]最终的估计是,将近500万桶原油泄漏到墨西哥湾海域,这远远超过1989年埃克森公司油轮在威廉王子湾撞上珊瑚礁后所泄漏的24万桶。

随着泄漏的原油带漂浮至路易斯安那、密西西比、得克萨斯、亚拉巴马和佛罗里达的部分海域,最终它演变成美国最严重的环境灾害。[487]在这一事故中,沿岸地区的经济也受到伤害。这些地区很大程度上依赖捕虾与蛤蜊、商业与体育垂钓以及旅游业为生。2008年,该海湾沿岸5个州海产品的销售额高达105.4亿美元,就业人口达20万人。[488]路易斯安那一地提供了美国45%的牡蛎供应。仅休闲渔业一年的产值就高达4100万美元。

由奥巴马总统倡议的有关深水地平线原油泄漏全国委员会的听证会,揭开了所造成的经济灾难。[489]众多市长们与商业团体绘声绘色地描述了休闲船与其他渔船、小旅店、渔具店等业主所经受的艰难局面。许多人抱怨道,尽管许多地方仍对捕鱼和海滩休闲开放,但全国性媒介对于原油泄漏的报道给人一种波及广泛的感觉,这会让游客望而却步。面对房贷、电费账单与其他开支,许多业主担心他们会丧失生计。而对于牡蛎、虾与其他海洋生物的伤害可能会持续较长的时间。据伍兹霍尔海洋研究所、佐治亚海洋基金项目与佐治亚大学联合于8月中旬发布的一份报告估计,所泄漏原油中的79%可能仍滞留在这一海域,其中一些以浮游状态存在于水下3000英尺深处,据估计这一油带有22英里长,宽度超过1英里。[490]当意识到其生活方式可能已被永久性改变时,那些沿岸城镇居民中弥漫着一种绝望的感觉。

具有讽刺意味的是,就在事发前数周,奥巴马总统宣布其政府将批准更多的深海钻探项目,作为他所倡议的扩大美国能源需求的能源法案的一部分。随着在陆地与浅海钻探的萎缩,这一需求被认为是容易"先到手的"原油来源。挪威与英国的公司在其附近的北海发现了石油,并在过去的几十年里一直进行商业性的开采。[491]这一行业已经使本届政府、州政府甚至环保主义者确信,海洋开采的科技已非常发达与安全。那种乐观的估计现在遭遇质疑,而奥巴马政府宣布,在内政部(Department of the Interior)完成针对深海钻探的安全性政策评价之前,不会批准任何涉及深海钻探的申请。[492]在深水地平线钻井平台爆炸后不久,美国就启动了一个为期六个月的暂停钻探命令。[493]

尤其近年来,一种膨胀的乐观观点认为,有关深海钻探的科技已经取得惊人的进展。弗莱切尔(Sam Fletcher)在《深海、深度钻探启动墨西哥湾》一文中指出,石油钻探科技在过去10年的进展相当于之前的30年。[494]从1997年到2005年,墨西哥湾的深海项目从17个增加到86个。而在2008年之前的两年中,超深海项目——那些深度超过5000英尺的——也达到了之前的两倍多。英国石油公司的油井名称为马孔多(Macondo),处在海平面下5000英尺(将近1英里)。"钻遍湾区"已经成为这一行业最时髦的科技水平。

深海钻探科技的缺陷

尽管业已取得巨大的进展——尤其是在勘探方面,但深海钻探科技仍处于相关知识与工程实践经验的探索阶段,这也是英国石油公司的这起事故首先被界定为科技危机的原因所在。尽管石油行业声称这是一起独特的事故,但对近年来深海钻探历史的考察得出相反的结论。《华尔街日报》对数起事件进行了分析:澳大利亚海域的井喷事故使原油流入帝汶海(Timor Sea)达数周,而发生于挪威北海海域生产平台的天然气泄漏事故几乎重复了墨西哥湾的事故。2009年,挪威石油公司共发生了37起原油与天然气泄漏与"油井事故",这比2008年增加了48%,且为2003年以来最多的年份。[495]

正如管理者们做出的混乱决策及错误判断一样,在钻井平台与休斯敦总部的工程师与员工表示,英国石油公司的这场事故更是一个管理失当危机。凯斯曼(Ben Casselman)与查赞(Guy Chazan)指出:"对深海的快速挺进意味着,一些项目启用了先前从未使用过的科技。"[496]有人把这一挑战比作与天文学家和机器人科学工作者所面对的外太空相对应的内太空(inner space)。[497]英国石油公司饱受批评的首席执行官海沃德(Tony Hayward)把该公司封堵马孔多油井的努力,比作阿波罗13号宇航飞船的大营救行动〔1〕。[498]他承认,"千真万确的是,我们没有你工具箱中想要的工具"[499]。

从自然界中的困难地点发掘原油这一自然资源,需要对每一地点的具体地理特征进行仔细的持续性分析。英国石油公司的伙伴公司、阿纳达科石油公司负责墨西哥湾运营与开发的副总裁豪勒克(Darrell Hollek)意识到了这一现实,他表示:"在探测深海方面科技绝对是至关重要的——地震成像、超过3万英尺的深海钻井技术等。"在查明爆炸原因的初步调查细节披露之后,阿纳达科公司首席执行官哈科特(Jim Hacket)评论道,"对于公司在钻井过程中不安全的行为,以及未能对数个关键性的警示信号进行监控并做出应对的结果",感到"震惊"。[500]英国石油公司首席执行官海沃德承认:"我们低估了在海平面下1500米进行钻井作业所涉及的复杂情况。"[501]英国石油公司应该明白,如果一项科技隐含着危险,就必须采用一种科学的工程思路,并遵循严格的程序。

英国石油公司内部以及政府部门针对爆炸事故所做的调查显示,该公司违反了自身的行业准则,而选取了有风险的程序,以期削减成本并节省时间。正如《卫报》的文章所列出的如下内容:

- 采用了廉价的油井设计,选取了单一的而非更为复杂设计的罩子。
- 选取了最廉价的仅使用6支"中柱"(centraliser)在钻井中央支

---

〔1〕 阿波罗13号(Apollo 13)是阿波罗计划(Project Apollo)中的第三次载人登月任务。在发射后两天尚未抵达月球的1970年4月13日,服务舱的氧气罐在离地超过32万公里的太空发生爆炸,致使太空船严重毁损并失去大量氧气和电力。飞船搭载的三位太空人使用航天器中原本用于登月的登月舱作为救生艇,与地面指挥中心密切配合,在太空经历了由于维持生命系统损坏所造成的种种危机后,最终成功返回地球。——译注

撑罩子的方案,而非负责加固程序的哈利伯顿公司所建议的21支的方案。(哈利伯顿公司后来表示,英国石油公司忽视了该公司所提出的"如果不使用更多的中柱,加固工作可能失败"的警告。)[502]

- 没有进行声音检测,以对阻止天然气溢出的油井加固装置的效能加以评估。(把钻井管道与海床相接处加以密封的加固过程没有完成,压力检测也忽略了。[503]同样被遗忘的还有,美国内政部矿产资源管理服务局(Mineral Management Service,MMS)[1] 2007年的一份报告曾指出,在墨西哥湾为期14年的39起油井井喷事故中,加固工作缺陷是其中18起事故的原因。)[504]
- 没有借助将钻探泥浆从井底到水面的传送流程,对新油井系统进行正常工作方面的全面检测。
- 没有安装一个能够在海底封锁油井口及控油罩的"锁止套筒"(lockdown sleeve)。[505]

削减成本的方式

这些削减成本的措施,源自于一种过度强势的底线(bottom-line)文化——而这又是偏颇价值观的一种表现。[506]2009年海沃德的削减成本努力使该年度成本成功减少40亿美元,但正如随后出现的事故所证实的,这也是一个高风险的事情。[507]《基督教科学箴言报》专栏作者斯帕茨(Peter N. Spotts)指出,原油泄漏事故"堪比海上石油开采行业的挑战者号或哥伦比亚号航天飞机灾难——此类悲剧的成因既跟态度与组织文化息息相关,也与硬件或操作条件不可分"[508]。

在英国石油公司1998年兼并阿莫科(Amoco)公司的德克萨斯城市炼油厂后,这种文化就日渐凸显。英国石油公司过分强调削减成本的做法,以及发生造成15人死亡、170人受伤的爆炸事故,而受到美国化学安全委员会(U. S. Chemical Safety Board)这一独立的联邦机构的

---

[1] 美国矿产资源管理服务局(Mineral Management Service)隶属于美国内政部,在墨西哥湾深水地平线事故后两个月的6月21日,被改组为海洋能源管理、监管与执法局(Bureau of Ocean Energy Management, Regulation and Enforcement),在随后的2011年10月1日,更被进一步分拆为海洋能源管理局(Bureau of Ocean Energy Management)和安全与环境执法局(Bureau of Safety and Environmental Enforcement)。——译注

指责。在数百位工程师离开阿莫科后,其留下的岗位空缺并未被填补,英国石油公司转而依赖于下级承包商。作为亡羊补牢的一种姿态,英国石油公司随后声明,会对一个持续数年的改进项目投资超过10亿美元,以升级炼油厂并强调安全性。[509]但这一承诺并未兑现,2010年8月,该公司由于未能消除其炼油厂的安全危害而被征收了一笔高达5060万美元的罚款。[510]

另一个关于偏颇价值观的例子是,英国石油公司对北极海域34英寸输油管线——与跨阿拉斯加输油管线系统相连——的疏忽,这导致2006年3月发生了26.7万加仑原油的泄漏,成为北极圈有史以来最严重的事故。就在同一年的不久,英国石油公司对于阿拉斯加输油管线的成本削减与糟糕的维护引发了"严重腐蚀",这导致灾难性的管道破裂,其处于阿拉斯加的整个石油生产不得不暂时关闭。该公司的一名前工程师抱怨道:"毫无疑问,对削减成本与追求利润的强调已超过对安全与环境的关注。"[511]英国石油公司的安全文化所受到的腐蚀正在蔓延。

先前油井罩体科技的不足

在事故发生后的数周时间里,英国石油公司一直不能堵住喷油的井口,这暴露出其在危害管理策略方面相关研究的欠缺。其最初依赖现有的非人工遥控水下技术,去操作失去作用的防喷器(blowout preventer)内的阀门与管线的努力失败了。而接下来在油井口放置一个重达78吨保险罩的努力也失败了。建造和调运这一保险罩耗费了两周的时间,一些业内人士提出质疑:为什么采用这一控制罩耗费了如此长的时间?作为应变计划的一部分,英国石油公司为什么反倒没有这样一份现成的东西?还有,为什么没有进行在海水这个深度的检验?[512]

正如《基督教科学箴言报》专栏作者拜尔西(Laurent Belsie)所评论的,"英国石油公司实质上一直着急于尝试发明一种使井喷停止的方法"[513]。越洋公司的一名前管理者指出,"理应有一种事先准备好的、当即可用的技术……而不是不得不从零开始去着手设计与建造"。即使海沃德也承认,"很可能英国石油公司事先针对相关灾害没有做充足的规划"。他也表示,有一些能力"我们本该拥有并可立即派上用场,而不是等事到临头才去急就章"[514]。由于井喷的力度被低估,罩体又被溢出的、被称为水合物的结晶天然气堵塞,用控制罩去覆盖发生泄漏的防喷器的工作失败了。科学事实与相关知识又一次落后了。[515]

封堵井口的新一轮举措全面铺开。在从其他石油公司与高校召集了一个专家团队后,英国石油公司成功地把一个由卡麦隆公司这一专业防喷器生产商新设计的控制罩,放置到原有的防喷器上,并从8月4日开始向油井填充特殊钻探泥浆以阻止泄漏。[516]7月15日,油井口被封死,这一被称为"固定封堵"的工作,成功地停止了油气泄漏。

来自休斯敦一家失控油井控制公司的多位专家表示,英国石油公司此前之所以不采用这一固定封堵程序的原因"震惊"了全行业。德州农工大学石油工程教授贝克(Gene Beck)也支持这一观点,他评论道:"相当明显的是,他们本应该直接针对油井采取干预措施,而非求助于那些权宜之计。"[517]此类批评进一步显示,深海钻探科技远远没有达到成熟的标准。

糟糕的维护与薄弱的监督

一种广为接受的观点认为,其前端危害管理程序是失败的。根据该钻井平台首席电工的证词,由于越洋公司的管理者们"不想让人们由于假警报而在凌晨三点被吵醒"[518],一个原本会就钻井平台上的危险发出警报的报警系统被关闭了。而另一个关键性的应急系统——一个本应在停电后数秒内启动的应急电力系统,在爆炸发生时也没有起作用。在之前的一次例行检查中,该系统就曾经失灵。这些只是设备维护众多疏漏环节中的一个,当然还有致命性的防喷器问题。

总结

本次事故中存在着严重的判断错误,这意味着管理失当。但英国石油公司运营决策过程中的根本性失误在于,它把深海钻探看作常规技术,而没有意识到其创新性与试验性的一面。尽管在深海钻探方面已经取得长足的进步,但该公司未能充分认识科技危害的程度。为了控制油气泄漏,对相关程序与设备进行更多的研究与检测是十分必要的。《经济学人》文章认为"科技的发展是相当迅速的:它是一个非常具有创新性的行业"[519]。

日本关西电力公司与 JCO 公司的核事故

2004年8月9日,位于东京以西320公里的美浜(Mihama)关西电力公司(Kepco)发生核电厂管道蒸汽泄漏,造成4人死亡,另外7人严重受伤。很明显,爆裂的管道自1976年建厂以来一直没有被检测过。[520]当年早些时候的2月25日,在日本西北部的日本原子能电力公司电厂,8名工人被受污染的冷却水喷淋后接触了低水平的核辐射。2004年7月,一个有关日本经济贸易产业省(METI)的丑闻,使公众对于日本核电厂的信心进一步受到打击——该省负责监管日本的能源行业,被曝曾刻意隐瞒了一份完成于1994年有关一些核反应堆使用循环燃料成本的报告。[521]

而报道出来最严重的事故是,1999年9月30日上午10时30分,JCO公司发生在东京东北部110公里的茨城县东海村(Tokaimura)的核燃料再处理工厂核事故。它造成现场两人死亡,数百人接触到核辐射。[522]该事故暴露出应变计划的几乎完全阙如,核电厂运营中的管理失败,以及应急响应的彻底不足。这些几乎全部相悖于下文将要探讨的有关科技类型的危害管理原则。

尽管事故发生在上午10时30分,但直到下午3时,测量中子的必要性才被意识到,并且直到下午5点才进行了真正的测量。检测结果显示,一个小时内所释放的中子射线水平是人一整年所能接触的安全值的5倍。

工厂周围10公里范围内居住的、处在危险之中的31万人被通知留在家中避难,临近居民的疏散工作是在全国层面上展开的。关于危机的一个原则是,与应急响应有关的决策应该放权到发生危机的当地。为了让民众相信,政府向大众媒介发布了一张照片,显示日本首相在吃一块于事发地附近种植的西瓜。涉事公司也承诺,会赔偿由于核事故而造成的损失。

在世界范围内,这一行业在通报各种被定为"严重"或"重大"事故方面劣迹斑斑。在日本,东京电力公司被指责在安全记录方面作假,并对相关事故的通报工作进行拖延。[523]2003年4月10日,在匈牙利的一场事故中,当放射性燃料棒组被放进一个清洗罐时,尽管没有发生核辐射，但那里的放射性探测器还是警铃大作。2006年3月1日，保加利亚科兹洛杜伊（Kozloduy）附近的一座发电厂经历了一起控制棒问题，而保加利亚核能监管机构对此否认了13天之久，最初表示不存在安全问题。但含有氙气与氪气的放射性物质释放出来，而直到4年后，电厂运营人员才移除了那些放射性燃料。世界范围内核能行业的记录很不尽如人意。

2003年东北部地区大停电事故

2003年8月14日，星期四，美国和加拿大两国的8个州发生了北美历史上最严重的大规模停电事故，影响到美国中西部、东北部与加拿大的5000万人口。这场停电事故类似于一场自然灾害，原因在于它影响到了大片区域并跨越了国界。对于多数居民而言，它只是造成不便；但对于公用企业而言，由于其产能、增长与声誉都面临着危害，它不啻一场危机。

与之前1996年美国的停电事故相比，这场停电涉及的范围翻番，且持续时间更长。[524]由于停电发生于下午4时20分人们刚刚下班的时候，所造成的混乱是惊人的。在纽约市的写字楼里，电梯停运、照明骤停、电脑关机、手机服务中断。该市平均每个工作日运送450万人的庞大地铁系统，也停运了。在多伦多，周四停电之后，整个周末其地铁都处于停运之中。[525]而多家航空公司取消了超过1000个航班。

在旅馆，空调设备、电梯与一些无匙入门系统都瘫痪了。即使那些拥有备用发电机的旅馆，由于缺少足够的电力，也无法向客户正常供水。一些旅馆的客人睡在大堂与会议室里，而在纽约时代广场，有些人不得不席地睡在人行道上。[526]由于备有应急电源，医院倒可以正常运转。幸运的是，停电没有造成人员伤亡，也没有发生骚乱与抢劫事件。[527]

人员与监管问题

停电原因涉及科技脆弱性、人员失误与四分五裂的监管等综合性因素。在美国，电力系统被分割为发电与传输。大多数关于此次停电事故的报告都认为，原因是俄亥俄州数条传输线的突然失灵，而其拥有者第一能源集团（First Energy Corp.）是23家公用企业之一，隶属于中西片区,且为三家全国电网之一。作为一个半独立的组织,中西结算中心(Midwest ISO)只是名义上掌控,但在这种高度分离的传输电网中缺乏做出危机决策的权威性。因此,导致该组织的运营者在危机面前一筹莫展,致使一个问题可以毫无控制地蔓延至从底特律到纽约的广泛区域。[528]

如同发生于复杂、相互关联的系统中一样,一个庞大科技项目中的一点小纰漏就能引发一场危机。这里的小纰漏是,当一棵树碰上第一能源集团辖区的一根34.5万伏的输电线时,一处电路发生了爆炸起火。该公司未能控制危害并及时警告临近的电网运营者,以让他们采取预防性措施。[529]电网都配有开关装置,以确保在发生可能破坏到相关设备与输电线路的超负荷情况时,能够自动关闭发电设施——比如核电厂——并切断通往输电线路的电流。

第一能源集团内那套存在缺陷的电脑警报系统,则是"人员失误"的部分原因——因为正如一名操作员所言,他对所发生的一切一无所知。而缺乏规划则是另一个问题。美、加两国工作组的最终报告指出了该公司的错误所在,因为它对自身的输电系统"没有进行细致的长远规划研究";也没"进行充分的电压分析",以了解保证系统正常运转所需做的工作;科技危机不光由缺陷性的科技引发——比如分离的电网,也可能肇始于人为失误与管理疏漏。[530]

·针对科技危机的危害管理战略

对于在深海钻探、航天项目与核能行业所涉及的隐含不确定性与危险性的科技,处置过程中需要一种审慎的、系统性的、基于预防性原则的管理思路。正如《科技评论》刊物主编庞廷(Jason Pontin)所解释的,这一原则意味着,"当一件事情被怀疑有危害时,证明该事情无危害的责任就落在了其支持者肩上"[531]。管理者必须尽最大努力认识其内在的风险,并运用故障保护科技使事故危害最小化。标准的操作程序必须严格予以遵守。工程技术人员一定不能满不在乎地被管理人员所凌驾。注重群体决策的作用,以保证兼顾所有的因素与观点。一旦面临危险,来自科学方面的意见应该占据主导地位。一旦一项科技失败,管理者必须坚信,一定可以找到修复或替代性的科技,因为聪明的人们总能想出新的科技来解决。

危害管理的三个阶段

为应对自然灾害而形成的危害管理战略也适用于科技危机。这些战略可分为以下三个阶段:(1)"前端"措施,即如何减少危机事件的发生概率并降低其影响;(2)预先化解"引发危机的事件";(3)"后端"措施,即在危机事件发生后所能采取的各种减轻性的努力,比如,疏散处于危险中的居民并提供救援(如图7.1)。

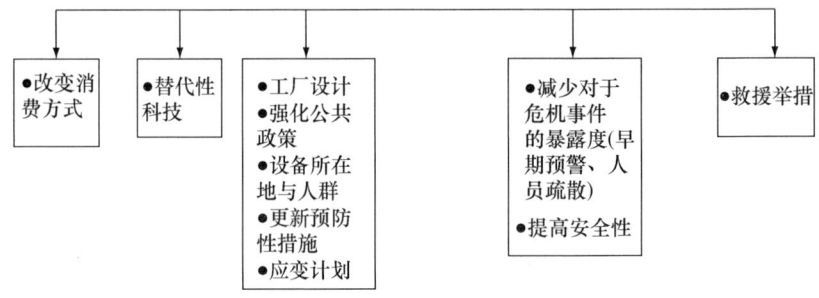

图7.1 科技危害管理

1. 前端危害控制方法

这包括尝试去修正人们的需求与欲求、考虑替代性的科技以及采取预防性的措施。这些干预战略的前两项对于自然灾害或生物危机不适用。科技风险的有利因素在于,通过不进入此类危险的领域——比如核电——去冒险,即可完全予以避免。另一个有利因素是,对于科技的遴选以及预防性与安全性措施的引入,可以大大降低一种危机肇始因素被激活的可能性,然而,在预防飓风、龙卷风与地震等自然灾害方面,人类却是无能为力的。

- **修正人们的需求与欲求——并禁止某些产品与服务**。科技的存在是为了提供满足人们需求与欲望的产品与服务。然而,并不是人们需要的所有东西都应被提供,这样做是危险的,或者会产生不良的社会影响——比如使人上瘾的非处方药物。对于特定产品与服务的合法性问题,往往存在着反对的声音。在环保方面觉悟的社会越来越多思考的一个问题是,什么样的产品应该被禁止或被限制——原因在于其生产或消费过程对于环境所造成的长久或无法弥补的伤害。因此,杀虫剂氯碳氟化物(Chlorofluorcarbon)喷雾剂已经被禁用。公民行动团体业已发动全民公投,请求人们投票禁止核电厂或使用核材料的实验室研究。[532]

在杀虫剂之外的领域,扭转危机基本成因的各类努力也在推进中。例如,一些电力和燃气企业鼓励消费者对其家庭进行能源审计,以找到节省能源的方法。这些公用企业也正尝试新的计价政策,鼓励人们在使用能源时避开高峰消费时段。由此,拓展更大型能源产能的需求在下降,随之而来的是,与核电事故相伴的风险以及由炼油厂与煤矿所造成的污染问题也在减少。

- **采用替代性科技**。如果一项特定科技被视为不安全或对环境有害,则可转向危害性小的替代性科技。替代性能源来源——风能、水力与地热——就是基于这一原则。对于此类科技以及核能的兴趣越来越受到关注,以此来减少全球变暖与深海钻探的危险。

  替代性科技的另一来源是通过对于现有科技的改进来实现。对于核电项目,中国与南非正在试验一种本质上更为安全的、被称为卵石床模块反应堆(Pebble Bed Modular Reactor)的设计方式。与使用燃料棒作为能源来源的方式不同,这种设计方式使用填充铀的石墨球。即便冷却系统失灵,反应堆温度仍会维持在石墨球的熔点之下,从而会自动冷却下来。[533]

- **采取预防性措施**。预防性措施包括那些旨在减少科技失败发生可能性的各种行动与决策。这包括:(1)工厂设计;(2)公共政策;(3)产业区域划分与地点选择;(4)升级安全措施;(5)应急计划制订。其中一些适用于工业设施的措施,与自然灾害应急计划中的准备性措施类似,即需要恰当的公共政策与区域划分规章。

2. 预先化解危机源事件

在分析了所有前端危害因素之后,注意力就必须转向可能的消除危机源事件上,而自然灾害管理中就没有这样的机会。对于切尔诺贝利核事故而言,危机源事件就是工程师进行未经授权的试验;对于卡纳维拉尔角事故而言,它就是决定发射挑战者号的决策;在博帕尔惨案中,它就是员工笨拙与不负责任的行为;对于英国石油公司而言,它就是有关深水地平线钻井平台加固、检测与其他程序上的一系列错误决策。正如越洋公司首席执行官纽曼(Steven Newman)向美国国会环境与公共工程委员会(Environmental and Public Works Committee)所讲的,在油井加固程序方面,没有一定之规。[534]

如同美国联合碳化物公司(Union Carbide)在印度博帕尔的做法,当跨国公司向第三世界国家转移其工业科技时,他们必须做好准备,弥补员工——其中大多数人具有农民背景——在工业培训与经验上的不足。当员工流动率较高时——员工有时只从事短期的工厂工作然后就回家的情形,培训项目就显得尤其紧迫。鉴于一些发展中国家在基础设施与文化方面的差异,一些专家坦言,在发展中国家一些极端的农村偏远地区不要开展需要复杂与危险科技的工作。

3. 后端的使危机影响最小化的工作

管理者对于正在出现的事件或即将发生的事件的征兆做出反应的方式,值得仔细研究。加州大学伯克利分校的安全工程专家毕(Robert Bea)指出,需要关注的是,当警报器铃声大作时,人们如何面对复杂的安全系统做出反应并与之互动。他表示,"我们已经忽略了人的因素,这包括设计者、(防喷器)操作员、设备维护员以及那些需要对发展中的危机做出快速处置的人"[535]。后端的战略也必须考虑以下因素:

- **减少暴露度**。警报声会使人们逃离危险。与自然灾害相比,科技危机存在不利之处。诸如洪水或龙卷风等即将到来的自然灾害的警讯通常是清楚明确的,并被认为是真实的,但管理者对于科技危机的征兆往往难于确认,其原因在于:(1) 事情往往难于清楚辨别,尤其是那些缓慢发展而非突然降临的事情。(2) 许多有毒气体是无色无味的。基于这一原因,燃气公司在燃气中加入了一种刺鼻气味,以让员工和消费者能够觉察到燃气的泄漏。(3) 科技事故能够在瞬间发生且没有先前征兆,其结果是一眨眼的工夫一切都发生了。(4) 人们一般都积累了一些应对周期性自然灾害的智慧,但科技危害往往不被人所知,一旦发生时,人们普遍缺乏应对的经验。这一神秘性因素也带来一个好处,那就是人们对于此类警讯表现出了较高的心理准备,比如,愿意从其家中疏散到别处。

一个伴随的问题是,应变计划中往往不会界定一场危机的临界门槛。管理者因此倾向于以拖待变。[536]在博帕尔事故中,存在着一个致使大批人死亡的关键性拖延。当其在西弗吉尼亚州的姊妹工厂发生危机时,该厂的管理者承认:"我们没有认识到突发危机会影响到周围民众,因为那个云团悬浮在厂区上空'并且不会飘出工厂范围'。"[537]在三哩岛事件中,其主人爱迪生(Metropolitan Edison)也没能发出警告。而是当地电台的一名负责交通报道的记者注意到了为突发事件响应所做的准备性工作。[538]

- 落实安全装置的运用。这种安全控制方法阻止不希望的、暴露于危险的结果发生。把人从危险中疏离可被看作是一种宏观的途径,而落实安全措施则是一种微观的途径。

  轮船会携带救生艇与生命维持装置,并进行弃船演练。每次搭乘飞机的旅行都以乘务人员"请系好安全带"的提示和应急疏散演示短片开始。公共学校会举行火灾消防演习。这里的原则是,如果某些情况有发生的可能,那就做好应对的准备吧。让恰当的安全装置与衣物准备就绪,培训人们如何使用它,并且就安全程序进行演练。

- 救援工作。类似于自然灾害的应对情形,救援工作是帮助那些受伤者。在JCO事故发生后,这项工作还包括涉事企业对事故所造成的损失进行赔偿的承诺。

在采取危害管理措施方面,英国石油公司得分极低

在危害管理的三个阶段,英国石油公司都没有充分地遵守相关原则。它忽略了前端的预防性措施,混淆了钻井平台上的权威顺序导致人为失误并进而引发灾难,也没对此类重大事故做好充分的准备。

强化前端的预防性措施

前端危害管理三个措施中的第一个——修正人们的需求——不

是一个问题。无论是政府还是公众都不会质疑对于石油的需求,因为正如小布什总统曾指出的,美国人对于驾车是上瘾的。并且,整个美国经济高度依赖于能源,而石油又是一个主要的燃料。石油所带来的好处,使美国人倾向于接受深海钻探所隐含的风险。然而,消费者对于英国石油公司的愤怒,为跟其同名的加油站带来了麻烦。由于销量下降,且出现故意破坏公共财物的行为,一些加油站希望改回其之前的名字——阿莫科(Amoco)。

对于第二项前端措施——选择替代性科技,英国石油公司应该意识到,其在深海科技方面的研究是有限的和缺乏的。专家指出,石油行业中的其他企业正在开发使深海钻探更为安全且费用更为低廉的技术。挪威、英国、澳大利亚等国的石油企业拥有世界上最安全的实践与管理措施,这是值得去学习的。例如,埃克森美孚、壳牌和挪威国家石油公司(Statoil)等已经投资于一项新的高科技钻孔机器,它只需要一艘小型勘探船引导即可,而根本不再需要钻井平台。[539]

至于第三项前端措施——采取预防性措施,也存在着严重的纰漏。最根本的,英国石油公司没有尽力执行其应变计划。20世纪90年代,由于成本原因,该公司拒绝了由哥伦比亚大学与波音公司提出的灾害应对建议。[540] 其应变方案是敷衍了事的、不切实际的甚至造假的。第一,它把一个小规模的泄漏当作其最坏的危机情境,并认定即便原油泄漏一个月,波及墨西哥湾除路易斯安那州普拉克明(Plaquemines)地区之外任何海岸的可能性也只有3%。[541] 第二,它错误地把一名已于2005年去世的野生生物专家列入其资源库。第三,它详细地罗列了在墨西哥湾拯救海象的方式,而事实上该海域根本就不存在海象。据此有理由怀疑,其他应变计划的内容——可能是用于北冰洋海域的——被部分照搬过来了。[542] 正如已经评价的那样,英国石油公司所列的最坏情境是严重不切实际的。

被弄糟的最关键性的前端预防性措施是油井的闭合安全装置。根据一名在事故中幸存的石油工人的证词,该装置在爆炸事故前几周由于需要维修而已经被关闭。[543] 并且,在事故发生两周后,有工程人员在从海底打捞上来的钻井设备上发现,一个被称为"应急开关"的安全开关根本没有发挥作用。该开关本应在钻井平台爆炸并与防喷器通讯中断的情况下自动激活防喷器。[544]

钻井平台还缺少进一步的被称为声控开关的备用系统,该系统在事故中能够通过遥控来关闭油井。它在挪威与巴西的钻井平台上普遍被使用,但英国石油公司却选择不用。该公司在伦敦的发言人维恩(Robert Wine)解释说,这一系统的安装是越洋公司的责任,因为所有涉及深水地平线的钻探工作都是该公司的责任,并且,"对他们进行事后批评也是不恰当的"[545]。

由美国矿产资源管理服务局主持发布的一份 2004 年的报告更加剧了人们的质疑,该报告质疑防喷器是否能足够封堵住深水钻探作业中的管道。[546]并且,根据 2008 年的一起官司,卡麦隆与另一家公司使用了有缺陷的防喷器,导致 2007 年在路易斯安那海岸的油井发生泄漏。[547]这些警讯理应让英国石油公司对防喷器的缺陷产生警觉,并促使对其进行进一步的检测。英国石油公司对于该科技之于钻井安全的重要性认识严重不足。对于不确定性科技应用过程中至关重要的预防性原则,在这里被破坏殆尽。

构建统一的权威结构

要预先阻止那些导致危机发生的人为失误,必须构建一个统一的权威结构,以清楚界定每一方的职责,并指定最高决策者。在深水地平线事故中完全不是这样,来自三方的对钻井平台具有决策权的管理者们,对于哪一方拥有最高决策权并不总是观点一致,而正如事后分析所显示的,他们却因为出现的失误而互相指责。当存在科技不确定性时,一个统一的权威结构是防止出现管理失当的重要前提。

在相对不确定的、可能会带来危险的科技领域,科学与工程的文化必须占据主导地位。正如一则石油行业的广告所提到的:"通过正常设计的油井,通过遵循既定的程序与最好的实践,通过开展严苛的检查、测试与操练,以及经常性的、透彻的人员培训,此类事故(墨西哥湾事故)再也不能发生。"[548]对于重要运营具有最高决策权的人,必须是一名科技性专家,而不能是那些更关注削减成本或其他经济因素的人。

审慎制定的保护人员与环境的后端措施

英国石油公司的后端措施安排也是糟糕透顶且不足的。美国自然资源防御理事会（Natural Resources Defense Council）的律师派蒂特（David Pettit）指出："他们完全是跟着感觉走。"[549]从一开始，英国石油公司使用了人们所熟知的现有的导污浮架、在浮油上喷撒降解剂、烧尽浮油层、利用撇油船收集尽可能多的浮油等之类的基本工具。该公司还创新性地向水下油井喷油处直接喷撒了降解剂。[550]

导污浮架的效能——是否能够抵御住海风与风暴——有时是值得商榷的，有些人认为石油降解剂的用量过大。在联邦政府的指导下，总喷撒量达180万加仑，这被认为是一种使泄漏原油远离岸边的较为经济的方式。但随后的一份报告则指出，降解剂可能使一些泄漏原油成为海底沉淀物，这引起人们对于原油会长久影响海洋生物的担心。[551]台湾鲸鱼号撇油船的到来开启了后续的受欢迎的尝试，这一改型的长达1000英尺的巨型油轮每天可以处理2100万加仑受原油掺杂的海水。比较而言，从事发的4月20日到7月1日，仅有大约2800万加仑的浮油被收集上来。[552]

受到灾害经历的刺激，以及担心在墨西哥湾海域持续性的深海钻探禁令，多家石油企业——康菲、雪佛龙、壳牌与埃克森美孚等——纷纷组织起来，对于改进后端的危害管理采取实际的有益行动。在一则整版的联合广告中，他们宣布了"建立一个投入达10亿美元的高效能快速响应系统，以在将来可能的墨西哥湾深海井喷事故后能够收集与储存所泄漏的原油"的计划。广告标题写道："开发设计它。建造它。并且保证它不再需要派上用场。"一个名为海上油井防堵公司（Marine Well Containment Co.）的非营利企业宣布设立，根据设计，可用来收集和处置每天10万桶的从水下10 000英尺泄漏出来的原油。它包括数艘原油收集船，以及一系列水下的控制设备，能够在泄漏发生后的24小时内动员起来，并在数周内即可全部就位。[553]

专家指出，为了取得好的结果，在原油控制作业中还应充分重视当地的经验。亚拉巴马州玉兰泉消防队队长亨顿（Jamie Hinton）解释道，他对于其所指的"我的河"具有非常深厚的理解优势。因而，当英国石油公司工人用绳子把船绑附在电缆塔下用以观测有时超过两英尺的海浪时，他对此嗤之以鼻。全球护水者联盟（Waterkeeper Alliance）成员沃森（John Wathen）指出，英国石油公司应该利用该联盟横跨六大洲的网络。其成员都经过严格训练,因而他们的出现就不会带来有时由志愿者在清理海滩时所引发的混乱。[554]

吸取1989年埃克森原油泄漏事故时联邦政府应对工作中的繁文缛节与糟糕协调教训后,联邦政府现在拥有了一个统一的指挥框架,它明确界定了海岸警卫队、州与地方官员、对泄漏承担责任的石油公司各方的职责。当英国石油公司事故发生时,一个"事件指挥官"当即被指定了。他就是赫赫有名的海岸警卫队上将艾伦(Thad Allen),他展示出了海沃德所缺乏的所有决断力与敏锐性。总之,重组后的美国海洋能源管理、监管与执法局应该保证对于更严格法规的切实遵守。

危害管理的其他应用

JCO公司缺乏大多数的危害管理措施

JCO事故特别明显地显示出无视多项预防性措施,尤其是在核电厂的设计与选址方面:

- 选址在居民区附近。
- 该核电厂未明确标示为危险场所。
- 事发车间只有两层很薄的混凝土墙壁,每层墙的厚度仅有1.6英寸。
- 该核电厂没有警报系统——"在发生辐射值超过正常水平1万—2万倍的核事故后,为什么这一充斥核燃料的电厂竟然没有警报声响起?"[555]
- 员工也没有接受过危害与应急处置方面的培训。
- 其员工从未配备过安全手册,尽管公司高层表示,确实曾起草过一份针对重大事故的手册,但没有人想过会使用得上。
- 既没有进行过培训,也没开展过演练。曾有报道指出,JCO公司要求员工略过关键性程序以节省时间,该公司多年来一直无视操作规程。[556]

后端的危害管理措施也被忽视了。其应急响应从总体上看也是不足的且错漏百出,这显示出其管理者毫无准备且疏忽大意。尽管东海村周边有15座核电设施,但救援人员不得不在现场寻找可接收严重辐射伤员的医院,这造成对受伤员工的应急处置也耽误了1小时。[557]而消防部门是通过其位于外地的母公司住友矿业株式会社（Sumitomo Mining Co.）才获得相关警情的。3名冲进现场的医护人员根本就没有穿防辐射服，尽管这些装备就放置在消防站。在多轮电话确认了合适的收治医院后，3名受伤者被送到了附近的水户（Mito）医院，之后从这里可以再通过直升机转送到别处。简言之，JCO公司忽视了良好设计与选址等一些最基本的前端措施，而后端措施也是缺位或敷衍了事的。

电力行业需要科技大审查

为了防止未来再发生停电事故，则需要对于电力传输的基础设施进行重新设计，而且需要更好的监管。正如《经济学人》文章所言，大停电事故的肇事元凶是"美国半生不熟、三心二意的电力解除监管所造成的疏漏"[558]。该文章推崇的一个解决方案是放开这一市场："消除限制小型发电厂进入国家电网的不公平壁垒，并且给予消费者更好的价格指引。"另一个解决方案则需要更多的政府介入。例如，美国联邦能源管制委员会（FERC）的方案就是，设立7家或8家区域性的传输企业，让其拥有决定在本区域内电网使用者与使用时间的绝对权威。但对于高压线路的控制权应移交给地区输电组织（Regional Transmission Organizations，RTOs）。当电力紧缺时，这些地区输电组织可以减少进入全国电网的配额，并要求电力企业修建新的输电线路。[559]

避免未来停电事故发生的长远解决方案，有赖于对全国电力系统进行重新设计。与单纯依靠集中式的发电厂及日渐老化的输电线路网络不同的是，一种"分布式发电"（distributed generation）系统被提了出来。为数不少的消费者将被鼓励——部分通过补贴——借助微型涡轮机、内燃涡轮机、往复式发动机、燃料电池、光伏发电以及风电等，建立更多他们自己的本地性发电设施。[560]处于替代性能源行业的许多企业迫切希望参与其中。

在这一系统内部，美国电力科学研究院（Electric Power Research Institute）提出，通过"建立一个对供电量进行数字化控制的网络，配以电脑化的、以秒计的监测系统，进而实现'自动修复式'电网"，对现有电网系统进行升级改造。一些工程师把它称为能使问题区域快速隔离的"适应岛"，以防止供电故障涉及全国其他的输电系统。[561]

由于解除监管的措施没有发挥作用,政府与监管系统的作用需要重新被审视。在1965年大停电事故后成立的北美电力可靠性委员会(North American Electric Reliability Council)这一自我监管的行业组织,也难以保证在公用企业、独立电力公司以及输电系统运营商之间实现有效的合作。[562]这一自我监管的行业组织缺乏的是执法权威。美国联邦能源管制委员会给出的建议方案是给予政府更大的控制权。[563]

危险性科技的未来

全球变暖引发原子能复兴

尽管三哩岛、切尔诺贝利与日本核泄漏等一系列事故向人们展示出了核能的危险性,但其复兴已可期待,原因在于,现在人们对其危险的担心已经让步于不断增长的对于全球变暖的关注。关注度越高,建造更多核反应堆所遭遇的阻力就会越低。全球变暖已经使核电成为最吸引人的火电厂替代者。甚至绿色和平组织的创始人之一摩尔(Patrick Moore)也改变了其想法,现在转而信任核电。[564]

在欧洲,人们希望建造更多核电厂的一个影响因素是,来自俄罗斯——它已成为一个主要的供应者——天然气的不可靠性。更多的欧洲国家因而解除了其对核电的禁令。瑞典也正在修改其1980年有关逐步废止核电的政策。他们已经关闭了其十个反应堆中的两个。意大利和波兰也宣布了建造核电厂的计划。包括斯洛伐克与保加利亚在内的其他一些国家,也正寻求重新启动那些老旧的反应堆——尽管它们都是苏联的设计。[565]

除了成本因素,对安全的关注是决定核电未来的一个主要阻碍。这在三哩岛与切尔诺贝利核事故中得到了充分的展现。而2011年3月11日发生在日本福岛核电站的事故,进一步呈现了核电的危险性。发生于日本东北部海域离海岸100英里的里氏9.0级地震,随后引发了高达30英尺的海啸,摧毁了核电站的结构并使其冷却系统与备用柴油发电机浸泡在水中。4个反应堆中的1个接近被熔毁,随后引发的核辐射最终使核电站周边半径 20 英里[566]范围内的 25 万人被迫疏散。这场危机达到了与 25 年前切尔诺贝利核事故相同的等级。[567]

  造成这一灾难的前端因素是,东京电力公司(Tepco)的设计者过于狭隘地关注于地震带来的危险,以致低估了超强海啸的可能性。他们甚至拆除了 35 米自然海堤中的 25 米,以便能够在基岩上建造反应堆,以及使设备能够容易地出入。由此,他们把冷却系统与备用抽水泵暴露于 30 英尺高的海啸巨浪中。在对危机的即刻响应中,东京电力公司等待了数个小时,以致不能把受损最严重的 1 号反应堆中的积水抽出来。在后端阶段,该公司在决定相关疏散区域问题上显得优柔寡断。

  这场灾害证明了许多核电反对者们的观点,你不能信任这东西。最终,有些地方的核反应堆会失控。[568]由对全球变暖的关注而催生的核能复兴似乎走到了尽头。

结　　论

  对于科技危机——尤其像英国石油公司泄漏事故——的后果,以及人们对于像纳米之类新科技的关注,管理者不能对相关的科技风险熟视无睹。危害管理的相关进步必须被用来减少事故的发生,即便真的发生,也要借其来减轻影响。不过,来自行业的志愿与单边行动的机会已经快速消失,因为公众对于相关科技负面情况的知晓度已经达到了一个关键性的水平。一场小事故就能够轻易地激起人们潜在的焦虑,并对科技进步带来阻力。

  沟通的目的是让公众相信,在现代科技世界里,避开所有的风险是不可能的。作为科技变革的领军人物,库兹维尔提议用超前行动(proactionary)原则——这涉及权衡行动与不行动的各自风险——去取代预防性原则——规避风险。他认为需要改变公众的态度,以使其在更大程度上容忍那些必要的风险。

  在 33 名智利圣何塞铜矿矿工在半英里的地下被困达 70 天之后,2010 年 10 月 12 日开始的救援行动使相关科技受到了极大的推崇。那些工程人员与相关组织在运用其知识、技能与科技方面通力合作,得到了全世界的赞赏。地形学者瓦尔德斯(Macarena Valdes)女士因成功定位钻头而受到褒奖。宾夕法尼亚一家小公司强大的雪姆(Schramm)T-130钻井车挖出了逃生通道,智利海军的工程人员设计了被称为凤凰仓的逃生装置,把被困矿工一个接一个地救出来。[569] 正如诺楠(Peggy Noonan)在《智利万岁!他们一个不落!》一文中所写的,全世界看到了我们还没充分了解的东西,"这是一个绝佳的关于人类卓越表现——以及凝聚力、团结与承诺、计划与执行、关爱——的例证"。她还盛赞科技在此过程中作为"有成效的、创造性的、作为向善力量"的作用。[570]

附录:纳米科技

纳米是一种新出现的科技,有些人甚至把它称为其意义堪比电和内燃机的下一个主要的创新发展。《生物科技商业周刊》(Biotech Business Week)指出:"纳米科技预示着会改变一切——我们的医疗、能源来源、通信与食物。它正在把我们引向政府与企业人士所谓的'下一次工业革命'。"

纳米科技带来了无限的前景。那些能够改进现有产品——范围涵盖从防晒霜到免污渍领带、无异味冰箱,以及可根据血糖水平变换其颜色的隐形眼镜片——的大量新材料与药品都在其预期之中。纳米科技可用于制造运行速度更快的电脑芯片、更高能的电池、药品"传送者"及超薄衣物。纽约大学科学、健康与环境报道项目的研究生瑞特纳(Rachael Rettner),在参观布鲁克海文国家实验室(Brookhaven National Laboratory)的功能性纳米材料研究中心时了解到了其他更多的好处。这包括设计纳米材料催化剂以使能源利用更高效,把水分子分解成氧与氢,以及通过在原子级别上配置相关材料以促进太阳光转化为电能的过程,进而改进太阳能科技。[571]另一应用是在非洲农村的农场里,带有纳米材料衬层的塑料储备袋能够延长热带根茎蔬菜木薯的保质期1—3天。木薯是撒哈拉以南数百万非洲人的主要农作物。通过延长保质期,农民们可以减少其浪费,并把它卖到更远的地方去。[572]

纳米科技代表着工业领域最小的度量级——微型化。其标准的度量单位是 1 纳米,即 1 米的十亿分之一。《消费者报告》指出:"纳米科技涉及把标准材料的微粒减小到纳米级,或人头发宽度的十万分之一。"[573] 如此细微尺寸的物质特性与我们日常熟知的材料大相径庭。它们"能够做之前做不到的事情"[574]。碳变得比钢还要硬 100 倍,而黄金在室温下即可熔解。[575]

纳米科技的一个主要特征是,围绕新科学而存在的不确定性与风险。《金融时报》曾把纳米科技描述为"转基因分子"(franken-molecules)科学。《化学周刊》承认,对健康与环境的关注使纳米材料的商业化蒙上了一层阴影。根据其报道,尽管像欧盟科学委员会(Scientific Committee)之类的权威机构发现纳米材料本身并不危险,但在其安全性方面仍存在着科学上的不确定性。[576]

在美国,由绿色和平组织与自然资源防御理事会等倡议性团体发动,有关纳米材料的争论正此起彼伏。布鲁尔(James Brewer)在《劳埃德报》(Lloyd's List)上撰文指出:"纳米科技会通过从磁盘驱动器到燃料的各类产品,给个人健康质量带来危险,一些人甚至担心,它会给保险公司带来另一场石棉式危机。"[577] 它是保险行业的一场梦魇,因为现在"在相关标注或制作方法方面,还没有官方标准与监管措施,也不存在披露相关信息的义务。且在有关危害、毒理学与分类方面,也缺乏相关的经验"[578]。换言之,没有人知道,现在已上市的纳米产品是否安全。"其中的战略似乎是:先把产品卖出去,安全问题再说吧。"[579]

《科技评论》举出了一家纽约的企业所销售的 Bionova 面霜的例子,其营销宣传使用了难懂的表述"恢复失常的生物信息"。[580] 作家曼达维莉(Apoorva Mandavilli)曾花 163 美元买了半盎司的该产品,她担心那些微小粒子会在其皮肤下蔓延且严重影响其身体。但一名女销售员安慰她说,该面霜使用了常规大小的化学品,仅使用了纳米级的量!

根据伍德罗·威尔逊国际学者中心(Woodrow Wilson International

Center for Scholars)[1]的新兴纳米科技研究项目的调查,对于纳米粒子消费者知之甚少,甚至一无所知。该项目主管雷赫斯基(David Rejeski)说:"我们应该围绕它展开对话。"他警告,已严重危害转基因食品未来前景的公众强烈反对不应重来,因为在此过程中,企业界与政府对于来自消费者的担心采取了错误的应对。他补充道:"公众了解纳米的方式、从哪里了解以及了解到什么讯息等是至关重要的。在提高公众对于此类新出现的科技的信心方面,政府承担着巨大的责任。"[581]

---

〔1〕 伍德罗·威尔逊国际学者中心(Woodrow Wilson International Center for Scholars),又称为威尔逊国际学者中心,或简称为威尔逊中心,是为了纪念美国第一位拥有博士学位的总统伍德罗·威尔逊而在美国首都华盛顿设立的总统纪念馆。该中心的使命是:"成为美国超越党派的关键性政策论坛,通过独立研究和公开对话,就全球性问题的解决向国会、政府和广泛的政策领域提供可实践的想法。"现已成为在美国具有重要影响的权威智库。——译注

第三部分　人为环境危机

人为环境指的是外部环境中造成与目标组织冲突(conflict)的人和实体的态度和行为。与自然环境危机类似,人为危机也发端于外部环境。如果说自然环境中危机的爆发具有不确定性和不可控性,那么,人的行为可能更加变化无常和难于预测。这里的局限不是由于自然与生物科学,而是由于人类的动机与反常现象。

人类社会中的冲突是一种正常的存在,其原因在于,社会上一直存在着那些对自身与某些组织间的关系现状不满的人,同时也存在着一些从中受益因而满足于此关系现状的人。企业所有者与投资者对股东价值最大化充满兴趣,因而希望限制来自其他利害相关者(stakeholders)[1]的要求,比如寻求更高薪酬与福利的员工,以及希望降低可能的污染与其他社会成本的当地社区。

来自一个组织的利害相关者的大多数要求与期望,属于他们与该组织间给予-付出关系的正常内容。这也可能是基于组织实现其社会责任的固有准则。但有时候,当一个组织的管理者表现出具有危害性的行为,或固执维持关系现状但其利害相关者寻求改变现状时,冲突就出现了。员工抱怨其福利或待遇,并通过投诉程序或谈判寻求弥补。一旦出现僵局,劳资纠纷就出现了,罢工与围厂抗议之类的策略可能会被用上。此类事件代表着一种对抗性危机,因为日常运营被中断,涉事组织也可能受到伤害。类似的对抗也发生在消费者群体或环保主义团体抵制一个企业的产品之时。还有,那些寻求改变政府公共

---

[1] Stakeholder 也译作利益相关者或利益关系人,指存在利益关系的人或群体。在管理学和组织学中,它指的是"其行为影响到组织或受组织政策及行为影响的个人、群体和其他组织"。美国公共关系理论权威格鲁尼格教授指出,这种影响有正面的,有时也有负面的。因此,基于公共关系与危机管理的相关文献,为了强调可能会给组织带来的潜在的、负面的不利影响及其危害性,我们倾向于把它翻译成利"害"相关者。具体内容可参见格鲁尼格等:《卓越公共关系与传播管理》,卫五名等译,北京大学出版社 2008 年版。——译注

政策的环保团体与其他公众,通常会选择企业而非政府作为其靶子,原因在于企业更为脆弱、更易接近且反应更为积极。

冲突的另一来源在于,整个社会是以权力结构为基础组织起来的。从内部来看,各类组织在等级制的基础上运作,这意味着允许管理者去控制其下属。在社区和更大的社会内部,经济与政府结构掌控着多种多样的功能及其成员或公民的行为。民主社会的一个特征是,现有的权力结构会受到那些寻求改变其政策与行为——甚至其合法性——的人的挑战。一旦此类努力失败,挑战者受挫,他们就会借助于暴力,并进而诋毁或破坏现有的权力结构。在本书中,这些被称为恶性事件。

在对抗中,尤其当感觉到自己在从事一项正义的事业之时,个人与群体会升级其策略并诉诸暴力。例如,热诚的生命权倡导者不时会在诊所里杀害做堕胎手术的医生。在恶性事件中,某些属于愤怒与憎恨的人格类型会通过攻击性行动表现出其敌意。他们的动机会是犯罪——比如网络犯罪、敲诈勒索或绑架——或被一些更大的动机所激起,比如宗教或民族主义情绪。

对于对抗和恶性事件的应对战略,只在略微模仿自然环境中的危机应对。跟自然和生物灾害相关联的对于自然环境的监测(surveillance),在社会政治环境下被称为扫描(scanning)与监视(monitoring)。

得益于来自社会科学的洞察力,沟通在冲突解决中发挥着重大的作用。在恶性事件情形中,此类柔性的方式或被加强,或被警察力量的"硬性工程学"(hard engineering)应用所取代。

议题管理的应用

对抗反映着社会中重要而充满争议的议题(issues)。这包括诸如失业、感知到的收益分配不均、糟糕的工作条件、低工资、侵犯人权之类的全球性议题。另一个日渐重要的议题是气候变化。因而,议题管理是危机管理不可或缺的一部分。深入研究议题管理过程——议题确认、优先排序、分析与战略制定——会有助于预测和化解各类危机,并且在危机确实发生的时候,控制所造成的破坏,并为重建过程提供有益的启示。

许多危机的最终出现,源于对现在或即将出现的议题没有给予足够的关注,以及忽视拥护此类议题的利害相关者。议题指的是那些争议性的、人们观点各异的、通常会引发对抗与政治斗争的事情。一个组织的社会政治环境中大部分的内容,可以通过列举其最具重要性的议题来加以确定。通过扫描与监视环境中的此类议题,一个组织就是在从事被称为议题管理的工作。

利害相关者管理

由于各类利害相关者本身就是社会和政治环境中的参与者并围绕特定议题呈现不同的立场,议题管理当然会涉及利害相关者关系。不过,与那些实际积极参与一个公共政策过程的人相比,利害相关者涵盖着更为广泛的人群;实际上,他们包含着任何能够影响到一个组织的政策与行动结果的人。因此,列举并分析一个组织的利害相关者及其与组织间的关系,是一项非常重要的工作,这恰恰与公共关系领域密不可分——该领域用"公众"一词来指代那些具有共同利益的人群。

利害相关者更多地参与到影响其福利的决策当中,是一个重大的政治与社会进步。在组织内部,反馈系统已经扩展至利害相关者参与和联合决策形式。在社会上,公众参与形式包括公共利益群体参与起草公共政策,比如要求那些生产或储存危险物品的企业向附近社区披露相关信息,并把他们纳入应急计划制订环节的环保法规。一旦居民知晓到影响其自身的风险,他们就会发出自己的声音。这已经发生于涉及垃圾场、焚化厂、核电厂以及其他"邻避效应"(Not In My Back Yard,NIMBY)议题的众多决策中。

当组织没有对利害相关者与公众利益群体做出回应时,这些群体就会通过其他方式获取向组织施压的权力。员工会加入工会组织并通过罢工、围厂抗议、抵制与其他压力形式,对雇主施压。消费者会加入消费者权益组织并抵制相关产品。社区组织会举行游行示威活动。以上这些都是对抗性的活动,有时也涉及恶性事件,以下两章会对此进行专门探讨。

第八章 对抗性危机

关于对抗的流行说法是一个人与另一个人带有敌意的、面对面的对峙。对于一个组织所面对的对抗性危机,由于涉及一个群体挑战另一个群体或组织,其利害性更为显著。我们都目睹过激进行动分子封堵在商店门前,要求消费者抵制有争议的产品,例如由美国加州那些被控提供不公正工作条件的农场主生产的葡萄。[582]这种直接的对抗也发生于工会组织罢工反对雇主之时,通常那些人群封堵在办公室或工厂门口,举着标语牌诉说其委屈。近年来,环保团体更为经常性地抗议钻井和开采的扩张。

激进行动群体往往是一个组织——其社会政策遭遇反对意见——所面对的对抗行动背后的组织者。一个著名的案例是,由激进行动学生与其他关注此事的公众所发起的针对耐克的有组织抗议行动,其原因是生产该品牌运动鞋的亚洲工厂工资过低并忽视人权方面的暴力行为。与抗议行动相伴随的宣传行动严重伤害到了耐克的品牌与销售情况。渐渐的,该企业改变了其实践,并成为海外生产运营改革的领导者。

一些组织之所以遭遇对抗事态,是因为它们牵连到其他一方的令人反感的行动或政策。在丹麦报纸刊登了不友好的有辱穆罕默德的卡通画后,爱氏晨曦食品公司在中东地区遭遇到抵制行动。甚至科威特丹麦食品公司(Kuwaiti-Danish Dairy Co.)这家二十多年间跟丹麦同行没有任何正式关联的、由穆斯林拥有的企业,也未能免于遭遇抵制。[583]爱氏晨曦公司对于卡通画的刊出没有责任,那些非丹麦的企业也同样如此,但都因有某种牵连而被推定有责。宝洁与联合利华等公司通过把它们的品牌重新定位为在货架上看似本地产品的方式,才幸免于难。

随着各种广泛的地理政治、宗教与其他议题发挥出更为重要的作用,基于社会议题的各类对抗正变得越来越普遍。此类对抗的一个特征是,它们有引发长远伤害的可能性。各种仇恨还会延续,因为它们往往植根于深厚的信仰,并且解决此类对抗的可供选项也是少之又少。[584] 例如,在中东与其他地方的反美态度,已经伤害到麦当劳和其他带有美国因素的企业的销售,但其解决之策主要还有赖于美国相关政策的改变。

这些对抗类型的一个共同点是,它们均由那些不满的个人和群体刻意发起,他们跟企业、政府与各种各样的利益群体做斗争,以赢得对其要求与期望的接受,甚至在极端情况下,他们寻求对"系统"本身实现激进的改变。

当对抗影响到其销售或运营,或其声誉受到贬损时,一个组织就碰上了危机。此类危机可能会延续并发酵,因为一个组织的利害相关者——比如消费者与投资者——会提出各种要求,而且更多的社会群体会置身于社会运动之中,捍卫更为广泛的各类事业。在各类民权运动、消费者维权主义(consumerism)与环保运动最为鼎盛的20世纪六七十年代,对抗性危机呈现出大爆发的态势。在里根总统执政的80年代,由于政府与企业在回应上似乎都变得不再积极,此类对抗减缓下来。

博雅公关公司前总裁和首席执行官道灵(James H. Dowling)指出,到20世纪90年代末,"新一轮激进行动主义(activism)会卷土重来,要求企业解决更广泛社会问题的呼声也会空前高涨。"[585] 这包括一些主要的全球性议题:气候变化、可持续发展与世界性贫困。未来,随着企业活动更多地成为公共辩论的话题,将会出现更多的、在意识形态层面发端的激进行动主义。[586]

在发达国家快速发展的民权社会,以及支持发展中国家所关注问题的各类非政府组织,意味着更多的组织会成为靶子。现代社会充斥着各类聚合性群体、非营利团体和非政府组织,它们支持着林林总总的议题与事业。今天的社会与政治环境也易于产生各类对抗,因为人们更愿意积极参与——他们都被政治化了。互联网的广泛使用,使那些激进行动群体可以很容易地吸引人们对相关议题的关注,以及动员来自其拥护者与一般公众的支持。

对抗的动力学

对抗性危机依一种相当分明的方式发展演化。一个激进行动群体:(1)围绕他们关注的议题收集有关信息,并构想所期望的结果;(2)选取一个较为脆弱的靶子组织;(3)就生发危机的策略进行相关决策;(4)寻求来自大众媒介与公众的关注与支持。[587]那些其应变计划涵盖与各类利害相关者和社会行动群体间可能的对抗的组织,应该知道它们是如何演化发展的。

1. 确认议题

正如第三部分的引言部分所指出的,对抗性危机涉及争议性的经济、政治、社会议题与抱怨。许多此类纠纷产生于一个组织的利害相关者。任何能够影响到一个组织的绩效的个人、群体或组织,都是一个潜在的利害相关者。一些利害相关者代表着一个企业的"生产要素",这一经济学中使用的术语指的是提供劳动力的员工、提供资金的股东与投资者,以及提供"土地"——建筑物场所与支持性的基础设施——的当地社区。其他的利害相关者包括购买一个组织产出的消费者,提供各类原料与服务的供应商,对企业进行监管的政府机构(也可能是消费者),提供社会服务的非营利组织,教育与文化资源,以及对一个组织提出要求的各类社会活动群体——此外,它们往往跟涉事组织无任何关联。

多数情况下,激进行动群体围绕利害相关者的利益而组织起来。消费者要求更好的保护以防止产品缺陷或科技危害;环保主义者希望控制土地使用并限制对自然环境的破坏;美国全国妇女组织(National Organization for Women,NOW)之类的少数族裔和女性团体寻求更多的就业机会、平等薪酬与福利,以及所有权的开放等。种族与老年群体寻求可承担的信贷与公共物品价格水平;员工团体与工会寻求更高的工资与福利、更安全的工作条件、限制工厂倒闭以及雇工保证;股东群体要求更大的股东权益或在管理层薪水、分红与"离职补偿金"

(golden parachutes)等议题上具有更好的企业政策。

通过解决由经济增长所带来的社会成本议题,早前的消费者与环保运动提升了人们的期望值范围。卡逊(Rachel Carson)[1]的《寂静的春天》一书向公众警示了杀虫剂的负面作用与环境中的污染物问题,而纳德的《无速不危》一书则打破了美国人对于汽车的钟爱的神话。这两个运动共同强化了人们的观念,即美国企业能够被指望在生产更好产品的同时保护好环境。气候变化已经成为新的压倒一切的环保议题。企业没有能够满足公众的期待,因而,公众对于企业的信心逐渐被消磨了。

不过,激进行动主义者也不能想当然地认为,政治化的公众就会自然而然地偏向他们的事业。这在2001年反对在美国首都华盛顿召开的国际货币基金组织与世界银行会议的抗议中,得到了充分的体现。当时那里聚集了大约10万人规模的抗议人群,但"9·11"事件中对于纽约世贸中心的袭击改变了事件演化的动力学。这一悲剧使公众舆论转向反对抗议者,这些人当时还被认为是和平主义者。很明显,这些抗议者不符合美国公众舆论的要求。一个由《纽约时报》/哥伦比亚广播公司所做的民意调查发现,92%的美国人希望采取军事行动反对"应该对袭击负责的任何人"。并且美国人表示他们愿意做出牺牲:84%的人表示他们会支持增加税收,并在教育与社会安全项目上投入少一点。

这些调查结果也体现在那些在华盛顿抗议现场驻足观看的建筑工人身上。正如一名工作者所言:"这是荒谬的。他们怎么还能自称为美国人?……我认为这些人不是不希望我们来保卫自己。"其同事也谴责了那些正在从旁走过的示威者。当看到抗议活动本身已经变为一场反战集会时,一些抗议群体也取消了其参与游行的行动。其他一些群体仍然固执己见。华盛顿和平中心(Washington Peace Center)的协调员拉摩斯(Maria Ramos)代表这一固执立场,她自说自话地表

---

[1] 蕾切尔·卡逊(Rachel Carson)1907年生于美国宾尼法尼亚州,是美国海洋生物学家,曾长期供职于美国联邦政府所属的鱼类与野生生物调查所,因而有机会接触到许多环境问题。她于1962年出版《寂静的春天》(Silent Spring)一书,这一争议性的著作标志着人类首次关注环境问题,并引发美国乃至全世界对于环境保护的关注。书中有关农药危害人类环境的预言,不仅受到与之利害攸关的生产与经济部门的猛烈抨击,而且也使广大社会公众为之震撼。——译注

示:"我们在哀悼死难者,同时我们不希望再出现新的受难者。"[588]

2. 选取一个较为脆弱的靶子组织

在选定了一个为之斗争的议题并确定希望改变的事情之后,激进行动群体会选取一个最能推进其事业进展的靶子组织。它可能是那个最坏的肇事组织,但通常情况下,那些大型的、知名度高的组织是再好不过的靶子,因为它们更能够吸引关注,且往往是所在行业的出头鸟。[589]一个组织必须留意,这些因素是否会增加其自身成为相关运动的靶子的可能性。

激进行动群体会就威胁到靶子组织的伤害/惩罚程度,及该组织计算此种伤害的方式,进行相关的盘算。他们必须考量什么因素会提高一个组织顺从其要求的概率。可以预期的是,一个受到污染指控的企业,会权衡顺从激进行动群体要求的个中得失。激进行动群体的战略是,通过威胁靶子企业如不顺从会面临更大伤害的方式,战胜其在这一权衡过程中的踌躇与犹豫不决。[590]

3. 就生发危机的策略进行相关决策

激进行动群体谨慎地选取相关策略去挑衅其靶子组织,并尽力吸引媒介的关注。此类策略借鉴于劳资纠纷、民权运动与其他的社会运动实践。最常引用的一个来源是阿林斯基(Saul Alinsky)的《激进行动准则》一书,他在书中要求追随者所使用的策略充满惊奇、不恭、戏剧性与快速变换。正如鲍尹特(Harry C. Boyte)所总结的那样:"运用军事的意象,他宣扬如何让敌人自乱阵脚、作茧自缚、对敌分化、晓之利害、威逼羞辱——一句话,做任何必要的事情去赢得胜利。游行示威、声讨呐喊、围堵封锁、诉讼控告等都在其列。"[591]

激进行动群体所使用到的策略可以分为以下三类:(1) 社会规范容许范围内的行动;(2) 社会规范容许范围外的行动;(3) 可能涉及公民不服从[1]的行动。第一类的例子包括:寄发交涉信、在听证会上

---

〔1〕 公民不服从(Civil Disobedience)是由19世纪的美国作家、哲学家梭罗(Henry D. Thoreau)所提出的一种"非暴力抵抗"的斗争形式,对印度的甘地与美国黑人领袖马丁·路德·金所奉行的"非暴力不合作运动"产生了很大的影响。后来泛指当发现某一条或某部分法律、行政指令不合理时,主动拒绝遵守相关的若干法律、要求或命令,而不诉诸暴力,因而成为非暴力抗议的一项主要策略。——译注

作证、募集请愿签名、召开记者吹风会、游说官员、购买特定份额的目标企业股票、在公共场所举行据守活动、组织游行、举办专题论坛或专题会、做公众调查并发布其结果等。第二类的例子包括：静坐示威或驻扎、抵制某项活动、集会示威、电话声讨等。第三类的例子包括：带动物出席听证会、向官员掷污物、占据公共建筑、卡车封堵等。

一些激进行动群体倾向于仅使用有限的一些策略，比如说服辅以威胁采取政治/法律行动。另外一些则擅长于游说与诉讼。例如，美国自然资源防御基金会所使用的策略包括：建立联盟、国会作证、诉讼、游说、参与监管诉讼程序。最极端的情形是，一些社会行动群体有准备地——至少偶尔如此——转向非法的暴力形式。

4. 寻求来自大众媒介与公众的关注与支持

激进行动群体需要借助新闻媒介达到两个主要目的：合理化其行动与要求；加快让公众参与的过程。有关公共利益团体的文献充分体现了这一现实。例如，在谈到沟通与公共关系的其他形式时，拜里（Jeffrey Berry）提倡使用新闻发布稿（press releases），因为它能以最少的资源推出来；新闻发布会，在保证纳德之类的名人出席的情况下会极具效果；培养富于同情心的记者如安德森（Jack Anderson）[1]与《华盛顿邮报》的梅兹（Morton Mintz）[2]。偶尔，也可以全力以赴地动用广告、名人出席、电影、电台或电视节目等在内的媒介宣传活动。[592]

特定对抗策略的选择，受到其吸引媒介关注能力的左右。封堵行动的一个优势是其作为媒介事件所具有的高曝光度。互联网也为扩散知名度与动员支持度提供了一个强有力的媒介。正如《公共关系评论》上一篇文章所总结的那样，互联网可以帮助激进行动群体与其追随者建立关系，去组织抗议或其他事件。[593]并且，自互联网诞生以来，

---

[1] 杰克·安德森（Jack Anderson）是美国新闻界著名的专栏作家，他以犀利的文字揭露丑闻、针砭时弊而受到人们的尊重。1972年，他因对尼克松政府在印巴战争中倾向于巴基斯坦的调查性报道而获得普利策新闻奖。他被多年的同事称为"带着粪耙的绅士"，其仁慈的一面体现在，当一些涉及"水门事件"的人物因其报道而被捕时，他曾自己花钱接济被捕者的家人。——译注

[2] 莫顿·梅兹（Morton Mintz）是美国著名调查性新闻记者，曾长期在《华盛顿邮报》工作。他曾因报道揭露一系列有重大影响的医药、汽车行业的不安全丑闻而受到广泛赞誉。——译注

也一直发挥着这方面的作用。[594]

激进行动群体拥有相对于那些靶子"权势集团"的优势：在获得相关宣传成效方面，他们会比那些受制于特定举止规范的企业宣传员更有创造性。他们也不缺少可用于吸引新闻媒介的封堵行为、示威、集会游行等活动所需要的人力。激进行动群体与大众媒介因彼此间的相互需求而走向共谋，但众多的激进行动团体之间也要彼此竞争，以争取有限的、可资利用的媒介资源。

绿色和平组织在争取媒介关注方面具有较高的成功率。正如绿色和平组织反对壳牌石油公司的斗争那样，有些成员甘愿把自身的生命置于险境，这一勇敢的举动大受媒介的追捧。不过，在其他一些场合中，该组织也投身于一些较为理性的信息传播与媒介宣传活动。正如该组织前主席麦克泰戈特（David McTaggart）所言，绿色和平组织"一直以来有意地显得粗糙与混乱无序，但大多数情况下是经过深思熟虑与精心计划的，有些甚至有数年的准备"。[595]

案 例 研 究

丹麦的卡通风波

2005年9月30日，丹麦报纸《日德兰邮报》文化版编辑罗斯（Flemming Rose）刊出了一个系列的、包含有讽刺伊斯兰教先知穆罕默德的12幅漫画，用以显示丹麦对于新闻自由的热忱。其中一幅漫画中穆罕默德戴了一个炮弹形状的头巾。另一幅显示，一个在天堂的戴头巾者告诉那些正在向上攀登的携带自杀炸弹的人停下来，因为"我们已经没有处女了"（对伊斯兰殉道者的回报）。当地的反应即刻出现了。丹麦一名有影响力的穆斯林领袖阿布拉本（Ahmed Abu Laban）感觉受到了侮辱，分别向该报社和丹麦文化部发出了一封抗议信，但均未得到回应。他与另外一些人成立了"穆圣欧洲纪念委员会"（European Committee for Honoring the Prophet），它声称代表丹麦穆斯林社区的27个组织。[596]他们还向首相拉斯穆森递交了有1.7万人签名的请愿信，但没有得到所期望的回应。当来自11个伊斯兰国家的大使要求跟拉斯穆森会面时,也遭到了拒绝。

阿布拉本及其同伴随即决定其行动不再局限于丹麦一国之内。他们准备了一份三十多页的相关材料汇编,遍发至所到之处。这些材料包括一组尚未被该报刊发的、严重冒犯性的图片,其中一张是人打扮成猪的造型,并带有"这才是穆罕默德的真实照片"的标题。[597] 到 2006 年 1 月底,影响范围扩散甚广,中东地区的抗议者焚烧了丹麦国旗,并宣布抵制丹麦和其他欧洲国家的商品。再加上手机短信与大规模电子邮件提供的便利,相关讯息几乎传遍了整个中东地区。得到的回应是,丹麦驻叙利亚与黎巴嫩的外交机构受到冲击,抗议者要求丹麦大使离开驻在国。而在黎巴嫩,丹麦和挪威的大使馆被纵火。

受冲击最大的企业是爱氏晨曦食品公司,这家丹麦的企业(是欧洲第二大食品公司)在沙特阿拉伯拥有工厂,并在中东各国销售黄油与奶酪。爱氏晨曦公司的发言人奥努尔(Louis Honore)表示:"这是一个公开的骚乱……它像野火一样蔓延至各地。并且抵制行动也是实实在在的。"[598] 其他的丹麦公司——一些与乐高同样规模与影响力的企业,也受到了影响。丹麦产业联合会(Confederation of Danish Industries)的高级顾问塞格森(Peter Thagesen)坦言:"丹麦企业在冲突中被当作人质,但实际上我们又不属于任何一方。与通常的冲突情形类似,在这一冲突中,双方都存在着诸多误解。"[599]

首相拉斯穆森和《日德兰邮报》主编最终认识到了开展外交工作的必要性。2006 年 1 月 2 日,拉斯穆森在丹麦电视台正式道歉:"我个人充分尊重人们的宗教感情,我个人也不会以如此冒犯人的方式呈现穆罕默德、耶稣或其他的宗教人物。"[600] 他还出现在了阿拉伯电视台 al-Arabiya 的节目中,并表示他"对卡通冒犯穆斯林深感痛心",这一回应被埃及大使称为不尽如人意。[601] 1 月 30 日,《日德兰邮报》主编贾斯顿(Carsten Justen)发布了一份类似的声明:"我们认为,那 12 张图片并非有意去冒犯,也没有违反丹麦的法律,但不可否认它们冒犯了许多的穆斯林人士,我们为此道歉。"[602]

拉斯穆森与贾斯顿的道歉是远远不够的。对于冒犯行为,他们没有表达出对相关责任的承担,并且似乎是在"指责那些受害者"。这实质上在说:"如果你那么容易生气,我会因为你的需要或你的脆弱而向你道歉,我希望这样可以让你高兴起来。"[603]他们的道歉似乎是基于广大穆斯林认为卡通就是在冒犯的感知,而不是基于自己的刊出行为。一些欧洲的报纸也站在了丹麦同行一边,更通过重印这些卡通而火上浇油。

企业对此的反应大相径庭。雀巢、家乐福与科威特丹麦食品公司发布广告称,它们不是丹麦企业,或让人们了解它们在卡通事件中的立场。而遭受严重打击的爱氏晨曦公司,只是重印了丹麦大使馆先前发出的一份新闻通稿的原文,表示丹麦尊重所有的宗教信仰。[604]爱氏晨曦公司还在沙特两家较大的报纸上发布广告,其中包括了丹麦首相安抚性的讲话文本。然而,根据爱氏晨曦公司负责国际事务的主管汉森(Finn Hansen)的评价,这些广告没有起到多少作用。

接下来该公司转向外交会议。[605]2月,众多代表参加了在迪拜召开的一个行业贸易展览会,现场展示的海报上声明,反对刊出引发宗教冒犯行为的卡通与其他任何内容。许多代表与阿拉伯商人促膝交流,探讨更适应阿拉伯世界需求的企业方略。此类探讨是有益的。这也是一种双向对等(two-way symmetrical)的沟通,充分显示出爱氏晨曦公司真正关注于人并致力于改进彼此间的关系。

在取得一些接受度之后,3月底爱氏晨曦公司又在25家阿拉伯报纸上刊出广告,这获得了一些在巴林(Bahrain)开会的有影响力的伊斯兰学者的赞赏。[606]该广告简要梳理了该公司在中东地区40年的发展历史,重申了爱氏晨曦公司与卡通事件毫无关联性,并表示爱氏晨曦公司在中东的业务并非由于自身的行为而受到影响,而是别人的行为所导致的。接着,消费者被请求重新考虑其对于爱氏晨曦公司的态度。爱氏晨曦公司的汉森评论道:"我们希望,该广告能够让阿拉伯消费者去考虑,抵制一家跟卡通事件毫无关联的食品公司是否公平。"[607]

到3月底,在持续两个月的抵制之后,中东地区的商店与超市开始把爱氏晨曦公司生产的黄油与奶酪重新摆上货架。到4月,爱氏晨曦公司宣布"爱氏晨曦在中东的突破",表示其产品已经重回3000家商店与超市,其在沙特的31家最大零售商确认,一周之内他们就会把爱氏晨曦公司的产品摆上货架。[608]

丹麦卡通危机暴露出,丹麦报纸编辑和政府官员对欧洲国家与伊斯兰世界间冲突的无视与迟钝。确实,西方世界关于言论自由的世界观值得支持,但忽视穆斯林对于亵渎先知穆罕默德的敏感性,却显示出傲慢与不负责任。全世界几乎都认为,这些卡通是具有冒犯性的。正如《国家》(The Nation)杂志上的文章所指出的:"当涉及言论自由时,自由派/左派不应该向那些站在宗教立场上试图审查的人牺牲哪怕一丝一毫的自身价值观。但言论自由的权利绝不意味着去冒犯与反应迟钝。如果我们对于言论自由的承诺是重要的,那么我们对于反对种族主义的信仰也应与此相当。"[609]

百事公司的水问题

就地下水使用问题,百事可乐和可口可乐两家公司与非政府组织和印度各级政府起了纷争。作为印度著名的激进行动分子,纳瑞(Sunita Narain)组织了一个抗议活动,指责涉事企业在通常土壤焦干的社区过度使用地下水,并使地下水中所含的杀虫剂混入了当地所产的苏打饮料。[610]可口可乐公司请求举行一次会议,专门讨论纳瑞的研究与游说团体——科学与环境研究中心(Center for Science and Environment)的研究发现,该研究认为可口可乐与百事可乐生产的软饮料所包含的杀虫剂残留远远高于限值。

美国著名的《外交事务》杂志把纳瑞列入世界100名全球领袖之列。[611]纳瑞因其长期投身环境事业而享有盛誉,比如,积极活动要求开发商停止砍伐新德里的树木,她还亲自担任科学与环境研究中心的主任。2005年她在获得"斯德哥尔摩水奖"(Stockholm Water Prize)时表示,印度人正"遭受杀虫剂的毒害",她所领导的科学与环境研究中心的检测显示,百事公司对此难辞其咎。她还发布声明称,2006年8月新发布的研究结果显示,百事可乐饮料中的杀虫剂水平是难于接受的印度政府标准的30倍。

她不时出现在新闻发布会的现场,并使用博客、电子邮件和其他手段让其信息扩散出去。因之,印度喀拉拉邦禁止所有可乐和百事产品的生产和销售,其他一些邦则禁止了在学校与医院的软饮料销售。抗议者在大街上摔碎饮料瓶,还在孟买与加尔各答涂损了百事与可口可乐的广告,并焚烧了带有苏打饮料瓶的广告牌。

纳瑞的事业之所以逢源,是因为水在印度是一个敏感的议题。人们把祭献活动与水相联系,比如沐浴就是一项神圣的活动。更为重要的是,印度面临着水资源缺乏,更由于过度抽灌与管理不善而雪上加霜。由于糟糕的污水处理工作、杀虫剂的大量使用以及工业污染,印度的水质是世界上最差之一。

当丑闻最初爆发时,苏打饮料的销售率下滑了两位数。根据媒介的报道,百事公司对此事会在如此快的时间扩散成全国性的丑闻估计不足。一个原因是,新闻媒体在印度数量繁多,因此坏消息行千里。百事公司决定通过媒介做出回应。它联合可口可乐公司(也受到牵连)共同举行了一场新闻发布会,并展示了企业一方的事实材料,即苏打饮料中的杀虫剂含量远低于印度人在其他大多数食品中所能容忍的水平。

百事公司拜会了编辑部,在新闻发布会上展示了自己的数据材料,并播出了电视广告,其中包括当时的印度分公司总裁走过一个明亮实验室的镜头。该公司还用印度明星开展了声势浩大的广告活动:"它们在古老的喜马拉雅山的石头与全国范围内的建筑物上绘出了泰坦尼克版的红、白、蓝三色公司标识,但这看起来无助于缓解其在印度面临的水问题。"[612]最后一个具有象征意义的举动是,2000年10月成为百事公司首席执行官的卢英德(Indra K. Nooyi)访问了印度。她表示,她三年前就应该进行这样的访问了。

百事公司还进行了另外一种传统的应对,即加强政府关系以清楚界定相关标准。印度标准局(Bureau of Indian Standards)花费了两年的时间,才完成了一份有关苏打饮料中杀虫剂、咖啡因甚至酸碱度水平的指南。但该指南在最后一刻来了个180度的逆转,出自印度卫生与家庭福利部(Health & Family Welfare)的一封信指出,由于进一步的研究正在进行,新的标准应该延后出台。

这些最初的防御性措施到头来让路给了解决水资源短缺与污染的具体步骤。百事公司减少了其工厂的用水量,每箱的用水量从之前的35升降至8.6升。卢英德在访问印度时表示:"我们也必须投入更多,以教育社区居民使用更好的耕作与取水的方式,进而与行业合作重新改造工厂并进行资源的循环利用。"[613]

反全球化游行

随着全球化的扩散,该议题成为众多激进行动分子的一个焦点。1999 年所谓的西雅图之战被认为是反全球化运动的开端。由来自环保、劳工、人权、消费者与其他激进行动群体的人士组成的临时联盟,通过游行示威反对世界贸易组织(WTO)的会议。他们借助一个包含相关议题的主题团结在一起:"他们反对以牺牲公正、社区权利、国家主权、文化多样性与生态可持续等社会目标为代价,推进企业引领的全球化体系走向扩张。"[614]

媒体报道称有 6 万人参与了示威游行,但其中的 200 名激进分子通过打砸窗户与其他的破坏行动,吸引了所有的媒介关注。作为哈佛大学法学院毕业的律师,以及公共公民全球贸易观察(Public Citizen's Global Trade Watch)的负责人,华莱士(Lori Wallach)是本次活动的主要策划者。《经济学人》把西雅图会议称为"彰显更自由贸易的挫折与全球化批评者高涨的事件。"[615]

发生在西雅图的游行示威凸显了反全球化人士不断增长的政治力量,这在之后的一系列抗议行动——2000 年 4 月在美国首都华盛顿、2000 年 9 月在捷克布拉格、2001 年 1 月在瑞士达沃斯、2001 年 4 月在魁北克、2003 年在坎昆——中都被反复证明。这些对抗对谈判者与外交人士都产生了诸多值得思考的教训,接下来的内容会对此专门探讨。

反全球化抗议活动主要是针对一些超国家性的组织,如世界贸易组织、国际货币基金组织与世界银行。不过,使众多反全球化力量联合起来的真正因素,是对于企业掌控全球经济的不满与反制。大多数抗议者不同意弗里德曼(Tom Friedman)有关经济全球化是不可避免的观点;他们认为,一些方面应该而且必须被停止或回到过去。

波士顿大学的生物控制实验室

2003 年 9 月 30 日,波士顿大学与其合作伙伴波士顿医学中心一道被选中,获得 1.27 亿美元的资金去建立一个国家生物控制实验室(National Biocontainment Laboratory),并管理与指导对于新发传染病与生物恐怖介质——如炭疽菌、埃博拉病毒、鼠疫与天花——的相关研究。[616]这一举动是"9·11"恐怖袭击后反恐斗争的一部分,因为当时美国还缺少生物安全三级与四级的实验室。[617]

本案例包括生物科技与对抗两个部分。其属于科技方面的原因在于,潜在的危害来自于科学上的不确定性,但其对抗性的方面在于,波士顿大学遭遇到了来自于周围社区对建立这样一个跟新发传染病及生物恐怖介质打交道的研究机构的反对。正是后者给实验室带来了危机。所争论的议题是,实验室设在罗科斯伯里(Roxbury)这样一个贫穷又人口稠密的地区所存在的安全性问题。根据当地社区的通讯,这将是第一个设置在人口稠密市区的四级生物实验室。[618]

社区的反对

尽管波士顿大学主管科研的副校长克莱珀尔(Mark Klemper)保证,实验室的建立会具备"多种保护与安全特色",但当地的社区领袖就是难于相信。多个社区团体积极参与该议题,罗科斯伯里社区一个名为安全网(Safety Net)的团体作为急先锋,向波士顿大学实验室发起了挑战。[619]其协调员艾伦(Klare Allen)为他们的安全事业提供了有力的证据。2005年2月16日,在由停止生物恐怖实验室联盟(Coalition to Stop the Bioterrorism Lab)组织的一场公共论坛上,艾伦爆料称,在波士顿大学另一实验室的三名研究者意外接触了一种可能致命的兔热病传染体。尽管这发生在一个安全级别较低的实验室里,但它跟将要新规划的实验室处在同一校区。哈佛大学医学院生物学家古德伊纳夫(Daniel Goodenough)——此人确为一个具有高可信度的信息源——针对此事件表示:"现在风险是千真万确的。没有实验室是可以自动保护的……那个实验室会在那里存在30年甚至更久,因此我们关心的是我们的孩子,而不仅是我们自己。从现在起的10年内,会有真正的、认真的监控体系存在吗?"

更多的反对实验室的观点在出现。一个外地的团体——负责任遗传学理事会(The Council for Responsible Genetics)也表达了对于实验室安全性的怀疑,并向公众公开了数起事涉高安全性实验室的疏漏事故:"转运事故、失踪的危险生物容器、电力与密封事故,以及在联邦快递公司货运点爆炸的西尼罗河病毒包裹。"[620]一个名为另类社区与环境(Alternative for Community & Environment)的本地团体在其网站上提出了进一步的质疑:"波士顿大学不会控制在实验室进行的研究,因而也不能保证将会进行什么样的研究。"另一个安全方面的危险是,该实验室计划使用联邦快递公司和其他此类的运货商把危险材料送至实验室。[621]

马萨诸塞州卫生与人类服务局总检察长 2006 年发布的一份报告,进一步削弱了人们对于科学保证的信任。该报告发现,15 个大学中的 11 个没有达到所有的联邦政府要求。根据这一报告,有数个大学的储物记录杂乱无章,检查者根本无法知道有哪些人接触过病原体。而那些从事动物与植物病原体研究的机构情况更为糟糕。根据 2006 年美国农业部总检察长的报告,10 个此类机构中没有一家达到了所有的相关要求。大多数根本没有对可接触病原体的人员名单进行过更新,也没有对其员工进行过系统的培训。[622]

反对力量还把恐慌情绪扩散到更远的社区。位于马萨诸塞州牛顿(Newton)的绿色十年联盟(Green Decade Coalition)的新闻信绿色新闻(Green News)警告到,在波士顿的 4 级实验室给"在牛顿的我们"带来了严重的安全风险,并指出,"我们的城市离该实验室仅有 5 英里之距,那些意外泄漏出来的病原体是可以轻易到达的。那些在实验室工作并接触到罕见病毒的研究者,也可能把它带至我们这里,这同样是有风险的。这恰恰是最近中国又出现 SARS 病例的原因"[623]。

不过,一些科学家认为此类安全关切"不值一提",并指出,迄今还没有出现一例从一个高度安全的实验室中流出的病原体所导致的社区病例。4 级实验室是"安全中的安全"。[624]但是,当另一社区组织 ACE 准备以环境为由正式起诉波士顿大学与波士顿再发展局(Boston Redevelopment Authority)时,事态就转向针对波士顿大学并变得更为麻烦了。[625]

法律较量与更广泛的批评

针对波士顿大学的官司以及大学对此的反应,导致了更为难以收拾的结果。来自罗科斯伯里与南端(South End)社区的 10 名居民在州法院提起了阻止实验室项目的诉讼,这让人重新想起了萨福克(Suffolk)高等法院法官甘茨(Ralph D. Gants)2006 年 7 月所做要求进行更为广泛的环境评估的裁定。这是波士顿大学项目的环境评估在两周之内第二次受到激烈的批评。两周前,一个独立的科学家小组声称,对于该实验室的联邦层级的评估显得"不妙和令人不安",没能充分地解决致命细菌外流的问题。波士顿大学寄希望于马萨诸塞州高等法院的裁决。

波士顿大学的希望落空了,2007年12月,该州高等法院就这一争议性的实验室问题做出了对于其反对者来说是一场胜利的裁决。在这一全体一致的裁决中,该法院维持了先前基层法院的判决,并认为该州对于由罗姆尼州政府资助的南端实验室所做的环境许可决定是"武断与反复无常的"。该法院还同意,波士顿大学必须完成另一个有关此项目的环境评估并提交给州政府批准。[626] 其受到的批评之一是,在先前的获取环境许可过程中,州政府未能充分考虑可选的替代性选址,也没有仔细考虑病毒或细菌外流的最坏情景。

这一法律较量也激起了来自波士顿之外的众多团体的批评。美国全国研究理事会(National Research Council)总结说,联邦政府相关部门的分析是严重不完整的,它根本没有达到科学研究的最低标准。宾夕法尼亚大学流行病学家史密斯(Gary Smith)表示,如果联邦政府相关部门的评估想提交给医学杂志发表的话,"它肯定通不过"[627]。在其言辞激烈的报告中,那个独立的科学家小组指出,波士顿大学的辩护被发现"不妙和令人不安",并且在众多无效的辩护中,没能充分地解决该实验室高致命性细菌外流的后果问题。

波士顿大学实验室的案例凸显了社区团体在对抗中的作用,尤其是它们对于诉讼策略的运用。他们还运用了旨在吸引媒介与公众关注的散发新闻通稿与举办专题论坛的活动策略。

动物权益

动物权益议题涵盖着较为宽泛的产业行为,从动物园与马戏团圈养动物到替换英国白金汉宫礼仪兵所佩戴的熊皮帽。作为一个主要的动物权益保护组织,善待动物组织(People for the Ethical Treatment of Animals, PETA)发起了一场针对肯德基快餐的全球抵制行动,以迫使其改善向其输送的七亿只鸡的饲养条件。[628] 其他一些团体希望停止穿戴皮草，停止虎骨、犀牛角与象牙的买卖。甚至鹅肝酱也成为他们关注的目标，因为通过传统的强迫性喂食才能让鹅肝多长脂肪。动物权益已经成为一个关乎道德的议题，引发人们思考动物是否应该被给予更多与人权相当的权益问题。

不过，最大的对抗涉及使用动物来检验消费品安全性的做法。在英国，2004年产值高达80亿美元的生物医药研发行业就一再受到责难。而对于制药企业与大学实验室——包括其员工、供应商与股东——的攻击与骚扰也呈现上升趋势。在2004年6月之前的12个月中，全球范围内发生了235件针对此类事件的刑事破坏活动。动物权益组织每年抵消掉20亿美元的英国相关投资。葛兰素史克公司的首席执行官加尼埃（Jean-Pierre Gernier）曾表示："我们被恐吓了。"[629]

亨廷顿生命科学实验室

一个自称为"停止亨廷顿动物虐待"的团体正面与亨廷顿生命科学实验室（Huntingdon Life Sciences）对抗，要求停止被他们称为在实验研究中对动物的虐待与滥用。1997年，英国电视台第4频道秘密采制的电视节目证实了实验室研究中的此类滥用情形，其中包括实验室员工刺中小猎兔狗脸部并使劲摇晃的视频片断。（英国人极为爱狗！）在美国，善待动物组织也收集到了相关的虐待与暴力镜头，包括在猴子仍活着的情况下对其残忍切割并把它们粗暴地关进笼子的情节。[630]

亨廷顿是全球领先的研究实验室之一，它为制药企业、农药与生物科技行业提供相关的开发服务。它在英国与美国都有研究场所。尽管有些检测是在皮氏培养皿（Petri dishes）中完成的，但大多数却是在小猎兔狗、猫、老鼠、猴子与其他动物身上完成的。

除了通常的抗议、示威与在实验室外封堵等策略之外，"停止亨廷顿动物虐待"还使用了更具战斗性的策略，比如闯入相关管理者与员工的生活中，以及彻底的暴力行为。在获取亨廷顿实验室相关主管与员工的个人信息后，该团体开始在这些员工住处外抗议，并向他们拨打威胁性电话。在一次事件中，该实验室负责人凯斯（Brian Cass）在其家门外被人用棒球拍打击并严重受伤。动物解放阵线（Animal Liberation Front, ALF）发起人李（Ronnie Lee）或许也参与了这一暴力行动，他说："事实上，我对此持包容心态。真正让我吃惊的是，此类事情发生得还不够多。"[631]其他的暴力行为包括寄往员工家里的邮件炸弹，以及使用燃烧弹袭击属于员工的汽车。作为亡羊补牢的举措，伦敦警方苏格兰场（Scotland Yard）新增了一个特别情报小组，专门应对那些旨在反对亨廷顿实验室与其他目标企业的动物保护类抗议活动。

"停止亨廷顿动物虐待"也显示出了在策略选择上的不同凡响，他们对于那些曾资助亨廷顿实验室的赞助者与制药企业同样表现得咄咄逼人。这些受冲击者包括：英格兰皇家银行（RBS）、巴克莱银行、汇丰银行（HSBC）、瑞士信贷第一波士顿银行（Credit Suisse First Boston）和美林银行。这些银行一个接着一个纷纷离开了亨廷顿实验室。一些经纪公司如冬洪证券（Winterflood）、德累斯顿（Dresdner Kleinwort Wasserstein）也步后尘与其断绝来往。"停止亨廷顿动物虐待"发言人艾弗里（Greg Avery）表示："我们希望釜底抽薪式地毁掉其经济支柱。"[632]

在美国，生物科技产业组织（Biotechnoloty Industry Organization）[1]总裁费尔德鲍姆（Carl Feldbaum）向布什总统写信表达其关切。他在信中指出："他们反对生物科技企业的行动是战略性的、具体的与不顾一切的，意在对那些致力于创新以对抗危及人类生命的疾病——如癌症与囊性纤维变性（cystic fibrosis）——的企业造成经济上的，有时是物质上的破坏。"[633]

麦当劳也曾多次被动物权益组织作为攻击的目标。示威行动发生在其位于蒙特利尔市中心的餐馆外，众多标语牌指责该企业"从那些残暴饲养与虐杀动物的养殖户那里购买相关产品"[634]。善待动物组织还在当地报纸上投放广告，其中一个显示被剥去皮的、正在滴血的牛头，挂在屠宰场的墙上，配以"你愿意油炸这个吗？"的文字，紧接着的是："麦当劳的残暴必须滚开。"还有一个名为麦氏聚光灯（McSpotlight）的网站，指出麦当劳是"一个不顾一切地以牺牲任何挡在其前进路上的事物为代价，去追逐其利润的跨国公司与大企业的代表者"[635]。

善待动物组织这一在动物权益保护运动中最有影响力的团体表

---

[1] 生物科技产业组织（Biotechnoloty Industry Organization）是美国和世界范围内最大的服务与代表生物科技产业的行业组织，于1993年成立于美国首都华盛顿，其会员包括全美1000家从事制药、生物燃料、工业酶与转基因农作物等领域生产的企业。——译注

示,力争通过公众教育、社会工作与倡导远离残暴的生活方式,实现其目标。[636]然而,其多样且复杂的策略远远不止于说服。他们一方面积极进行诸如发布有关残害动物的谴责性视频片断的活动,另一方面,也阻挡在动物实验室入口、封堵骡子潜水表演、干扰股东会议,并让其成员被逮捕、起诉及反诉。为了在股东会议上引入动物权益方面的议案,善待动物组织拥有十多家大公司的超过4万美元价值的股票,这些包括美国商用机器公司、宝洁公司与吉列公司在内的企业要么进行动物测试,要么销售动物制品。[637]

最为极端的动物权益组织,当属动物解放阵线,该组织简直是在发动针对生物医学研究的战争。其策略之一是闯入动物实验室,并且他们还真闯进了加州大学河滨分校存有鸽子、猴子、猫与其他动物的实验室。他们放空了所有的动物笼舍、在墙上画满了涂鸦、砸毁了电脑,并在实验设备上喷绘了口号。

在英国,动物解放阵线突袭了跨动物群(Interfauna)公司,该公司是英国最大的向生物医学研究实验室提供狗、兔子、天竺鼠(guinea pig)和老鼠的养殖业者与供应商。有82只小猎兔狗与26只兔子以及相关文件被带走。他们还在入口处喷上了"喂养它是为了残虐它的小猎兔狗"字样。[638]一个极端的情况降临到了霍尔家族,他们养殖乳牛与绵羊,同时也喂养供实验室用的天竺鼠。激进分子从教堂墓地盗走了霍尔兄弟岳母的遗体。这一行动成功地使该家族停止养殖天竺鼠。[639]在欧洲,当瑞士制药巨头诺华公司被瞄上时,有人偷走了其首席执行官母亲的骨灰,并放火焚烧了其在奥地利的度假寓所。[640]

劳资纠纷

尽管发生频率有所减缓,但劳资纠纷一直以来困扰着许多企业。2007年9月,7.3万名全美汽车工人联合会(United Auto Workers)成员冲击了通用汽车公司的工厂,成为自1976年以来第一次全国性的罢工。[641]美国的工会组织正在衰退,这反映在较低的会员数量上,仅占全部被雇用人口的12%,以及全部劳动力的9%。面对国际化的竞争局面,工会讨价还价的能力被削弱。许多工会领袖现在跟企业管理者并肩工作,以改进企业竞争力并进而保护就业。正如全美汽车工人联合会一名资深斗士塔克尔（Jerry Tucker）所言："现在工会领导层传出的讯息往往是'我们别无选择,我们不得不走上这条更为经济的道路,以便我们确认能否对破坏进行管控'。"[642]

美国工人已很少通过抗议与罢工来表达其愤怒。尽管发生了反对美国国际集团（AIG）分红的游行示威,但从总体上看,美国工人大部分仍远离街道——即便失业率在上升,但一些企业在削弱其薪酬与福利水平。根据一家名为全国事务局（Bureau of National Affairs）的法律与规章新闻出版商的统计,2008年美国工会仅参与了159起罢工事件,而在1981年为1352起。[643]工人们或许被1981年那场转折性的事件所吓退,当时的总统里根迅速解雇了参与到非法罢工中的1.15万名交通部门职员。自2008年11月至今,唯一一场大型的持续达6周的罢工,是贝尔直升机公司（Bell Helicopter）由2500名工会成员参与的事件。[644]

与美国工人相比,欧洲的工人更易去罢工与游行。当达能（Danone）公司试图合理化其饼干部门时,其饼干工厂立即爆发了罢工行动。法国《世界报》（*Le Monde*）头版标题写道："达能准备在欧洲缩减3000个职位,其中包括在法国的1700个。"达能开始因来自于互联网的攻击而受到伤害。一家网站把达能的企业标识修改并加上了"人类不是酸奶"的口号。它还提供了一份包含达能所有产品品牌的名单,以帮助消费者去抵制达能的各类产品。在罢工之外,工会还变着法儿把那些未烘烤的生面团在容器中变得像混凝土一样硬。

在接下来的两周,同情性的抗议活动扩散至公共领域。一份调查显示,工会组织赢得了公众舆论的支持,约有85%的法国人支持他们。尽管如此,在3月29日,达能公司还是公布了一项针对被裁员工的、远远超出法国法律许可范围的社会性措施方案。[645]当工会组织发动一场抵制行动时,他们获得了更大的支持。各大城镇持同情与支持立场的市长们纷纷要求医院、学校与餐馆停止购买达能的产品。在匈牙利也发生了类似的抵制行动。到5月中旬,有新闻报道指达能已损失了10%—20%的销售。达能的公众形象持续受到伤害。

在从2008年开始的衰退期间,当通用汽车公司宣布2009年将在世界范围内大幅裁员的时候,在其德国总部出现了有15 000人规模的示威活动。当年早些时候,在法国有超过100万工人示威抗议裁员及政府对于经济危机的处置方式。他们也使用了更为直接的策略。法国工人在4起不同的劳资纠纷中绑架了其老板。[646]其中一起发生在法国格勒诺布尔市(Grenoble),在卡特彼勒(Caterpillar)公司宣布裁员700人之后就随即上演。其首席执行官与多名高管经受了一整夜喧天的摇滚乐滋扰与来自工人咆哮式的威胁。在法国总统萨科奇承诺会见工会领袖并保住该处后,那些人才得以被释放。[647]

管理对抗性危机

一个组织面临对抗时的征兆是十分明显的:一群抗议者聚在工厂门口或办公室走廊处;他们或封堵或示威或静坐;工人不再上班;批评者摇身一变成为股东因而可以代为起草解决方案。针对首席执行官、工厂或办公室管理者所提出的要求不一而足;抵制或不希望出现的其他行动迫在眉睫。管理者必须懂得如何应对,不仅着眼于当下,而且还要立足于动态的基础上。

应对对抗性危机需要深厚的有关人类行为、政治与社会运行过程方面的知识,以及倾听、群体动力学、冲突解决与谈判方面的技巧。而当新闻媒介也介入之时——通常它们也确实如此,就需要媒介关系方面的高超驾驭能力。

评估来自反对方的力量大小

一个良好的开端是,评估对一个组织形成挑战的激进行动团体的政治力量及其大小。这一工作的主要信息来源是报纸与杂志报道、此类团体自身散发的宣传品、来自曾与此类团体对抗过的其他企业的资料,以及其他如美国公共事务基金会(Foundation for Public Affair)所发布的《公共利益档案》之类的出版物。[648]

同样重要的是要摸清楚反对性团体的情况——认清其特色优势、其所运用的各类策略,以及其在其他对抗行动中的成功记录。

由于迪士尼公司雇用了同性恋员工并做出其他一些对家庭不友好的举动,招致浸礼会(Baptist Church)要求其成员抵制所有迪士尼的项目——包括其独特的主题公园——之时,该公司就可以进行相关的力量评估:该会的成员有多少?他们的组织性如何?其区域分布怎样?其成员是否支持领袖的立场?由于迪士尼所给优惠的吸引力远远大于浸礼会领袖的严词要求,上述的企图失败了。浸礼会认识到,一项抵制行动需要的是人们的自愿参与。对于其领袖而言,号召一项抵制行动非常容易,却很难让其成员去照章遵守。

反对性团体的一个重要力量来源是它与其支持者和公众在沟通方面的能力与技巧。工会通过高效的内部沟通发掘其优势。例如,美国电气、无线电与机械工人国际联合会(International Union of Electronic, Radio & Machine Workers)官方出版的《IUE新闻》,就可以送达每一个会员,并定期刊载被该会与其他团体抵制的产品名录。美国宪法第一修正案及相关的劳工法规——尤其是《美国全国劳工关系法案》(National Labor Relations Act),保护工会与社会行动团体的此类沟通行为。

不能感到措手不及

如果管理者已经贯彻了应变计划制订的各项原则,各类对抗就不应再是完全的意外情况。对各类议题与趋势以及激进行动团体在其中的利益进行仔细的监测,会对此做出预告。许多企业业已设立议题管理与公共事务部门,以"争取前馈式地关注即将出现的议题,或尽可能充分地应对任何事件"[649]。在某些情境下,一个靶子组织在面对那些激进行动分子时会运用顺应型战略,而不会像百事公司那样在最初回应来自纳瑞的控告时使用防御型战略。在谈到游行示威时,意大利内务部副部长曼塔瓦诺(Alfredo Mantavano)指出:"情报是最有力的武器。"[650]全世界范围内的警察都已经认识到,有关抗议者的最好的信息来自于互联网。其他的获取信息的手段是渗入此类团体内部。但是,除非在情况已经演化为恶性事件的条件下,运用此类监控手段是不明智的。

对于发生在西雅图的大规模抗议行动,世界贸易组织没有理由感到惊诧。美国贸易代表巴尔舍夫斯基出人意料地承认,反全球化人士不断增长的政治力量已经出奇制胜地超过了现有的支持自由贸易的力量。[651]即便通过对各主要报纸与杂志进行最粗略的浏览——更别论那些与议题管理相关联的、更为正式的监测工作了,也能够发现其中日益高涨的反全球化倾向。同样,警方也很明显地没有觉察到会议开幕之前的电子邮件动向,以及有2500名活动分子参加的历数全球化罪恶的宣讲会。一个太过普遍的现象是,那些组织中的人往往只顾眼前的一亩三分地,而不会抬头看一下围墙外的情况。社交媒介的力量也没有被充分认识到。

至于刊出那些惹火烧身的穆罕默德漫画的丹麦《日德兰邮报》编辑与出版人是否领教到了穆斯林的愤怒,仍然是一个未知数。他们只是想表达那些基本的有关言论自由的西方价值观。但是,在丹麦首相对当地的穆斯林领袖闭门不见之后,任何一个负责爱氏晨曦公司企业事务的人,对于中东地区的暴力反应都不应感到惊讶。他的办公室没有意识到,那些外交艺术同样适用于丹麦的穆斯林团体。首相花费了三个月的时间才发出一份道歉声明,但已无力回天,根本无法阻止数周后将要发生的抗议行动。

评估自身的脆弱性

一个组织必须实事求是地评估自身的脆弱性,并尽力化解它。脆弱性基于:(1) 曝光度与规模;(2) 一个企业销售其产品的市场类型;(3) 该企业的社会表现;(4) 其暴露度。

曝光度与规模

作为全球品牌,可口可乐与麦当劳很难隐瞒其身份。它们面临特殊的压力去承担社会责任,这也是其吸引激进行动分子的原因之一。同样,像耐克这样的全球品牌也难逃被关注。那些使用当地名称或各类品牌名称的国际企业,能够弱化对其企业品牌的关注,或以此来混淆消费者。当雀巢公司由于向贫穷国家销售其婴儿配方奶粉而遭到INFACT[1]发起的抵制行动时,那些有意愿抵制该公司的消费者不得不记住一长串的品牌名单。长久以来美国企业已经学会保持低

---

〔1〕 INFACT 是一个民间非政府组织,1977年成立于美国,其目的是停止跨国烟草公司带来的威胁生命的烟草泛滥,提高烟草公司对世界人民应尽的义务。自1977年以来,该组织一直在遭到强大公司集团反对的情况下,在国际上努力促进公共卫生。——译注

调——不在敏感的海外处所悬挂美国国旗。

大型、曝光度高的企业会是受关注的目标,因为针对此类企业的行动更容易吸引到新闻媒介与一般公众的注意力。即便靶子企业不顺从,相关的宣传也会帮助到激进行动团体。[652]心理学教授弗里德曼(Monroe Friedman)对 90 起抵制行动所做的研究揭示了此类因素。在对抵制行动发起人所能采取的最高效活动进行分类时,他发现了如下模式:(1)使用知名组织或个人的名称;(2)确定一家或多家知名的靶子企业;(3)使针对靶子公司的抱怨显得合乎情理并简明扼要;(4)在发布相关声明时尽可能地使用噱头式的手段,比如发起绝食抗议行动。[653]当一个社会行动团体使用这些活动时,一个企业的脆弱性就会增加。

抵制行动组织者懂得,"形象管理"逐渐成为那些在零售市场服务于消费者的企业的关切内容之一。由于担心失去消费者的信任,使得美国企业对于各种抵制行动都非常敏感。一项针对美国全国范围内的企业领袖所做的调查显示,企业领袖把抵制行动列为"消费者运动中所使用的最有效技巧"的第一位。[654]组织者善于利用对于抵制行动的这一认知,并发现有时仅仅一个"可能会考虑抵制行动"的声明,就可以形成实现其目的的足够压力。

市场类型

当一个企业面对的是其他的企业客户,或者如政府之类的大型组织时,公众舆论就不再是一个关键性的因素,因为它不会直接影响到该企业的运作。当一个企业的产品与企业本身明显密不可分——如可口可乐与金宝汤公司(Campbell's Soup)——时,该企业是尤其脆弱的。这一因素很少会影响到雀巢之类的企业,因为其销售的产品具有许多不同的商标。同样,在针对斯蒂文斯公司(J. P. Stevens)的经典抵制案例中,行动组织者在把该公司产品信息告知消费者时遭遇了繁杂的沟通障碍;该公司仅床单与枕套这一产品线在市场上就拥有多达 10 个名目繁多的品牌商标。

然而,当一场较大的危机或事件受到新闻媒介的持久关注时,那些具有多产品线与多部门的企业就会变得更为脆弱。宝洁公司曾发生过这种情况,其生产的 Rely 女用卫生棉引发了中毒性休克综合征

(Toxic shock syndrome,TSS)的出现。该公司不得不考虑这一事件对于自身其他产品线可能的负面影响,因而使自己处于不利的位置。

那些销售快消品——消费者需每日、每周或每月多次购买——的企业比销售耐用消费品的企业更具脆弱性。从听闻相关新闻到购买该企业产品的短暂时间内,消费者更可能记住的是关于一个企业的负面新闻。软饮料、啤酒、牛奶、面包与其他日杂用品首当其冲。在充满竞品且品牌忠诚度较低的市场中运营的企业,可能面临更大的脆弱性。

社会表现

已成为争议性的或在社会意义上被污名化的企业,更容易遭遇到选择性抵制行动。一个企业会被认定为一些不公平或伤害行为的最坏的作恶者。在经典的斯蒂文斯公司案例中,该企业被美国服装与纺织业工人联合工会(Amalgamated Clothing and Textile Workers Union)单挑出来,原因在于该企业公开、骄横地拒绝了跟工会的谈判——甚至在法院已要求进行此类谈判之后,另外一个原因是该企业针对未来可能的工会活动开展了攻击性的防御行动。

一个企业的社会政策可能会伤害到某些群体。一个典型的例子是康胜啤酒(Coors beer),由于该企业支持布莱恩特(Anita Bryant)组织的反同性恋活动,因而其啤酒不能在同性恋酒吧销售。同样,由墨西哥裔美国劳工运动者查维斯(Cesar Chavez)发起的抵制葡萄行动在波士顿郊区就异常成功,在那里该议题受到了极大的关注,并且来自同行的压力也挺大。

暴露度

在策划专题活动时,组织可以通过对于地点与场所的精心选择,来减少自身的暴露度。与在固定地点举行的反对一个组织的抗议活动不同,世界性的组织可以灵活地选择其聚会场所。具体到在西雅图的游行示威,位于伯克利、专门为激进行动团体培训非暴力抗议技巧的美国拉克斯协会(Ruckus Society)协调员赛乐斯(John Sellers)表示:"我认为(世界贸易组织)选择这一地点显得不可思议。"原因在于,尽管普吉特湾(Puget Sound)地区有四分之一的当地就业与进口或出口业紧密相连,"但它也深陷盘根错节的激进行动势力之困,其中的很多人跟当地林木行业存在着旷日持久的纠纷,更别提其他的纠葛了"[655]。

传统上一直选定在瑞士达沃斯举办的世界经济论坛,在"9·11"之后由于当地居民担心会受到恐怖袭击,而在2002年搬到纽约召开。[656]并且,在达沃斯召开的2001年年会,也被会场外警察与抗议者之间的冲突所搅局。居民们不希望德国诺贝尔文学奖获得者曼(Thomas Mann)在其《魔山》一书中描绘的闻名遐迩的休憩地,变成一个是非之地。[657]如果预期会发生暴力,那些抗议者相对难以接近的场所就应成为首选。多哈就是这样的一个地方;坎昆会议中心也是如此,它地处伸向加勒比海的狭长沙漠地带,仅有两条高速公路与陆地相连。[658]

主动与媒介交涉

对抗是一桩媒介事件,一定不能容许反对的一方去想当然地垄断媒介资源。媒介报道往往是公众感知的基础,如果没有加以干预,相关的指责可能就会大行其道。危机沟通中的一个基本假设是,"那些对危机拥有界定权的人,也掌控着确定合适的问题解决战略的关键"。参与者往往认为:"新闻媒介的报道会使真相大白,而扭曲真相会在公众舆论与权威方面带来灭顶之灾。"[659]一家全球性咨询公司曾建议:"保持公开、坦率与诚实,那么你就能够掌控由谁、在何种情形下及何时去披露真相。"[660]换言之,借由公开透明的做法,可以持续性地提供能够主导公众舆论的信息与事实,进而框定有利于自身的结果。

许多激进行动团体已变得极具媒介头脑。在西雅图的一些抗议团体拥有非常有价值的先前跟媒介打交道的经验,这包括:行动资源中心(Action Resource Center)、直接行动媒介网络(Direct Action Media Network)、公民贸易活动(Citizens Trade Campaign)、反血汗工厂学生联合会(United Students Against Sweatshops)与全球贸易观察(Global Trade Watch)等。[661]一些团体还受到查尔斯·斯图尔特·莫特基金会(Charles Stewart Mott Foundation)与洛克菲勒兄弟基金(Rockefeller Brothers Fund)之类组织的帮助,这些基金会的动机是在世界范围内行动起来保护环境。[662]对于这些团体而言,举办媒介培训方面的专题课程并向抗议者传授宣传自身的方式,已经成为代表性的工作内容。他们已经学会去开发那些未被《纽约时报》之类的传统媒介所把控的独立宣传渠道。

对抗议活动本身进行录像,俨然成为反全球化抗议运动中的招牌举动。这些激进行动人士越来越多地出现在全球范围内的抗议行动中,并展示和渲染警方残暴的一面。《视频激进行动者手册》一书的作者哈丁(Thomas Harding)指出,这一新型的"游击性媒介激进行动主义"文化是无客观性可言的。他说:"许多游击激进行动者把大众媒介看作大型企业的马前卒,因而他们需要由自己来对事件进行报道。"[663]今天,无处不在的带有摄像功能的手机,使暴力行动被摄录下来并广泛传播的机会大为增加。

在达能公司跟工会组织的对抗中,工会赢得了这场媒介之战。达能失去了来自媒介的支持,而互联网上的讯息又对它造成了进一步的伤害。而且,法国法律的独特之处又使它雪上加霜,因为这些法律限制企业公开讨论替代性方案的权利。该案例的研究者警告:"偏向于对公众舆论施加影响的危机沟通战略,可能会增加与关键利害相关者之间的冲突风险。"其目的不应诉诸一般公众,而应是深化与关键利害相关者的对话。

强化法律但慎用警力

法律行动容易把一种情境进一步推向冲突模式。但如果反对的一方计划使用非法策略时,动用法律就是适当的。科勒(Kohler)公司在其漫长的劳资纠纷中所采取的立场就是一个实例。该公司表示:"让他们知道一旦越线的话,他们就会吃上官司。"[664]另一方面,如果反对团体是真诚地希望解决纠纷,那么借助法律行动就会带来伤害。

处于对抗的双方都可以运用法律行动的策略。在社区团体起诉了波士顿大学之后,该校也转而希望借助马萨诸塞州高等法院的裁决,但最终还是败诉了。对于双方而言,如果都重新思考一下法律途径的利弊,并考虑可否通过商谈与谈判实现更大收益,事情本身可能会出现更具积极意义的结果。

那些遭遇游行示威的组织往往向法律当局与警方寻求保护。在2001年1月瑞士达沃斯举行的世界经济论坛上,抗议者申请举行一场星期六大游行。然而,市政当局拒绝了其申请,部分原因是商界人士的反对。该论坛在会议期间给当地带来大约 1000 万美元的收入,并带来无价的宣传机会。当地警方在所有进入该地的道路与火车道口把守着路障。酒店在其门前放置了类似于机场的 X 光安全扫描设备。作为防范措施,麦当劳让其多处设施处于随时待命状态,并安排安保力量在柜台旁巡视。一些商店甚至打算在星期六的下午关门停业。[665]

对警力的动用需要审慎的判断。2001 年在魁北克美洲国家组织峰会期间,警方向那些试图冲破隔离障的抗议者发射催泪弹的做法,是再正常不过的。[666]不过,多数人认为警方通常反应过度。

2001 年 7 月,在意大利热那亚(Genoa)举办的由超过 10 万人参加的西方 8 国峰会,由于警方的野蛮攻击而令人难忘。[667]7 月 22 日早上,在抗议组织者据为总部的阿曼杜·迪亚斯(Armando Diaz)学校大楼,大约 70 名意大利特警组(SWAT)警力展开突袭,他们闯进大门并殴打了示威者。事件导致 61 人被送入医院救治。其中一个是来自慕尼黑的政治学专业学生黑格尔(Miriam Heigl),她连同其他 30 人被逮捕并带至警察营地。她说,在那里她被脱光衣服羞辱并被剥夺了最基本的人身自由。另一名受害者是来自柏林的考古学专业学生乔娜施(Melanie Johasch),她被警棍击中头部,因左耳后部的骨乳突骨折在热那亚医院接受手术后才苏醒过来。[668]警方的记录显示,有 430 名暴力抗议者被捕、150 人受伤。在 2009 年 4 月伦敦的 20 国峰会上,当相关的证据被提交给英国《卫报》时,警方的暴力再次成为一个引人关注的议题。[669]

积极与反对性团体互动

沟通那些尚具理性的团体

抗议者有时报怨:"我们被支持企业一方的媒介称为恐怖主义者和好斗分子",并认为,一旦他们被贴上"抗议者"的标签,就会被人戴着有色眼镜预先审视。[670]相反,对于不同类型的激进行动团体应该进行具体的区分。伦敦社会调查分析人员马尔施(Alan Marsh)针对此类团体提出了五种类型的分类方法:不积极者、随波逐流者、改革者、激进行动者与抗议者。[671]后面的几类被认为是最激进的。

在资深公共关系顾问莱斯礼(Philip Lesly)提出的分类中,那些极端者被称为狂热分子。莱斯礼把他们描述为"表现出异常的一根儿筋、全然关注于诸如阻止发电厂或解放某地的社会群体之类的单一议题。以自我为中心、痴迷于表现,并视中庸者为敌人。"[672]众所周知,狂热分子与抗议者都倾向于使用最具攻击性的策略。

在反全球化的游行示威行动中,"抗议者"包括那些只希望通过据理力争与非暴力手段促成事情改变的众多倡导者、持不同见解者与激进行动者。在西雅图的 6 万名示威者中,仅有 200 名激进分子被确认进行了砸窗户和其他的破坏行动,但他们却获得了最多的媒介关注。[673]有意愿跟那些尚具理性的行动团体领导人见面沟通并倾听其关切,能够有助于缓和一场对抗。这也可以避免被贴上傲慢、难于接近与不民主的标签。不过,如果有理由认定一个对抗性团体的目的就是纯粹让涉事组织难堪,那么,就应该避免此类的见面沟通,或设定不能有媒介记者在场的前提条件。而那些被列为恐怖主义或极端分子的团体,大多数情况下则应力避。

尽管涉及风险,但管理者正变得愿意与行动团体的领导人见面沟通,并倾听其抱怨与要求。这里的建议是:不要自我屏障;即便对最苛刻的批评者也不要装聋作哑。一个组织不希望被贴上傲慢、难于接近与不民主的标签,也不希望让其批评者抛出关乎道德的议题:"管理者甚至不愿意坐下来与我们交谈一下。"

准备商谈与谈判

一些对抗可以通过自愿改变那些导致其发生的政策与行为,而得以减轻或消除。在有关动物权益的较量中,就已经缓慢出现这样的情况。经济合作与发展组织(OECD)这一世界上最富裕国家的私人俱乐部式组织,在 2002 年 5 月同意了 4 项不再依赖活体兔子与啮齿动物的旨在检验化学安全性的试验。例如,与在活的兔子皮肤上涂抹化学制剂以判断腐蚀性化学品的做法不同,现在通过在人或啮齿动物身上培养的皮肤组织上测试化学品也可以进行同样的检测。根本的原则是做到"3R":减少(reduction)、改进(refinement)、替代(replacement)。[674]

宝洁公司宣布,它会停止在动物身上试验目前的产品。但它仍将在动物身上试验新的产品与成分。因此,宝洁的批判者建议:"只能继续抵制!"美国奢侈品百货商店尼曼(Neiman Marcus)对相关行动团体的回应是发出一封《格式信函》,而不是承认它。该行动团体随后放弃了谈判的努力,转而采用在商店门前(甚至在店内——冒着被逮捕的风险)散发反尼曼宣传材料的策略,以及静坐并激烈挥舞着"尼曼残杀动物"的标牌,并在该公司年会场地外游行示威。

与采取单边行动不同,一个组织会从跟反对性团体的谈判中发掘有利因素。通过谈判解决问题可以消除对抗的根基,避免负面的宣传、对企业声誉的破坏、销售的损失与利润的下滑。如果对双方都有利的话,应该通过互动的方式有意愿去商谈。这种做法可以减少或消除干扰,使一个组织跟其众多利害相关者之间实现更稳定的平衡。然而,一些管理者拒绝商谈,因为他们认为这就等于管理特权的屈服及权力丧失。有人甚至认为,商谈的意愿可能会抬高激进行动团体的要价。

苏斯肯德(Lawrence Susskind)与费尔德(Patrick Field)在《面对愤怒的公众:解决纠纷的双赢之策》一书中,解释了选择商谈而不是与批评者交恶的道理所在。[675]另一本有名的书是费希尔(Roger Fisher)与乌瑞(William Ury)的《达成同意:无让步的谈判术》,它更详细地探讨了一些具体的做法。[676]

通过与工会间的谈判,达能原本或许能得到帮助。它也可以承认抵制行动所造成的具体影响,并与其利害相关者咨询,寻求重建与关闭工厂的替代方案。正如有人所指出的:"达能与其饼干工厂是赢利的,因此,结构调整——尽管投资者希望如此——就不是很紧迫。"一位工厂主管赛弗亚特(Yves Savoyat)更表示:"我们希望保留在法国的特色。"[677]

正如达能公司所学到的教训:

> 管理一场危机不是也不能只意味着在公众舆论上压倒对手;对于管理者而言,最紧迫的任务是避开这些,去化解与直接利害相关者之间的冲突。危机的性质业已变化。它们不再是仅仅关乎价值观方面的碰撞,现在所有参与者都拥有一个公开的麦克风。那些希望通过控制信息,进而去控制舆论的组织领导者,是

在进行一场必输无疑的战斗。[678]

考虑在决策制定过程中纳入公共利益团体

除了与环保主义者及其他批评者会面,世界银行还走得更远,即把这些团体的意见纳入其决策制定过程。[679] 这需要克服其之前的反应,即把所有的批评声音都看作是需要加以纠正的错误想法。美国环境保护基金(Environmental Defense Fund)高级律师瑞奇(Bruce Rich)指出:"这是大型官僚体系的经典性回应。"接下来的就是:"一个问题可以很方便地被解释为误读与误解的结果,因而,可能通过适当教育批评者的方式加以改正。"[680]

在沃尔芬森(James Wolfensohn)就任后,世界银行开始营造对于公民社会更为开放的氛围。该行负责社会发展的首席专员克拉克(John Clark)对这一战略所包含的六个方面进行了解读:

- 在具体业务运作中扩展协作空间,在项目设计中强调公民社会的早期参与;
- 在每一个国家都把公民社会纳入对相关战略的讨论过程;
- 启动了一项新的信息披露政策,使更多的信息向公众公开;
- 设立针对诸如环境与债务减免之类的重大政策议题的常规性对话机制,代替先前更显非正式的咨询做法;
- 利用自身对于借贷政府的影响力,鼓励对于民间团体的更大宽容度;
- 扩大了咨询对象的范围:行业工会、宗教团体、民间协会以及构成当地社会的其他团体。[681]

世界银行对于非政府组织更为接纳的开放做法,业已帮助其消除了一些公开的批评。

结　　论

对抗是一个民主社会的正常存在。但是,其发生频度与激烈程度,则在很大程度上依赖于一个组织的影响到其利害相关者的政策与行动的完善水平,以及其沟通工作的充分程度。有些对抗也可能会降临到那些无可指摘的组织头上。一个企业或许会受到牵连,原因在于,在推广社会议题上它是一个方便的、战略性的靶子,或者因为人们对涉事公司母国所采取的一些行动表示愤怒。

一个企业必须对可能引发冲突的议题与外部团体进行持续性的监测。当一场对抗显得愈演愈烈之时,应运用政治学的一些工具研究挑战者的本质与力量。通过理解对抗的动力学,涉事组织能够决定如何才能够最好地去应对——再一次在防御型与顺从型战略间进行抉择。从众多不同的对抗中所获得的教训——在管理对抗性危机的大框架下所总结的有关内容,应该能够派上用场。

应对对抗性危机需要深厚的有关人类行为、政治与社会运行过程方面的知识,以及倾听、群体动力学、冲突解决与谈判方面的技巧。而当新闻媒介也介入之时——通常它们也确实如此,就需要媒介关系方面的高超驾驭能力。

第九章　恶性事件危机

当对手或不法之徒采用极端与通常犯罪的手段,以表达敌意或谋取利益为目的,针对一个企业、国家或经济系统,旨在对其进行扰乱或破坏时,一个组织就面临着恶性事件危机。恐怖分子针对政府的行动,就是恶性事件最明确真切的表现,而2001年9月11日针对纽约世贸双塔的袭击则是最极端的例子。

恐 怖 主 义

恐怖主义是在一个冲突中一个或多个对立者对极端策略的使用。[682]尤其需要指出的是,正是恶意所含有的心理意义上的影响,使每一个恐怖事件——不管多小——都彻头彻尾地不得人心。不出意外,一个有关恐怖主义的定义是"出于政治目的、旨在引发恐慌的对于无辜者处心积虑的残害与恐吓"[683]。另一个定义把恐怖主义看作"暗中从事的、不经声明的与非传统性的,且没有任何人道主义约束或规则的特殊形式战争"[684]。美国联邦调查局(FBI)的定义是:"针对个人或财产的对于武力或暴力的非法使用,用来恐吓或胁迫政府、平民或任何群体,并进而推进其政治或社会目的。"[685]

"9·11"恐怖袭击显示出更好的危机识别与准备工作的必要性。正如现在已知的情况,联邦机构与军方对于"9·11"突发事件的准备极为糟糕。在这个国家面临袭击之时,白宫、军方与其他联邦机构之间存在着指挥链上的混乱。五角大楼与美国联邦航空管理局(FAA)总部之间根本没有协调机制。空管中心最初根本没有发现,劫机者已经改变了第二架飞向世贸中心的飞机应答器的信号。他们也没发现美国航空公司班机的转向,这架本应飞往美国加州的航班在未被发觉的情况下朝向华盛顿飞行了 36 分钟。当军方战机紧急起飞时,他们还在一开始飞向了错误的方向。[686]

人们一直担心的是恐怖主义的终极表现形式——原子弹或细菌袭击——终将会到来。我们现在生活在一个糟糕的世界里。阿富汗的路边炸弹昭示着无所不在的危险。我们必须预期会出现更多的恶性事件,并对此做好准备。

易成为恐怖袭击目标的商界

尽管恐怖行动通常针对的是政府或军方/警方的官僚体系,但商界的当权势力及其管理者也已成为更通常的目标。其原因在于,企业被恐怖主义者看作是"国家中剥削性帝国主义者的急先锋或专制组织的帮凶",具有高曝光度的象征。[687]2008 年 11 月 27 日,当 10 名恐怖分子手持 AK-47 步枪在印度孟买发起袭击之时,公共与私人靶子之间的分野变得模糊起来。他们的攻击目标是 1 个火车站、2 个豪华酒店、1 家医院和 1 个犹太人中心。[688]袭击造成 166 人死亡,许多人受伤。这些人多为商务人士与游客。经受创伤的孟买市民再也没有安全的感觉,并对当地政府未能阻止袭击极为愤怒。许多人转而求助于私营部门的安全与应急服务。[689]恐怖分子成功打击了民众对于政府的信心。

私营部门必须在更小规模上做好应对恐怖袭击的准备。所有组织都必须考虑各种威胁的可能性,这包括:绑架管理人员、职场暴力、邮件炸弹或炭疽邮件、敲诈企图、企业间谍、网络犯罪、散布恶意谣言、通过互联网的诽谤等。保护一名高管的代价可能是很高的。2007 年,美国亚马逊公司用于保护其首席执行官贝索斯(Jeff Bezos)的费用高达 120 万美元。其他高管的保护费用包括:阿博利斯生物科学公司(Abraxis BioScience)董事长与首席执行官陈颂雄(Patrick Soon-Shiong)为 727 199 美元;驿站赌场(Station Casinos)董事长与首席执行官费尔蒂塔三世(Frank Fertitts Ⅲ)为 571 447 美元;盖尔斯(GUESS)董事长马尔西亚诺(Maurice Marciano)为 158 478 美元;先灵葆雅(Schering-Plough)制药公司董事长与首席执行官海森(Fred Hassan)为 134 000 美元。[690]

诸如化学品、交通与公用事业之类易受波及的企业,应该致力于适当的减轻与准备性工作,但它们往往担心费用问题。2003 年,来自新泽西州的民主党参议员科尔津(Jon Corzine)引入了化学品安全法案,作为一个对抗恐怖主义的举措。该法案的目的之一是,通过改变生产方式与流程,减少化学品的使用与储存。它受到这一行业两大游说团体——美国化学理事会(American Chemistry Council)与美国石油学会(American Petroleum Institute)——的反对。它们尤其关注那些要求"本质上更为安全的科技"的监管者的意图。[691]参议员科尔津试图影响国土安全议题的努力,还不足以改变上述两个团体的立场。

恶性事件的类别

一些过去曾广为报道的针对企业的恶性事件包括:强生公司泰诺胶囊的投毒事件、百事公司苏打罐装饮料中放置注射器与针头的事件、宝洁公司与邪恶势力沆瀣一气的谣言事件,以及热带风情(Tropical Fantasy)饮料使非裔美国男性不育的传言。下面一些新出现的案例表现得更为阴险与暴力:生物恐怖主义、网络犯罪、职场与学校暴力,以及通过互联网散布的谣言等。

生物恐怖主义

炭疽邮件

2001 年 9 月,当一系列含有炭疽的邮件被一个不知名者发出时,美国人开始熟悉生物恐怖主义了。至少有 7 封这样的邮件从靠近新泽西州普林斯顿大学的邮筒寄给立法者与新闻媒介。这些邮件共造成 5 人死亡,17 人受伤。[692]它还引发了严重的混乱,比如,在来自佛蒙特州的参议员莱希(Patrick Leahy)收到一封此类邮件之后,国会被迫关闭数月,以便对参众两院议员使用的建筑物进行彻底的检查。[693]

炭疽邮件所造成的心理影响是前所未有的,原因在于这紧接着出现在针对世贸中心与五角大楼的恐怖袭击之后。这种恐怖主义形式的无所不在,加剧了人们对其严重性的担忧:它可能出现在美国邮政局服务所覆盖的任何地方,并随时危及任何邮局雇员及收件人。还有,炭疽病的症状较难于诊断,因为它会跟普通感冒或更严重一点的流感之类的常见疾病相混淆。流鼻涕或鼻塞并不意味着流感,因为流感症状是系统性的,比如患者会感觉全身酸痛并极为乏力。而炭疽病与流感的相似之处在于,其患者感觉到发冷、胸部隐隐作痛、恶心、高烧与身体疼痛。[694]

而专门负责处理此类危机的美国公共卫生机构所遭遇的不足,严重影响到了对于该病的正确诊断。他们是第一道防线,但囿于美国的卫生体制,其数目与员工人数已被削减,甚至美国多达1140个县根本没有卫生行政机构。[695]美国疾病预防控制中心(CDC)在监测疾病爆发与分析其模式方面可以发挥至关重要的作用,但其角色只是在被请求的前提下,帮助州一级的公共卫生机构。

未来的趋向

美国波托马克政策研究所(Potomac Institute for Policy Studies)共同创始人布朗(Bertram S. Brown)博士预测:"生物恐怖主义会是下一场灾难。"[696]1995年在东京地铁释放沙林毒气的异教团体,本有使用炭疽病菌的计划。[697]有关生物恐怖主义的其他一些"最坏情景"包括:释放天花与诸如炭疽、黑死病、出血热、埃博拉与基因拼接(Gene-spliced)细菌等其他一些致命性的病毒。天花将会是最严重的威胁,原因在于其极强的接触传染性,还有一点是,自1972年以来美国一般公众都没再接种过相关的疫苗。如同1918年大流感那样,这一疾病可以造成数千或数百万的美国人死亡。最大的担心是,生物恐怖主义会在战争中成为一种新式武器。米勒(Judith Miller)等所著的《生物武器与美国的秘密战争》一书罗列了包括美国在内的许多国家研发生物武器的各种努力。[698]有证据表明,许多国家都拥有生物武器库。

生物恐怖主义也被运用于本地冲突当中。2001年,在俄勒冈州达尔斯(Dalles)这一人口仅有1万人的小镇,发生沙门氏菌中毒事件,尽管仅有1人死亡,但其他中毒者睡满了该镇唯一医院的125个病床。后来发现,本次沙门氏菌的爆发是住在本地的、大型异教创始人奥修(Shree Rajneesh)的追随者制造的。这一具有4000名成员的异教团体的扩张在当地受到阻止,他们由此被激怒,进而向镇上的沙拉自助柜喷撒了沙门氏菌病毒。[699]

网络犯罪

网络犯罪是把电脑技术应用于各类不良活动。它通常指的是"新型"犯罪,比如出于间谍或自身利益的目的,未经允许侵入电脑系统与数据银行,以盗取有价值的知识财产或其他信息的"黑客行动"。网络犯罪还包括,利用电脑以更好地实施诸如盗窃、欺诈、敲诈与跟踪等传统犯罪的行为。网络犯罪的一个特征是其超越国界的能力,因而可以逃避在本地的法律制裁。[700]作为应对,2001年一个针对网络犯罪的公约被组织起来,以探讨设立一个类似于超国际刑警组织的机构,协调在不同国家执法机构间的相关调查工作。[701]

报纸标题也显示着网络犯罪的严重性。2009年8月18日《华尔街日报》刊登了整版文章《惊人的网络诈骗逮捕行动》。[702]文章介绍了28岁的冈萨雷斯(Albert Gonzalez)与两名俄罗斯同伙窃取1.3亿银行卡信息、制造美国有史以来最大黑客入侵与身份盗窃案的情况。

2006年,针对美国企业与其他组织的616名安全从业者所做的电脑犯罪与安全调查,列出了新出现的常见网络犯罪类型:病毒攻击、对网络的非法入侵、丢失与被盗的便携电脑或移动设备硬件、窃取专利信息或知识财产。[703]来自中国与其他一些国家的间谍正在把目光盯向旅行的美国企业与政府官员。这些人的电子设备往往被外国政府锁定,所使用的策略包括:在机场安检处或酒店房间复制便携电脑中的信息、在黑莓设备中无线植入间谍软件,以及一种被称为"啧啧"(slurping)的新技术——它利用蓝牙技术从电子设备中窃取数据。[704]

美国折扣零售业巨头TJX公司的数据盗窃案

史上最大的信用卡信息盗窃案发生在2005年,当时黑客把一个望远镜形状的天线指向明尼苏达州圣保罗附近的马歇尔服装折扣商店,使用一台便携电脑去解码在手持查验设备、收银机与该店电脑间无线传递的数据。[705]黑客接下来就能够侵入马歇尔公司的母公司——地处马萨诸塞州弗雷明汉(Framingham)的TJX Cos公司的中央数据库,以获取更多的消费者信息。黑客从相当于一年的记录中下载了至少4570万份信用卡与借记卡信息,并且可能从长达4年的记录中获取了多达2亿份的银行卡信息。他们也获取了可用于身份盗取的

45.1万个消费者的个人信息——比如驾驶证号、军官证与社会安全号（SSN）。

黑客们采用通过中间人的方式，在由密码保护的互联网易物网站上把所窃数据卖给其他的窃贼。这些黑客被怀疑为"罗马尼亚黑客"（Romanian hackers）以及俄罗斯人组织的犯罪团伙的成员。依据所购卡的限额与其他因素，犯罪嫌疑人会为每张卡支付高达200美元。[706]接下来，仿冒卡就会被制作出来，并出现在信用卡的账单中。仅在佛罗里达州，一个购买了黑客所盗取TJX公司客户资料的团伙使用这种方式，在遍及该州的沃尔玛、山姆俱乐部与其他的商店内通过小额交易盗刷了800万美元。一名身在加州的消费者，发现了长达一页的在佛罗里达的沃尔玛店购买礼品卡的450美元交易记录。美国的多家银行遭受了损失。

由数据盗取所引发的损失是惊人的。TJX公司在5年时间内投入到漏洞防护方面的费用超过100万美元，这包括花在咨询师、安全升级、律师以及使消费者更放心方面的营销费用，但不是官司上的债务。2009年6月，TJX公司同意向包括加州在内的41个州支付975万美元，以解决庞大的数据泄漏问题。至于美国的个人而言，风险是有限的：对于借记卡用户，只是在60天内没有向银行报告相关错漏的情况下，他们才需要对未经授权的交易承担损失；而信用卡用户只需对盗刷费用承担50美元的损失。而承担主要损失的是信用卡发卡公司。但新的法律规定也已被提上日程，例如，要求造成疏漏的公司承担告知消费者并补发新卡的费用，或由那些安全系统存在漏洞的公司来承担由疏漏所造成的所有经济损失。[707]

TJX公司未对其数据安全系统给予足够的高度重视。直到黑客入侵之时，它一直忽视在信用卡数据库方面的疏漏，并在一年多的时间里一直没有发现。直到2007年1月，该公司才承认有黑客已攻破了其系统。[708]

竞争情报

不过，此类网络间谍行为应与竞争情报（competitive intelligence，CI）这一合法的活动相区分。由于电子交换与互联网的出现，尤其在当今全球化的时代，这一活动已经发生翻天覆地的变化。无论从企业年报之类的第一手资料源,还是从报纸、杂志、书籍与其他被编辑的媒介等第二手资料源收集信息,互联网已使这类工作变得极为简单。收集与分析的信息也可以很容易与快捷地传递出去。

国际网络间谍

在国际层面上,随着外国政府与恐怖集团集中于网络攻击,网络勇士们正在寻求对美国造成伤害。[709] 2008年,美国智库战略与国际研究中心(Center for Strategic and International Studies)报告指出,美国国防部、国务院与商务部都曾被不明外国机构侵入。而俄罗斯与中国是最大的嫌疑。美国政府机构是脆弱的,原因在于它们是依据等级制的、相对独立的"烟囱"方式组织起来的,由此彼此间最薄弱的联系抵消了所有的一切。

在一篇名为《刺探美国宇航局的机密》的文章中,《商业周刊》描述了黑客与外国势力多年来是如何刺探美国宇航局电脑的。该机构的文件显示,一种显著的电子入侵模式可以至少追溯到20世纪90年代末期。[710] 有时,黑客发现侵入非常容易,比如使用"管理员"(administrator)之类明显的密码即可。"美国军方与科研机构,连同国防工业部门,充斥着卫星、火箭发动机、发射系统甚至航天飞机等领域的机密信息。"[711] 位于亚拉巴马州亨茨维尔(Huntsville)的美国马歇尔太空飞行中心(Marshall Space Flight Center)所存在的漏洞尤其易于侵入。作为预防,美国宇航局已停止在发射之前使用电子邮件。失窃的科技花费了美国纳税人大约19亿美元——所失去的知识财产的价值,以及美国在过去50年里开发火箭发动机所付出的代价。

在欧洲,2007年发生于爱沙尼亚的一次攻击成为一声"响亮的唤醒警报"。有史以来第一次,一个国家面临着一场使众多银行、政府部门、报纸与电台电视台的网站陷入困顿的正面、匿名的攻击。[712] 其复杂程度前所未见。电话交换系统被锁定;数百兆大小的邮包"炸弹"先是被发往一个地址,接着是另一个地址,一个国家与大型电信公司深陷其中。"僵尸网络"(botnets)——不可计数的被黑客控制的电脑被暗中植入了代码——通过大规模发出虚假的信息请求,使众多网站瘫痪。这一号称"分布式拒绝服务"(DDOS)式攻击覆盖超过100万台电脑。黑客们侵入并控制了数千台私人电脑,并借助它们使目标组织被海量讯息所淹没。

通过博客诽谤某人

恶性事件也可以表现为利用博客指责或伤害某个人。正如高兹鲍罗夫（Reid Goldsborough）所指出的："匿名发泄严厉的批评——很不幸的——是网络文化的一部分。"[713]曾出现在时尚杂志 VOGUE 封面的前职业模特科恩（Liskula Cohen），被现已不存在的名为"纽约市讨厌鬼"的网站点名辱骂。她的一张图片也被放在博客上。出乎意料的是，在纽约高等法院下令谷歌公司必须披露其所掌握的任何有关博主的身份信息后，该博主的身份被曝光。尽管这一风波最终被客气地解决了，但它显示出，借由互联网所暴露的恶性事件是有底线的。

职场暴力

职场暴力——身体攻击、威胁性言行或言语辱骂——是一种针对雇主与同事的恶性事件形式。它的发生频率远高于当地报纸的报道偶尔所揭示的情况。[714]由美国西北全国人身保险公司（Northwestern National Life Insurance Company）所做的《职场中的恐惧与暴力》研究报告指出：从1992年7月到1993年7月，有超过200万美国人成为职场身体攻击的受害者。该报告还表示，另有600万员工被威胁，1600万人曾受到骚扰。[715]

整个20世纪90年代，平均每周有19人在工作中被杀害，而每年将近1000人。进入新世纪以来，职场蓄意杀人案平均每年达603起。而根据美国劳工统计署（Bureau of Labor Statistics）的数据，从2006年到2007年，所发生的职场事故数增加了13%。美国职业安全与健康研究所（NIOSH）2006年的调查显示，在过去的12个月中，有近5%的美国企业曾出现过职场暴力。[716]每起职场蓄意杀人案的估计损失高达85万美元。[717]

由于其新闻价值以及全国性报纸与晚间电视节目的集中报道，职场暴力在将整个组织置于聚光灯下之时，也在经济与法律责任之外，演化为一场危机。一项相关的研究显示，股票价值会在短期内下跌近8%（但仅仅50个交易日后它就会涨回到原位）。但最终的结局并非往往都是积极的:有些企业损失数百万之巨,甚至整个地灰飞烟灭。[718]

人力资源经理被激励启动职场暴力方面的应变计划,并把它作为组织总体应变计划的一部分。这涉及一个危机规划团队,以及管理具体情境的详尽方案。并且在危机期间,应足够重视员工沟通工作。危机过后,必须对所有受到影响的人提供可用的帮助。员工应该认识到"危机事件压力"(critical incident stress)的后果,并承认其情绪的价值。他们应该被告知可用的各类资源的情况。[719]

美国邮政服务

作为美国最大的雇主,美国邮政局拥有 73 万名雇员,职场暴力一直是一个重要的问题。正如美国疾控中心的一份报告所显示的,同事间的蓄意杀害案件在美国邮政局占到了不相称的比例。在 1983—1993 年期间,在美国邮政局内部发生了 10 起暴力事件,共造成 34 名雇员及两名家属死亡。最严重的事件发生在 1984 年,在俄克拉荷马州埃德蒙(Edmond)邮局兼职信件投递员谢瑞尔(Patrick Sherrill)枪杀了 14 人后自杀。[720]

鉴于职场暴力问题的脆弱性,其化解方式包括:通过认真审慎的招聘程序让正确的人来承担正确的工作,以及构建良好的员工关系,鼓励员工与其上司及管理层之间坦诚地沟通以减少工作上的压力。美国邮政局通过开展年度性的员工意见调查,对此进行了检验。[721] 为了有助于减少职场暴力,美国邮政局还专门举办了这方面的高管培训项目,涵盖冲突解决、正面强化的价值与员工授权等内容。员工沟通也被广泛地加以开展,比如:告示版上的帖子、新闻信上的文章,以及在偶尔的大厅会议上的当面交流。[722]

大学强奸案

1999 年 9 月 12 日,一名波士顿大学的学生在该校租用的以玛利学院(Emmanuel College)宿舍被强奸。这名学生在去沐浴间时被一名男子控制,以刀抵住咽喉,并被拖至其房间受辱。该男子还向受害人询问如何离开宿舍楼,当他们一同走出走廊时,受害人才呼喊求救。

在安保人员获得警讯后,警方抓获了一名嫌疑人。他告知该区域的巡警,并借助监视摄像头获知了嫌犯的具体位置。短短两分钟,嫌疑人就在试图翻越栅栏时被擒获。该嫌疑人被逮捕后,被波士顿大学警方收押并带至布赖顿(Brighton)警务处。而受害者则被送至附近的医院就诊。

当嫌疑人被提审时,一名具有自由主义倾向的法官以7.5万美元保释金(此类犯罪的通常保释金额为50万美元)将其释放,而这笔资金由嫌疑人的雇主支付。该公司由一名以"友好且慷慨"著称的以色列移民设立,他喜欢雇用来自其他国家的移民。而那名嫌疑人是一名摩洛哥人,被要求上缴其护照。

沟通工作

在事发4个小时后的上午9时30分,波士顿大学公共关系总监卡尔顿(Kevin Carlton)被通报此事。他决定不举办新闻发布会,因为基于他本人多年来作为公共关系总监所积累的熟悉记者的优势,与记者进行一对一沟通是他的强项与首选。他与另两名熟悉具体情况的人,被授权与记者进行相关的沟通。

上午10时,卡尔顿启动了危机管理委员会,它包括学生所在学院的院长、法律顾问、咨询中心的代表以及来自校长办公室的代表。当天晚上,院长与事件发生所在宿舍的学生进行了见面交流。"批评环节"只持续了一个小时,另外一个半小时则是用来收集相关的建议。其中一个建议是在门上安装窥孔,这个当即被采纳。大学方面还增加了另外值夜班的安保人员(总数达到两名),以及负责巡查宿舍区的巡警。

事发第二天的9月13日,当嫌疑人在法庭被提审时,该事件被公开,波士顿当地媒介也对此非常感兴趣。嫌疑人的面部照片在各种媒介被曝光,这引发了以玛利学院学生的热议,有学生声称在聚会回来的路上,这名男子曾"骚扰过"其中的一名学生。随之,该男子又被增加了两项指控,并在其律师的办公室再次被捕,追加了12.5万美元的保释金。

学生报纸《波大自由报》尽管可以接触到大学警方的相关材料,但直到两天后的星期二,该报才开始对此进行为期三天的报道。卡尔顿并没有通知该报,他也不认为此事对于那些地区或全国性媒介具有新闻价值。当时,大学方面倒是有一个已准备就绪"随时待命"的网站,但一直没有运转起来。

弗州理工学院枪击惨案[723]

大学与其他学校必须直面严重的在校园内发生暴力事件、致使大量学生受伤害的突发情况。美国的大学往往以其开放的校园与建筑物，以及最少的安保人员著称。

美国曾发生多起高度引人关注的枪击案。1996 年，惠特曼（Charles Whitman）爬上了奥斯汀的德州大学塔顶，用猎枪射杀致 16 人死亡，31 人受伤。最骇人听闻的事件发生于 1999 年 4 月 20 日，两名受视频游戏毒害的学生哈里斯（Eric Harris）与戴伯得（Dylan Diebold）杀害了 13 名同学。[724]

这些事件可以称得上是"美国有史以来最恶劣的非战时枪击案"。[725] 2007 年 4 月 16 日，一名沮丧悲观的学生在弗吉尼亚布莱克斯堡（Blacksburg）的弗州理工学院，制造了 32 死、32 伤的枪击惨案。这个名叫赵承熙（Seung-Hui Cho）的学生是一个韩国人，但从 8 岁开始一直在美国居住并成为合法的永久居民。他的杀戮行动开始于当天早上 7 时 15 分左右，在西安布勒·约翰斯通（West Ambler-Johnston Hall）宿舍，他杀害了 19 岁的兽医专业新生黑斯切尔（Emily Hilscher），还射杀了另一名附近的学生、大学军乐团成员克拉克（Ryan Clark）。

而最要命的失误在于，接到报警的大学警方没有启动校园警报。他们错误地认为，黑斯切尔的死是她跟其男朋友之间的矛盾所导致的。她的这名男朋友当即被审查并被发现是无辜的。一份由州级调查小组完成的报告指出，过早做出的错误假设导致从枪击案发生到该校最终向师生发布警示——一个"原本可以带来重大改变的"警告——时，存在长达两小时的空档。[726]

在继续其杀戮之前，赵承熙还去邮局向纽约全国广播公司（NBC）新闻部门寄出了一个包裹，其中包括"他本人持枪射击的造型图片、视频材料，以及一份杂乱且用污言秽语谩骂有钱人的内容"。随后在 9 时 5 分，他进入离宿舍大约一英里的诺里斯大楼（Norris Hall），并用铁链锁上了大门以防有人逃出。接下来他挨个走进每一个教室，试图射杀里面的每一个人。之后，他饮弹自杀。他的武器是半自动的 9 毫米格洛克(Glock)和瓦尔特P22手枪。[727]他拥有多种武器,在当年的2月及3月,他曾合法地在邻镇一家典当行与枪支商店购买过手枪。他还拥有所有必要的资料文件,且没有犯罪记录。

正如可能预料到的,相关的媒介报道排山倒海。美国有线电视新闻网(CNN)由平时700万的收视人群一下子猛增到1900万人,而美国广播公司(ABC)网站的浏览量一天之内达到230万次,比此前一周激增了210%。[728]弗州理工面临着一个严峻的安保松懈问题。

之后又发生了多起校园枪击案。在路易斯安那技术学院(Louisiana Technical College),一名女学生在教室里射杀了两名同学;在特拉华州立大学(Delaware State University)餐厅两名学生中的一人在被枪击后死亡。[729]在北伊利诺伊大学(Northern Illinois University),在一个报告厅里给本科生的课即将下课之际,一名以前的学生从讲台上的幕布后走出来,杀死5名学生,并致使另外16人受伤。[730]该校主管公共事务的助理副校长马格拉(Magara),在事发后两小时就召开了第一场新闻发布会。由于在发布会之前没有要求开会,从而节省了时间。她认为,尽快面对所有媒介发布相关信息,回答记者的提问,就能够制止各种猜疑的出现。对于师生接受媒介采访,既不鼓励也不阻止,但要求他们严格按照自己所知的情况作答。

枪支问题

每逢枪击事件发生后,通常就会有人呼吁收紧枪支管控。在弗吉尼亚州美国全国枪支协会(National Rifle Association)总部降半旗的同时,其反应仍是为人们拥有武器的权利辩护。他们认为,如果没有2.4亿支枪,美国人就无法抵御犯罪和暴政。一些学生与美国宪法第二修正案的支持者坚称,如果那些受害者拥有武器,他们应该会做出反击。

大多数控制枪支使用的努力都以失败而告终。在1994年克林顿总统签署了相对温和的控枪法案——它禁止攻击性武器——后,那些军用的速射步枪就远离民用了,2004年布什总统又废除了这一禁令。许多城市都有严格的反枪支法律,但当哥伦比亚特区尝试把拥有枪支列为非法之时,其高等法院却站在了全国枪支协会一边。该协会的力量如此之大,以至于很少有政客会做出使控枪法律更严格的提议。

弗州理工枪击案使枪支在该州更受欢迎。在枪支许可申请方面,

2007年比上一年的申请量增加了4.4万。同样,该州立法机构也拒绝了州长要求修补有关武器的法律漏洞——允许在枪械展览会上未进行现场背景调查的情况下,从未经批准的销售商那里购买枪支。[731]

许多大学校园正在讨论的一个政策是,校警是否应该佩戴枪支。在布兰迪斯大学(Brandeis University),一个8人小组有意触及该问题并明确无误地建议,之前未配备武器的校警应该加以武装。到2008年夏天,在该校拥有4100名学生的校园里,20名校警开始配备武器。[732]

安全与隐私

如同科伦拜恩中学[1]当时的情形,人们纷纷质问,为什么那些带有行为性问题的学生没被及早发现并接受干预治疗。在弗州理工学院,赵承熙房间里发现的一篇文章写道:"你促使我这样做的。"[733] 很多人知道他公开表现出的对于宗教、女性、"富家子弟""放荡者"及"欺骗者"的敌视。[734]

在创意写作课上,赵承熙创作了两篇"扭曲、充满血腥的"剧作,其中的情节"充斥着狂躁的愤怒:涵盖着金钱、性、宗教与骄横的成年人"。看了他的写作,英语系主任鲁德(Carolyn Rude)教授觉得颇为担心,就把他转给了学院的心理咨询中心。[735] 据他的同学介绍,他在课堂上总是极为安静,并戴着太阳镜、帽子且毫无表情。一些批评者更质问道:对于他的一系列明显的问题举动,为什么不能开展更多有效的预防工作?

负责调查这次事件的小组认为,尽管学校很多人知道赵承熙在进校第一年就表现出堪称"精神不正常警讯"的"许多不正常举动",但学校却没能有效地加以干预。调查小组还发现,在2005年年底与2006年,当来到弗州理工后,他并没有接受到所需要的心理健康服务。而他在该校库克心理咨询中心的治疗记录却丢失了。[736]

2005年,两名女学生曾向警方诉称赵承熙跟踪她们,但并没有做出指控,警方也没有逮捕他。然而区法院认为他"精神有问题"且"对

---

[1] 该校曾发生过枪击事件。2002年,美国著名导演摩尔也以此事为背景,推出了名为《科伦拜恩校园事件》(Bowling for Columbine)的纪录片,着眼于事件背景、环境与公众的反应,以枪支为符号探讨美国自由与自我毁灭之间的关系与冲突。——译注

自身或他人都存在着不容忽视的危险",并要求他做一个精神疾病方面的检测。但在卫生当局指出"他的见解与判断力是正常的"之后,他就被释放了。[737]

使矫正性措施变得困难的是,大多数学校热衷于保护其学生的秘密,每每举出隐私保护法律并支持学生的独立性。[738]鉴于学生们在18岁时就被认为到了法定的成年,联邦与州级的相关法律一般都禁止学校把一个学生的健康或学业情况分享给其父母或相关外部机构。[739]但太过保护隐私可能就会牺牲掉安全。管理当局必须从根本上在可能侵犯隐私权与努力阻止错误的伤亡之间做出权衡。在美国为1200家教育机构提供保险的美国联合教育者保险公司(United Educators)高级风险分析师伯罗伊(Karen-Ann Broe)指出:"在保护学生的隐私方面,我认为所存在的犹豫态度超出了法律所要求的界限。"[740]这种犹豫态度还蔓延到中学里,因为他们不愿意将那些有价值的学生档案随学生递交至大学。

传言

传言——未经证实并大范围散布的言论——的流传可能是由恶性事件所引发,以用来对某些个人或组织造成伤害。在其他案例中,唆使者可能没有犯罪企图,但对目标企业所造成的伤害却是真切的,因而也足以构成民事诉讼要件。企业明白其声誉可能被破坏、股价会下挫,因而被迫进行自我防护。

多年来在传言中被指责与邪恶力量结交的宝洁公司[741],又遭遇新的传言——其卫生棉条含有石棉,其除臭剂纺必适(Febreze)能杀死宠物。1999年3月出现在互联网上的一则警告指出:"纺必适对宠物有害。已有多个实例表明,接触过纺必适这一除臭剂/空气清新剂的狗与鸟死掉或发病。纺必适含有氯化锌这一对动物非常有害的成分。"此类网络中伤迫使企业为其声誉而战。宝洁公司利用其官网发布了一份答问声明并表示"这些谣言是不真实的"。[742]

信息真空也会引发传言。2007年夏,当苹果公司的标志性领袖乔布斯(Steve Jobs)在产品发布会上显得憔悴之时,他的健康状况就成为传言的焦点。此类猜测源于他在2004年曾接受过癌症手术。鉴于如果没有了乔布斯,苹果公司就会黯然失色且股价下跌,人们的焦虑加剧了相关的传言。在连续数个月否认乔布斯健康出现严重问题之后,各类传言甚嚣尘上。直到 2009 年 1 月初,苹果公司一反常态开始提供相关信息。乔布斯在当年 6 月底前会暂时离开日常事务专心治疗。[743] 其他容易产生传言的情形还包括,在企业投资计划、兼并、裁员等人们所关注的问题上不能提供完整的信息。比如,当三星集团在东南亚国家寻求各类投资机会时,有关马来西亚槟城(Penang)由于其劳动力素质与土地而获青睐的传言就出现了。[744]

相关传言的威力来自于其情绪性特征。在最纯粹的形式上,它涉及所关注问题的不确定性。有时,传言源自于对可能性及其后果的判断。一旦进入流言模式,人们对相关事实就会变得熟视无睹。当从不同来源——甚至同一来源——重复听到某一传言,尤其再加上现有偏见、成见与焦虑的影响,就会让人变得更可能相信它。正如危机沟通专家与博客作者巴特勒(David Bartlett)所言:"即便最聪明的人也容易上当受骗。可验证的事实,以及最简单的常识,跟一个传言的散布很少或根本没有关系。在城市里,即便很容易被揭穿,一些根本不可能发生的传闻仍然大行其道。当然,一旦一个传言攀上互联网,那它就得以永生了。"[745]

互联网上的传言

对于由愤怒与愤愤不平的消费者、员工与反企业激进行动者通过互联网散布的传言,企业变得越来越脆弱。由于各类社交媒介的出现——比如互联网、博客、手机、聚友网(MySpace)、脸书(Facebook)、推特(Twitter)以及其他社交网络,各类传言无论是在数量上还是传播速度上都在急剧增加。维纳(Richard Weiner)指出,博客就是为流言而发明的——而流言从概念上比传言更宽泛,通常涉及他人(尤其是名人)的私人生活。[746] 流言与传言都在现有的社交网络——职场、星巴克咖啡厅、亲朋之间、会议、社区与邻里聚会——中如鱼得水。对于那些成为流言或传言主角的人,相关的声誉管理就成为第一要务。

20 世纪 90 年代末互联网泡沫崩盘之时,数家网站成为那些不满意员工的向往之所。其中一个最知名的是"FuckedCompany.com"。其他类型的愤怒则通过含有"恶心"(sucks)一词的数百家网站表现出来,比如 PayPalsucks.com、WalMartsucks.com、HomeDepotsucks.com。《竞争性情报的神秘语言》一书的作者弗尔德(Leonard M. Fuld)通过浏览这些网站上的帖子,来获取有关竞争者的有价值信息。[747]

金融类传言

在金融领域,传言可以说是司空见惯的。在相关证券与交易规则出台以前,那些大型的"短线"投机者通常释放出所谓的"卖空"传言——他们卖出自己尚不拥有的股票,然后静待那些他们希望购买其股票的企业的负面传言(往往由这些人主谋),进而导致其股价下跌,他们则可借机以低廉的价格购入先前已卖出的股票。他们通过赚取低价买入与高价卖出之间的差价而谋利。现在,这种操作仍然存在,特别是在外国。伦敦股票交易所曾对十多家涉嫌非法短线大量抛售的英国股票,进行了"可疑交易"方面的调查。[748]

Emulex 公司

对于金融类传言,位于美国加州的光纤通信设备商 Emulex 公司也未能幸免。[749]2000 年 8 月 25 日,美国三大新闻通稿发布公司之一的互联网通讯(Internet Wire)发出的一则新闻指出,Emulex 公司正在把其止于当年 7 月 2 日的季度收入从每股收益 25 美分,因某些会计修正原因修改为每股损失 15 美分。这则新闻还指出,该公司首席执行官弗利诺(Paul Folino)已经辞职,且美国证券交易委员会(SEC)已启动对其会计程序的调查。这则新闻在美国东部时间上午 9 时 30 分一出现,即刻被转到了大多数财经网站,包括哥伦比亚广播公司的《市场观察》、布隆伯格新闻网、道琼斯服务网等。其中一则消息写道:"美国证券交易委员会针对 EMLX 股票的调查开启了。"

这则看似出自 Emulex 公司的新闻稿,实为虚假消息,它由一名曾就职于互联网通讯的作奸者撰写。他通过使用新闻稿发布公司惯用的具体措辞蒙过了夜班编辑。他这样做的企图是引发 Emulex 公司股票下跌,并乘机通过短线交易谋利。事实上,当此消息一出,投资者纷纷卖出了其持有的该公司股票,致使股价从 113 美元跌至 43 美元。截至上午 10 时 30 分纳斯达克交易中心紧急叫停该股票交易之时,该公司市值蒸发了 24 亿美元。[750]

在 Emulex 公司总部,其危机管理团队立即投入应战。当首席执行官弗利诺上午 10 时抵达办公室时,他听到的消息是股价的自由落体式下跌,同样听到这一消息的还有高级副总裁罗勒尔(Kirk Roller)。在他们就新闻稿事件结束紧急磋商之时,已为时太晚——布隆伯格新闻网已在 10 时 13 分对此进行了报道。10 时 25 分,该公司高级副总裁的行政助理来电,表示 Emulex 公司在华盛顿的销售人员已经发现了那个"新闻通稿"并会发传真过来。接着,当纳斯达克总咨询官打来电话时,弗利诺否认了有关其辞职的传言,纳斯达克方面随后则决定暂停其交易。10 时 57 分道琼斯新闻通讯称先前的新闻是一场骗局,布隆伯格随之也发布了类似的声明。6 天后,美国联邦调查局(FBI)逮捕了嫌疑人雅克布(Mark Jakob)。

几个小时后(在金融领域,每一分钟每一小时都非同寻常),道琼斯新闻通讯引述 Emulex 公司发言人的话,称相关新闻稿的发布是一场骗局。商业通讯则发出一则出自 Emulex 公司、用以反驳之前"消息"的新闻稿。布隆伯格新闻网总编辑承认,其公司违背了新闻学中核实信息源并需要至少两个可信信息源的基本原则。其所发出的内容本应该明确解释,其网站没能核实消息的准确性,或者没有从企业方面获得相关意见。

银行危机

在 2008—2009 年银行危机所引发的乱局中,各类传言更是连绵不绝。例如,当美国最大的抵押贷款机构全国金融公司(Countrywide Financial Corp.)被传出将寻求破产保护的传言之后,其股价遭受了自 1987 年股市动荡以来的最大跌幅。相关传言源于《纽约时报》的一篇文章,该文引述法院相关记录表明,出借方已在准备有关宾夕法尼亚一借贷方破产的相关文件。该公司发布的声明否认了这一猜测:"有关全国金融公司准备破产文件的传言毫无根据,我们也没听说有任何评级机构拟对本公司做出负面评价的传闻。"[751] 然而,这一声明并没平息相关的猜测,全国金融公司后来确实出现麻烦并最终被美国银行(Bank of America)收购。

在收购与兼并活动高发的时候,有关兼并的传言也是难免的。比如,在境况不佳的克莱斯勒公司同意给予菲亚特公司 35% 的股权以作为其进入意大利小型车生产线及其国际销售网络的回报之后,有关克莱斯勒其他潜在合作伙伴——包括通用汽车与尼桑——的传言就不绝于耳。[752]

市场中的传言

许多的其他传言广泛地在市场中流传。过去发生的一些例子包括：温迪快餐（Wendy's）和麦当劳不得不与汉堡中的肉带有红虫子之类的传言做斗争；热带风情（Tropical Fantasy）公司与其饮料使黑人男性不育的传言；斯纳普（Snapple）饮料公司与其事涉种族主义的传言；宝洁公司与邪恶势力为伍的传言；等等。市场中的传言往往是有预谋，且由自我得利与伤害的企图所驱使。其目标可能是个体的竞争者或整个美国的商业体系——由于美国公众对于强力企业潜在的不信任而变得脆弱。通过阻止销售、影响生产线、消解员工士气与生产积极性、诋毁企业声誉等，各类传言已经给许多企业造成了实质性的伤害。

反制恶性事件的战略

本章提供了五种可用于各类恶性事件危机的战略：（1）削弱对于威胁的脆弱性；（2）加强情报工作；（3）改进准备工作；（4）寻求法律措施；（5）采取防御措施，比如召回产品。

减轻：削弱对于威胁的脆弱性

对于恶性事件危机的准备工作开始于，认清一个组织的脆弱性并寻求削弱脆弱性的途径。而削弱应对恶性事件方面的脆弱性的途径包括：降低组织的曝光度与暴露程度、加强安全措施、减少引发激烈行动的让人沮丧的东西。在所有情况下，必须对脆弱性的程度进行评估。例如，针对职场暴力，美国全国职场暴力预防研究所（National Institute for Prevention of Workplace Violence）所长尼克松（W. Barry Nixon）给出的建议是，第一位的工作是基于组织性质、设施类型及其位置来评估其潜在的威胁。此种脆弱性预估可依严重性程度分为：毁灭性、严重、值得注意、较小，并把注意力放在最严重的类型上。[753]而雇用最合适的员工并关注其关切内容，一直是使问题最小化的有效途径。

为他们提供与其上司交流的机会并让其把委屈表达出来,就会减少对抗与职场暴力。

TJX公司由于未对其数据安全系统给予足够的重视,而把自身置于易受攻击的脆弱境地。直到黑客攻破之时,该公司一直对其信用卡数据库的纰漏熟视无睹。这一纰漏在一年多的时间里一直未被察觉,直到2007年1月,该公司才承认这一系统被黑客攻破。[754]这里的教训是明确无误的:减轻性的工作要求下大功夫加强其安全系统。

减少曝光度与暴露程度

企业往往易受攻击,因为其场所通常在公共区域,其活动也躲不过公众的眼睛。为了削弱脆弱性,大多数大型办公场所都安装了安全系统,并要求来访者进行登记。一个组织的脆弱性依赖于其曝光度、其所属的行业性质、其声誉,以及诸如威胁的性质与其建筑物及其内部设施等方面的环境因素。[755]在泰诺危机期间,强生公司首席执行官伯克(Burke)认识到,由于生产消费者广泛使用的包括敏感的非处方药在内的多种产品,该公司成为一个高曝光度的企业而变得具有较强的脆弱性。并且,泰诺产品声誉的受损还会涉及其所有的产品线。

对于科技创新,需要评估其是否会增加一个组织的暴露程度。例如,一些电脑专家认为,网络安全正受到所谓的"云计算"的威胁——这一技术涉及用预想的远程安全服务器对相关信息与服务(如电子邮件)进行存储。他们不鼓励这一技术,原因在于这为外国情报机构和商业间谍提供了可能的接触机会。[756]颇有影响的战略新闻服务网(Strategic News Service)撰稿人安德森(Mark Anderson)在英国广播公司(BBC)节目中预言,不出一年云计算就会遇到致命性的浩劫。[757]

一些特殊场合也会成为间谍行动的契机。观看北京奥运会的外国游客必须预想到,他们的个人电脑与黑莓设备可能会被窥探。因而一些雇主建议其员工留下便携式电脑,或使用简约版旅行电脑以及加密硬盘;关闭从CD、USB或其他外部驱动盘启动的功能;在中国期间使用一次性的手机;在便携电脑中只安装一些必需的应用程序;任何时候都把文件储存在加密的闪存中并随身携带。

加强安全措施

那些易受到恶性事件影响的企业已纷纷增设或扩充了安全部门,

通常对其赋予情报的职能。那些被指派到危险的海外职位工作的人员也倾向于在美国的势力范围内、有安全保障的地方工作。更多的人则雇用保镖并遵循防御性驾驶技巧,比如从不在每天的同一时间使用同一条路线去工作或离开。那些真正易受威胁的人则穿戴防身器具,并携带装甲公文包。除了提供物质性的安全设备,也采取其他一些措施,包括对于敏感岗位求职者的筛查、危险物或事件排查、向员工提供安全知识与培训项目。

另一个需要给予高度关注的是网络安全。[758]现在,许多易受影响的企业都配有首席安全官,并且其中越来越多地正变身为首席风险减轻官。他们的负责范围已扩展至电子探寻(e-discovery)、记录留存(records retention)、隐私、服从与灾害恢复等事项。

各类组织预期会在安全与信息防护软件上继续进行实质性的投入。[759]在遭遇严重的安全事件后,TJX 公司也正在进行此项工作。那些曾面临"分布式拒绝服务"类型攻击的组织,也正规划实施特别的投入。他们计划购买大量额外的电脑与带宽,以应对那些意料之外的极端情况。借此,为了制造麻烦,网络攻击者必须同时攻击更多的目标。在最低限度上,任何国际网络犯罪的存在,都要求互联网服务提供商合作应对来自其用户电脑的"分布式拒绝服务"攻击。[760]

消除让人沮丧的东西

有时,通过消除让人沮丧的条件,可以减少愤怒与侵害。在事关员工生活的重要事情上保持黑箱状态,会让员工散布传言或通过互联网攻击去寻求帮助。狙击传言最好的办法是,在人们关切的事情上使他们保持了解——并对使他们疑惑的内容保持敏感。

通过研究煽动者的动机,通常就可以化解那些侵犯性的行为。心理学家指出,侵害是对于沮丧情境的一种反应。当目标实现过程受到阻碍时,一个人就会变得愤怒,并把这一情绪指向阻碍者。有时,沮丧情绪根本没有一个具体可确定的肇因;它是针对一个方便、完全无辜的目标做出的侵害行动的结果。例如,历史研究发现,多年来在美国南方各州的棉花价格与私刑数之间存在着显著的相关性。随着棉花价格的上涨,就会给更多的南方人带来更大的财富,私刑的数量随之下降,反之亦然。[761]黑人成为最方便的"替罪羊"。同样,在经济困难期间,那些具有高曝光度的组织会成为人们指责的目标,其原因在于其曝光度与可接近性。

通过设立员工投诉体系与消费者投诉体系,企业能够消除沮丧情绪——进而消除敌意行动。一些企业更前进了一步,通过消费者圆桌会议之类的机制,提供机会让利害相关者参与到决策制定过程中。

加强情报工作

那些成为恶性事件靶子的组织处于极为不利的境地,原因在于缺少相关的情报信息。然而,预测一个恶性事件危机是极为困难的,有时几乎是不可能的,其原因是,作奸者通常是暗中行动并往往是靠出其不意。

这一特性尤其适用于恐怖活动。鉴于恐怖分子以出奇为行事准则,由情报人员渗透进恐怖组织内部,或许能就即将来临的行动为目标个人或组织提供预警。并且,对具体恐怖组织及其成员以及其过去和当下活动的了解,也是非常有价值的。对于对抗性危机,已经基于对恐怖策略的使用而对涉事团体进行了类型学意义上的细分。[762]位于伦敦的控制风险公司(Control Risks Ltd.)、美国首都华盛顿的中大西洋研究协会(Mid-Atlantic Research Associates)与美国加州的兰德公司(Rand Corporation)之类的机构,可能提供专门的情报内容。[763]基于人口统计与动机意义上的方法已被用来从内部研究恐怖主义,以探求恐怖分子所作所为的背后原因。[764]

情报活动,或更为精细的环境扫描与监测工作,也可以用来应对传言。组织可以通过简单的搜索互联网新闻组的方式,来考察自身是如何被人们品评的,也可以使用谷歌之类的搜索引擎来一探究竟。大型组织可以聘请专业公司了解这方面的情况。所关注的信息应该是,谁在散布传言,来源是否可靠合法。

对于批评性的言论,组织的回应可以有软与硬两种方式。为了防止互联网上批评性讯息的发布,一些企业设立了自己的网上投诉体系——在聊天室里人们可以表达其不满,有些甚至安排代表在聊天室里回答人们的投诉。他们还会打电话给投诉者以希冀消释其愤怒。他们也会发出新闻通稿或网站声明,但也必须认识到,这会有把重要团体的注意力从其他讯息上转移过来的危险。组织也可以采用硬的方式,尝试通过揭露那些匿名发帖者身份的方式进行强力回击。他们通过向美国在线(America OnLine)和雅虎之类的网络服务提供商发传票的方式,迫使这些网络运营商交出那些发布虚假传言的匿名发帖者身份。

另一种监测传言的方式是,要求所有员工、经销商与零售商留意相关传言并汇报给组织的具体人员,比如把有关的内部传言汇报给人力资源总监,把外部传言报告给公共关系或营销总监。需要收集的信息包括:传言内容是什么、来源是哪里、传播范围怎样。如果有必要,还可以开展一场审慎的调查。鉴于传言由焦虑所滋养,因此,应该抓住这样的机会去了解那些困扰人们的议题。例如,对于内部传言,有关重大裁员的报告往往会引发关于具体部门裁员的各类传言。

改进准备工作

员工知情与教育项目

通过员工知情与教育项目在组织内把反间谍意识树立为组织文化重要内容的方式,就可以阻止和规避电脑黑客与商业间谍活动。此类沟通项目必须细致到哪些信息是敏感的,因而需要保护的程度。这样的内容包括:交易机密,广告战略、计划与样片,支付记录,重要人员的地址,法务简报,电脑软件,以及企业曾投入时间与金钱所研发的任何项目或研究材料。为了增加教育的效果,并且具体到防止专利信息方面的损失,一些企业还要求员工签署非竞争性协议(noncompetitive agreements)。一家知名的调查研究公司的协议要求,员工不得联络其曾经服务过的任何客户企业。[765]

为了与恐怖主义做斗争,企业向员工提供保持低暴露度与对抗袭击的方式。出差的员工被建议不要在机场区域徘徊、尽量快速地办理登机手续、不要进入美国人的住所,以及融入普通人群中。[766]

此类工作必须通过周期性的提示与培训环节加以强化。这些提示可以印在企业出版物的专栏、突出摆放的告示栏,以及信息宣传册上。还可以通过组织所谓的"飞虎队"方式,对这些工作的成效进行检验,比如通过尝试攻击以持续性地检验电脑系统的安全性。[767]另一种方式是建立电脑应急响应小组(CERT)之类的"特警组"机构,用以追查未经授权的侵入与存在安全漏洞的信息网络用户。[768] 有些企业惩戒甚至炒掉那些违反保密规定的员工。通过强化"伸手必被捉"并被严惩的力度与严肃性,安全措施就可能更好地被遵守。

改进预警系统

改进应急预警系统是帮助危机应对者联系脆弱受众的准备性工作的重要内容。由于受到弗州枪击案的刺激,美国的大学重新审查了各自的就应急情况迅速通报师生的相关政策。由于预警系统的失灵,导致一些批评者呼吁该校校长与校园政策主管应该辞职。积极、及时沟通的缺乏,已让该校付出了生命的代价。据报道,在通过电子邮件发出第一个警示信息前,大学官员们在内部会议上花费了超过两小时的时间,并且,该信息是要求同学们去报告危险,而不是警告他们要寻求安全的地方。

基于互联网的沟通工具——从文字讯息到推特,可以帮助快速地发布消息。许多学校已经引入了电子邮件与手机预警系统。不过,借助社交媒介的沟通想当然地认为,信息发出者拥有每一位接收者的手机号码与电子邮箱地址,并且所有接收者都在线且浏览了邮件或接听了手机。[769] 还有,邮件不能到达那些在运动场上的接收者,老师们通常也会要求学生们收起手机。

那些传统的"低科技含量"的方式也应加以利用。弗州理工忽视了能够覆盖全校园师生——不管是在宿舍还是教室,甚至那些走在校园中,以及在枪击最先发生的诺里斯大楼里的人——的扩音系统。在佛蒙特大学,警长马戈利斯(Gary Margolis)表示,他希望到2008年夏,在全部645英亩的校园里一整套警笛与扩音系统能够就位并开始运转。[770] 一种被称为"E2Campus"的服务宣称,在美国有超过600个校园使用了其服务,这一系统可以帮助学校官方自动发出及时的讯息,其接收设备包括:火警/安全系统、LCD/LED数字板、警报站、脸书网页、推特账户,以及相关的学校网页。[771]

安全措施演练以及加强法律措施

恐怖活动要求动用所有的安全措施。追查恐怖行动实施者是颇为困难的。美国联邦调查局对系列炭疽邮件袭击案可能的杀手的追查,集中于储存炭疽与用它来做实验的若干实验室。在受害者那里发现的炭疽来自两种成分的结合:一种来自于杜格威军事实验基地(Dugway Proving Grounds),另一个来自第三方实验室。只有一个地方同时存有这两种成分:那就是位于马里兰州德特里克堡(Fort Detrick)的细菌学实验室。这里的科学家在 2001 年被要求进行测谎试验。锁定的主要嫌疑人有两名,最初是海特菲尔(Steven Hatfill),到 2006 年底变成了埃文斯(Bruce Ivins)。他的家与办公室遭到搜查,其家人也被讯问。2008 年 7 月,在了解到美国联邦调查局正计划对其起诉后,埃文斯服药自杀了。[772]

强化法律措施是一个根本性的战略,并且如果没有相关的法律,就应当积极促成其出台。此类法律的预期影响,既是威慑非法活动,也是在可能的情况下拘捕和限制那些违法者。在泰诺危机期间及之后,强生公司就积极地与联邦调查局之类的执法机构合作。并且,该公司还悬赏十万美元用于能有助于逮捕并使投毒者被治罪的信息提供者。随后,强生公司的政府关系专员还被指派去做对产品变造(product tampering)治以重罪的立法游说工作。

为了保护企业免受产品变造与电脑入侵之类的攻击,就需要出台新的或更严厉的法律。现在,美国加州已经把故意将"电脑病毒"传给电脑系统或网络的行为列为违法。该法的惩罚措施包括:判刑、罚金,以及没收违法者拥有的电脑及软件。[773]

采取防御措施——产品召回

正如应变计划所显示的,当一个企业遭遇危机之时,就必须即刻采取防御性的措施以限制危机造成的破坏。在涉及产品变造因而危及人们的健康与安全的严重情况下,就必须启动产品召回行动。产品的可靠性则是另一个考虑因素。产品变造案例会受到媒介的大幅报道,此时,销售商必须展示出消费者健康与安全是其最重要关切的态度。

注射器与刀片似乎是常见的产品变造事例。2006 年 11 月,加拿大最大的食品生产商——枫叶食品公司(Maple Leaf Foods)在其猪肉加工车间发现三个注射器后,启动了全国范围的产品召回行动。警方也被请来调查可能的作奸者。[774] 在澳大利亚,在一些蛋糕中发现了刀片与针头后,高端味道(Top Taste)公司把数十万份蛋糕从超市的货架撤下来。[775]

为了防止盲目模仿行为,企业与大众媒介不应该公开那些无事实根据的产品变造警示。如果发现了不具危害性的产品变造证据,则可在不危及消费者的情况下悄悄把那些受影响的产品做下架处理。但如果此类产品已经售出,并有理由相信可能会危及生命,那么企业与相关商家就必须公开这一威胁。如果他们不这样做,政府官员应该这样做。

结　　论

在恶性事件危机中,组织与无辜第三方是恐怖主义、产品变造、网络犯罪、职场与学校暴力以及传言的受害者。一个企业无法避免此类事件,但可以通过多种方式来阻止它并减轻其影响。

恐怖主义的威胁或存在,可以通过开展脆弱性审计、加强情报工作,以及强化安全措施来加以管理。借助各种各样的侦测与保护性措施,电脑方面的故意破坏他人财物罪这一具体的恐怖主义形式可以避免。产品篡损事件通常需要启动产品召回,并与政府相关机构紧密合作以确定起因。更好的保护性包装有助于减少未来事件的发生。传言需要真理来作为解药,但这只对那些已经受到传言影响者才会有效。所有类型的恶性事件,都可以通过相关的法律与严格执法来消解。

第四部分　管理失灵危机

管理者在一个组织中的作为与不作为是管理失灵危机的最主要原因。在前面两类危机——对抗与恶性事件——中,处在组织外部的人参与到了危机当中。而在自然与科技危机中,外部因素也是主要的原因。第四部分的管理失灵危机,聚焦于管理人员在对危机进行预测、准备与响应过程中的态度与能力。这包括四种更小的亚型:管理失当型危机(第十章);管理价值观偏颇型危机(第十一章);欺骗型危机(第十二章);管理行为失当型危机(第十三章)。

管理失当型危机代表着最一般的管理失灵,它起因于管理人员在素质方面的不足。透过不胜任、失职与冷漠,此类不足得以显示出来。其他三种类型的管理失灵也可能反映着此类不足,但更关注于三种主要的失灵情况:管理价值观偏颇型危机违背了重要的社会价值观以及利害相关者的权利;欺骗型危机是故意去欺骗投资者、消费者及其他人;还有最为恶名昭彰的是行为失当,它包括对于社会规范与法律的直接践踏。

本书第一版时对每一亚型的危机都列出了实例。管理价值观偏颇的例子是发生于美国阿拉斯加威廉王子湾的埃克森石油泄漏事件。在满足预期的运送时间以及最经济方式的同时,该公司所奉行的价值观致使其几乎没有考虑对环境的破坏风险。第二亚型的危机是欺骗,最有代表性的例子是道康宁公司(Dow Corning)的丰胸硅胶假体争议。在丰胸假体的风险问题上,该公司曾经对医生与消费者进行了误导。最后,行为失当型危机的例子是对于防务合同的腐败处理方式以及违反美国全国证券交易委员会有关内幕交易的法律。

在过去十年中,有关管理失灵的严重危机呈现猛增态势。这样的案例不胜枚举:含有沙门氏菌的花生酱;中国受污染的配方奶;从中国进口的美泰(Mattel)品牌含铅儿童玩具;凡士通公司销售的,并被安装在福特汽车上的缺陷轮胎；在全球银行业存在的"宇宙巨人"过度冒险行为；西门子公司为吸引客户而进行的非法支付行为；以及意大利帕玛拉特（Parmalat）食品公司与印度萨蒂扬（Satyam）软件外包公司赤裸裸的欺诈行为。这些危机都源自组织中管理人员错误的、不道德的或非法的作为与不作为之举。

受破坏的关系

隶属于管理失灵危机的四个亚型具有共同的特征：它们反映出一个组织与其利害相关者、其他组织及社会之间被破坏的关系。在一篇有关"修复组织内部与组织间的关系"的文章中，三位组织理论学者区分了由组织不端行为（这可能转化为危机）而引发的三种伤害：信任、负面影响与冤冤相报：[776]

- 信任可理解为一个透镜，透过它来阐释一个组织的行为，例如：决定着是否以及如何与涉事组织互动。受害者会对不端行为进行审视，以确定它是否为能力问题，或者更为严重地涉及不端者的人格与价值观问题。
- 负面影响反映为不端行为当即造成的情绪反应，比如失望、沮丧、生气与愤怒。它也会对一种稳固的关系产生长远的影响，比如是否会造成挥之不去的总体不喜欢与不公正感。
- 冤冤相报会造成合作关系的搁置，甚至更坏的惩戒与报复的欲望。

在选择适当的修复战略之时，危机管理专业人员必须认真区分这三种伤害类型。他们必须认识到，上述三种类型或许不能全部修复，至少不能立即修复。为了重获信任，一个组织必须让受委屈的一方相信，冒犯行为并不能反映其实施者的真实本性，或者冒犯者已经赎过。正如美国思想家爱默生（Ralph Waldo Emerson）所警告的："江山易改，本性难移。"[777] 必须对信任的要素——可靠性、可预期性与公正——进行仔细分析。本书第四章探讨了一些修复的锦囊，比如做出诚恳的道歉。

对负面影响的化解——它造成社会学家所称的对社会平衡的破坏——要求对主导此种关系的传统或规范进行检视。这些规范集中体现在组织文化当中。在组织之外，它们体现在美国注册会计师协会（ACA）这类专业协会的职业伦理之中，以及美国证券交易委员会有关"全面与及时披露"准则之类的法律要求中。诸如忏悔、惩罚与道歉之类的社会仪式也是必要的。"此类仪式有助于在彼此关系中，以及重建对这一关系的预期中达到'结账'的效果。"[778]

逆转冤冤相报的困局并重建积极的交换关系，需要一种结构性的思路，即对"不端行为之后可能出现的在组织、群体或人际层面的正式结构、系统及其刺激因素"进行全面的检视。[779]而公司治理是结构变革的核心，这当然也会涉及一些改进性的举措，比如通过增强未来行为可靠性——也有助于重建信任——的政策、程序、合同与监测措施，以纳入更多的控制机制。

职业准则的核心作用

职业准则涉及一个组织的方方面面——董事会是否关切自身组织对社会上的群体与个人所造成的影响，以及日常的决策制定是否符合职业准则的原则要求。[780]一份研究表明，在大多数参与调查的组织中，董事会在构建规范性职业活动中发挥着核心性的内部作用。在西欧与其他一些地方，所有企业的职业准则工作都经由董事会的决议而设立。在将近一半的参与调查的美国企业中，是由其总顾问（general counsel）来承担向董事会报告涉及职业准则方面投诉问题的首要责任的。[781]

职业准则又具有多重含义。其一般意义涉及有关对与错、好与坏、正直与邪恶的评判。另一个意义涉及关于公平、正义与应有过程的抽象性理想。有些体现在法律当中，而另一些则超越法律。这些理想体现在人们在日常的个人与职业生活中应予以遵循的一些价值观与道德规范当中：

- 避免与防止伤害到他人；
- 尊重他人的权利；

- 不能撒谎或欺骗；
- 坚守承诺与约定；
- 遵守法律；
- 帮助有需要的人；
- 保持公平；
- 让他人也来遵守这些规范。

不道德、道德中立与合乎道德的管理者

美国佐治亚大学管理学教授、曾担任佐治亚电力公司企业公共事务主管的卡罗尔（Archie B. Carroll）把职业准则的一般要求应用于对管理行为的研究当中。他将管理行为分为三类：不道德（immoral）、道德中立（amoral）与合乎道德。[782]而他对于前面两类阐述富于启发意义。

不道德的管理者是指那些被贪婪驱使的人，以及其目标是建立在不惜任何代价去获取利润与组织成功的人。他们把法律标准与合同约定看作是需要去克服的障碍。他们在明知对与错的情况下仍然去选择错误的做法。第十三章所探讨的西门子公司的贿赂行为与帕玛拉特公司的恶行，再好不过地显现了不道德管理者的做派。许多抵押贷款机构的欺骗勾当也对借款人造成了伤害。

但卡罗尔指出，组织中首要的道德问题与其说是不道德，不如说是道德中立。从不道德到道德中立再到道德的分布曲线上，大多数管理者处在中间位置。道德中立是介于中间的、一种道德与不道德的结合体。有些管理者单纯地以为，商务领域比其他地方更适用不同的游戏规则，此时，他就是一种故意的道德中立者。这也存在于政治领域，有些政治候选人在竞选期间会把一些"卑鄙勾当"——比如做出欺骗性的表态——合理化，但一旦真正就职后就会反对此类行为。还有一些管理者则是无意的道德中立者，对于其决策与行动给他人造成的消极或有害的影响，他们往往过于漫不经心、草率或心不在焉。道德中立者唯一当回事儿的就是法律。然而，合乎道德的行为必须超越法律的要求。一个组织可以做出法律上毫无瑕疵却不合乎道德规范的事情。

卡罗尔对于不道德、道德中立与合乎道德的划分，显示出组织职业准则的复杂性。正如托夫勒(Barbara Ley Toffler)《艰难的抉择》一书的书名所肯定的,管理者往往面临着艰难的道德困境。[783] 通常,相关的情境并不总是呈现得对错分明。然而,每一项决策都会涉及其组织文化所隐含的价值观,以及起支撑性作用的管理绩效标准。

个人价值观也对组织行为具有不可忽视的影响,但好人办坏事的情形也时有发生。社会心理学家津巴度(Philip Zimbardo)指出:"我们几乎所有人都易于被拉向阴暗的一面,因为人们的行为更多地受到情境因素与群体动力学的影响,而非我们自身的本性。"[784] 而组织文化就是一个主要的情境因素。

所有的管理失灵危机都包含着职业准则问题。其中大多数又涉及行为失当型危机,原因在于此类失当行为既违反了法律,也违背了社会标准。这方面的例子包括:食品掺假、欺诈、内幕交易与贿赂,以及对职业与社会规范、准则的触犯等。排在第二位的跟职业准则问题有关的是欺诈型危机,此类危机有悖于人们不断增长的对于透明度、"真实性"议题的关切。欺诈指的是提供误导性信息或在事涉产品、财务与环境方面赤裸裸的撒谎行为。管理价值观偏颇型危机也牵扯到职业准则问题,因为在一个组织的利害相关者利益被忽视或被降至最低时,与这些利害相关者紧密相关的公平与正义准则就被打破了。有关商业的法律逻辑是,管理人员的职责是追求利润与股东财富的最大化。与此相反,职业准则则要求管理人员也应该承担对于其他利害相关者——比如消费者、员工与社区——的责任。它关注于更为广泛的社会价值观,而不仅仅是经济利益。

经济关系体现着道德维度

正如市场上买方与卖方之间的关系所提示的,所有的经济交易都体现着道德关系。卖方把交易与消费者关系相区分。交易代表着一种狭义的关系,它是一种匿名的相遇,由"货物出门概不退换"——买主须自行当心——这一简单的原则体现出来。这样的卖方不会顾及最基本的道德问题:是否会有人因这次交易而受到可能的伤害?然而,在关系模式中,卖方就会自问:如何能够满足消费者的需求?这种模式体现在被称为消费者关系管理(CRM)的新型营销圭臬中。它要求卖方有意识地去努力研究其消费者,并满足其权利与期望值。这种对另一方的关切方式也同样适用于跟其他利害相关者——员工、投资者、当地社区、供应商、经销商等——的关系当中。

承担社会责任

承担社会责任就是一种合乎职业准则的行为表现。此时,职业准则解决的就是在不同利害相关者之间具有竞争关系的诉求及其冲突问题。[785]管理者面临的职业准则命题是,在企业自身利益与社会上其他人的利益——包括对环境的保护——之间达成一个更公正的平衡。经济发展委员会(Committee for Economic Development)推出的广受赞誉的声明也反映了这一观点。它具体指出了三个层面的社会责任:(1) 提供商品、服务与就业;(2) 减少或消除社会成本;(3) 帮助解决社会问题。[786]

尽管像弗里德曼(Milton Friedman)之类的新古典经济学家仍希望企业只把自己限定在经济职能(第一层面)上,现代的社会政治现实已使其成为不可能。提供商品与服务引发了安全、产品信息披露、投诉程序与赔偿等方面的问题;而提供就业则意味着,至少要考虑工人的满意度与生活品质问题。职业准则更多地跟涉及社会成本的第二层面社会责任密切相关,因为此类成本往往指的是对他人或环境的伤害。至于第三层面的帮助解决社会问题,只有在此类社会问题是由企业造成并伤害到他人时,才会变成为一种牵涉职业准则的命题。比如,很少有人会认为,照顾那些无家可归者是企业的职业准则意义上的一项义务。

理解企业职业准则的众多含义仅是走向合乎职业准则的行为的开端。真正的挑战是在日常的企业决策与行动中纳入一种合乎职业准则的视角,只有当组织全体成员都把职业准则的各项原则内化并成为组织文化的应有部分时,这项工作才算大功告成。正如巴纳德(Chester Barnard)在其经典著作《管理者的职责》中所阐述的,管理人员必须坚守个人的道德准则,并能够给他人指引出一套道德准则。[787]

把职业准则整合进决策制定中

职业准则必须成为日常生活与组织决策制定的重要一环。圣·

托马斯大学伦理学教授古德派斯特(Kenneth E. Goodpaster)认为,可以通过构建组织良知(conscience)的方式将职业准则纳入到组织文化当中。[788]他指出,良知可以对抗人性之殇,即"对抗以自我为中心的目标追求……其他人——及环境——并不仅仅是掘取的对象,他们也需要被重视"[789]。哈佛大学的罗尹斯(Josiah Royce)也支持这一观点,他建议,必须有一套"亲切、无私"的善待邻居之道。[790]

由本特利大学(Bentley University)的企业伦理研究中心与华盛顿的伦理资源研究中心所做的一份调查显示,在全世界排名前50的商学院中,过去20年有关伦理学的课程数目增加了5倍。有超过一半的商学院把伦理学课程列为必修课,以凸显其重要性。本特利大学还把企业伦理作为工商管理硕士的一个研究方向,位于波士顿的新英格兰商务与金融学院(New England College of Business and Finance)更提供企业伦理学方面的硕士学位。其他拥有商科博士学位的大学也极为重视对于伦理学的研究。受到以安然公司为代表的道德滑坡的刺激,有70%的美国雇主已经开展了职业准则方面的专题培训——而2003年这一比例仅为14%。[791]

衡量成功度

皮尔森(Christine M. Pearson)与克莱尔(Judith A. Clair)在《重构危机管理》一文中指出,高效危机管理的最终评判标准是一个组织的生存能力——其结果是成功还是失败。[792]当一个组织的运转得以继续或恢复、其核心消费者与利害相关者的需求得以满足之时,相关的努力就是成功且高效的。他们列出了有关成功危机管理的下列标准:

- 危机的苗头被及早发现,因此可以采取适当的应对策略;
- 危机事件被限定在组织内部,且没有造成伤亡;
- 在危机期间及之后,业务得以正常开展;
- 教训得以吸取:作为危机的结果,组织的相关政策与程序进行了相应的变革,所吸取的教训可用于应对未来的事件;
- 通过卓有成效的对危机的管理,提升了组织的声誉;

- 从组织内部或外部利害相关者那里可以获取相关的资源；
- 有证据显示,得以在事实基础上做出了及时、准确的决策。[793]

另外,他们还认为,团队性的危机应对好过单兵作战,对信息的分享及与利害相关者之间的协调有助于产生更好的结果。[794]

第十章 管理失当型危机

许多的管理失灵危机主要是由失职、能力欠缺、缺乏职业准则、不足的控制力与疏忽等造成的。这些可被称为管理失当型危机的一般性失灵,因为它们在任何意义上都没有显示出后面三章将要讨论的具体失灵情形,即偏颇的价值观、欺骗与行为失当。

管理失当意味着违背了一些基本的管理原则,比如没有遵循实现目标所必需的程序。通常,问题在于缺少反馈系统,以及没有设置必须采取纠正行动的警示性门槛。

一般而言,管理失当的弊端是一些基本的管理学课程——尤其是组织行为学课程——所探讨的主题。它们包括:对个体的工作分配;不同部门间的人员配置;对相关活动进行协调与控制的权威等级;提供激励的奖罚系统;以及让领导者了解目标是否实现的一套反馈系统。在《管理:任务、责任与实践》一书中,德鲁克(Peter F. Drucker)探讨了控制在一个组织中的重要职能——它让管理者能够收集到有关预期结果实现情况的可靠信息。[795]

正如奥图尔(James O'Toole)与本尼斯(Warren Bennis)在《坦白文化》一文中所探讨的,由于可靠信息的核心作用,决策制定过程的开放与透明就具有至关重要的意义。他们关注于"信息在组织内部、在管理者与员工之间,以及向外部利害相关者自由流动的程度"[796]。他们提到了驾驶舱等级文化的案例:这种文化禁止那些认识到危机的副驾驶员与机组成员对飞行员提出警告,因而造成飞机意外坠毁。组织开放性体现在对如下问题的回答之中:(1)那些需要对上级沟通的人是否能够做到诚实行事?(2)团队成员是否能够公开去挑战其自身的假设?(3)董事会成员是否能就重要讯息跟组织高层进行沟通?(4)是否存在集体性的否认与自我欺骗?这些问题界定了一个开放与透明组织的若干准则。

在探讨缺乏透明度的问题上,奥图尔与本尼斯使用了"蘑菇农场"（mushroom farm）的贴切比喻——他们把这描述为"这里的人被置于黑暗之中,并被喂食着养料"[797]。他们指出,封堵信息的做法在所有类型的组织中都极为盛行。他们对此的建议是,采用"一旦有疑问,就公开"的默认姿态。[798]他们还建议,多听取意见相反人士的反馈,甚至对他们做出奖励。

管理者必须接收信息并拥有接触信息的渠道,正如上文已经探讨的那样,这在开放的组织中更容易实现。如果不被繁缛的官僚等级与专业分工的"篱笆"所限制,管理者就能够通过与他人的接触、各类聚会场合、组织出版物与网站以及正式的议题管理系统,从而更容易掌握那些早期的预警信号。透明度可以促进沟通,提高准确性与完整性。相关的决策也不大可能出错,并且也不会再漠视重要群体。

管理失当的案例

所有组织都可能遭遇到管理失当的情形。在此类的众多案例中,英国石油公司显得尤为突出,原因在于其管理方面的失误最终导致了环境方面的巨大破坏,以及对人的伤害。在医药行业,相关的标准本应是最高的,但一些知名企业严重忽视了质量控制问题。在食品与饮料行业,为数不少的产品被发现存在缺陷,甚至包括一些花生、肉与蛋之类的基本必需品。在安全问题极为重要的航空业,各航空公司的表现也从极为松懈跨越到英雄主义而显得差别巨大。

导致英国石油公司被指责为管理失当的深水地平线爆炸事件

发生在墨西哥湾的深水地平线爆炸事件,已经成为管理失当型危机的代表性案例,以及有关政府与其他灾害报告共同的争论焦点。正如该钻井平台及休斯敦总部众多管理者、工程师与工人一系列有问题的决策与错误判断所揭示的,这场本可避免的灾难是由英国石油公司及其承包商越洋公司与哈利伯顿公司的管理失灵所造成的。鉴于其决策背景涉及与科技危机相关联的风险与不确定情景,在本书第七章中我们首先重点探讨了其科技危机的一面。但只有了解了深海钻探所涉及的科技复杂性,才能更好地理解导致错误决策的管理挑战。

正如有关此次原油泄漏事件的美国国家调查委员会所给出的报告内容,那些旨在节省时间事实上却增添风险的九个所做决策中,有七个出自英国石油公司。[799]其中一个明证就是爆炸发生之前,在钻井平台上的最后安全测试所存在的混乱。4 月 20 日上午,一名身在休斯敦的英国石油公司年轻工程师发了封电子邮件,告知其同事在一个关键性压力测试中出现了变化,这可能有助于判断油井的安全性。该邮件还提醒,在进行测试前需要从油井转移走超常量的黏稠钻井流体——被称为泥浆。这一非同寻常的决策,使钻井平台上的英国石油公司日班经理卡卢泽(Robert Kaluza)和越洋公司近海安装经理与最高级别官员哈瑞尔(Jimmy Wayne Harrell)大惑不解。但在咨询了爆炸发生时英国石油公司值班的高级运营官维德林(Donald Vidrine)之后,卡卢泽打电话到休斯敦并称他本人对测试结果满意。此时的时间是晚上 9 时 30 分。但在 20 分钟后的 9 时 50 分,助理钻井员打来电话报告了不祥的讯息:"我们出了状况。"数分钟后,就发生了第一波爆炸。[800]

当 28 岁的钻工郝勒威(Caleb Holloway)与其一同事在钻井平台甲板上看到泥浆从井口喷涌而出的危机状况时,危机情境中由时间压力所带来的紧张是显而易见的。像郝勒威这样的钻工成为第一批响应者,他们必须决定是否要宣布为"发生井喷"。接下来,正如操作手册所标明的,应该采取快速行动在钻井管处安装一个特殊阀门。据调查人员后来表示,采取有效行动的窗口时间只有短短的九分钟。不幸的是,在这一真实的情境中,郝勒威在甲板上根本找不到其他钻工去实施这样的行动,而只能任由天然气喷发。他也尝试通过无线电呼叫其上司瑞威特(Dewey Revette),但没有得到回应。

在这个节点上,必须就是否把喷出的原油导向大海,或通过一个叫作泥浆天然气分离器的装置把它蓄装在钻井平台上做出果断的决策。越洋公司的手册给出了相反的建议。但这次随着天然气泄漏到其他工作台,郝勒威和他的伙伴认识到情况正在失控。在栈桥、钻井工作室与动力操控室等不同的工作台与区域之间,竟然没有沟通或协调途径。并且,由于"他们不想让人们因假警报而在凌晨三点被吵醒"[801]的原因,警报器已被关闭,当时许多工人正在各自的房间睡觉。还有,那个激活防喷器这一"终极故障保护装置"的红色按钮也从未被碰过——即使摆在那里,好像也是不工作的。

对防喷器的草率维护则是管理失当的又一实例。正如负责监督钻井平台运转工作的英国石油公司员工塞帕尔瓦多(Ronald Sepulvado)向联邦调查小组所谈到的,工人们已经探测到控制防喷器的液压系统存在着泄漏问题。他说,他曾经提出了维护的问题,指明该设备的某些部件已经过了正常维护的服务期。[802]美国内政部矿产资源管理服务局 2006 年就发现,有残片已经进入防喷器并降低了其性能,从而在事前已经点出了这一问题。即便是该防喷器制造商卡麦隆公司,也质疑该装置在深水地平线钻井平台的可靠性:"我们的防喷器从来没有碰到过类似的事故。"[803]

在爆炸发生之前,在三个参与方之间存在的不同意见,则是管理失当的另一征兆。据哈利伯顿公司称,英国石油公司忽视了其有关油井设计方面的建议,且没进行所有必需的测试工作。但据联邦调查人员的报告,在事故发生数月前,哈利伯顿公司曾对计划使用的粘接混合物进行了四次测试,但是,仅有第四次在工程师改变了相关的测试程序后通过了测试。该报告指出,尚不清楚英国石油公司对测试工作了解多少,并且也没有任何线索显示哈利伯顿公司向英国石油公司强调了这一测试结果的重要性。[804]缺乏沟通是另一个管理失当的表征,也显示出英国石油公司未能认识到科技危害与存在的不确定性。

英国石油公司的沟通大错

早期的沟通大错引发了公众怀疑,以及对该公司透明度与诚实度的质疑,并触发了进一步的伤害。[805]事发一个月后,奥巴马政府指责英国石油公司对让公众与政府官员全面了解泄漏事故"缺乏"保证。官员们表示,向他们提供公司内部调查结果以及其他与事故相关的数据是"必须的"。[806]

三大沟通失灵是显而易见的。第一,尽管英国石油公司承诺对泄漏事件保持透明,但在长达数周的时间里,它一直拒绝公开对墨西哥湾造成重大污染的大量原油泄漏细节的相关视频材料。[807]第二,该公司最初低估了泄漏的规模。它一直拒绝采用已广泛使用的技术手段去测量泄漏量,这可能是其已经了解到美国环保署对泄漏的罚款金额是按照每桶来折算的。[808]

尽管涉事企业的首席执行官出面做出声明是再合适不过的,但作为一个聪明的地质学家的英国石油公司首席执行官海沃德,却是恢复对该公司信心的错误人选。在6月17日面对国会相关委员会所做声明的开头,他因循了为所发生事情道歉的礼数:"在深水地平线钻井平台上的爆炸与火灾,以及所导致的墨西哥湾原油泄漏事件绝不该发生,我为它的发生深切道歉。"[809]但他所表现出的不友好与不合作的举止惹恼了一些国会议员;他所谓的道歉也没有满足真诚道歉的一般原则——承认业已造成的伤害。

当他与钻井平台上十一名死者的家属会面并表达其慰问时,他有点麻木不仁地说道:"你们知道,我也希望自己的生活能回到过去",他后来也承认这一说法是"错误的"。[810]正如危机管理专家沃豪斯(Robbie Vorhaus)所言:"一个真正的领导人需要做到用心,能让人感觉到与自己心灵相通。"[811]海沃德不是一个富于同情心的人;他缺乏心理学家戈尔曼(Daniel Goleman)所指的"情商"。[812]

当有报道指海沃德在事发后的周末是在(位于英吉利海峡附近的)怀特岛其52英尺长的游艇上度过并观看游艇比赛时,其言论就更进一步地显示出他缺乏同情心。正如《世界新闻》前编辑、危机管理专家霍尔(Phil Hall)直率地指出的:"去度假完全释放出了最可怕的信号……仰卧在游艇上往好里说是傲慢,往坏里说是秀愚蠢。"[813]这跟贝尔斯登(Bear Stearns)投资银行的老板凯恩(Jimmy Cayne)有得一拼——在其公司行将破产之时,他还高调地去参加桥牌比赛。在著名的公共关系顾问芒克(Ian Monk)看来,海沃德的行为是一种寻死的做派,使其看起来像是"一个僵尸在走路"。[814]

当《纽约时报》把海沃德描述为"出丑癖"之时,它指的是其他让人难忘的奇谈怪论,比如:表示泄漏事故不会造成大问题,因为墨西哥湾"是一个非常巨大的海洋";以及"这场灾难对于环境的影响已经变得非常、非常的温和"。[815]他也忘记了同在墨西哥湾的、拥有相似设计的油井数量之类的事实。难怪奥巴马总统公开要求解雇他。[816]

医药企业对质量控制的疏漏

强生公司的召回事件

管理失当也会影响到最为知名的企业。多年来,强生公司一直雄居哈里斯互动公司/声誉研究所(Harris Interactive/Reputation Institute)联合调查——它专门评价领先性企业的声誉——的榜首位置;2010年4月,它更被声誉管理咨询机构声誉研究所(Reputation Institute)列为美国最具声誉的企业。[817]但其声誉将来有可能会下滑,因为其三种需要召回的产品中已经发现了质量问题:数款儿童药品被查出含有污染物[818];在亚洲与欧洲销售的隐形眼镜存在缺陷,引起消费者有关疼痛、刺痛或红肿方面的投诉[819];两款臀部塑形假体由于太多患者需要手术取出而被迫召回。[820]

尤其受到影响的是强生公司深陷质量控制麻烦与产品召回泥沼的麦克尼尔(McNeil)消费保健品子公司。接连不断的召回行动伤及强生公司作为一家受信任品牌供应商的声誉。从2010年1月起的一整年内,麦克尼尔发布了关于40个品牌的召回令,包括:泰诺林(Tylenol)、美林(Motrin)、仙特明(Zyrtec)和1.4亿瓶的婴幼儿药品。即便在12月底,该公司仍不得不召回1300万盒的抗酸剂罗来滋(Rolaids),因为该药中已发现了木材与金属碎片。除了2010年这些涉及生产环节的问题外,麦克尼尔子公司在两年前曾因"幽灵召回"(phantom recall)行动中违背职业准则而受到处罚。它雇用承包商从零售商那里回购成人用的美林瓶装药,而不是启动正式的召回行动。那些承包商的员工被要求按照普通消费者来行事。[821]这家在1982年泰诺危机中因卓越的危机沟通表现而备受赞誉的公司,现在不得不承认,其由于生产质量而遭遇了严重的麻烦。

葛兰素史克公司在波多黎各存在缺陷的工厂

美国《60分钟》电视节目曾推出名为《葛兰素史克的告密者》的内容,曝光葛兰素史克(Glaxo Smith Kline)公司的波多黎各工厂在药品生产与标签方面的严重问题。这是一个举足轻重的生产基地,每年生产55亿美元的药品。问题是由该公司质量经理埃卡德(Cheryl Eckard)发现的,她于2002年8月领导一个质量方面的专家小组,以期解决一个月前由美国联邦食品药品监督管理局(FDA)在其警示信中所提到的问题。[822]

她的发现是惊人的:"所有的系统都崩溃了,工厂崩溃了,设备崩溃了,过程也崩溃了。"她的具体发现是,水被细菌污染了,工人们正在污染抗细菌软膏百多邦莫匹罗星(Bactroban)之类的药品,并且一些瓶装强效药物乱得一团糟。一名担心其孙女对药物过敏的祖母,当着药剂师的面打了一瓶药,却发现里面有两种颜色的药丸,标示着不同的剂量。埃卡德把其发现报告给了公司负责质量控制事务的副总裁,并请求关闭该工厂。但五个月之后,她发现公司没有采取任何行动;而当她就此投诉时,却被解雇了。

最终,该公司同意支付7.5亿美元,以了却其多年来在了解内情的情况下销售受污染的婴儿软膏与无效的抗抑郁药品所造成的刑事与民事诉讼案;其中9600万美元给了埃卡德,作为对这位告密者的补偿。整个算下来,多年来葛兰素史克公司共销售了20种在波多黎各工厂生产的被大量污染的问题药品。直到埃卡德向美国食品药品监督管理局报告了其发现,且葛兰素史克公司同意支付巨额金钱了却相关的刑事与民事诉讼后,那家工厂才被关闭。这成为一个总体性的具有潜在的严重健康后果的管理失当案例。

百特国际公司受污染的抗凝血剂肝素

在百特(Baxter)国际公司销售受污染的肝素(heparin)事件中,失职是其中最大的原因。它从在中国的深圳海普瑞(Hepalink)工厂接收到此种药品。该工厂利用从受政府监管的屠宰场——它被认为遵守了严格的要求以使污染问题最小化——那里获取的猪内脏生产肝素。该公司宣称,其向美国供货的每一家工厂的实验室都有质量保证,但在措施执行方面却通常参差不齐。为了削减成本,一些感染了病毒的猪肠子也可能被用作原料来生产药品。当美国食品药品监督管理局官员考察该公司工厂时,发现在记录留存方面存在疏漏,也缺乏证据表明该工厂采取了恰当的措施去有效消除可能受污染的肝素残品。相关报告还指出,该工厂所遵循的"生产规程"是"不完整的"。[823]

221 食品召回暴露出马虎的行径

据美国疾病预防控制中心的资料显示,在美国,每年有大约7600万人罹患由食品引发的疾病,这导致32.5万人入院治疗,5000人因此而丧命。在21世纪的第一个十年行将结束之际,多起严重的食品安全事件爆发了:2009年饼干原料中的大肠杆菌造成72人染病;红/黑椒与意大利风味的肉中的沙门氏菌在2009年与2010年造成272人染病;墨西哥胡椒与西红柿中的沙门氏菌致使1442人染病;菠菜中的沙门氏菌在2006年致使3人死亡,199人染病;花生酱中的沙门氏菌在2008年与2009年造成9人死亡,714人染病;鸡蛋中的沙门氏菌2010年造成1600人染病。[824]由于食品配送体系的无远弗届,大多数有关食品的恐慌事件往往殃及数个地方,甚至是全美国。然而,一些恐慌有时则是错加的。西红柿就曾被错误地召回过,事后发现,沙门氏菌的问题实际上源自墨西哥胡椒。[825]那些眼睁睁看着其大片作物被销毁的西红柿种植户,遭受了数百万的损失。

当美国弗吉尼亚州丹维尔(Danville)工厂的雀巢Toll House冷冻预制曲奇产品被指责造成分布于29个州的69人染病时,由不卫生的操作所引起的大肠杆菌是主要病因。[826]美国拓普斯肉食公司是2007年另一家受到大肠杆菌冲击的企业。在2007年召回高达2200磅受污染的牛肉之后,这家历史超过60年的企业,于2008年年初被迫关闭。[827]对于大多数造成死亡与染病的食品危机而言,马虎的管理是难辞其咎的。

美国花生公司

美国花生公司(Peanut Corporation of America)的两家工厂曾牵扯上一桩最为严重的食品污染危机。该公司发出了一批明知已被沙门氏菌污染的花生与花生酱。这些产品被包括家乐氏(Kellogg)、卡夫(Kraft)与通用磨坊(General Mills)在内的数家大型食品企业,用来制造了超过2000种加工与包装食品。与大企业拥有处理产品召回的经验与人员不同的是,许多小型企业两者都不具备。其中一个受害者就是位于俄亥俄州的King Nut公司,它销售两个品牌的花生酱。[828]该公司首席执行官卡南(Martin Kanan)在一份声明中发出了召回指令:"这事发生了，我们感到非常抱歉。我们正在采取当即的自愿行动，因为那些使用我们产品的人的健康与安全一直是我们最看重的事。"[829]

总的算起来，美国疾控中心共确认了与沙门氏菌有关的患者为637人，以及可能的9名死者。当调查人员检查美国花生公司位于佐治亚州的工厂时，发现了破漏的屋顶、霉变物与蟑螂。而在其位于得克萨斯州的工厂，则在生产区上方的低矮空间里发现了啮齿动物、其排泄物及鸟类的羽毛。在2001年年底美国食品药品监督管理局调查人员考察其工厂时，却发现其花生加工设备曾被使用导管与封口胶纸胡乱地维修了一下，这种情况根本无法做到符合卫生要求，也容易产生次品。[830]

该公司的第一份公开声明不同意政府机构的发现——有时叫"诋毁控告者"——并宣称，它已"采取了超乎寻常的措施去确认并召回所有被认定存在潜在风险的产品"[831]。其公司管理层采取避而不见的态度且绝不对外公开发言。当管理失当达到本案例的程度时，一个企业再想着去修复所造成的破坏——不管是留住消费者还是恢复其声誉——都将极为困难。其产品的大规模召回行动致使该公司别无选择，而只能去申请破产保护。

贺曼/韦斯特兰肉制品公司被美国人道协会曝光

在美国经历的最大规模的肉制品召回行动中，美国人道协会的一名会员秘密录下了两名员工用叉车与电叉把"患卧地不起病的奶牛"（downer cow）托起并转移到屠宰场处理后做成供人食用的材料后，这家位于加州的贺曼/韦斯特兰公司（Hallmark/Westland Meat Co.）的屠宰场召回了此前两年内上市的1.43亿磅牛肉。[832]而人们已知患卧地不起病的奶牛携带有若干细菌传染病，且可能还有疯牛病。在此次录像事件之前，该公司总裁门德尔（Steve Mendall）宣称此类病牛"从未被屠宰、掩埋或销售。它们被施以安乐死后销毁掉"[833]。那段揭发视频材料被放上网站并在互联网上广泛流传。当美国人道协会控告农业部并声称其留置了允许病牛进入食品链条的漏洞时，就使用了这段视频。

其他屠宰场也未能幸免。内布拉斯加州牛肉公司召回了120万磅的牛肉，接着在牵扯上大肠杆菌爆发事件后又在美国的10个州及加拿大召回了 5300 万磅。该公司根本就没来得及彻底清洗其设备,因此之后又生产的肉制品也根本无法保证其安全性。[834] 在两个分别来自新罕普什尔州与纽约州的人食用牛肉死亡并另有数十人染病后,纽约州的费尔班克农场(Fairbank Farms)自愿召回了 545699 磅牛肉。[835]

50 万只鸡蛋被召回

2010 年 8 月,当鸡蛋中的沙门氏菌问题爆发并在美国的至少 10 个州造成 1500 人染病之时,爱荷华州的莱特县鸡蛋公司(Wright County Egg Co.)成为事件的中心。与其所属的希兰代尔农场(Hillandale Farms)一道,该公司在 8 月份共召回超过 50 万只鸡蛋。众多食品零售商与制造商纷纷使出浑身解数去安抚其消费者。[836]

美国的鸡蛋行业由两个联邦政府机构来负责监管:食品药品监督管理局与农业部。它们在责任上划分得泾渭分明:食品药品监督管理局负责总体的鸡蛋安全,农业部负责鸡蛋分级以及日常 22 个种类的清洁检查。尽管农业部在 5 月中旬之前认为条件总体上是令人满意的,但接下来在多个领域情况就转为"不满意了",甚至包括一些"非常严重"的情形。在莱特养鸡场发现的卫生问题就包括:苍蝇、青蛙、鸽子以及成堆的鸡粪与鸟粪。而当美国食品药品监督管理局最终来检查时,则发现了老鼠、蛆虫及高达 8 英尺的粪堆之类的卫生隐患。造成这一问题的一个原因是,上述两个联邦机构之间严重缺乏沟通,即便来自两方的检查人员在现场仅隔数十英尺的距离进行检查之时也仍然如此。食品药品监督管理局表示,它从没从农业部听到有关此类污物与污染问题的情况通报。[837]

这种指责游戏也在愈演愈烈,鸡蛋农场主指责饲养企业造成了污染;而在爱荷华州有大约 750 家商业饲养企业。食品药品监督管理局发现,优质鸡蛋(Quality Egg)饲养公司的卫生状况暴露出数个可能的污染点,比如有迹象显示啮齿动物曾到过饲料仓库的多个地方,锈迹斑斑且破损的容器暴露于活的鸟类与禽类粪便之中。[838]

鸡蛋行业也一直存在着有关动物权益的问题。美国加州已通过了一项被称为第二条款(Proposition 2)的法律,它要求到 2015 年鸡蛋生产商需提供足够大的笼子或者让母鸡能够自由走动。这一由美国人道协会发起的法律要求,下蛋的母鸡必须能够完全伸展其肢体、蹲卧并在围栏内自由转体。加州一家鸡蛋生产公司的总裁本森(Eric Benson)表示:"这有点矫枉过正了,母鸡只是动物,它们不需要太过快乐。"[839]

欧洲被污染的可乐

作为世界上的领导品牌,可口可乐公司必须谨慎地保护其颇具价值的无形资产,以免受到任何伤害。但这还是在1999年6月发生了,当时有报纸报道称,在比利时有人饮用可乐后发病。第一起发生在安特卫普(Antwerp)附近的酒吧里,有4名成年人受到影响。可口可乐公司可能对情况也进行了正常的调查,也没有发现需要采取进一步措施的理由。第二起发生在6月8日,博尔讷姆(Bornem)一所学校的学生在学校饮用了可口可乐后感觉到眩晕、呕吐及其他症状。在接下来的24小时内有42人入院治疗。这是一个引爆点,此时可口可乐公司本应认识到,其正面临着一场危机,且应立即启动危机沟通工作。然而,该公司却保持了沉默。第三起发生在6月10日,布鲁日(Bruges)的8名儿童在饮用可乐与芬达(一款可乐产品)后被送进了医院。这次事件本应使该公司确信,问题已经严重到有必要启动区域性产品召回的行动了。

可口可乐公司官方非但没有采取行动,而是一直拖延到被迫反应之时。6月11日,他们被传唤到比利时卫生部参加一个会议,该机构已经设立了一个针对可乐产品投诉的电话接听中心。从6月12日至14日,共收到200个投诉电话。一些欧洲媒介推测,可乐罐可能被鼠药污染了。6月14日,比利时卫生部部长要求所有可口可乐产品退市,其在安特卫普与根特(Gent)的罐装工厂暂停生产。对这位部长而言,可口可乐公司在承认问题方面的犹豫态度,就是达到了危机门槛。当一家企业未能决定自主召回产品,而被政府强令召回时,它就已经在公众舆论与消费者态度上失去了先机。其品牌即处于危险境地。

随着进一步的事件报告——一些来自卢森堡、法国、荷兰与德国——以及法国要求其位于敦刻尔克的罐装工厂停工的禁令后,可口可乐公司意识到其遭遇了一场大危机。6月15日,该公司举办了一场新闻发布会(被有些人形容为颇为混乱),并发放了第一份承认其主要在比利时市场销售的产品被污染的新闻通稿。一个污染源是向一些可乐中意外注入的"有缺陷的"二氧化碳气体(它使软饮料发泡),另一个污染源是软饮料罐外壁被用来处理木质运输托盘的杀菌剂所污染。该公司没有要求气体供应商提供分析证书,其工人也没有进行日常的检测以确认每罐二氧化碳闻起来与尝起来都是正常的,因而违反了其自身的准则。

在确认比利时发生的情况构成一场大危机之时,相关的情势就受到了公司首席执行官伊维斯特(Douglas Ivester)的关注。在一封发给公众的公开信中,他向欧洲的消费者做出了该公司的首次道歉,表示公司在"采取所有必要的行动"去确保质量。紧接着第二天——在第一起学生发病10天后的6月18日,他飞赴布鲁塞尔。但由于缺乏当即行动,其道歉与到访的效果大打折扣。他向员工表示,其公司在比利时的质量控制遭遇了失败。直到6月23日,比利时才放开了对该公司的生产禁令,其他国家25日也放开禁令。

总之,由于对早期预警讯息的响应过于缓慢与拖延,可口可乐公司暴露出了管理失当问题。它本应该及早启动召回受影响产品的行动,并就所出现的问题向消费者保持公开。《金融时报》的汤姆肯斯(Richard Tomkins)指出,其道歉也本应该表现出悔罪——这是真诚道歉的必要内容。[840] 尽管召回行动的代价是高昂的(有超过100万瓶被召回),但其实际做法对其全球范围内的品牌与声誉的潜在伤害可能更高。

可口可乐公司的案例表明本书第八章所探讨的议题管理作为识别管理失灵危机早期预警信号方式的重要性。而对于那位与比利时卫生部长会面的可口可乐公司代表而言,这也不啻一种警醒,因为他理应了解到当时正轰轰烈烈的食品安全丑闻,包括使那名部长颇为难堪,并让产品安全问题成为当务之急的议题的在动物饲料中发现致癌物的事。

其他涉及不胜任与失职的案例

航空灾难

2009年2月12日,美国大陆航空公司的3407次航班在从纽瓦克飞往水牛城途中遭遇恶劣天气而失事,致使机上49人全部遇难,其飞行员的疲劳飞行、经验不足与误判成为人们指责的焦点。该航班由位于孟菲斯的顶峰(Pinnacle)航空公司旗下的科尔根(Colgan)航空公司为大陆航空公司执飞。[841]科尔根公司的安全操作规程没有几大航空公司严格。其薪酬也较低,一名执飞出事机型飞机的副驾驶员平均年收入仅为2.4万美元,驾驶员也仅为6.7万美元。当班的副驾驶员肖(Rebecca Shaw)已经彻夜从其家乡西雅图起飞,并于出事当天早上6时30分到达纽瓦克国际机场,这引发了对于疲劳问题的关注。她每年的收入不足1.7万美元,并在一家咖啡店兼职打第二份工。[842]

而据称飞行员在其被聘用前也没有通过测试飞行,也从没被充分传授过如何应对其所碰到的紧急情况的相关技能。当信号显示飞行速度在下降时,他拉下了操作杆,而不是像训练手册上所建议的那样推上去加速。这一拉下的动作导致飞机下降,飞行速度进一步降低从而发生失事。[843]那名副驾驶员最后的声音是:"我从没碰到过结冰状况。我从未除过冰。……我不希望被迫经历这些并去打此类的电话……噢,天哪,我们要坠毁了。"[844]

此类误判应与其他飞行员值得赞赏的行动来进行对比。其中一个这样的例子就是苏伦伯格(Chesley Sullenberger)机长,他驾驶的飞机在撞上一群鸟之后发动机停止运转。他娴熟地操作飞机在没造成人员伤亡的情况下成功滑翔迫降到哈德逊河中。[845]另一个是澳洲航空公司(Quantas Airways)的高级飞行员机组在执飞从新加坡至悉尼的航班时处置引擎爆炸故障的实例。他们"依靠训练有素的沉稳团队合作,并最终靠手动驾驶技能,使一场骇人的危急情境转为安全的紧急迫降"[846]。在此意义上,能力或许决定着一种情境是否会导致严重危机。

自科尔根飞机失事以来,区域航线的安全问题一直受到严格的审查。另一家为大陆航空公司提供执飞服务的湾流(Gulfstream)航空公司,即由于不安全的行为而受到其飞行员的批评。一个例子是,一名机长拒绝驾驶存在避撞系统故障的比奇11900涡轮螺旋桨飞机(Beech)之事。据称他由于不服从命令而被就地解雇。而该航空公司母公司湾流国际集团的首席执行官兼总裁海科特(David Hackett)还为科尔根公司辩护。2009年5月,美国联邦航空管理局(Federal Aviation Authority)向湾流公司已查明的记录疏漏与低于标准的飞机维护行为开出了高达130万美元的罚金。[847]

当美国西北航空公司从圣地亚哥起飞的188次航班越过其目的地明尼阿波利斯上空未降落,且超过一个小时未进行无线电联系时,管理失当就呈现出了粗心的形式。飞行员辩称,他们由于在电脑上查看公司的相关政策并进行热烈的讨论而分神了,因而挑战了有关他们或许睡过头的猜测。他们两个人都没有监视飞行进程和空中交通管制联络系统。[848]美国联邦航空管理局空中交通中心曾通过无线电试图联络他们十多次,西北航空公司的管理人员也向驾驶舱发出了八条独立的文字信息。在与该航班失联后,联邦航空署花了超过40分钟的时间才把警讯通报给军方,因而也违反了其自身的准则。[849]当公共安全面临危险时,此类由飞行员与飞行控制操作人员所造成的过失是不可思议的。

应对管理失当型危机的战略

应对管理失当型危机的战略,就是从基本意义上力求达到本章开头所探讨的规避危机发生的那些管理原则。而克服管理不足与脆弱性是其基本的目标。具体的战略包括:质量保证、修复声誉伤害,以及改进组织与政府监管。

质量保证

在应对有关其产品召回的负面报道时,强生公司首席执行官韦尔登(William Weldon)提供了"那些使用我们产品的人是我们的最优先对象,我们已经让他们放心"的保证。[850]他还宣布,公司会重构其生产程序,并设置一个新的职位来确保产品质量。其计划是要求在所有三大业务单元都任命首席质量官,该职位拥有向公司副总裁直接汇报的权利。[851]韦尔登被指责在先前的召回危机中没能采取更为积极的姿态,也没有充分关注危机沟通工作。大部分的工作被推给了其业务单元负责人与强生公司负责消费品的主管戈金斯。[852]

质量保证要求的不单单是一个某人已被任命为主管质量保证工作的副总裁之类的保证性声明。葛兰素史克公司负责全球质量保证工作的高级副总裁麦卡宾（Ian McCubbin），既没有召回有问题的产品，也没有停止其生产。他对于《60 分钟》节目报道的回应是："葛兰素史克公司对在波多黎各工厂发生的生产议题（issues）表示遗憾（regret），它没有遵守葛兰素史克公司对于生产质量的承诺。"他还指出，事情发生在 2001 年至 2005 年年初期间，并且公司一直在与美国食品药品监督管理局共同努力改进该工厂的工作。作为保证，他还进一步解释道："曾在波多黎各运营的这家工厂的生产问题，并没有对患者造成伤害。"[853] 其在采取纠正性措施方面的缓慢行动，有悖于葛兰素史克公司对其消费者所负的责任。其董事会需要提高警惕，以加强该公司的安全文化。

正如肝素案例所显示的，那些对质量保证负有责任的人必须带着良知去履行其职责。无论何时从别处接收原料、半成品或全部成品时，都必须经过检查以确保符合所要求的规格与质量。这是一种供应商关系的职能，由采购经理来具体落实。当涉及的供应商为数众多时，就有必要建立一套质量保证程序了。这项工作不应该甩给供应商。在粮食经销商卡迪尔（Cardill）那里，各类农产品被负责任地检验与评估，而且每一批次都会被相应地予以评级。

食品行业的标准各异

食品领域的企业在其质量保证方面的标准各有不同。根据雀巢公司 2002 年与 2006 年的审计报告，在对美国花生公司进行了两次检查后，雀巢公司决定不把该公司作为其供应商，原因是它不能满足雀巢的食品安全标准。报告指出，该工厂需要"对深度清洁有更好的理解"，且未能完全地把烘烤后的生花生与未经烘烤的分开，这可能会使生花生上的细菌污染到烘烤后的花生。雀巢审计官哈特森（Richard Hutson）表示，他当时把自己的关切告知了美国花生公司的管理者，但"他们没再与雀巢公司进一步跟进此事"[854]。

然而，美国花生公司的其他客户——包括家乐氏公司，从未对其工厂进行过亲自的检查，相反依赖于一家由美国花生公司花钱聘请的审计公司。家乐氏公司从美国花生公司那里拿到由该公司聘请的私营实验室出具的检验证书,标明其产品不含沙门氏菌。据美国众议员斯图派克(Bart Stupak)表示,作为在美国最常用的审计机构,安邦国际公司(AIB International)给其客户的评级几乎都是"优秀"或"卓越"。[855]因而,安邦公司对于美国花生公司的评级就备受指责,一直受到牵连的还包括食品企业自己花钱聘用审计机构的通行做法。安邦公司所做的辩护没有给人带来丝毫的慰藉,其辩称:从2008年年中其自身的审计到2009年1月美国食品药品监督管理局的检查期间,其布莱克利工厂长达数月在没有经理的条件下运营,因而致使情况恶化。在食品行业,必须对基本的卫生与清洁状况以及员工的操作进行日常的检查。

行业组织也应考虑为其会员提供质量保证方面的服务。在肉制品行业,这项工作可由美国肉品协会(American Meat Institute)来实施,它代表着整个北美地区众多牛肉、猪肉、羊肉、小牛肉与火鸡肉产品包装商与加工商及其供应商的利益。它为肉品与禽肉包装与加工行业提供立法、管制、公共关系、技术、科研与培训等服务。质量保证也是其内容之一。[856]

外包的问题

考虑到外包会增加企业的脆弱性,像卡耐基钢铁公司、福特汽车公司等巨头所代表的传统垂直整合性体系,现在正被重新审视。过去,这些企业拥有自己的铁矿石矿区,控制着从生产到销售的所有环节。现代企业的趋势已转向聚焦于若干核心业务——比如装配汽车,而把其他的事情通过合同外包出去。波音公司把这一模式发挥到极致,其装配的787梦幻客机采用了数百家供应商提供的零部件。在发现所接收到的一些部件存在问题后,其交付日程向后推迟了超过三年时间。[857]波士顿咨询集团全球运营主管西尔金(Harold Sirkin)指出,波音与其他一些企业正在改变其过去的"分化"趋势,并走向新的"整合"模式。[858]

外包也引发对于那些原产于外国的产品安全问题的关切,原因在于其源头难于去追踪。美国药品生产企业所用原材料的88%来自国外,仅中国与印度就占世界药品原材料份额的40%。[859]正如百特公司对产于中国的血液稀释药品肝素进行召回的案例所显示的,除非执行严格的质量保证措施,否则此种依赖可能会引发问题。

南佛罗里达浸会健康集团(Baptist Health South Florida)负责材料管理的企业总监富尔南德兹(Frank Fernandez)指出,医院传统上对于外包问题关注不够,但这已开始改变。他说:"问题在于,我们不知道这么多的产品产自哪里。我们看产品标识发现写的是'为……制造',而不是'由……制造'。"[860] 尽管大多数外包业务制造商表示,他们拥有内部的程序与质量保证项目,但他们做得可能还不够。许多药品与器械制造企业都已经缩减了其质量保证方面的人员,他们均把质量保证的责任转移至承接合同的制造企业。

修复声誉伤害

深水地平线钻井平台4月20日发生的爆炸并最终沉没事故,给英国石油公司带来了巨大的声誉与财务危机。其在深海科技方面的领先者地位,以及其公开宣称的对于企业社会责任与环境的誓言被粉碎。该公司现在不得不重建其声誉及财务可靠性,并确保其能够被允许继续在美国水域开展业务。政府官员与一般公众的态度,可能会影响到处罚的金额以及各类评判的严厉程度。投资者也会考虑英国石油公司声誉的受破坏程度——这会体现在该公司的股价上。

英国石油公司在整个危机期间的努力,也是为了让其声誉——有远见的石油业巨头——受到的伤害最小化。但其在海床处封堵泄漏工作的失败、原油在墨西哥湾的持续蔓延,以及该公司危险的削减成本的做法,严重伤害到了其企业声誉。在其首席执行官布朗(John Browne)的领导下,该公司把自己定位于一个思考替代性能源的领导者,其所使用的口号是英国石油公司挺立以"超越石油"。但其在所谓形象宣传上花费的两亿美元投入,根本没有必要的研究予以支撑。其大量的资源被用在了1998年以520亿美元巨资兼并阿莫科公司,以及2000年对于大西洋富油田公司(Atlantic Richfield)的收购上。其兼并后的削减成本做法导致了安全与维护方面的严重麻烦。

英国石油公司的广告与社交媒介行动

即便在原油泄漏结束之前,英国石油公司就开始使用广告与其他传播途径去报道其活动。为了抵御不断恶化的声誉灾难,在新闻媒介报道其原油泄漏的一周时间里,该公司花在广告方面的费用超过500万美元。这些广告的用意是确保透明度,并让居民了解跟泄漏有关的事情。虽然有人对广告的投入提出批评,但它确实是有效的。从6月到8月期间,对于其处置泄漏的好评增加了两倍多,达到了33%。[861]

6月3日,英国石油公司开始投放一则新的电视广告,首席执行官海沃德面对镜头,保证要不惜一切努力去清除泄漏的原油。[862]该公司还在主要报纸刊出整版广告,在《墨西哥湾原油泄漏的应对》的标题下,再次保证"英国石油公司对处理泄漏事故已经承担了全部的责任。我们决定尽所有可能去降低其影响。我们会重视所有合理的诉求。"[863]

其广告行动在"让正确持续"的大标题下持续了数周,借此广泛报道对各种诉求的回应、经济投入、环境恢复、健康与安全,以及野生动物等方面的最新情况。6月30日的广告重申:"我们的承诺是,我们会坚守在此处直到一切结束。"这些广告人性化地呈现了各方面的努力,展示了在海滩上忙碌的、代表3.3万名参与到清理工作中的工人,还包括其中一名工人的照片及一段话:"我来自路易斯安那,我知道,海滩就是我们的家园、我们的生活与我们的营生。保护海岸并清理海滩对于我而言非常具有意义。"[864]英国石油公司还吸纳了公共关系与危机管理专业公司博然思维集团(Brunswick Group)的力量,以帮助其开展此类的沟通工作。[865]

在奥美国际集团(Ogilvy Worldwide)的建议下,英国石油公司还大量地借助社交媒介——作为一种防御性的手段。5月29日,在脸书上的"抵制英国石油公司"(Boycott BP)组拥有181600名成员,而在推特上的同类订阅组"BPGlobalPR"则有75800名粉丝。[866]英国石油公司与传立媒体(Mindshare)一道,设立了一个名为"英国石油公司原油泄漏应对"(BP Oil Spill Response)的网站。《广告周报》对此评论道:"英国石油公司专门设立的网站会让大多数社区媒介的专家感到骄傲。它里面聚合了通过推特、脸书、YouTube与Flickr等社交媒介发布的信息。"[867]

一名英国石油公司管理者曾在一份较为乐观的简报中表示,尽管情况有点不愉快,但它也不是毫无用处。"英国石油公司品牌所遭受的实际伤害是巨大的,但恢复品牌的最终方式只能是做正确的事情。……我们需要英国石油公司成为一家健康的、有生存能力的企业"[868]。

英国石油公司董事会的行动

在严重的管理失灵危机中,一种标准的做法是替换掉犯错的管理人员。相应的,7月27日,在油井被控制住后的较短时间点上,被认为对英国石油公司重建其可信度的努力造成伤害的海沃德被解职。董事会任命执行董事杜德利(Robert Dudley)为新的首席执行官。杜德利拥有出生在美国并在路易斯安那长大的优势,享有"更具爱心、比海沃德更有自主性"的美誉[869]。

在美国国会与联邦政府最终决定英国石油公司对于环境破坏所应受到的处罚方面,这一诉求将极具价值。直到所有的处罚汇总后,英国石油公司同意支付200亿美元,作为与美国政府达成的补偿原油泄漏所造成损失的政治性代管基金(escrow fund)。或许更为重要的是,它能够帮助"英国石油公司保留其作为开发者继续在阿拉斯加与墨西哥湾等高关注度地区存在的能力"[870]。

英国石油公司还就进一步的赔偿做出了相关决策。当其董事会成员在7月底会面之时,它拨出322亿美元的资金用于赔偿所造成的破坏。为了募集用于补偿的资金,该公司计划通过资金出售筹措300亿美元。[871]自油井泄漏开始,其公司市值下滑了890亿美元,这相当于其总市值的40%。[872]为了准备跟政府与索偿人之间的谈判方式,杜德利全力驳回了公司是疏忽的论调。他说:"它是一次非常复杂的工业事故",它源自于"一系列的非常有经验的员工的人为误判、多系列的设备故障,以及涉及多家企业的设备使用过程。"[873]其法律纠葛可能会延续数年。而其对该公司声誉的破坏也是难于恢复的。

尤为重要的是,英国石油公司不得不拯救其作为负责任企业的声誉,并恢复其作为深海钻探科技领域领导者的可信度。它也必须让政府官员相信,其已从这次灾难中尝到了有价值的科技教训,并能被信任在将来可以在此海域进行安全的钻探作业。注意到政府的重要作用,该公司还聘请多名华盛顿的圈内人士,以赢得政府官员的更大信任,并保护其免受法律诉讼的纠缠。这当中包括广受赞誉的美国联邦应急管理署(FEMA)前主任李·维特(James Lee Witt)。

提供更好的组织与政府监管

为了保证组织运作能够遵循其计划与政策得以恰当地实施,细致的监管与控制系统则是必要的。那么,相关过失就可以随时被发现,并为此采取纠正性的行动。在一个组织的低层等级中,办公室与店铺主管承担着监管职能。在高层,则是由董事会成员来设立控制系统并进行监管。

美国花生公司失效的董事会

在美国花生公司的案例中,其董事会根本没有起到应有的作用。那些购买其花生的企业,需要留意美国食品杂货制造商协会(Grocery Manufacturers Association)的建议,该协会为那些小企业提供了解其供应商食品安全文化与实践的建议,以及这些供应商是否有能力做出正确的事情。一些购买者采取多种方式来保护与准备自己——要求提供分析证书,这其实是一种有关质量的契约;获取召回保险;以及每隔六个月进行一次模拟的召回行动。由该协会微生物学家及负责科技政策与食品保护的副总裁召集的有六十多人参加的关于"原材料供应链:你知道谁在与你共眠吗?"的研讨会,反映了对于这一主题的兴趣。[874]

美国花生公司的案例表明,在保护性链条上的每一个关键性节点都失败了。美国食品药品监督管理局前助理委员哈伯德(William Hubbard)指出:其危机的出现是美国食品安全系统"所有环节都出错的一个典型代表。……你能发现所存在的彻头彻尾的缺陷与失灵之处"。即便在相关问题呈现到美国花生公司面前时,它仍没能予以改正。[875]

更好的政府食品安全监管

监管是政府管制的一项职能,旨在纠正企业的管理失当行为并有助于规避危机。当生长于墨西哥的辣椒被发现是2008年沙门氏菌爆发的元凶时,所存在的纰漏就找到了——比如糟糕的追踪新鲜农产品的记录保存环节,以及把来自不同农场的西红柿混合并加工的惯常做法等。佐治亚大学食品安全研究中心主任道伊尔(Michael Doyle)评论道:"它一片混乱——这是我们现在的食品安全系统所存在问题的一个方面。"[876]

在美国,超过 12 个联邦政府机构对于食品安全负有责任,但大部分的追踪工作主要依赖于州一级的卫生部门。在联邦政府的相关规定之外,许多州已经决定采用更为严格的安全方面的法律。从 2009 年年初至 5 月中旬,在美国州一级的立法机构已经通过了大约 600 个针对食品安全的法案。在佐治亚州的花生行业遭受沙门氏菌爆发的重创后,该州新通过的法律要求,食品加工企业必须在 24 小时内汇报其内部检测中发现的受污染产品情况。在特拉贝拉公司(Terra Bella Inc.)的开心果被大规模召回之后,美国加州的立法者也通过了加强食品安全的相关法律。[877]它曾经运出了 100 磅的坚果。[878]

2009 年 9 月,美国食品药品监督管理局通过设立电子食品登记方式,启动了一个对潜在的食品触发疾病进行快速汇报的系统。如果食品企业在产品中发现任何可能使人或动物严重伤亡的污染时,就必须在 24 小时内向美国食品药品监督管理局提出警报。如果没有这样做,一个企业就会受到禁停、罚金或其他处罚。由美国皮尤慈善信托基金(Pew Charitable Trusts)发布的一项调查显示,有 89% 的可能投票者支持这些食品安全措施。[879]2010 年 12 月,美国参议院通过了一项措施,授权美国食品药品监督管理局拥有命令企业召回食品的权力。它会给予美国食品药品监督管理局更大的权威,去追踪水果与蔬菜的运输,并强令生产企业出台食品安全计划。[880]

取代美国内政部矿产资源管理服务局

之所以发生英国石油公司的管理失当行为——包括对于油井防喷器的维护疏漏,其原因是缺乏来自美国内政部矿产资源管理服务局——这一负责深海钻探事务的政府机构——的监管。正如《华尔街日报》一条标题为"监管者把钻井平台安全的监管权割让给了石油钻探者"的文章所揭示的,它是一个失败的、被指责为跟其所监管的行业过从"甚密"的机构。[881]按照当下盛行的行业自我监管的自由市场机制,矿产资源管理服务局视自身的职责为,为相关行业设定广泛的绩效目标,并让那些石油生产企业与钻探企业去决定实现这些目标的方式。它仪式性地批准绝大多数的企业计划。一个已经报道出来的例子是,该机构曾在披露某企业计划的四五分钟后仅用七分钟就同意了其变更计划的申请,这意味着根本不可能有充分的时间去检查这一变更内容。[882]

即便在该机构被美国内政部总检察官指责以"明显不恰当的使石油企业获利"的方式修改了税款支付协议后,其主要职能仍是征收天然气与原油税。[883]2008年这名总检察官得出的结论是,该机构的员工制造出了一种"职业准则失灵的文化"。[884]经历危机后,其职责被一分为二为监管与财政——如同当初美国核管理委员会把其为核能的推广职能从其监管职能中分离出来一样。上述机构现在被称为美国海洋能源管理、监管与执法局。

革新缺陷的系统——中国航空业的安全改革

在扭转其糟糕的航空事故记录并创造该行业最好的安全记录方面,中国已成为一个成功的范例。其经验显示出如何去纠正之前的管理失当问题。中国的航空安全记录曾是世界上最差的之一。从20世纪90年代中期到2002年间发生一系列飞机事故后,中国的航空公司被公认为是世界上最危险的。它们被"持续不断的飞行员失误、不可靠的维护所困扰"[885]。飞行员藐视基本的操作规程,比如在恶劣的风暴条件下飞行,以及随意使用自动驾驶功能。2002年发生了两起主要的空难事故,中国国际航空公司一架波音767客机在韩国釜山坠毁,造成129人死亡37人受伤;紧接着在大连发生的坠机事故造成112人死亡。

中国政府认识到糟糕的安全记录有损其国家形象,因而计划变革其航空业。其目标是在安全与增长之间求得均衡。在缓慢地开头之后,中国国家民航局副局长、"富有进取心的航空官员"杨元元被指派负责此项工作。这一任命意义重大,因为正如中国驻国际民航组织(International Civil Aviation Organization)代表马涛所言,"你必须依靠一个非常强势的核心机构来建立规则"[886]。

遵循奥图尔(O'Toole)与本内斯(Bennis)的箴言,中国相关方面通过自揭其短的方式,使其沟通工作变得极其开放与坦诚。正如美国联邦航空管理局局长布莱奇(Marion Blakey)所观察到的,中国相关政府部门较早意识到"在航空安全问题上没有秘密可以遁形。他们从没让自尊挡住了去路"[887]。中国也愿意从那些担心其飞机销售可能受到影响的美国飞机制造商那里学习。波音公司向数百名中国航空相关人员提供了免费的安全管理课程。它向中国飞行员提供了免费的模拟飞行器训练时间。它与竞争对手空客公司一道，在中国建立了永久性的飞行员培训项目，并派遣外国专家去培训其技术人员。包括发动机制造商和驾驶舱工具供应商在内的二十多家美国企业参与到了这一努力当中，并提供了相关的技术帮助。

中国意识到航空业是国际性的。因此，该国不出意外地保证与外国空难调查者进行紧密合作，并依靠国际航空安全组织去开展相关的审查与改进工作。中国与波音公司共同努力，还在稍后与美国联邦航空管理局一道出台了新的航空管制办法，并强化了空中交通控制设计与监管程序。

结　　论

管理上的不胜任与草率、失职及麻木等方面的破坏性疏漏都会引发危机。这些会影响到从消费品安全到钻井平台安全的诸多议题。正如本章已经探讨的，缺陷可以发生在从石油、医药、航空到食品加工的任何行业。全球性供应链已经增加了一家企业的脆弱性，因而，产品的接收者需要更完善的质量保证程序。

当管理失当行为是由总体上的组织缺陷所引发，那就必须由其董事会——如果还能正常发挥作用的话——以及政府机构通过加强监管来予以弥补。其组织总体文化也需要革新，而这往往又需要外部咨询机构——提供组织发展建议——的帮助。有时，有必要应用组织结构与行为方面的基本原则，进行大幅度的革新行动。中国的航空业就实施了此类的纠正性举措——在人员与飞行员再培训方面进行了大范围的变革。

管理失当型危机还让人聚焦于管理人员的情感感召力，及其在现场进行创造性思维的能力。[888]而缺乏对于利害相关者诸多关切的敏感性，以及对形成中的危机的早期征兆缺乏关注，均为管理失当型危机的显著特征。

第十一章　管理价值观偏颇型危机

当管理人员偏向短期的经济收益,而忽视广泛的社会价值观与利害相关者公正及正义的标准时,就会引发管理价值观偏颇型危机。为追求利润而牺牲安全是许多此类危机的共同主线。偏向一方的价值观根源于只关注股东利益,而视其他利害相关者的利益为从属且相对不重要的传统商业信条。这种偏颇观点的一名坦率的提倡者是斯科特纸业公司(Scott Paper Co.)的前总裁兼首席执行官邓拉普(Albert J. Dunlap),他表示"利害相关者完全是垃圾……拥有企业的是股东"[889]。另一种观点体现在追求"利害相关者均衡"(stakeholder symmetry)的利害相关者管理的现代概念中,奥图尔在先锋管理(Vanguard Management)中对此进行了阐释。[890]这种观点认为,管理者对于所有的利害相关者都履行着一种托管(trusteeship)的职能。

管理价值观偏颇型危机的出现,也可能是由于企业社会责任的缺失。这一观点认为,管理者必须把更广泛的价值观纳入到其决策制定过程中,而不是只追求利润最大化。它代表着管理思想与实践上的一个革命性转变。它通过对于安全实践的重视,从而避免对员工造成伤害与侵犯人权;它还悉心让消费者满意。它还充分认识到开展业务所带来的社会成本,并着力避免对组织所在的当地社区造成伤害及对自然环境的破坏。

企业社会责任还意味着合乎职业准则的行为,即一种让组织与社会紧密相连的热望,以及在所有运营中实现可持续发展的努力。米特罗夫与鲍先特在《我们如此强大有力,坏事不会临到我们头上》一书中,生动阐释了这一变化及其必要性。他们坚称:"几乎所有组织赖以运转的那些基本概念与原则,在本质上讲都存在缺陷且已过时。"[891]他们认为,这种状况很容易使一个组织引危机上身,并且,一旦危机真的发生,一个组织的根本性信仰体系就会崩溃。而考虑更多利害相关者群体的价值恰恰在于,它是改进决策制定并进而减少危机发生的重要途径。

管理者往往把其偏颇的价值观归因于,因国内外的竞争、管制撤销、金融领域饥渴的趋利预期,以及企业激进行动群体而带来的不断增长的压力。但是,困难的外部环境只是其中的一个原因。最主要的原因还是管理者自身的态度、观念与信仰。有时,管理者是缓慢的学习者,且太过沉迷于过去在应对方面的全套把式。但在另外的场合,他们又过于快速地学会并适应新的环境,并因而轻率抛弃掉作为负责任社会行为之基准的商业道德规范与社会义务。

偏颇型价值观案例

埃克森原油泄漏事故的最新进展

埃克森公司——现在的埃克森美孚公司——一直是奉行偏颇价值观的经典案例,并在危机相关文献中被一再提及。皮尔森(Pearson)与克莱尔(Clair)把埃克森公司对原油泄漏事故的处置评为较低等级,"预警信号被忽略;针对这一事件的计划与准备也是不合规格,其首席执行官劳(Rawl)所做的公开声明更激怒了众多利害相关者。"[892]他们还对该公司总体上不愿意从危机中吸取教训的行径提出了批评。该公司集中体现了只追求利润最大化与股东价值增长的传统商业信条。靠着这一信条,这一企业在美国成为最大的、最赚钱的公司。在其长达13年作为首席执行官的时间里,雷蒙德(Lee Raymond)获益丰厚,获得高达6.86亿美元的薪酬,合每天14.4万美元。[893] 2008年,该公司利润高达452亿美元,成为美国历史上最赚钱的公司。[894]

经济价值观已然占据到如此显著的程度,以致对环境的关注——这一社会中最为重要的价值观之一——却没被给予足够的重视。1989年3月24日,当埃克森公司的巨型油轮撞上珊瑚礁之时,导致24万桶原油倾泻到阿拉斯加州的威廉王子湾水域。[895]

即便在世界上79%的油轮已经被拥有两层外壳的轮船——它比

仅有一层的油轮能够更好地防止原油泄漏——所取代之后,埃克森美孚公司仍使用仅有一层外壳的油轮。双壳油轮拥有一个钢质的外壳,一般有两厘米厚,其在事故中可以作为缓冲。然而,单壳油轮可节省20%的费用,因而经济上可观。世界上已有151个国家宣称,到2015年,将禁止使用单壳油轮。[896]

幸运的是,自埃克森原油泄漏事故之后,美国已经大大降低了原油泄漏量。在1991—2004年期间,没有发生过超过100万加仑的原油泄漏事故,并且超过5000加仑的泄漏事故也从55起降至14起。更好的科技与沟通手段对于此类改进起到了至关重要的作用。[897]据埃克森原油泄漏信托理事会(Trustees Council)称,阿拉斯加现在已"拥有世界上最好、最安全的石油运输系统"。它包括经过特别培训的驾驶员与油轮护航拖船、数量庞大的围油栏、大容量的撇油系统与驳船,以及改进后的针对湾区原油泄漏的应急计划。但该理事会也提到了一些悲观的发现,尽管有着前所未有的清理工作,但原油"持续性的存在于环境当中,并且对被污染地的毒害几乎跟泄漏刚发生时的破坏一样惊人"。很显然,原油降解的速度非常缓慢。[898]埃克森美孚公司的好消息是,2008年6月25日,美国最高法院驳回了针对该公司高达25亿美元的惩罚性损失赔偿请求。[899]

2008年5月,60家机构投资者联合起来支持洛克菲勒家族针对埃克森美孚公司的要求更换"新的、现代化的董事长"的行动。[900]其中就有环境责任经济联盟(Ceres)[1]这一致力于解决全球变暖问题的组织。它敦促该公司联合董事长兼首席执行官蒂勒森(Rex Tillerson)放弃其职位并让贤给具有新鲜思想的外来者。他们关切的是,该公司过于依赖传统的原油开采领域,而对可重复利用的科技——比如风能与太阳能——重视不够。他们认为,对于新科技的更大关注在长远意义上对企业与环境都有利。

---

[1] 环境责任经济联盟(Coalition for Environmentally Responsible Economics,CERES)1989年在美国成立,成员主要来自美国各大投资团体及环境组织,工作重点在于促使企业界采用更环保、更新颖的技术与管理方式,以尽到企业对环境的责任。自其成立以来,大约有六十多家领域不同、规模各异的公司加入该联盟并签署了一揽子协议,包括减少浪费、节约能源、降低员工和社会的健康与安全风险。其倡导通过与企业不断地对话,敦促相关企业重视并解决相关的问题。——译注

2008年,所提交的股东建议获得了39.5%的支持率。[901]一个好的迹象是,2009年7月,埃克森美孚公司正式决定投入6亿美元进行把海藻变为生物燃料的相关研究,这表明该公司正在更为严肃地看待替代性能源与全球变暖议题。他们与以绘出人类基因组而闻名的科学家文特尔(J. Craig Venter)及其公司合成基因组学(Synthetic Genomics)一道,希望能创造出与传统意义上的原油一同送入炼油厂的生物燃料。他们还希望海藻能在对抗全球变暖的战斗中吸收掉温室气体。由于上述合作将会集中于研究方面,预计需要10年的时间才能够从海藻中制造出商用数量的生物燃料。[902]

英国石油公司言与行之间的落差

由于英国石油公司首席执行官布朗勋爵曾宣布其公司挺立以"超越石油"——正在寻求替代性能源来源并支持环保价值观,该公司一直以来由于其对于全球变暖的立场而受到赞赏。但其在所谓形象宣传上花费的两亿美元投入,根本没有必要的研究予以支撑。其大量的资源被用在了1998年以520亿美元巨资兼并阿莫科公司,以及2000年对于大西洋富油田公司的收购上。其兼并后的削减成本做法导致了安全与维护方面的严重麻烦。

由于忽视其德克萨斯城炼油厂的安全问题,导致2005年那里发生了严重的爆炸事故,并造成15人死亡,另外超过170人受伤。[903]而忽视阿拉斯加油田的腐蚀防护问题,致使2006年发生原油泄漏,并不得不部分关闭其普拉德霍湾(Prudhoe Bay)油田。[904]英国石油公司还被指责曾于2004年操纵并垄断丙烷市场,致使其价格在家庭取暖高峰期足足提高了50%。与其着力呈现的形象大相径庭的是,该公司的价值观总体上更偏向于赢利与增长,而不是环保价值观与消费者福祉。[905]

2007年5月,布朗因个人丑闻而辞职。[906]2007年10月,新的首席执行官海沃德承认对公司的犯罪指控,并同意为其致命的炼油厂爆炸事故支付5000万美元的罚金。他也采取具体行动,以扫清这家石油巨头在运营与管制方面的诸多麻烦,并接受由政府指定的监管者对其公司进行未来为期3—5年的监管。[907]

特纳广播系统的游击营销

即便单从定义来看,游击营销也是以公众为代价,偏向于营销者利益的。列文(Michael Levine)把这种营销比作"开展一种都市战并捕获猎物"——而猎物就是消费者……这还会"给你的客户带来'免费的广告'"[908]。特纳广播系统(Turner Broadcasting System)致力于通过游击营销计划,在不考虑社会成本的条件下,去宣传其卡通电视频道的《饮料杯历险记》节目。在包括波士顿、纽约、洛杉矶、芝加哥、亚特兰大、西雅图、波特兰、旧金山与费城在内的80个城市交通要道上,放置了带磁性灯光照明的广告牌造型大盒子。

据报,当一名摩托车手在繁忙的连接剑桥与波士顿的查尔斯河朗费罗(Longfellow)大桥一端看到一个这样的盒子时,他报告给了警方。他们想到了最坏的情况,并认为这是一种恐怖威胁(或许因为"9·11"事件的恐怖分子曾在波士顿的洛根国际机场登上了飞机)。相关部门封锁了部分交通系统并关闭了一段高速公路,海岸警卫队也封锁了部分查尔斯河段。为了支付用于这一应对的开支,波士顿市长梅尼诺(Menino)要求特纳公司做出补偿。特纳公司做了道歉,并同意支付200万美元。但对行人与摩托车手的补偿却没被算上。

美泰公司的玩具召回事件

2007年9月,美国最大的玩具销售商美泰公司在一系列的召回行动后,面临着一场危机。该公司声称,它已把近100万件的含铅玩具撤出市场。大多数的召回涉及该公司最受欢迎的芭比品牌的配件。早在当年夏天,该公司曾召回了150万件被认为含有铅污染的玩具,包括搔痒娃娃(Elmo)之类的造型玩具。8月底的第二次召回涉及25万件迪士尼电影《汽车总动员》造型的玩具汽车萨基(Sarge),以及其他4种在过去4年中销售量超过1800万件的玩具。[909]总的算起来,美泰公司共召回超过2100万件在中国生产的玩具——包括一些搔痒娃娃与朵拉探索者在内的玩具。[910]这一案例彰显了安全问题在消费者关系中的重要性,以及危机管理在国际关系中的影响范围。

最初美泰因玩具召回而指责中国

这些事件积聚起来,演化成对于美泰公司的一大危机,影响到其声誉并可能带来更为严格的美国安全监管措施。中国也由于被众多新闻报道连篇累牍地提及而面临声誉危机。中国生产着美泰玩具的65%,且所有进口到美国的玩具中有80%是由其生产的。[911]

在最初的召回姿态中,美泰公司表现为一个其产品安全标准被中国制造商所违背的无辜受害者。这一姿态在9月5日题为"我们严肃对待承诺"的整版广告中表露无遗。这则广告表示:"正如所承诺的,最近几周,我们一直忙于在玩具离开工厂之前进行检测与再检测。我们最近的自愿召回行动,是一直以来保护您孩子的安全承诺的一部分。"但这则广告却没有签名。9月11日,一篇由美泰公司总裁兼首席执行官埃克尔特(Bob Eckhart)撰写的专栏版署名评论文章出现在《华尔街日报》上。在文章中他感叹道,由于媒介报道的偏见,"美泰公司的名声遭到中伤"。他接着解释了公司"旨在防止油漆中含铅"的现有及强化了的安全检查系统。在结尾处他"真诚保证:我们会以正直来迎接这次挑战,并重申会做正确的事情"[912]。

在美国参院下属委员会的一次听证会上,埃克尔特对中国与新闻媒介都进行了指责。他表示,问题出在美泰公司的供货商身上,它们没有对在中国的转包商进行细致充分的审查。一份美泰公司内部的调查显示:"某些供货商或其转包商违反了我们既有的准则。""在某些情形中,他们显得疏忽大意。但在另外的情形中,他们似乎是有意在避免做那些清楚地知道应该做的事情"[913]。换句话说,美泰公司认为召回危机是中国的过错造成的。

"中国制造"成为一个安全议题

在因为油漆含铅而启动玩具召回之前的2007年5月,有报道指有些猫与狗由于受污染的宠物粮而发病,甚至濒临死亡。所有的品牌都来自一家加拿大企业,而它又从单一一个地方——中国——购买了小麦制成品。这种制成品含有一种化工品三聚氰胺——被用作廉价的强化物。这种化工品可用在塑料与阻燃剂中,但不能用于食品。许多宠物粮品牌受此困扰且无一幸免,而中国作为原材料提供者被指为破坏安全标准的元凶。

由于大量报道指涉问题与中国的文化有关,中国的国家品牌也因此受到严重伤害。《华尔街日报》记者帕克(Emily Parker)的一篇文章指责中国的产品缺陷是由于其一心只顾经济发展目标,而这就会伤害到消费者、员工安全与环境。她把"中国制造"背后隐含的管理层态度贴上了"一切为了赚钱"的标签。她指出,每一个人就其自身而言都是社会中人。她揣测到,鉴于许多中国人已经放弃了传统的意识形态,"在一定程度上,富裕起来已经成为全国性信仰"。不过,她承认,来自沃尔玛公司与美泰公司之类的外国采购者的无限需求,也造成了中国管理者近乎彻底的底线心理意识。[914]帕克还谈道,薄弱的政府监管与松懈的执法也是危机形成的重要原因。她指出:"最大的问题是,没有成文的职业准则去指引所有人的行为。"[915]

中国的报复

随着产品安全成为一个热点议题,在最初的2007年7月,中国把召回行动当作是一个广泛性的,也包括中国从美国进口商品的贸易议题。中国相关部门发布声明,暂停从若干家美国肉制品加工商那里进口产品,声称经检测发现存在安全问题,包括在冷冻鸡肉中的沙门氏菌以及冷冻猪排中的生长激素。生长激素在美国已经被批准使用,但在中国却不能使用。(中国还退回了其声称被污染或未能通过安全检查的法国瓶装水、澳大利亚海鲜,以及美国的一种饮料。)[916]

中国的战略似乎是"藐视与否认",比如,表示美国相关当局是由于贸易纠纷而夸大风险与渲染危害。在首都华盛顿的一个中国外交小组还到国会山出示其材料,并开始向立法委员与新闻记者做相关通报。他们发放了长达三页的事实清单报告,强调那些受污染的产品只代表该国所销售商品的很小部分,并且相关风险不应被夸大。该报告指出:"中国出口的食品质量合格率超过99%。"但据报道,"由于总体上缺乏在当前即时沟通的世界中管理公众认知的经验,从而妨碍了"该小组的沟通能力。[917]

在玩具之外,还有其他一些产品被发现存在缺陷。美国食品药品监督管理局叫停了中国制造的牙膏,以及若干种饲养的海鲜产品——担心其中的化学品污染。早在2006年春季,十多名患者在注射了由中国药企生产的胆囊药品后发病。不过,当时中国很快承认了安全问题,并采取两项主要的补救措施。第一,对责任人进行严惩,包括对从8家药企收受高达895万美元的现金与礼品贿赂的国家食品药品监督管理局局长判处死刑。第二,中国国家质量监督检验检疫总局——在当年12月至2007年5月期间共发现23 000件违法案例——关闭了那些被查实在食品生产过程中使用工业化学品与添加剂的涉事工厂。例如,染色剂、矿物油、固体石碏,以及在制作面食、糖果、腌制品、饼干、黑木耳、瓜子、豆腐与海鲜等时使用的甲醛及致癌孔雀石绿。在大约100万家的此类食品企业中,大多数是小型的、未经许可的、员工少于10人的食品作坊。[918]

数月后,中国采取了进一步的纠正措施。2007年10月底,国家质量监督检验检疫总局局长李长江宣布,逮捕774名已查实涉及假冒伪劣食品与药品销售及生产的人员。但他同时也举出了十多种存在安全与质量问题的美国产品,如通用电气公司的涡轮机与迪尔公司(Deere & Co.)的采棉机。[919]

美泰公司转而关注与中国的关系

由于过于聚焦于其美国公众——消费者、政府的立法与监管者,美泰公司认识到,这可能会危及其跟中国之间重要的经济关系。正如《华尔街日报》上一篇标题为"美泰寻求通过道歉安慰中国"的文章所显示的,当时外交变得重要起来。[920]美泰公司积极安抚那些认为其国家被当成替罪羊的中国官员的愤怒情绪。美泰公司负责国际运营的执行副总裁德布朗斯基(Thomas A. Debrowski)飞赴北京面见中国的产品安全首要负责人、拥有3万名员工的国家质检总局局长李长江。在听取了针对美泰公司行为的批评后,德布朗斯基谦虚地宣布:

> 美泰公司对这些召回行动负有全部的责任,并向您、中国人民以及那些购买我们玩具的所有消费者,致以个人的歉意。那些被召回产品的绝大部分是由于美泰公司的设计缺陷所致,而不是中国制造商的制造环节缺陷。所有人都明白这一点非常重要。

美泰公司从防御型姿态转向顺应型姿态。在相关的声明中,该公司承认,被召回玩具中的绝大多数不存在铅含量问题,大部分涉及的是能从玩具上脱落、若被吞后将变得极其危险的小型磁块问题。美泰公司自身的设计缺陷最终被认定是危机的元凶。[921]

这一道歉是令人震惊的,美泰公司对此也很清楚,因为通过表示该公司"今天向中国方面做出了正式道歉——像在其他任何销售其玩具的地方所做的一样",它希望立即平息事端。[922] 律师们也对此种表态最为担心,因为这会使该企业更容易惹上官司。《华尔街日报》指出,美泰公司一直聘请着一支强大的外部律师团队"去否认玩具存在缺陷——即便在数百万件此类产品已经被召回,并被美国监管当局认定为不安全与存在缺陷的情况下"[923]。而该公司愿意承担诉讼风险,显示出这一双重危机——召回危机本身以及跟中国相关部门间的外交危机——的严重性程度。

美泰公司认识到了跟中国相关部门开展外交互动的必要性。其举动也紧跟了美国卫生与人类服务部的相关行动——该机构于2007年8月初开始跟中国的相关高级官员磋商,以期在2007年年底前达成有关改进中国食品与药品安全的相关协议。当年5月,第二届中美战略经济对话举行时,美国官员强调了更好合作与相关信息的必要性,美国卫生与人类服务部部长列维特(Mike Leavitt)也指出"让中方出台并执行我们能够理解、我们能够认同并让我们感觉有信心的监管措施"的必要性。[924] 不过,这些对话的重点是与美泰公司之前指责中国所存在问题的姿态一脉相承的。

默克公司在伟克适收回问题上的迟缓决策

2004年9月30日,当首席执行官吉尔马丁(Raymond V. Gilmartin)宣布自愿收回止痛药伟克适(Vioxx)之时,默克公司确实遭遇了一场危机。第二天,其股票下跌27%,在资本市场蒸发了2680万美元,而数周后更下跌了40%。[925] 1999年上市的伟克适是COX-2选择性抑制剂中的第一个,用于止痛与消炎且不会像阿司匹林与其他非处方药那样存在胃溃疡与其他胃肠方面的副作用。自上市以来,有超过8000万患者服用过此药,每年的销售额高达25亿美元。它曾是在药品行业引发轰动的畅销药——以年度销售额超过10亿美元为标准。它也是历史上被召回的最大规模的处方药。[926]

背景

在收回声明发出的前一周,首席执行官吉尔马丁接到了其研究主管金(Peter Kim)的电话,他表示,一个负责监督伟克适临床测试工作的外部专家小组,已要求默克公司停止测试并立即让患者停止服用该药。他还说,相关发现显示,与服用安慰剂的人相比,服用该药的患者患心脏病或中风的概率增加一倍。[927]在默克管理高层咨询了二十多名外部专家且在董事会成员研究相关证据后,董事会成员一致同意收回该药。[928]吉尔马丁表示,该公司采取此种大动作的原因是其公开的"患者安全第一"的信仰。这也是吉尔马丁的前任默克(George Merck)的信条,他曾正式宣布:"我们绝不会忘记,药为的是人们的健康。它不是为了赚钱。利润是顺带的产物,并且如果我们记住这些,就会立于不败之地。"[929]

不过,不是所有人都相信吉尔马丁。医学博士托普尔(Eric J. Topol)在《新英格兰医学杂志》发表的文章激烈抨击默克公司"销售置于安全之上"的做法违背了其价值观。"可悲的是,我清楚地看到,默克公司在伟克适销售上的商业利益已经超过对于该药潜在的心血管毒性的关注。"他警告道:"我们正在面临着一个异乎寻常的公共健康议题",估计"会有数万曾遭遇不良反应的患者是由服用伟克适所导致的。"[930]

另一个批评者是美国联邦食品药品监督管理局的科学家格雷厄姆(David Graham)博士,他的估计更为具体,认为有近 27 000 例心脏病或与心脏问题相关的死亡病例与服用伟克适有关。[931]他表示,高剂量的伟克适使心脏病的风险增加了 3.7 倍。[932]格雷厄姆还估计,直到该药撤出市场之时,伟克适或许在美国已经致使超过 14 万人出现严重的冠心病特征。[933]11 月 18 日他在参院财经委员会所做的证词显得颇为不祥:"2004 年的今天,你们和我们正遭遇着美国历史上或世界历史上最大规模的单个药品安全灾难。我们正在讨论的是一个我坚信原本能够,也应该在很大程度上能够完全避免的灾难。但事实上却没有,超过 10 万美国人已经为这一失败付出了高昂的代价。"[934]

被忽视的警示信号

这不是一场在吉尔马丁收到其研究主管的研究报告时才爆发的突发性危机。它是一个极端的《可预测的意外》的实例——这一新书的副标题是"你本应看到其降临的灾难及其预防之道"。[935]托普尔坚称,如果默克公司原本留意过过程中的众多警示信号,这样的劫难本来是可以避免的。[936]与其他人一样,他认为该药在 4 年前就应该退出市场。2000年3月,一项针对8100名风湿性关节炎患者的被称为VIGOR(伟克适胃肠影响研究)的研究表明,那些服用伟克适的患者患心脏病的概率,是服用旧的止痛药萘普生(Naproxen)的患者的5倍。[937]但默克公司屏蔽了这一研究发现,认为该结果是由于萘普生自身的心脏保护功效所致,而非伟克适具有心血管毒性。[938]正如美国食品药品监督管理局检测员维拉巴(Maria Lourdes Villalba)向参院财经委员会所报告的,用萘普生具有良好功效来作为VIGOR的全部解释,这点"根本无法使我们信服"。而另一名来自美国食品药品监督管理局的医生写到,把VIGOR的研究结果印在伟克适标签上却不在警示区标明心血管问题的做法,"简直是难以想象"。[939]

误导性的DTC(直接面向消费者的)广告

尽管存在这些负面评价,默克公司依然否认该研究结果的意义,并先发制人地公开声明伟克适是安全的。2001年5月22日,它发出了一份名为"默克公司再次确认伟克适具有良好的心血管安全性"的新闻通稿。同样的主题出现在由其员工及顾问撰写的同行评议性药企文萃之类的大量文章当中。在全国性会议的众多医药教育专题讨论会上,该公司还不断反驳那些对负面心血管影响的关切意见。该公司包含有"伟克适能降低胃肠方面副作用"的正面信息的DTC广告也没有中断投放。[940]2003年,医药企业的此类广告投放额达到34亿美元[941],而2004年更上升到44.4亿美元[942]。参议员肯尼迪(Edward M. Kennedy)对此类广告进行了抨击:"尽管事实上只有5%服用止痛药的人真正需要新药的胃肠保护功效,但西乐葆(Celebrex)与伟克适借助无所不及的电视广告在不加区别地到处叫卖。"[943]

另一问题是,那些针对消费者的营销行动有助于形成一种药品本质上没有风险的错误观点。[944]根据《商业周刊》,相关的研究表明,"人们通常高估药品的功效,而低估其风险,尤其是那些被大量广告的药品。这也是DTC广告导致'每种病都有一种安全的药来治疗'这一错误观念形成的原因。也正是由于这一原因,美国食品药品监督管理局的COX-2小组呼吁禁止药品广告的投放"[945]。

在另一种止痛药辉瑞公司的西乐葆被发现与伟克适存在相似的风险后,其首席执行官麦金内尔(Henry A. McKinnell, Jr.)承认了这家药企营销成功的另一面:"我们借助广告努力营造了这一药品十足安全的形象,但事实完全不是这样的。"⁹⁴⁶ 为了纠正这一认知,强生公司计划在其广告中使用正视安全问题的新思路:"把药品的风险与功效更加平衡地予以呈现。"在成为新的美国药品研究与制造商协会(PhRMA)主席的就职演讲中,强生公司首席执行官威尔登(William Weldon)表示:"如果我们的行业希望保留直接跟消费者沟通的重要权利,那么,我们每一家企业都必须用自己的方式使 DTC 广告变得更为适当——成为一种教育与建议消费者提升其健康的途径。"⁹⁴⁷

DTC 广告几乎成为纯粹推销性质,尽管其支持者宣称其目的仅仅是为了告知信息。推销性广告的倾向是非常容易理解的:为了成功获得对用于新药研发投入的回报,一家企业必须启动旨在赢得尽可能多的潜在消费者的新药投放。通过此种方式可获得"轰动效应"。而电视与其他大众媒介是实现该目标的理想途径。2003 年,DTC 药品广告在美国行业广告类别中排名第十位。据估计,该类广告占到全国性广播电视网中广告总投放量的 7%—8%,占全国性杂志中广告总投放量的 5%—6%。⁹⁴⁸

在收到早期的负面信息后,默克公司没能进行相关的旨在证明或反证 VIGOR 研究结果的心血管风险专题研究。2000 年 5 月,在一次针对竞争对手指控伟克适存在风险的反击方式的小组讨论会上,这一选项被否决。相反,该公司决定启动一项带有其他目的的临床试验:去确定伟克适是否能够防止结肠息肉的发生——而不是验证其安全性。试验(被称为验证试验)中患者的心血管状况以及后续研究会被严密监视。⁹⁴⁹ 2600 名结肠息肉患者中的任何人如果还曾患有心血管疾病,就不能参加这项试验,这暴露出默克公司根本没兴趣去检验伟克适的安全性。托普尔表示,因此,那些服用伟克适的患者患上心肌梗死或中风的概率为 3.5%,而服用安慰剂患者的概率却仅有 1.9%,这一发现完全是一种偶然情况。正是这一发现才使默克公司"提前中止试验并决定伟克适不再用于临床"。⁹⁵⁰ 该公司最终面临的现实是,伟克适存在着让人难以接受的风险。

美国食品药品监督管理局的问题

伟克适危机也引发了对于美国食品药品监督管理局是否真正监

督所批准药品安全性的问题。在参议院委员会的听证会上,该机构下属药品安全办公室主管科学与药品的副主任格雷厄姆严厉批评了其所在机构。他说:"伟克适是一场可怕的悲剧,也是一次意义深远的监管失败。"他还提出了严正警告:"我认为,正像现在所呈现的,美国食品药品监督管理局不能保护美国人防止另一个伟克适危机……简单而言,该机构及其药品评估与研究中心已经崩溃了。"[951]

美国食品药品监督管理局对于负面研究结果的通常应对一直是发出警示。2001年9月17日,紧随着关键性的VIGOR,它发出了最强烈的警示,即写信给默克公司首席执行官,指责该公司"为伟克适开展推销活动,刻意弱化所发现的潜在严重心血管影响的结果"。具体而言,该活动没有提到与服用旧的止痛药萘普生的患者相比,"服用伟克适的患者被观察到患心脏病的概率增加了4到5倍"。美国食品药品监督管理局另一个仅有的针对VIGOR与其他研究的反应是,2002年4月11日,它要求默克公司把若干有关心血管风险的警示信息印在其包装说明书上。[952]

压力越来越大

默克公司及其首席执行官吉尔马丁面临着巨大的危机。不仅大笔的收入化为乌有,而且相关的官司也不断涌来。该公司法律总顾问弗雷泽(Kenneth Frazier)指出,截至2004年11月30日,在美国已有475起与伟克适有关的针对默克公司的诉讼被立案。[953]《华尔街日报》分析师估计诉讼金额高达40亿美元;美林证券的估计是介于40亿至180亿美元之间。[954]然而,所造成的主要伤害还是默克公司的声誉,以及对消费者信任的侵蚀。由美国司法部、证券交易委员会与国会开展的调查会持续数月,这会导致大量的雪上加霜式的负面媒介报道。[955]

伟克适危机之后,在美国食品药品监督管理局设立一个独立的药品安全办公室的压力与呼声越来越强。2005年2月,在美国参议院健康、教育、劳工与养老金委员会为期三天的听证会上,美国食品药品监督管理局提议新设一个药品安全监督小组专门负责安全问题。但其权力将是有限的。尽管将负责提出建议——比如提出何时应向消费者提出警示,以及公开其发现的问题,但它缺乏敦促药品退市或改变标示内容的权威。[956]立法者也正考虑设立一个患者保护办公室,去独立地评价已批准药品的安全性;他们也会对将影响到药品行业的诸多议题进行审查,比如新药的快速批准程序。[957]

要求吉尔马丁辞职——他于 2005 年 5 月 5 日最终辞职——以及重新考虑之前被其否决的选项——兼并的可能性——的压力排山倒海。[958]2005 年 1 月 10 日出版的《商业周刊》把吉尔马丁列为 2003 年最差首席执行官之一。不过,吉尔马丁重申了其立场,即公司不会改变其反对兼并选项的战略,并将继续为那些小型生物科技公司与药品制造商颁发新药许可。[959]《商业周刊》甚至发出了可能破产的疑问,但结论仍是这不会发生。[960] 短期而言,默克公司正进行成本削减工作,到 2004 年年底裁掉了 5100 个岗位。

2005 年 2 月,一个医学专家小组以 17 比 15 的投票结果认定,伟克适至少可适用于某些患者,但需带有醒目的警告标志与其他限制条件,这可能会让默克公司重新考虑其总体性的撤市行动。[961] 同样需要注意的是,辉瑞公司继续向患者提供西乐葆。

总之,默克公司违背了危机管理的主要原则:否认即将发生的危机征兆;在产品安全性上欺骗患者及其医生;拒绝提供有关药品副作用的更多信息;不允许那些反对管理层不撤回伟克适决策的人充分发表意见。

管理价值观偏颇型危机的战略

在上述所有的案例中,管理者都没有把对职业准则的关切与社会价值观纳入到决策制定过程。为了克服这一偏颇的思路,管理者可以使用以下四种战略:(1) 重新评价其风险分析的条件;(2) 修正其组织文化,尤其是通过倾听不同意见并创造覆盖全组织的环境认知;(3) 拓宽公司治理;(4) 内化社会核算(social accountancy) 系统。

重新评价风险分析

作为科学与技术活动的中心内容,风险分析是偏颇型价值观危机中的一个要素。作为医药产品生产商,默克公司有义务按照美国食品药品监督管理局的要求,遵从严格的程序去检测新药品。正如伟克适案例所揭示的，一旦一种新药被批准，此类的繁琐程序似乎就不适用于对患者感受的研究了。关键性研究的那些发现被漠视，充分公开的标准也没有被完全遵守。而另一家医药企业辉瑞公司的案例，则揭示了对于良好风险分析的又一种偏离。它积极推广对西乐葆药品的不标识具体用途的使用方式，即减轻术后疼痛但同时伴随着风险，该公司还花钱让医生参加战略会议。

对于所有产品而言，因为认识到对其消费所带来的益处，人们才学着去接受风险。但他们希望风险最小化，并且当他们受到伤害——或认为受到伤害时，能够方便地去起诉制造商。消费者希望企业尽其所能去生产尽可能安全的产品。并且由于产品可靠性问题的案例不断出现，以及相伴随的高昂陪审团费用，企业变得积极地去降低产品风险。

核查产品——陷入"指责游戏"

正如美泰公司的玩具案例所显示的，必须对作为减少风险途径的设施核查与产品抽检给予更大的重视。美泰公司指责供货商或其转包商没能对含铅油漆进行检查。它没有从耐克公司的教训中学到经验，它不能逃脱罪责，因为那些生产某一产品的工厂在法律意义上并不拥有该产品——因此该受到指责的是另外的人。当金宝汤公司（Campbell's Soup）被指控使用童工、支付低工资，且容忍恶劣的卫生与居住条件，并从总体上虐待那些在俄亥俄州采摘西红柿的墨西哥移民，还被指控向那些供应豌豆的俄亥俄农场工人支付低工资时，该公司表示根据合同是那些农场主——而非其公司——雇用了那些工人，从而否认了指控并避开了责任。[962] 人们越来越清楚地认识到，在当今拥有众多国际供应链的紧密联系的经济中，销售商必须承担起产品制造所有阶段的责任。

尽管表示希望那些生产玩具的供货商与转包商按照要求检查所使用的油漆，美泰公司也未能逃脱掉对于含铅玩具的最终责任。在当今的全球化经济中，玩指责游戏不再被接受。没有检查自己玩具上的含铅问题，就是美泰公司的失职。其组织结构过于集中于营销工作，并且缺乏一个胜任的核查系统。该公司指责中国生产商的倾向，显示其不愿承担产品质量与安全问题上的管理责任。

没能核查其产品———一种风险分析的形式——也反映出美泰公司在应变计划制定方面的欠缺。在这一过程中,所有可能引发危机的事情都应该予以考虑。仅仅设想美好的情境不仅不能消除威胁,而且是风险分析造成问题的另一个原因。尽管拥有乐观的头脑总体上是一个管理人员健康的个人特质,但在风险预估畴范内却是失效的。正如《商业周刊》的文章所指出的,一些企业在制定决策时,根本没有把主要灾害发生的可能性或其潜在的代价列为重要的考虑因素。[963] 很明显,美泰公司没有对其玩具上的缺陷油漆问题给予严肃的对待。

改革企业文化

在对一个组织的文化进行研究的众多方式中,其对重要事件的处置方式最具意义。诸如"不要成为带来坏消息的人""非礼勿视,非礼勿听,非礼勿言""不要捣乱"之类的箴言或许会决定一个组织需要花费多长时间才能觉察到即将到来的危机,以及如何应对它。在埃克森原油泄漏案例中,当罗尔最初拒绝到访泄漏现场时,他传递的信息是,与显示对环境破坏的关注相比,他有更重要的事情要做。并且当埃克森公司拒绝来自其他石油企业、美国联邦政府与当地渔民的帮助之时,它不仅在表达"我们足够庞大完全可以自己来处置",而且留下了极端傲慢的印象。其企业文化广受批评,因为它对环境的关注极少,其后,该公司把全球变暖列为关注议题。仍待观察的是,不知投资者中的激进行动分子是否能够改变其文化。

由于公众把一个企业在危机期间的作为看作其真实本性的重要表征,因而最后一刻的旨在保留企业形象的努力看起来更像是做样子而已。例如,在组织媒介上刊登有关企业社会责任的专题报道或启动新主题下的企业形象推广活动,将会是无效的工作。像所承诺的那样,美泰公司通过广告表明其一直忙于在玩具出厂之前进行检测与再检测工作,但这似乎显得太迟了,而无法真正体现其真实的企业文化。

一种植根深厚的组织文化是很难去轻易改变的。管理者必须确认其组织文化的根源,决定所希望的文化类型,然后把这一文化明确体现在所有的作为当中。[964] 这是组织发展与组织变革方面的工作内容。不过,组织文化中有两个方面跟价值观偏颇型危机密不可分:其意识形态基础，以及新型价值观——比如环境方面——被纳入的方式。

重构企业意识形态

广义而言，企业意识形态分为两种类型。一种是古典观念，它认为管理者的责任完全或主要是作为受托人的身份去保护股东的利益。另一种是管理观念，它要求管理者服务于其所有利害相关者的利益——所有那些对组织有贡献或受到其影响的群体或个人。埃克森公司主要信奉第一种观念。其价值观系统太过狭隘地集中于追求股东投资回报率的最大化，以至于不能满足更广泛的保护环境的社会期待。多年来，它拒绝承认人类活动导致全球变暖的可能性。不过，该公司参与了许多其他的社会责任项目，比如为那些疟疾肆虐地区的人提供帮助。

为了回避更广泛的管理观念意识形态，一些企业管理者认为，尽管一个企业希望对社会负责，但来自机构投资者以及某些情况下潜在兼并者的压力，使他们别无选择，而只能去思考短期的经济绩效。

转向管理观念的意识形态，一个企业需要在经济绩效与社会绩效间取得平衡。在把追求令人满意的、有竞争力的赢利作为管理者无可置辩的激发动力及绩效评估内容的同时，这一目标必须跟现代社会加之于企业身上的其他价值观相协调。企业的底线（bottom line）现在已变为"双层底线"，一个是经济底线，另一个是社会底线。[965]一些人还把环境绩效增加为第三底线。

加强公司治理

跟价值观偏颇型危机相关的公司治理的核心问题是，管理观念的意识形态是否体现在企业董事会的成员构成及其思维方式上。一种可能是，把员工或消费者之类的特殊利益代表纳入进来。除了一些特殊情况，这一方式在美国还没有被接受。一个较早的例子是，克莱斯勒公司对全美汽车工人联合会（United Automobile Workers）总裁的任命，当时该公司面临破产，急需一个来自政府的紧急援助。另一个例子是1989年埃克森公司对科学家斯蒂尔（John M. Steele）的任命，以在原油泄漏事件后代表环境方面的利益。在欧洲，一些国家的企业采用了共同决策(codetermination)的结构模式。例如在德国,法律要求钢铁行业中的企业董事会中几乎一半的董事需由工人来担任。

在美国,一些企业拥有公共政策委员会之类的附属机构,从而可以兼听更广泛的意见。这遵循了德鲁克(Peter Drucker)关于董事会需要有"公众与社区关系"成分的建议。[966]埃克森公司曾新设了一个公共议题委员会,也是为了应对原油泄漏问题。但这可溯源至二十年前通用汽车公司关于设立公共政策委员会的著名决定。[967]在拉尔夫·内达发动企业责任行动,并在其广为宣传的"通用公司行动"的代理决议中提议设立一个企业责任委员会之后,通用公司这样做了。

公共政策委员会的角色会继续被密切审视。美国德州大学企业与社会政策研究中心主任塞西(S. Prakash Sethi)曾对保险行业中此类机构的角色进行过专门研究,他指出,为了成为社会革新的有效推动者,这些委员会必须开发相关议题,而不是单纯地去应对由其他社会群体发起的议题。此类委员会多数时候面对的是法律上奉命处置的议题——比如均等就业机会或污染标准,以及不会引起争议的或已达到高曝光度的议题。它们还一直负责监管慈善捐助方面的工作。他认为,应该对"议题发展"、预测及长远规划工作给予更大的重视。

非营利组织也已经加强了其董事会。美国红十字会的理事会已决定到2009年把其规模从50名成员缩减到12—25名,到2012年更减至12—20名。其三类理事会成员被减至单纯的一类,并由全体理事会选举产生。它还新设了一个红十字会咨询委员会,以及负责向国会提交年度报告的反贪污办公室。[968]

内化社会核算

社会核算和相类似的社会审计观念,对双层底线概念与管理观念的意识形态起着支撑作用,因为它们试图去评价一个组织在其产品与服务的生产与消费过程中,所带来的社会收益与社会成本。正与经济审计关注的是营收、成本,以及收益或损失之类,社会审计关注的是一个企业的社会绩效。[969]埃克森公司是第一批出版第三类报告的企业之一。1971年,当这家企业仍被称为标准石油公司(新泽西)时,它出版了一份长达56页的社会行动报告,"具体介绍其在20世纪70年代满足社会责任的正在推进中的项目"。

在20世纪80年代与90年代,社会报告变得普遍起来。根据设计专家布克斯顿(Pamela Buxton)的观察,在世纪交替之际,越来越多的企业既出版经济报告,也同时出版社会报告。[970]这些企业都清楚,对它们的评价往往是基于其在社会与环境议题上的作为与态度。她建议,此类报告应披露所有的事实,而不仅仅是那些法定的内容;取得对那些事实性内容的独立验证;并把社会报告作为企业战略的一部分。许多企业开展员工与消费者调查工作,以确定他们对于组织相关政策与实践的满意程度。这些结果也可以运用在其社会报告当中。现在,大多数《财富》500强企业都把其社会报告放在其官方网站上。

结　　论

价值观偏颇型危机的管理战略的核心特征是,它聚焦于高层管理的目标、方向及有效性。[971]组织的真正本质必须被审视:在赚钱之外,其存在的目的是什么？管理者必须评价其外部的机遇与威胁,以及内部的优势与劣势。在此基础上,它界定着一个组织的总体宗旨、正式目标,并进而选择其运营目标与具体战略。紧接着需要的是通过社会核算系统而进行的恰当组织设计,包括组织文化、组织结构、公司治理,以及组织间及社会关联。

不过,如果管理者由于其所遭遇的困难而去指责他人,那就很难纳入本章所探讨的变革思路。管理者不能把本属于自己的责任推脱开去。美泰公司可以把提供安全玩具的责任委派给其中国的供应商。但是,正如所有的责任委派情形一样,委派者并不能因而就免掉了自己应负的责任。委派行动本身应意味着一种特殊关系的建立。比如,一些企业跟其供应商密切合作,以至于使其几乎成为自身组织的一部分。

然而,管理者并没有承担全部的环境负担。所有的利害相关者——包括一般公众——都必须有意愿去接受关于社会核算的一个基本原则:愿意去承认并以市场上商品与服务的价格方式去支付全部的社会成本。

第十二章　欺骗型危机

处心积虑地去欺骗投资者、消费者与其他利害相关者的行为,是管理失灵危机的另一种亚型。它发生在管理者与他人打交道过程中隐瞒或歪曲有关企业及其产品的信息之时。他知道一些情况,但就是不说;或者更为恶劣一些,在有关产品、财务及环境责任方面,做出虚假的表态。

企业进行欺骗的原因多种多样。对企业持严厉批评态度的人士坚称,此类企业的兴趣更多的是赚钱,而不是安全问题——暴露出上一章所讨论的偏颇型价值观的弊端。另一个原因是,它们利用消费者对于诸如药品、医疗器械与金融证券等之类的复杂产品相关信息的无知。通过利用这种知识信息上的不对称,企业在间接但明知故犯的情况下进行欺骗活动。正如一般医药企业通常的做法,它们会辩称,此类信息必须经过那些拥有专业知识去理解企业讯息的中间环节——比如医生——的解读。然而,这一论调是站不住脚的,特别是当企业根本就没有对这些中间环节进行过告知,或利用金钱去左右这些人的专业意见与建议之时。事实非常简单明了,那些进行欺骗的企业没有把消费者与公众对于与自身权益密切相关的知情权当回事。

管理者也会欺骗自己。在消费品领域,他们会进行最少且不充分的产品测试;他们会抄捷径得出乐观的研究结论;他们会刻意忽略掉负面的研究发现;他们也会制造假证据从而在事实上从事失当活动。当医疗器械之类的产品没有得到规范的管理或政府存在放任政策之时,此类行为就最容易发生。

如果说医疗行业由于没能提供一般人可以理解的信息而应该受到批评,那么,房地产与金融行业理应受到更大的批评。其问题一直是过度冒险与缺乏透明度。即便有相当资历的投资者与银行家也曾购买到让人难以搞明白的、不久就变为"毒药"的证券产品。在市场中，不能充分地对风险进行评估并把它告知别人，即等同于欺骗。

管理欺骗型案例

下面两个关于欺骗的案例，体现出经济的新本质——它体现了企业做生意的"创新"方式。安然公司（Enron）借助交易比有形产出赚到了更多的钱。这一案例集中体现了一个企业的会计系统已无法再体现其真正的价值。金融行业所开发的新证券，使其能够掌握一个国家国内生产总值（GDP）的更大份额。这里，一些抽象概念的发明也模糊了真与假之间的界限。

安然公司的万劫不复

2001年12月2日，美国第七大企业安然公司正式申请破产保护。其崩溃的速度令人震惊。之前曾有大量的征兆——包括以前的丑闻，但由于其游戏太具吸引力，以致那些看到预警征兆的人根本熟视无睹。正如《经济学人》所评价的，安然公司的破产并不是一日之寒，而是"以慢动作的形式现出的"[972]。

安然公司的主要业务是在天然气、电力与通信行业向那些批发及零售消费者销售其产品与服务。其主要竞争对手、美国公用企业杜克能源公司（Duke Energy）的派德维尔（Harvey Padewer）指出："安然公司拥有北美地区最大、最强的能源交易生意。"[973]该公司在这一地区占到15%—20%的天然气与电力份额，且是世界上最大的能源企业。其2000年公布的营业额高达1000亿美元，而2001年前三个季度就已达1300亿美元，不过，这些后来都被证明是虚假的，而非实际的。[974]

被忽视的早期警讯

最迟在2001年5月，安然公司已经知晓其境外资产损失了当时账面总额61.5亿美元中的一半左右。通常来讲，如此大的损失应该通过减低账面价值的方式予以显示，但该公司2001年向证券交易委员会提交的材料中没有显示，因为它们是争议性的"资产负债表外"工具——换言之，没有披露如此重要的财务信息。[975]

早在1999年,安然公司研究团队负责人凯敏斯基(Vince Kaminski)曾对其公司庞大而复杂的风险控制与交易运作进行过分析,并对公司高层提出预警称,其伙伴关系的安排方式——被称为特殊目的实体(SPEs)——对于安然公司及其股东而言,已经从单纯的"愚蠢"发展到欺诈的境地。[976]就是数天前,其债券已经被降级为垃圾类别,一家小型的能源交易对手德能公司(Dynergy)也拒绝了拟议中的收购计划。[977]当投资者了解到安然公司曾通过此种伙伴关系去隐瞒其损失时,他们对公司的诚实性失去了信心。

陨落

正如霍顿·米夫林(Houghton Mifflin)出版公司有关安然危机的书中所言:"自安然公司破产后,安然一词已经跟个人金融领域里不常碰到的形象与流行词联系在一起——贪婪、无能、傲慢、失职、骗子、内幕交易、财务欺诈等不胜枚举。"[978]这一思路跟安然公司前董事长兼首席执行官雷(Kenneth Lay)有很大的不同,他在描述公司时使用的多为闪光的术语:

> 在安然公司,我们的一大成功之处是创造了一种文化、一种氛围,在这里人们可以充分发挥自己最大的潜能。但我更希望这里形成一个高度道德与高度合乎职业准则的氛围。我已经尽我所能去遵循这些。[979]

这要么是一个明目张胆的谎言,要么就是自欺欺人。其竞争对手德能公司的首席执行官沃森(Chuck Watson)却不这么认为:"安然公司从没真正理解企业并不仅仅意味着数字与资产损益表:它更意味着你的品牌,以及你所激起的信心。"[980]

安然公司构建自己声誉的方式是向投资者兜售其股票。它紧接着开启了一个危险的庞大计划。时任总裁斯基林(Jeffrey Skilling)"发誓要超越埃克森美孚公司成为世界上领先的能源公司……"[981]然而,就是数天前,其债券已经被降级为垃圾类别,一家小型的能源交易对手德能公司也拒绝了拟议中的收购计划。[982]不过,贝勒大学(Baylor University)经济学家马丁(John Martin)认为,该公司内部的风险管理基本上还是不错的。

欺骗：财务信息基础设施的腐败

安然公司通过其欺诈性的财务报告进行欺骗行动："通过形成为数众多的不反映在账面上的所谓伙伴关系，并把负债累累的及带有风险的资产转移给它们，安然公司的管理者制造了一个光鲜但虚假的、有关其公司收益性的外在形象。"[983]当一个"会计错误"导致该公司资产净值减少12亿美元，进而抹掉其近6亿美元的收益——占到总数的五分之一——之时，曾经广泛存在的信任几乎在一夜之间化为乌有。[984]更多的欺骗还在接连上演，因为"尽管安然公司的前景开始变得暗淡，但其高层管理者仍要求投资者购买更多的股票，限制其低层员工卖掉所持股票的能力，且与此同时，匆忙抛售掉他们自己持有的大部分股票"[985]。

除了虚假的财务报告，安然公司官员还在经济系统赖以高效及合乎规范地发挥作用的财务信息基础设施方面大肆腐败。这一基础设施包括七个方面：（1）企业会计师；（2）审计师；（3）律师；（4）董事会成员；（5）证券分析师与投资银行家；（6）股票交易员；（7）证券交易委员会（SEC）。

企业会计师提供问题重重的信息，其内部控制体系也一团糟。关于"不反映在账面上的"所谓伙伴关系，安然公司的两名高管斯基林与雷在国会听证会作证时表示，他们对存在问题的数个伙伴关系的细节也不了解。

该公司聘用的审计机构安达信公司（Arthur Anderson）与安然勾结在一起，而不是开展客观、专业的审计工作。尽管安达信一方也注意到了安然公司"激进的"会计行为及潜在的利益冲突，但它仍决定保留安然公司这一客户。他们的逻辑是，"看来我们拥有为安然公司服务的合适人选与程序，并能够对我们的参与风险予以管控"。（在安然公司破产后不久，这家会计师事务所也倒闭关门了。）

律师为那些自我感觉与会计师机构存在问题的人开展法律援助服务。2001年8月，安然公司副总裁、安达信事务所前雇员沃特金斯（Sherron Watkins）曾匿名写信给安然公司董事长兼首席执行官，表达对于潜在的利益冲突与会计实践的担忧。但在当年秋天，在对沃特金斯所提问题进行初步的调查后，安然公司聘用的律师机构文森·艾尔斯(Vinson & Elkins)律师事务所得出的结论是:"根据我们的判断,我们前期调查所显示出来的事实,不会导致进一步的由独立顾问与审计师所开展的广泛调查。"[986] 该律师机构是美国最有影响力的律师事务所之一,在全美的9个城市有大约850名专业律师。

2002年夏天,在沃特金斯向雷做出"会计丑闻"的警示后,安然公司再次要求律师事务所展开调查。它同意对调查范围进行限定,并于当年10月中旬提交了一份9页内容的、没有提出任何严重警讯的报告。尽管律师有时反对这家能源巨头涉及复杂交易——认为此类交易会隐含利益冲突或不符合安然公司的最大利益,但该律师机构始终没有对不端行为做出告发举动。[987] 安然公司倒闭后,该律师机构一直成为聚焦点,并被安然公司的股东与员工作为被告诉讼。

安然公司的董事会成员是失职的,其审计委员会也形同虚设。尽管数名成员承认曾忽视了安然公司问题重重的会计做法,但相关文件显示,在破产发生的三年多前,来自安达信公司的高级审计师杜坎(David Duncan)曾就公司的不端行为向董事会成员发出过警告。[988] 然而,那些董事会成员依旧得意满满,而且,只要公司赢利且其股东也满意,他们也不希望被看作搅局者。安然公司的公司治理也失败了。

证券分析师、投资银行家与股票交易员也对安然公司保持沉默。一些分析师后来表示,他们从来搞不懂安然公司的报告,也有意给出了一些错误的建议。他们想要高达数百万的高收入,并且懂得如何才能得到这些。大型银行与金融机构也都没有阻止过安然公司的行为,也似乎没有关注过消费者的利益。一档新闻节目的嘉宾曾直言:"他们让我们所有人失望。"[989]

美国证券交易委员会也失灵了。在它与会计师机构之间原本存在一个旋转门;其主席皮特(Pitt)之前曾在多家作为其客户公司的会计师事务所工作过。

安然公司的报偿体系

安然公司遵循了向其高管每年支付数百万美元薪酬的做法,其中大多数以股权方式。其中的道理是,通过把管理者利益与股东利益相联系,这些管理者就会以增加股票价格的方式去管理公司,从而使自己也有收益。但这并没有像广告所说的那样发挥出作用。正如盖可

(Gordon Gekko)在1987年的电影《华尔街》中对股东发表演讲时所言,"贪婪是我们所留下的全部,但贪婪也是让美国走向伟大的东西。它是再正常不过的。它非常健康并使这一系统持续向前"[990]。

依其所言,这一报偿体系的内部动力激励安然公司的高管向股东呈现误导性的财务信息,以抬高股价,从而他们能够套现后带着数百万现金脱身。据报道,该公司曾向其140名高管支付了6.81亿美元的现金与股票薪酬,其中包括向其前董事长兼首席执行官雷支付了截至2001年12月2日——当日该公司提出破产保护申请——的至少6740万美元薪酬。[991]美国联邦破产法院的一份报告显示,雷本人获得的薪酬总额高达1.04亿美元。另外,他还选取了价值达3440万美元的股票,并获得了限定的股票收益达1470万美元。[992]

职业准则的沦丧

商学院的教授们已经把安然公司作为一个关乎职业准则的主要研究案例。他们发现安然公司高管的作为所揭示的东西太具吸引力而不能错过。[993]该公司容许其准则屈从于其多维度的商业行为。20世纪90年代的繁荣发展时期,高管们普遍因为缺乏职业准则底线而备受指责。"股市泡沫放大了管理者职业道德观念上的变化,并使多年来逐渐发展的这一趋势达到一个前所未有的高潮。"[994]商业圆桌会议(Business Roundtable)与以布什总统等为代表的机构与个人认为,这只是一小撮坏家伙的问题,但作奸者的人数似乎与日俱增。《华尔街日报》列出了18家面临严重问题的大公司,包括哈利伯顿公司、免疫克隆系统公司(ImClone System)、凯马特公司(Kmart)、朗讯科技公司、泰科国际公司(Tyco)、世通公司(WorldCom)、施乐公司(Xerox)等。[995]

总结

虽然安然公司突出显示了欺骗性危机的诸多特点,但它也同时体现了偏颇型价值观与行为失当方面的一些端倪。安然公司的高管们主要关注的是使自己富起来,而忽视员工及其他利害相关者的利益。他们欺骗了对其赢利而言占第一位的利害相关者——其商业伙伴、消费者、投资者与员工。它也没有承担对于外部社区的责任,而对休斯敦太空人职业棒球队的支持则是一个特有的例外。[996]内幕交易就是其行为失当的一种形式;例如,雷在1999—2001年就抛售了大约1.75

亿美元的安然公司股票。[997]

2008年的银行业危机——公然与自我欺骗

2008年的金融危机构成了一个庞大的、综合性管理失灵危机——它可以恰当地被称为欺骗型危机。这一危机影响到了银行业、依赖于银行信用的企业、普通公众以及整体的经济系统。在两大银行——贝尔斯登与雷曼兄弟（Lehman Brothers）——倒闭并引发危机之时（达到了危机临界点），危机是能够危及一个组织生存的事件这一定义得到了鲜活的体现。

危机演化

当一家大型银行的问题影响到其他所有相关者时，就会紧接着发生一连串的事情，这就像在核电站的情形，系统的某一部分出问题，就会导致整个核电站的失灵。这是一个系统性的失灵。当华尔街最主要的投资银行之一贝尔斯登银行面临问题之时，所有其他的大型金融机构都会受到影响。通过回顾性的分析，危机管理专业人士能够确定那些曾被忽视的警示性征兆，并研究具体金融机构的脆弱性是如何演化进而使银行业危机发展成金融危机的。

房价下跌

在金融危机处于谷底之时，表现为房价的大幅下跌，这造成其中大多数由次贷支撑的房子，面临贷款数超过该房子在房地产市场上的实际价格的局面。在美国这样一个以产权社会著称的国家里，多亏政府的鼓励拥有房屋的做法，使贫穷人群也能够购买房子。受联邦低利率政策及银行初始优惠利率（teaser-rate）的诱惑，拥有房屋看起来颇具吸引力。上涨的房价甚至使房子像自动取款机一样去支撑消费者的购买行为。

美国房价在2005年及2006年年初达到顶点。然而，到2006年年末，房价开始下跌。由标普公司推出的广受关注的凯斯—希勒（Case-Shiller）20城市房价指数显示，2006年11月房价比前一年下跌7.7%，而在2007年房子平均价格下跌了9%。[998]据估计，当时占房贷拥有人总数17%的880万户居民的贷款额超过了他们的房子的市值。[999]

呈下降趋势的房屋价格代表着即将来临的金融危机的第一个早期警示性征兆。美国联邦存款保险公司(FDIC)总裁谢拉·贝尔(Sheila Bair)是银行业中最早意识到潜在问题的专业人士之一。她早在2002年就对草率的房贷与松懈的监管提出过警告。[1000]但即便在2006年,那些存在问题的事实也大量被忽视。[1001]到2008年2月,次贷损失突破了1000亿美元大关。[1002]一位经济学家预计,众多银行与其他金融机构会在房地产方面遭受2000亿美元的损失,并会对其借贷规模削减两万亿美元。[1003]

贝尔斯登银行的破产

贝尔斯登银行是高度脆弱的,因为它是金融衍生品(大部分由次贷构成)——通常被称为"有毒资产"——的主要持有者。早在2002年,巴菲特(Warren Buffet)就把衍生品称为"大规模杀伤性武器"。[1004]凯利(Kate Kelly)在《街头战士:贝尔斯登银行的最后72小时,华尔街最强悍的公司》一书中,详细描述了这家曾值得尊敬的、有85年历史的华尔街公司破产的细节。[1005]

2008年3月13日,星期四,首席执行官施瓦茨(Alan Schwartz)与首席财务官莫里纳罗(Sam Molinaro)突然发现,他们手里已经没有足够的现金来开展第二天的正常业务。向联邦储备银行及美国财政部部长的资金求助也无果而返,因为在研究了报表后他们发现,情况已经变得非常无望。到3月16日,星期天,贝尔斯登银行无奈被摩根大通银行(JPMorgan Chase)兼并而不复存在。[1006]曾经每股30美元的价格被降至2美元(其价格后来涨至10美元),其作为一个独立的实体已经消失。该银行通过接触对其风险并没完全了解的信用违约互换(CDSS)与其他复杂的金融工具,成了自己的掘墓人。

悲剧还在继续,到当年4月,在认定过去18个月美国房地产市场过于乐观的判断后,评级机构被迫对数千家与房贷相关的投资者做了降级处理。[1007]标准普尔对8万家房贷投资机构做了降级或威胁降级的处理。大量受涉及的金融机构将最终面临超过2650亿美元的房贷—证券损失。[1008]

房利美(Fannie Mae)与房地美(Freddie Mac)

整个2008年夏天,尽管美国财政部部长保尔森(Hank Paulson)表达了对华尔街的信心,但有毒股票仍损失惨重。紧接着贝尔斯登银行成为牺牲品的,就是私人拥有但可公开交易的房贷巨头房利美公司与房地美公司,它们于2008年9月8日被接管。[1009]作为一家政府赞助企业,房利美公司成立于1938年,并于1968年被约翰逊总统私有化。[1010]尽管投资者仍然认为有美国政府做后盾,但他们还是在金融危机降临之际损失了60%的资产。现在,他们可能的投资失败预期在整个经济系统中掀起层层震荡波,因为如果他们失败了,那么任何人都会失败。认识到这些人的失败可能隐含着一个系统性风险,保尔森在当年9月宣布了一个撤换这两家公司首席执行官的方案,把它们置于保护之下,并把其管理控制权限转给其监管者——美国联邦住房金融局(FHFA)。[1011]

借贷机构大逃亡

人们很难把握悲观情绪弥漫市场的时间,而那些持怀疑态度的投资者即刻行动并开始抽逃资金。作为美国最大的抵押贷款机构以及许多不良借贷的提供方,全国金融公司是第一批牺牲的借贷机构之一。它被出售给美国银行。[1012]其创始人兼首席执行官莫奇罗(Angelo Mozilo)在先前房地产繁荣与萧条的6年间赚到了将近4亿美元。即便在公司出售后,他仍大手笔购买了大约1亿美元的房产,还支付了不菲的乡村俱乐部费用。[1013]

另外两个牺牲者是IndyMac银行与华盛顿互助银行(华互,WaMu)。2008年7月13日,IndyMac银行被美国联邦存款保险公司接管,但在联邦政府控制之下其储蓄业务随即被重新开通。一位来自负责任贷款中心(Center for Responsible Lending)的高级调查人员评论道:"存在着一种自上而下的压力,以促成尽可能多的贷款——而根本不会考虑可能的问题。"[1014] 2008年9月,美国最大的储蓄与借贷机构华互银行也被美国联邦存款保险公司接管,成为美国历史上最大规模的银行破产案。

华互银行也是异常脆弱,因为它作为一个全国性的按揭与消费借贷巨头,曾发放了过量的次贷。其储户开始抽逃大量的储蓄。其按揭损失扶摇直上,而其股份却一落千丈。[1015]其储户在银行外排成长队取款的照片,使华尔街的危机传至大街小巷,更使人确信危机已在眼前上演。华互银行的分支与储蓄业务在美国联邦存款保险公司总裁谢拉贝尔的撮合下，被出售给摩根大通银行。[1016]

雷曼兄弟公司与美森证券公司(Merrill Lynch)的破产

在《华尔街的死亡周末》一文中，《华尔街日报》对2008年9月12—14日那混乱的几天进行了报道，期间有两家举足轻重的投资银行破产了。在雷曼兄弟这一美国历史上最悠久的投资银行，其股价每天都在下跌。它曾是按揭金融领域的重要参与者。[1017]其总裁福尔德(Dick Fuld)是华尔街固定成员，且是一名傲慢、争强好胜的交易人员。他试图出售其银行，但苦于没有接盘者，当美联储主席伯南克(Ben Bernanke)与保尔森拒绝对其援助后，福尔德别无选择而只能申请破产。在一个国会委员会，雷曼被描述为"一个由贪婪的管理者像赌场一样运营的金融公司"。就在其破产前几天，该公司还同意向3名离任的高管支付超过2300万美元的薪酬。而福尔德本人自2000年以来共获得大约4.8亿美元的收入。[1018]就在一周之内，另一家在金融衍生品领域的业界巨头——美林证券公司也把自己出售给了美国银行，而另两家华尔街巨头——摩根士丹利与高盛集团(Goldman Sachs)也经历了九死一生。[1019]

美国国际集团(AIG)陷于困境

另一个受到严重影响的金融系统，是作为全球最大保险公司之一的美国国际集团。该公司几乎跟所有的银行都存在着业务关系，因而导致了跟房地产市场关联的数百亿美元债务。它由于多家银行的担保债权凭证(CDOs)问题而陷于困境——这些银行在投保了此类凭证后，却没有充足的资金去支撑其承诺。伯南克与保尔森决定，由于美国国际集团跟金融系统牵连太深而不能让其倒闭。2008年9月16日，美国政府接管了该集团，并以895亿美元的紧急贷款，使政府获得了该集团79.9%的认证股权。[1020]

金融体系四分五裂——泡沫破裂了

这一系列的事件引发了更大的信心丧失，这是保尔森始料未及的。不仅是单个的银行，而是整个的银行与金融体系看起来也要分崩离析。股市跳水、银行间借贷停止，汽车信贷市场以及向小企业的借贷业务均被冻结。这还从投资银行蔓延至商业银行，那些堪称世界上最安全的企业也无法借到钱。这场危机还涉及海外,冰岛由于其过量的金融衍生品而使整个国家走向破产。

普林斯顿大学经济学家洪(Harrison Hong)与拉哈特(Justin Lahart)指出,通过对金融泡沫的研究,可以总结出银行业在哪些方面出了问题。[1021]正如20世纪90年代的互联网一样,泡沫往往源自于具有深远影响的发展动态。泡沫形成于评价偏离基本原则与内容之时,而金融泡沫则以交易的急剧增长为特征(使其更易于识别)。泡沫形成的两个最主要的特征是,人们愿意支付疯狂的价格,并且人们像疯子一样去交易。泡沫会在投资者变得怀疑并随即采取相关行动之时破裂,不过,其破裂的时间点是难以提前预知的。

政府的紧急援助

随着系列银行破产案愈演愈烈,保尔森与伯南克意识到,有必要启动一项全面的金融系统紧急援助行动,他们希望从国会能够争取到所需要的援助资金。对于由政府出面的紧急援助想法,许多政客与自由市场经济的辩护者是持反对意见的。并且,还存在着对有关放纵道德冒险行为的担心——政府的帮助可能会鼓励进一步的冒险倾向。但在面临总体的经济溃败风险之时,这些疑虑都被打消了。2008年9月29日,尽管国会中的保守人士感觉义愤填膺,但美国国会仍投票表决了被称为问题资产救助计划(TARP)的紧急救助法案。

当这一法案最初在国会未获通过之时,纽约道琼斯指数下跌了500点,这显示出该救助计划的必要性。4天后,国会通过了修改后的法案,它提供了7000亿美元的紧急救助资金,在布什政府任期届满的2009年1月可以使用其中的3500亿。其目的是向境况不佳的银行业注入资金以重振信心。投资银行在争取此项救助资金方面表现出了其灵活性,它们摇身一变为联邦政府需要的,并受其掌控的商业银行身份。2008年10月14日,美国财政部宣布了向8家银行注资1250亿美元,其中向花旗银行注资250亿美元的方案。[1022]

欺骗的多面性——什么出了问题?

伴随导致银行业危机发生的一系列事件的,是多面性的欺骗行为,它从总体上侵蚀了银行的声誉与公众的信任。在银行业,信任尤其重要,因为它代表着商誉的无形资产。银行与钱及其金融工具打交道,但它并不是由成堆的黄金做后盾,而是源于人们对政府作为金钱提供者,以及对于银行机构作为金钱操盘手的信任。这一意义已经明确地印在美元钞票上:"我们信赖上帝。"现在已变得较为明显的是,信任就是银行业的根基。

信任来自于准确与可靠信息的开放性流动。在美国证券交易委员会推动下得以实现的"全面与及时"的信息披露,筑起了我们的金融交易也需要的信任。安然公司倒闭的教训之一是必须保持透明。在这里,我们还认识到,信任需要一个坚守信息准确的金融信息基础设施来支撑。

但是,安然公司破产的教训被金融行业所忽略。伯曼(Dennis K. Berman)在其《游戏》专栏中总结道:"后安然时期的管制措施看起来不仅没能停止企业明目张胆的冒险行为,而且使华盛顿昏昏睡去。"[1023]法律给了管理者很大的自由度去经营业务,而不管他们的决策是多么糟糕。比如,在房地产业的繁荣局面达到其顶点之时,福尔德促使雷曼兄弟公司一脚踏了进去。在对更大经济机遇的追逐正酝酿着另一场危机之时,所有有关更大透明度与更好监管措施的警告都被置若罔闻。群体心理学轻易胜过此类的告诫:每一个人都在赚钱,远离这种游戏似乎太过愚蠢了。

信任被金融机构从简单到复杂的欺骗形式所侵蚀:利用借贷者或投资者的无知与无能;以及评级机构的腐败。

利用无知与无能力进行的欺骗

第一种欺骗是,相较于房屋的市场价值,按揭时的借贷金额通常是高估的,并且这通常是发放给收入不高的借贷者。此时,借贷方因缺乏理解金融信息的专业知识,便可能会被出借方加以利用。这是一般公众作为经济盲的一面。许多次贷的申请者是低收入者且受教育程度较低。不可能希望他们去理解复杂的法律文件。

有时,借贷者甚至是没有工作,这导致了"忍者贷款"(ninja loan)的出现:"没有收入,没有工作或固定资产。"[1024]按揭申请者的信息往往都被申请经办人作假。这些人向借贷者售卖与提供不充分的或虚假的信息。借贷者被给予"引诱利率"(teaser interest rate)——最初利率很低,但之后会突然高至此前两倍的月供水平。那些借贷者希望上涨的房价能够补偿更高的月供,或者他们的房子能作为抵押物再申请贷款。这样,房子变成自动取款机了。[1025]

传统而言,房屋按揭应由最能评估按揭申请者的信誉度并了解当地房地产市场的当地银行发放。银行要求分期贷款前的首付款,从而借贷者会承担一些风险与责任。银行也承担相应的风险,并持有按揭直到期满。这在加拿大就运转得一切正常,因为那里的按揭通常要求20%的首付款,从而很大程度上避免了具有风险的次贷,相关的借贷也更为安全。[1026]

次贷上的欺骗,源自于传统的银行业者被大量收取费用的经纪人所取代——从按揭经纪人到银行业者与证券交易员,再到对冲基金(hedge fund)业者。[1027]许多人都是投机赚钱骗局的高手,这让人想起了20世纪80年代的储蓄与借贷丑闻。[1028]信息提供让位给了推进按揭销售。按揭经办人重视贷款的数量而非质量,从而赚取了更多的佣金,这致使风险转移到了其他金融机构那里。他们看起来并不关心对于借贷者或定价过高的房屋按揭最终持有机构的风险。他们借助所谓的证券化创新机制,得以不断地去重复此类借贷循环,而借助这一机制,按揭发放机构把按揭负担转嫁给了其他的金融机构,这刺激他们把贷款发放给那些无信誉的借贷者。[1029]

利用证券化进行的欺骗

第二种欺骗源自于证券化。这一"创新"使银行与其他按揭发放机构能够把它们所发放的按揭上传至更大的金融市场。但主要的问题在于,证券化模糊了一个证券的真实价值。像贝尔斯登之类的投资公司,能够用许多新奇的方式对此类按揭以及债券与其他证券进行"大卸八块"式的拼装组合玩法。这一过程类似于一家肉店把多种肉料拌在一起制造出美味的香肠,却不提供有关原料的明确标识。正如斯蒂格利茨所言:"银行——以及评级机构——相信金融炼金术。它们认为金融创新能够以某种方式把不良按揭转化为优质证券,并赢得AAA评级。"[1030]

许多银行与投资者在评价证券化产品方面的能力严重不足。[1031]莫里斯(Charles R. Morris)在《万亿美元化为乌有》一书中提到,甚至花旗集团首席财务官"也不知道如何去评价他本人持有的东西"[1032]。美国证券交易委员会监察长的一份报告,也对贝尔斯登银行相关管理人员缺少与其业务相称的风险管理技巧提出了尖锐的批评。[1033]正如韦尔奇夫妇(Jack and Suzy Welch)在他们的《商业周刊》专栏中所说的,银行是"销售那些他们自己都不了解的产品却赚大钱"的罪犯之一。[1034]《次级解决方案》(Subprime Solution)一书的作者席勒(Robert J. Shiller)评论道:"许多购买了证券化按揭产品的人,根本没有渠道去接触本应对他们警示此类金融产品风险实际上有多大的专业金融建议。"[1035]

反思起来令人惊诧的是,那些聪明绝顶的人——华尔街的"宇宙巨人"——竟然没有意识到,对次贷的销售与他们在世界市场上作为"安全"证券的再销售行为,不可能一直玩下去。当房屋价格停止上涨,引诱利率在大约两年后真正发威之时,大量的房主们就会不可避免地拖欠他们的月供,房屋的多米诺骨牌就会随之倒下。然而,银行家们可以用"没有人能够预知问题"之类的言论来搪塞他们的失败。

评级机构的欺骗

第三种欺骗是评级机构的失灵——穆迪(Moody's)、标准普尔与惠誉(Fitch)。它们是金融界为数不多的极其恶名昭彰的作奸者。当信息较为繁杂之时——比如关于证券化产品,就需要可靠的分析师去评价其风险等级。评级机构的金融分析师应拥有必要的专业知识与独立性,以对证券价值做出科学的评价。然而,他们一般会对许多新型的复杂证券给出"AAA"等级——后来会被称为"有毒证券"。2007年,仅穆迪一家就对1900亿美元按揭相关的,以及其他结构性金融担保债权凭证(CDOs)中的94%进行了评级。[1036] 2006年,穆迪的结构性金融部门就创造了该机构营业总收入的40%,而在1998年仅为28%。现在,该机构结构性金融部门的年营业收入就高达8.81亿美元——这已超过该机构在2001年的全部收入。

评级机构的问题在于,专业价值观很轻易地让位给了利润最大化的宗旨。它们不再遵循与正被其评级的企业保持适当距离的规则。在过去,穆迪机构的总裁穆迪(John Moody,1989—1996年任职)曾对新招募来的员工讲道:穆迪是一个"特殊的行业,在这里,你不能跟那些在投资银行工作的朋友'出去喝啤酒'"。这种距离保证了他们做出的理性分析不会被个人关系所左右。

与其保守的传统相悖的是,穆迪的新总裁克拉克森(Brian Clarkson)着重强调开展关系的重要性,他曾向自己的员工表示,开展社会交往是非常重要的。他聘请客户服务方面的培训师,就提升跟债券发行方与投资者之间的关系举行专题培训。他鼓励员工更具有响应意识——在办公室接到电话之时,就要想着用穆迪"方法论"找到解决之策。[1037]在很多情况下,那些不同意新的评级政策的分析师被炒鱿鱼或转岗,有时是在客户的要求之下进行的。评级机构变为误导性信息的"认证者"——背书者,这正如标准普尔两名员工的短信沟通所揭示的:"但那项交易匪夷所思",其同事回复道:"即便是赶一群牛过来,我们也会对它们评级。"[1038]

在2008年10月美国国会的一次听证会上,众议员威克斯曼(Henry Waxman)表示"那些信用评级机构的事就是一个巨大的失灵",[1039]参议员舒默尔也指出:在此类评级机构中"必须针对利益冲突问题做大量的工作"。[1040]此次听证会显示,穆迪首席执行官曾在2007年向其董事会成员表示,该机构对增加赢利的强力推进给评价过程的质量带来了"风险"——但很明显当时没有采取任何行动。

在今天复杂的金融市场上,那些占有、解读并判断相关信息的专业团体与机构也没有严格遵守其标准。那些处于金融基础设施层面的参与者——银行会计、审计师、律师、董事会成员、投资银行与评级机构——提供少得可怜的或错误的信息,并且通常是串通一气的。[1041]这些本来的看门狗呼呼沉睡,以致没有发出任何早期的警示。

驱使因素

上述三种欺骗之所以成为可能,是因为存在着一些驱使性因素:放任型政府、专业金融媒介的失灵、缺乏职业准则与社会责任,以及不可思议的证券化语言。

放任型政府

在当时的美联储主席格林斯潘(Alan Greenspan)领导下,美国政府充分信任了市场的智慧。在对立法者演讲时他耸肩表示:"……我们不像别人那样聪明绝顶。我们不能对事情做出提前的预知。"[1042] 尽管他拥有对自由市场的越轨行为进行监管的权力,但他拒绝那样做,因为他本人笃信艾茵·兰德(Ayn Rand)[1]在其小说《阿特拉斯耸耸肩》(Atlas Shrugged)中所表现的彻底自由主义的信条。更为肯定的是,格林斯潘宣称:"相比25年前的情况,愈发复杂的金融工具已经促成了一个更为灵活、高效,因而更为强有力的金融体系。"他认为,市场最为聪明,而政府管制与监管是不必要的。[1043]

2004年10月,他以其一贯的不可思议的暧昧口吻向公众保证道:"尽管地方经济可能会遭遇较明显的投机性价格波动,但鉴于其规模与多样性,美国全国性的严重价格变动看起来是不会发生的。"但就在两年前的2002年11月,他在一次会议上表示:"我们难免这样的结论,我们超越常规的房地产繁荣局面……不能无限期地走向未来。"

由此导致的监管缺失致使欺骗行为可以不受制约地大行其道。金融领域的政府管制职能是,设立需要全面、及时披露相关事实材料的准则,并建立一个公平、竞争性的市场。然而,银行业者则寻求放松现有的管制力度,并最大化地撤销管制措施。而美国证券交易委员会也没能尽到其监管责任。其2006年有关贝尔斯登银行的报告"明确指出了后来发展成为次贷危机的风险类型",但它没有采取任何措施去影响贝尔斯登银行的纠正性行动。[1044]

撤销监管的努力所取得的重大胜利是,1999年《格拉斯—斯蒂格尔法案》(Glass Steagall Act)的废止。[1045] 该法案形成于美国"大萧条"时期,目的是将商业银行与具有风险的投资银行业务严格分开。随着这一禁令的废除,投资银行就能够使用储户的钱去投资具有风险的证券与企业。撤销金融市场监管的最新努力是,最近有关《新巴塞尔协议》(Basel Ⅱ)的讨论。最初的巴塞尔协议按照当时银行业者会议所在的瑞士城市命名,达成于1988年,其目的是寻求克服国与国之间名目繁多的银行管控措施。2008年,花旗与其他一些银行积极游说以寻求更为宽松的、欧洲风格的《新巴塞尔协议》指针,"银行业应该被给

---

[1] Ayn Land 是俄裔美国哲学家、小说家。她开创了客观主义哲学运动。她写下了《阿特拉斯耸耸肩》《源泉》等畅销小说。其哲学理论与小说强调个人主义的概念、理性的利己主义,以及彻底自由放任的资本主义。其政治理念可被形容为小政府主义与自由意志主义。——译注

予更大的自由决定其愿意承担多大风险的权利,因为他们比监管者处于更有利的位置"[1046]。同样,政府对此没有干预的兴趣。

银行业寻求放宽限制的两大领域是银行准备金与附属担保物的要求。为了应对取款与可能的损失,银行被要求以现金形式保留一定比例的储蓄额度。不过,通过保留最低额度的此类准备金,花旗集团在其资产平衡表上仅持有800亿美元的核心资产,以保护其高达1.1万亿美元的问题资产。那些持有神秘证券的银行因而也不能满足此类要求,在急切四处寻求现金失败后只得违约。正如急剧高企的伦敦同业拆借利率(libor)所显示的,银行间不再彼此信任,也不愿意互相进行资金拆借。市场上到处回荡着"求救"的呼声,并且次贷危机已扩散为全面的金融危机。

同样,放松的附属担保物要求,也让银行可以使用最少的自有资金投入去控制数量庞大的资产。那些使用按揭贷款的房主对此非常熟悉,这使他们能够掌控价值比其首付款高出许多的房子,比如,用5万美元就可以去购买价值50万美元的房子。银行业者的做法远远超过这种1:10的比率。从大约1:15开始,他们把比率提到1:30,甚至在某些情况下能达到1:70。高盛集团的总杠杆借贷比率(gross leverage ratio)从2003年的18.7倍,上升到2007年的26.2倍,摩根士丹利则高达32倍。在市场呈现欣欣向荣之时,此种杠杆借贷比率会带来滚滚财富,但在市场衰退之时就是灾难性的。

放松的管制与三大主要的管制机构——美联储、美国证券交易委员会与美国商品期货交易委员会(Commodity Futures Trading Commission)——的糟糕监管相伴随。正如广受尊敬的经济学家梅尔策(Allan H. Meltzer)——他极度不信任美联储——所言:"历史表明,美联储是一个蹩脚的监管与管制机构。其董事会完全忽视了银行刻意在其资产平衡表中隐瞒的、具有风险的房贷警讯。"他认为:"投资银行不需要美联储去管制它们。只要有一些关于资本化的清晰规则就足够了。"[1047]

专业金融媒介的失灵

专业金融媒介必须为其未能发挥"看门狗"职能而受到责备,美国国家公共广播电台(NPR)主持人弗肯富里克(David Folkenflik)在其文章中指出:"当华尔街瘫痪时,金融媒介在哪里?"[1048]尽管有些文章对一些新发证券进行了报道,甚至暗示将会遭遇问题,但此类文章没有一篇出现在头版位置。汉密尔顿(Martha M. Hamilton)在《在崩溃面前我们学到了什么》一文中对此指出:"大多数新闻机构对有关复杂议题的反思性报道,都没有太大的兴趣。"[1049]而《商业周刊》主编埃德勒(Stephen J. Adler)承认:"事实上,对于目前面对的金融危机,所有媒介都没能预测到其让人惊骇的程度。"[1050]他指出,造成这一局面的原因在于,存在着众多与林林总总的复杂情况相交织的变量——"包括那些一直以来显得神秘的有关人们心理与行为的未知因素"[1051]。

在这些有关媒介的缺位之外,也存在着一些例外:《商业周刊》的经济学编辑考伊(Peter Coy)专门围绕"综合抵押债务凭证"撰文,《纽约时报》商业专栏作家、普利策新闻奖得主摩根森(Gretchen Morgenson)针对神秘的金融工具撰写了多篇专题文章。[1052]与此同时,为数不少的报纸专栏作者、股票挑选人、个人金融畅销书作者、电视名人都在鼓吹人们去购买股票。在采访克莱默(Jim Cramer)时,CNBC《每日秀》著名主持人斯图尔特(John Stewart)以控诉的口吻谈道:"听着,你知道银行当前的所作所为,但仍然这样月复一月地去兜售。"尽管刚开始还想辩解,但克莱默接下来还是坦率承认了其失误及存在的局限性:"我不是埃里克·塞瓦赖德〔1〕,我也不是爱德华·默罗〔2〕。我是一个尝试把商业事务以娱乐化形式呈现给观众的人。"[1053]然而,正如人们所知道的,对于传播严肃信息而言,娱乐化是一个蹩脚的工具。

为数不多的金融记者表现出了一些警惕。2005年11月,《华尔街日报》记者怀特豪斯(Mark Whitehouse)与艾皮(Greg Ip)撰写了一篇名为《现金过剩:廉价的金钱,增加的风险》的封面文章。[1054]但是,这类文章并不普遍,也没被多数读者所留意。对贝尔斯登、花旗、高盛、摩根大通、美林与摩根士丹利这些后来发生内部问题的金融机构,仅有屈指可数的几篇文章。弗肯富里克指出,就此类机构吸收如此大量的

---

〔1〕 埃里克·塞瓦赖德(Eric Sevareid)是第二次世界大战时美国《纽约时报》的著名记者。——译注
〔2〕 爱德华·默罗(Edward R. Murrow)是美国著名的广播记者。在第二次世界大战期间曾主持哥伦比亚广播公司的《现在请听》《这里是伦敦》等广播节目,以准确报道而闻名,被誉为"现场报道的鼻祖"。——译注

按揭性投资所带来的风险,没有任何一篇文章曾向读者提出过警示。[1055]他认为,记者们实际上并不了解信用市场的运作方式,而且,在房地产市场勃兴与股价上涨之时,读者也不愿听到关于风险的内容。不过,考伊承认,新闻界本应寻求更多的途径让人们去倾听。这一观点也被原《华尔街日报》记者斯塔科曼(Dean Starkman)认同,他向考伊抱怨道:"你没有告诉我们,或者你没有全部地告诉我们。"[1056]

缺乏职业准则与社会责任

接受社会责任与职业准则,可以在一定程度上代替管制措施。许多次贷按揭发放机构看起来两者都不具备。有些是纯粹的、急切想赚取佣金的销售员,对借贷者支付月供的能力视而不见。正如前面所提到的,他们不是"金融专业人员",其职业准则让位给了客户利益。

缺乏职业准则体现在,雷曼兄弟公司的管理者在行将破产之际还做出虚假声明。在2008年9月10日举行的投资者会议上,首席执行官福尔德表示,拟议中的结构重组"会带来一个非常干净、高流动性的资产损益表",并且,"我们正在沿着正确的道路迈过过去两个季度(的不利情况)"。[1057]《华尔街日报》的一篇文章揭示,该公司在最后一个星期仍在隐瞒其恶化的财务状况。9月15日,该公司申请破产保护,这被许多人认为是银行危机的开始。[1058]在2008年10月的一次会议上,立法者曾提到一份当年6月份的雷曼内部文件,该文件对公司大幅介入房地产市场却没有配置充足资金的做法提出强烈质疑。

另一个有关职业准则崩溃的例子是,2008年12月,美国国际集团原首席执行官沙利文(Martin Sullivan)当着投资者的面宣称,公司"对于我们的业绩以及评价方法的合理性是高度自信的"。然后,就在不到一个星期前的11月29日,该集团外部审计机构已经对沙利文提出警示,这家保险巨头"在其风险管理方面存在着致命的弱点"。[1059]而沙利文的公开声明显然没有代表该集团真正的处境。

而作为信用评级的发明人之一,穆迪机构的总裁穆迪本人则体现了一种社会责任感,他当然是被金钱所激励,但他也关注人。出于对金融民主制(financial democracy)的坚信,他希望为一般投资者提供仔细的、能够避免金融灾祸的信息。[1060]他对合乎职业准则的行为极为看重,并拒绝接受可能左右其评级的、附带条件的金钱。席勒同样坚信,

269 我们需要更多地去思考如何能够向专业投资者提供有用的、诚实的信息,以帮助他们过上体面的生活,服务更广泛的公众。

不可思议的证券化数学

把按揭与其他借贷产品进行组合的做法,是受到那些数学家与自然科学家所设计的金融模型指导的。这些"'天才'宣称,他们的神秘模型已经魔术般地消除了风险与不确定性"[1061]。他们更受到之前的美国长期资本管理公司(Long-Term Capital Management)对冲基金所获成功的鼓舞。在20世纪90年代中期的4年时间里,基于由包括两名诺贝尔奖得主在内的团队所设计的据称毫无纰漏的电脑程式,该基金赚取了数目惊人的利润。但1998年夏,在短短数月时间内损失了40亿美元之后,该基金不得不求助于一个由联邦政府组织的救助项目,并且后来整体关门了。

当金融业者继续痴迷于电脑程式之时,这一教训就被忽略掉了。多部有关金融模型著作的作者德尔曼(Emanuel Derman)与威尔默特(Paul Wilmott)在对这些程式进行评论时指出:"金融理论已经煞费苦心地试图去效法物理学,并发现属于自己的精致的、通用的法则。"[1062] 他们总结到,不过,"一种模型不管多么漂亮,终不过是一种诡计。把模型与现实世界相混淆,就是怀揣人类臣服于数学规则的信条,去拥抱一个灾难性的未来"[1063]。但此类模式不可避免地隐藏了风险,而不是揭露它。正如德州大学公司法教授胡(Henry T. Hu)把这些人称为"火箭科学家"一样,他们善于忽略掉低概率、灾难性的事件。正如在科技危机部分所探讨的,这正是一种会引发严重危机的常见忽略情形。

管理失灵的其他方面

尽管金融危机首先是一种欺骗型危机,但它也涉及管理失灵的其他方面。

偏颇型价值观

华尔街的高管们在其追逐个人所得方面体现着赤裸裸的贪婪——一个有价值的圣经词汇。他们对于股东的重视程度,看起来让位于最大化自己的薪酬与奖金。其中的代表性人物就是美林证券的首席执行官赛恩(John Thain)。新闻媒介对其本人购买商务飞机与奢侈的生活方式进行了报道;正当跟美国银行的交易处于危险之际,他竟然在科罗拉多度过了为期一周的滑雪假期,他还花费150万美元对其办公室进行了重新装修,包括一个价值1400美元的废纸篓。[1064]即便在政府出手救援并被美国银行收购之后,他仍厚颜去把40亿美元作为奖金分发给员工。这一决定被纽约州检察总长措摩(Adrew Cuomo)认为太过严重,他因而向董事长兼首席执行官刘易斯(Kenneth Lewis)发出传票以对此做出解释。[1065]

2008年,在美国国际集团拿出3.65亿美元对其一个业务部门——该部门在前一年曾造成405亿美元的损失——大约418名现有与前员工进行现金奖励的事情曝光之时,人们对于奖金的愤怒达到了顶点。当由政府任命的首席执行官里迪(Edward Liddy)面对国会委员会对此做解释之时,他辩称合同日期早于其被任命的时间,并且他表示将要求那些接受者退回奖金——这些人中也的确有人愿意这样做。与此同时,一场有组织的、反映"公众愤怒新高潮"的抗议活动也呈黑云压城之势。[1066]

华尔街高管们对于"公共利益"所给予的关注缺失,也清楚表明了其偏颇型价值观。正如 Munn v. People 判例所显示的,美国法院长久以来一直支持公共利益高于私人财产权。在这里美国最高法院引入了如下原则:一旦私有财产"受到公共利益的影响,它就不再仅仅是作为私有财产而存在了"。最高法院还指出,"当私有财产权对公众造成后果,并影响到整个社区时",它就披上了公共利益的外衣,需要接受公共管制。当银行业者基于"它们对于经济太过重要了而不能倒下"向政府请求援助时,他们含蓄地承认了上述观点。

欺骗转为行为失当

欺骗的某些方面会演变成行为失当。起诉人开始审查内幕交易证据——这被美国证券交易委员会明令禁止,以及达到欺诈的可能性,比如华尔街的公司可能对按揭证券进行了不恰当的错误定价。[1067]在纽约的美国联邦罪案起诉人,就对身陷次贷乱局的瑞银集团(UBS AG)启动了调查,以判断它是否在明知价值已降低的情况下,仍通过对按揭债券设定过高的价格从而涉嫌误导投资者。在次贷危机爆发之际,美国证券交易委员会升级了对于美林证券的正式调查。[1068]

这当中也可能涉及恶意行为。美国证券交易委员会要求数十家对冲基金呈交其交易信息,以调查是否存在交易方为了进行操纵而散布相关传言的行为,比如有关雷曼兄弟收购谈判以及政府融资可能性的虚假信息。[1069]

管理失灵危机的应对战略

全面与坦诚的信息披露

如果按揭出借方没有伪造申请信息,并且以可理解的方式真实披露按揭条款,那么,最初有关次贷的核心问题原本可以避免。同样,证券化过程本身也需要更高的透明度,出借方借此才能更好地决定某一特定证券产品的资产价值。但在证券描述上艰涩神秘术语的滥用致使这种决定做起来较为困难——甚至资深的银行业者也难以理解。在这种条件下,透明度是极难达到的,盲目的信仰取代了基于专业知识的判断。并且,商业记者对于无法估量的交易也不能进行正常的报道。

银行业者不愿去解释银行危机的原因。即使所在银行纷纷调低数十亿美元的账面价值并经历高管轮换之后,那些银行业者也出奇地保持沉默。他们从没道过歉。不过,情有可原的是,当一个溺水者的全部精力都必须用在求生之际,他是不会道歉的。赤字状况看起来似一件棘手之事,但难道他们就不能至少表一下态:"哦,天哪!我受伤了!"不会,他们遁形了、沉默了、变得无人性了。他们看起来完全与社会隔绝了。正如世界经济论坛发起人兼执行主席施瓦布(Klaus Schwab)所指出的,根本的问题是"我们要么能采取一种更具社群主义的精神,要么就会陷入旧的习惯与不人道的行为,进而破坏社会和平"。[1070]

一个例外是花旗集团的高级顾问与总监鲁宾(Robert Rubin),他认为银行的问题在于相关的金融体系,而不是银行自身的失误,并且他个人的作用对于银行的主营业务而言非常有限。"没有人会希望这样。"[1071]但他承认,尽管他已公开警告投资者在承受着太多的风险,但他也曾参与一项旨在提高2004年与2005年度风险承担的董事会决策。他指出,问题在于计划没有恰当地予以实施。作为华尔街的高收入者之一,他自1999年以来的总收入达1.15亿美元。

只有在出席国会听证会时,这些银行业者才最终露面并发出言论——尽管是一些经过仔细推敲的言辞。在国会一个监管委员会的会议上,众议员米卡(John Mica)对美林证券前总裁福尔德表示:"如果你还没有想清楚自己的角色,那你今天就是一个罪人。"而这一专门小组的负责人、参议员威克斯曼指出,一系列的内部文件"显示这是一个根本没打算对失败负责的企业"[1072]。

公共关系专业人士的观点

正如帕德莫里克(Mary Ellen Podmolik)所指出的,"华尔街的众多蓝筹股公司并没有真正站在话筒前彻底解释所存在的混乱情况,并做出道歉或详细介绍使其业务重回正轨的计划。它们也没有撤回整版的广告宣传"[1073]。她表示:"不同于其他的影响到一流品牌的公共关系危机,美林证券与花旗集团存在的复杂性议题、来自股东的官司、监管方的调查,以及高管的调换,需要的不仅仅是承认自己的过失,更需要品牌与公共关系专业人士来处理。强势的品牌资产已经深谙此道并不时引入此类专业服务,因而才得以基业长青;而漫长的沉默只会带来质疑,且会遭遇更多的坏消息……"

美国凯旋(Ketchum)公共关系公司中西部分公司的高级副总裁兼董事总经理卡普(Ron Culp)指出:"他们本应该回应得更快一些……有时在公共关系方面存在着运营上的麻痹观念。在此类事情面前,你需要有一个公共期待期。但问题是,你打算让公众期待多久?"公共关系专家提出了如下处理危机的步骤:

- 设立一个内部的公共关系计划,不但让管理者打起精神,并让一线员工树立信心,还要让他们借此向消费者强化企业及其品牌所具有的持续性优势。
- 接触新闻记者并帮助他们形成报道思路,且准备着回答他们

可能会提出的问题。(Interbrand 公司[1]首席沟通官黑尔斯(Graham Hales))
- 专注于业务,而非困扰之事。(伟达公共关系公司高级副总裁盖恩斯(Sallie Gaines))

对于这些较为传统的建议,也存在着一些不同的意见。品牌顾问阿普肖(Lynn Upshaw)建议,银行不要进入损失管控模式,因为新闻媒介会持续报道越来越多的坏消息。"你必须确信所有的伤口都已经得到救治,所有的讯息都已准备好……广告投放也无济于事,除非你已经充分掌控了局面。"面向消费者的企业在危机中通常惯用的那种八股式的单纯道歉已经不灵了。伟达公司的盖恩斯也指出:"与沾沾自喜的先表示自己没事,然而两周后又大呼'糟糕'的做法相比,什么也不说会显得更聪明一点。"[1074]

道歉——且要显得谦卑

华尔街银行高管们的决策,毫无疑问对其投资者、整个银行系统及世界范围内的整体经济都造成了巨大的破坏。一旦一种错误或伤害被公开曝光之时,涉事组织的高层领导必须做出道歉。正如在危机沟通章节所讨论过的,犯事者或组织寻求来自公众的谅解。这是一种消除批评的方式。那些数百万失去工作的雇员、被强制收回所按揭房产的房主,以及面临破产的企业希望且需要一个正式的道歉。

银行业者或许会辩解道,银行失灵是一种难以预料的市场失灵。他们会争辩说不存在故意的"不法行为",有的只是关于冒险行为的错误判断。但他们对于不可避免的次贷风险的视而不见、围绕风险的过度自信,以及不愿倾听警告声音的做法,使其无法撇清干系。他们的道歉应该讲清楚,将来会采取什么样的矫正性措施。

改革公司治理与薪资政策

在公司治理方面可能需要结构性的变革,包括替换董事会成员与修订管理者薪资办法。以其对公司治理与薪资问题的研究而广受重视的独立公司企业图书馆(Corporate Library)总编兼联合创始人米诺

---

[1] Interbrand 公司是全球最大的综合性品牌咨询公司。——译注

(Nell Minow),对薪资委员会的做法持100%的批评态度。她的改革关注董事会替换掉那些不称职成员的能力。"没有这个,只要仍存在由那些首席执行官们来决定谁可以待在董事会中的非常僵化、互相牵制的系统中,那么董事会成员就不会有向坏政策说不的动力。"[1075]她指出:"至于次贷乱局,薪资办法是被结构化的,因而人们是基于交易的数量而不是质量来获得相应的报酬。"[1076]管理者能够通过冒风险的决策来增加其获利,他们知道投资者最终会为此类风险买单。

在追逐下一季度利润的过程中,企业领导人向来进行着大量的冒险行动,因为薪资方案为他们今天的冒险行为支付着可观的薪酬——而此类风险仅可能在后来的日子里成真。这场危机刺激了有关风险管理者角色的新思考——直到次贷危机出现时,此类风险管理者仅是缺少影响力的,且通常需要向交易主管汇报的中层管理人员。当赛恩在美林证券破产之前成为新的首席执行官之时,他新设了两个高级别的、直接向其汇报的风险管理职位。摩根士丹利也采取了类似的措施,任命道拉(Thomas Daula)为新的向首席财务官汇报的首席风险官。在花旗集团,新任首席执行官潘迪特(Vikram Pandit)发誓,他将成为风险管理的"亲身参与者"。[1077]人们的共识是,风险预估必须予以改进并加以更好地管理,尤其对于信用评级机构而言。

在亚斯本国际菁英组织(Aspen Institute)的一次高级别商界领袖会议上,达成了一个前所未有的一致意见:"短期思维已经成为企业与投资领域的通病,这给美国经济带来了极其严重的威胁。"银行与金融机构变得越来越关注单一的、使股价上升的短期目标。"它们不再是着力提供高质量的产品与服务,而是变得更为醉心于收入管理、'金融工程学',并把风险从资产损益表上消除掉。"他们还建议,那些以资产为基础获取薪资的高管们,应该被禁止利用金融衍生品或其他套利方式去转嫁理应与其所获报偿相关联的风险,而应要求他们不间断持有相当比例的此类资产直至其任期结束一段时间之后。[1078]

另一个在公司治理方面所要做的变革是,取消通行的或整合型的银行模式。比如,瑞银集团宣布,其财富管理部门与资产管理部门会变为单列的实体。这一变革的目的是,停止其投资之手从财富管理之手所溢出的廉价资产那里融集资金。然而,此类银行模式方面的变革能否成功,还取决于管理者。[1079]

一些银行的高管们自愿减少其薪资。潘迪特表示,在花旗集团重新赢利之前,他只领取一美元的年薪。[1080]

替换掉出问题的高管

在涉及管理者行为失当的极端案例中,替换掉高管是一种常用的应对方式。在人们普遍对管理者能力及其正直性缺乏信心的银行业危机中,这也是一种恰当的补救措施。新的领导人更容易去重新实现社会均衡。在紧急援助之后,美国政府对美国国际集团、房利美与房地美等公司任命了新的首席执行官,而在花旗集团任命了有丰富危机管理经验的鲁宾。

而颇具争议的穆迪总裁兼首席运营官克拉克森也自愿退休,并于2009年7月底生效。在对这一退休计划进行评论时,穆迪新闻发言人乔纳斯(Greg Jonas)表示:"克拉克森认为,在目前环境下(评级机构面临大量的批评),这是一个把领导权交给新人的好时机。"[1081] 而对如此大规模替换高管的做法持反对态度的是被政府任命的美国国际集团负责人里迪,他认为,这些人具有挽救其企业的专业能力。当美国国会对该集团接受政府援助后仍向其高管分红的做法表示愤怒之时,他在回应过程中做出了如上表态。

替换高管有助于重拾公众信心。人们不会再信任之前的"宇宙巨人",并感觉政府太过于娇纵他们。例如,曾有电子邮件形式的抗议要求撤换掉美国银行的刘易斯。麻省理工管理学院教授约翰逊(Simon Johnson)指出,这种替换还应波及造成此次危机的"精英人士",并认为这些出错且傲慢的人士的权力必须被剥夺。他说,对银行业过于仁慈的政策是错误的,这让人意识到政治献金在其中发挥了作用。

改革组织文化

正如《经济学人》所指出的,"针对'传染性贪婪'的最好的防御措施是,一个健康的组织文化"[1082]。在好的企业里,管理者之间的互动方式有助于设定其基调。在穆迪评级机构,克拉克森把谨慎型文化变为追求增加"市场份额"的文化。正如参议员舒默(Charles Schumer)所指出的:在评级机构"还需要做大量的针对利益冲突的改进工作"[1083]。企业文化还受到一个企业所招募人员类型的影响。例如,安然公司下属的公用电力公司,存在着招募追求快速上升的工商管理硕士毕业"人才"的政策。

企业也应该营造一种不鼓励集体审议,而欢迎不同信息与观点的组织文化。美国国际集团前内部审计师丹尼斯(Joseph St. Dennis)指出,在2007年九月份的最后一周,自己被排除在有关金融衍生品价值的讨论之外一事,他曾较早地提出过关切。但当时的部门主管卡塞诺(Joseph Cassano)表示,他曾"有意排除"了他,"因为我想着你会对那一过程造成干扰"[1084]。

在银行业的企业文化中最明显的疏漏是,对于"公共利益"的有意关注。在那些接受政府援助的金融机构中临时安置政府代表的做法,就是实质上代表公共利益的举动。

接受政府管制与公众监督

金融危机的最终形成,在很大程度上归咎于曾给予银行业者无限自由度的管制系统。美国证券交易委员会、美联储、财政部与美国国会正考虑在如下领域开展管制工作:

- 重建商业银行与投资银行之间的防火墙,从而保障储蓄者防范投资风险。
- 要求银行进行充足的资金储备,以作为防范风险的缓冲。
- 要求所有证券都公开透明,担保债权凭证及其他金融工具都公开交易。
- 消除评级机构的利益冲突。2008年12月,美国证券交易委员会对评级机构推出了更严格的准则,在很大程度上禁止了特定形式的利益冲突:评级机构不能对其帮助组织的债券进行评级,参与评级的分析师不能参与费用谈判。[1085]
- 将若干种"具有危害的"与不透明的按揭及证券列为非法。
- 对房利美与房地美加强管制。
- 停止向不具备偿付能力者提供按揭。
- 改变了之前鼓励管理者采取过度冒险行为的薪资政策。
- 新设了一个新的消费品监管机构。

限制过度的游说举动

金融机构希望通过游说反对某些管制措施，但它们不能无视公众的愤怒情绪与公共利益。例如，已经接受政府紧急援助的美国国际集团，继续游说以试图放松针对按揭领域的新的控制措施。由国会在其一揽子的房地产行业救援行动中提出的这些新措施要求金融机构，一旦它们做出了不当的或欺诈性的、最终导致美国国际集团衰败之类的行为，就会被追责。[1086]曾向游说者提供过建议的华盛顿律师格罗斯（Kenneth Gross）表示：“我认为，在被救援的情境下，很难让一个如此规模的持续性游说预算（在2008年第二季度达300万美元）显得合情合理。”[1087]

这些困境中的金融机构，一边接受着数十亿来自美国政府的援助资金，一边仍然投巨资对国会展开游说活动。银行业者表示，如果不游说他们则输不起。美国银行在2008年投入了410万美元，比2007年几乎多了100万。[1088]在2008年7月1日至9月30日期间，美林证券至少在游说方面花费了150万美元，该机构在为其举动辩护时还声称，金融服务业是"被严格管制的领域，国会与下一届政府还会采取数目惊人的措施"[1089]。

重振公众信心

在接踵而至的关于更多被强制收回的按揭房产、银行倒闭、飙升的未付信用卡账单、企业破产与员工失业等坏消息面前，金融机构需要下大功夫去做的一项工作是，重振公众对于它们以及整个经济的信心。在《繁荣与萧条》一书中，经济学家哈勃勒（Gottfried Haberler）谈到了经济上的悲观主义与乐观主义洪流对于人们的心理所具有的巨大影响。[1090]政府与企业界都已经认识到了提升公众信心对于防范衰退转为萧条的重要意义。

为了帮助重振公众信心，奥巴马总统与其主要的经济顾问——包括财政部部长盖特纳——宣布，他们相信通过一系列的消除掉金融系统有毒证券并刺激经济的计划，会让银行与企业重新振作起来。他们极为慎重，没有过多地提高人们的期望值，并强调矫正工作需要花费时间。他们认为，在当时的情境下，与要求人们变得更为谨慎与精打细算的做法相比,刺激消费的效果会更好。尽管节俭对于个人是有益的,但它会阻碍经济的复苏。

提供营销与公共关系支持

银行业传统上多借助营销活动去争取新客户、留住现有客户,并拓展他们对相关服务的使用。已在企业界赢得支持的客户关系营销(CRM)战略也伴随银行业一起成长。相应的,曾兼并了华互银行的摩根大通银行,则采用了直接营销的方式,去劝说华互银行的原客户转向其银行。美国银行在危机期间则维持了其在报纸、电视台、电台与互联网上的广告宣传。他们提到了在房屋借贷上的500亿美元融资、对近600万信用卡用户扩展的350亿美元新的信用额度,并帮助人们可以待在自己的家中。[1091]尽管如此,美国《广告时代》的布里克(Beth Snyder Bulik)在对此评论时仍表示,银行业的营销者并没有能够让那些"机警与迷惑的客户"重拾信心。[1092]

布鲁姆(Jonah Bloom)在《广告时代》上撰文指出,美国国际集团的公共关系与广告工作应该"向新闻界与公众明确解释到底是什么出了错、做出深刻的道歉,并勾画出集团正在采取的重振业务并为美国人民创造某些价值的实际步骤"[1093]。正如美国《公共关系周刊》(PR Week)所披露的,美国国际集团确实聘请了凯克斯特(Kekst & Co.)与博雅两家公共关系公司为其提供帮助。MSNBC的麦道(Rachel Maddow)对这种公关方式提出了质疑,但布鲁姆指出,在被愤怒、恐惧与质疑充斥的严重信息真空面前,需要的是更多的而不是更少的沟通,此时也更需要公共关系专业人士——他们会在"公共关系工作中更加重视'公众'"[1094]。

此类广告活动正受到国会议员的严密审视,他们质疑问题资产救助计划的那些受益者是否应该在营销活动上花钱——意指广告与其他形式的营销活动是可有可无的花费。2009年2月2日的美国广播公司的新闻节目,更把美国银行对超级碗(Super Bowl)赛事的赞助称为"嘉年华式的事件"。[1095]银行业的营销者们必须要比之前更好地去证明其营销活动的有效性。

好的银行面临着可能会被与坏银行相提并论的危险,因而它们通过展示其健康度的宣传活动,以把自己与坏银行区分开来。例如,在

《华尔街日报》的整版广告中,花旗美邦(Citi Smith Barney)与花旗私人银行使用了"我们的位置"主题,并列举了自己的七大优势,包括两种金融措施:"我们拥有超过 1 万亿美元的资产……在全世界范围内超过 7500 亿美元储蓄的优势";还有:"我们拥有排名第一,即超过 14%的资本比率(capital ratio)——这一重要的资产损益措施与资金优势。"[1096]

结　　论

2008 年的银行业危机致使数家金融机构破产,并引发了危及许多组织与一般公众的连锁反应。它产生的原因同样是曾使安然公司走向灭亡的欺骗问题。尽管通过了萨班斯·奥克斯利法案(Sarbanes-Oxley Act),但银行系统仍缺乏透明度。不同银行销售着越来越神秘的、令其购买者难以充分理解的证券产品。较低的银行储备金要求及较高的资产杠杆,使冒险举动上升至难以为继的程度。而评级机构、美国证券交易委员会与美联储,以及金融媒介也丧失了其保障金融交易正当性的本职职责。

具有争议性的政府紧急援助,帮助了高盛、摩根大通和美国银行之类的大型投资银行渡过生死关。但它们多数采取防御姿态,并没有为其过度的冒险行为做出道歉。它们积极游说以防止过多的政府管制与监管措施——而这对于防止未来的危机又是必要的。改革公司治理与组织文化的进一步战略也是必要的,但尚没有产生多少切实的变化。最重大的挑战是,重振公众对于单个金融机构与整个金融系统的信心。

附录:行为经济学视野中的风险

金融危机涉及经济学知识,尤其是风险与不确定性之类的主题。[1097]正如国际货币基金组织(IMF)首席经济学家布兰查德(Olivier Blanchard)精妙地指出的:"危机滋生不确定性。而不确定性影响到人们的行为,这又反过来滋生危机。"[1098]基于这种对于人们行为方式的强调,金融危机已经成为行为经济学的新关注点,该研究把心理学的观点引入到经济学领域。认知心理学的一些理论有助于我们分析人们在经济事务上的判断与决策行为。大多数经济学家的通常假设是,人们像经济人一样行事——如同一台人工计算机。他们通过先列出所有可能的选项,然后选取成本最小、收益最大的那个,借此做出经济决策。

受质疑的理性行为

行为经济学异军突起的一个最重要之处在于,它提醒我们"传统的"学院式经济学在某种意义上已经偏离人类本性。在《国富论》一书出版的17年前,亚当·斯密曾出版《道德情操论》一书,他在该书中绝没有想到人类是理性计算机。同样,20世纪最伟大的经济学家米塞斯(von Mises)、哈耶克(Hayek)、熊彼特(Schumpeter)与凯恩斯(Keynes),都认为理性人是无稽之谈。

不过,凯恩斯是一个格格不入之人,因为他信奉更为奇怪的构想——政治人(homo politicus)——一个杰出的仅为公共福祉所牵挂的个体。但行为经济学认为,在许多情境中,人们不是被理性所指引,而是被情绪所左右。正如《华盛顿邮报》一篇文章所指出的:"行为经济学揭示了,一旦涉及投资,人们就不能如此聪明了。"[1099]

行为经济学的含义

行为经济学糅合了心理学、金融学与情绪方面的相关研究。正如其研究者所指出的,行为经济学"把心理学的观点整合进经济学中,从而奠定了一种新的研究领域"。它尝试去解释并探索,当进行投资时我们会做什么、原因是什么。[1100]在《可预测的非理性》这本广受欢迎的书中,艾瑞里(Dan Ariely)对其有关学生的试验进行了介绍,该试验结果显示,当受到愉悦、激励与痛苦等影响时,学生们就会显露出非理性的倾向。

普林斯顿大学心理学家卡尼曼(Daniel Kahneman)被公认为这一新的研究领域奠定了基础,为此他还获得了2002年度的诺贝尔经济学奖。他最重要的观点是,人们会受到多种多样的、能影响其决策与行为的认知错觉的伤害。[1101]

过于自信的作用

卡尼曼对人们由于过于自信于自己的判断而做出一些错误的(金融)决策进行了批评,他说:"认为你自己比市场懂得更多的想法……是非常奇怪的。"[1102]他从行为角度做出的解释是,人们无法做到对自己未知的事情进行正常的思考。"人们的做法是,看重自己已知的事情,并从而增加了不确定性的余地。人们会按照自认为未来会发生的事情行事,"卡尼曼补充道:"事实上,在大多数情境中,人们未知的事情比其已知的事情具有更为压倒性的重要性,因此,没有什么事情是基于人们的已知行事的。哎呀!"[1103]

对损失的嫌避

人们喜欢做出与其过度的自信相一致的决策。这正是人们在金融市场做交易时希望死撑至失败的原因。一旦人们逢低出售(sell losers)时,就不得不承认自己已经失败了。相反,逢高出售(sell winners)则让人们感觉良好,且满足了自己几近爆棚的自信心。从理性角度而言,如果逢低出售人们还可以抵减一部分税收,但会让人们去承认自己失败了,因而人们倾向于做一些让自己心理上感觉好一点的事情,比如,逢高出售会符合人们过于自信的心理。[1104]不过,总体而言,卡尼曼认为投资者"交易做得太多":"他们认为自己懂,但事实上不懂。"[1105]

"对损失的嫌避"是非理性的一种形式。卡尼曼所举的例子是:如果人们被提供了"我抛一枚硬币,如果正面朝上,你将赢200美元;而如果反面朝上,你将输100美元"之类的赌局,大多数人会拒绝参与该赌局。损失100美元所带来的痛苦大于赢利200美元所带来的愉悦。损失与获得之间的比例为2:1。此类决策也见于"窄性框定"(narrow framing)的实践中——每次只考虑一种决策;人们只关注从一次决策——而不是一系列的决策——中自己会损失或获得多少。人们还对小概率事件的可能性存在错误的感知,这也正是次贷的最终失败不被人广泛认同的原因。

短视

另一点是,人们看重当下,而不是将来。当被问及在"今天可得到

5美元"与"等到明天可得6美元"之间进行选择时,大多数人会选取5美元。不过,当涉及遥远未来的同样抉择时,人们会觉得更为无关紧要,因而"10年之后的5欧元"与"10年零1天之后的6欧元"就不再是一个难以取舍的抉择。[1106]

群集本能(herd instinct)

行为经济学解释了群集本能的现象。正如罗森瓦尔德(Michael S. Rosenwald)所描述的:"当一群青蛙意识到致命毒蛇在靠近时,它们不会四散而逃。它们会聚成一团。并且它们会奋力到中间位置,以不被毒蛇吃掉而感到宽慰。"[1107]

第十三章　管理行为失当型危机

在四种管理失灵中,行为失当或不法行为是道德问题——关于对与错的观念——的核心。它指的是违背了现行法律、职业标准与社会规范的行为。贿赂、回扣、欺诈与会计不轨就是这方面常见的例子。在行业协会中,对职业与行为准则的违犯并没有引起足够严肃的重视。

相比于前面讨论过的管理失当、偏颇型价值观与欺骗,管理行为失当更容易引发危机,主要原因在于此类事件更容易被曝光。并且,丑闻一词意指对社会规范的违犯以及更为恶名昭彰的其他组织行为。丑闻总是具有新闻价值的。正如加门特(Suzanne Garment)在《丑闻:美国政治中的不信任文化》一书中所指出的,一个丑闻的原始材料是没有弥补可能的不正当行为。[1108]正是对不正当行为的公开曝光引发了丑闻。公众对于任何违反社会价值观的举动都是高度敏感的,这会引发广泛的报道与传言。当公众认为失当行为为丑闻时,一个组织所面对的危机就会尤其严重,因为它不可避免地会带来伤害并难于去管理。[1109]即便丑闻发生在组织内部,且为特定个人所导致因而具有个人维度,也会成为新闻媒介特别关注的焦点。

在今天的社会,个人不正当行为被揭露的可能性大大提高了,因为出现了多种多样的"调查主体",许多人勇于成为"揭秘者"的意愿也空前提高。除了新闻机构,总检察长办公室、众多的国会议员、一大批公共利益团体、具有竞争关系的组织、不满的雇员,以及感觉自身受到伤害的个人或群体等,都会随时拉响警报。博客、微博与互联网上其他形式的社交网络,以及通过电子邮件的曝光途径,已经大大提升并放大了个人与群体的失当行为的传播范围。

2008年所谓的列支敦士登事件(Liechtenstein Affair)显示出,数字化信息使此类曝光变得如此易如反掌。在这一德国迄今最大的税务欺诈案例中,税务检察官员支付了420万欧元,购买了从由列支敦士登统治王族拥有的 LGT 集团偷出的 DVD 资料,这"包含了检察官们想知道的所有内容——数百名德国人通过在该国设立'基金会'的方式在不公开其身份的情况下管理其资产"。它牵扯到德国邮政(Deutsche Post)的老板崇文礼(Klaus Zumwinkel)。[1110]

除了本章讨论的一些行为失当方面的主要案例之外,许多其他的案例也受到媒介的广泛关注。两家韩国企业卷入了腐败活动。其中一家是现代汽车公司。2006年4月,其董事长郑梦九(Chung Mong Koo)由于被控设置了1亿美元用于向官员行贿的贿赂基金而被捕。由于造成他"过度集中的权力与团体内交易",该公司糟糕的公司治理备受指责。[1111]郑本人还被指控盗用并违背信托,比如,他"通过非正常的、旨在惠及其家族的交易,致使公司遭受超过4亿美元的损失"[1112]。其中一个为其家庭成员的"甜蜜交易"(sweet deal)是跟其下属的负责现代汽车储运的格罗唯视公司(Glovis Co.)进行的。投资者关心的是该公司的所有权结构——2001年凭借一笔仅为500万美元的投资,成为格罗唯视公司的唯一股东,并在2006年4月膨胀到16亿美元。《商业周刊》指出,郑氏家庭的投资收入高达12亿美元。[1113]

另一个被指控行为失当的是三星电子公司,该公司拥有2亿美元的用于定期行贿检察官与法官的政治贿赂基金。该基金的一部分还被董事长的妻子用来从国外购买昂贵的艺术作品。三星集团董事长李健熙(Lee Kun-hee)表示:"这都怪我自己的大意。我对一切负责且必须承担责任。"[1114]

在美国,也发生了数起违反《反海外贿赂法》(U.S. Foreign Corrupt Practices Act)的事例。美国铝业公司据传向巴林铝业公司(Aluminum Bahrain, Alba)在矾土——炼铝的主要原料——交易中收费过高,且通过基金向巴林政府官员支付了不当费用。另一个金吉达(Chiquita)公司,作为全球最大、2006年销售额达45亿美元的香蕉企业承认,曾向被美国列为恐怖组织的哥伦比亚暴力组织支付非法的费用。该公司面临着一个道德困境:要么违法,要么避免伤害到员工。那个准军事组织曾威胁要绑架或杀害其员工。[1115]其新任首席执行官阿圭里(Fernando Aguirre)决定自其任命生效的2004年1月立即停止支付费用。

管理行为失当是普遍存在的,且影响到社会上的各类组织:企业、非营利组织与政府。职业伦理资源研究中心(Ethics Resource Center)曾对许多的欺诈与欺骗利害相关者的非营利组织案例进行了分析。非营利组织行业的收入已从1994年的6.78亿美元,上升到2004年的1.4万亿美元。[1116]注册舞弊审核师协会(Association of Certified Fraud Examiners)[1]2004年针对58个慈善机构的舞弊案例所做研究的结果显示,慈善机构由于舞弊所造成的损失高达400亿美元。哈佛大学豪泽(Hauser)非营利组织研究中心的史密斯(Marion Fremont-Smith),列出了1995—2002年间美国非营利组织的152起行为失当事件,其中包括104件涉及刑事的案例。她指出,随着非政府组织(NGO)现在越来越像企业一样运作,对更严厉规则与贯彻的需求会增加。[1117]

大学是非营利组织中因涉及学生贷款项目而声誉受损的对象。大学负责贷款的官员选取若干家贷款公司,列入向学生推荐的名单之中。由于缺乏明确的规则去禁止借贷公司提供礼品、旅行与其他的恩惠,贷款官员就能够从中谋利。约翰霍普金斯大学的财务援助总监曾从一出借方收到了6.5万美元的报酬。[1118]

职业伦理资源研究中心总裁哈内德(Patricia Harned)指出,政府机构也持续性地面临职业准则危机。2008年1月发布的一项调查显示,在美国地方、州与联邦政府的雇员中,60%的人曾在过去一年中目睹过工作中的失当行为。[1119]在774名来自政府的调查参与者中,仅有10%的人表示,在其办公室中存在着"合乎职业准则的文化"。几乎有半数的人表示,他们在工作中碰到过"诱使"失当行为的情境——因为为了完成工作,他们感觉到有违反职业准则的必要。不过,像歧视、盗窃、贿赂、性骚扰、擅改文件之类的非法行为的比率已经下降了。

---

[1] 注册舞弊审核师协会(Association of Certified Fraud Examiners)是全球最大的反舞弊行业组织,成立于1988年,它向世界范围内的七万名会员提供反舞弊培训与教育方面的专业服务。——译注

主要的行为失当案例

麦道夫骗局

2008年12月11日,投资专家麦道夫(Bernard I. Madoff)被逮捕,并被控诈骗金额高达500亿美元——华尔街有史以来最大的数额。[1120]当意识到自己的游戏进入死胡同之后,他告发了自己。尽管其舞弊行为是基于庞大的骗局,但该案例主要还属于行为失当型危机——因为其阴谋是明目张胆的非法活动。当他自首之时,他声称自己是骗局的唯一犯法者,其他人——包括其妻子与两个儿子都没有参与。事实表明,在超过30年的时间里他开展着"一个巨大的庞氏骗局"——借此他能够借助新投资者的资金,向早前与现有的投资者支付具有吸引力的回报。这是一个巨大的非法的欺骗行为。该骗局因1920年被逮捕的庞兹(Charles Ponzi)而闻名。他承诺在45天内可获得50%的资金回报,这诱使大约4万人向其投资。[1121]

麦道夫是一位知名人士,曾任美国纳斯达克股票市场公司董事长,在华尔街无人不知。他因而享有盛誉,这让他得到了客户的信任。其资产管理公司使他成为一个富人。1986年《金融世界》的报道把他列为华尔街报酬最丰厚的人之一,他本人拥有3套住房,并在巴哈马群岛拥有游艇。他在纽约曼哈顿上东区的公寓价值超过500万美元。

他的那些投资者获取着0—2%的每月稳定收益。[1122]他们大多是富裕的私人投资者——其中许多是犹太人,但也包括国际性银行、对冲基金、大学与美国各类基金会。[1123]《经济学人》指出,令人难以理解的是,其中相当一部分是老成世故之人。[1124]正如格林斯潘所言:"我感到极为痛心的是,对于风险管理问题,那些商界里最老成世故之人处理起来却是如此的糟糕。但问题在于:如果他们都不能保护好自己的利益,谁又能做得更好呢?"[1125]在麦道夫被捕后的数星期里,新闻媒介几乎每天都在报道新的受害者。

麦道夫的方法之一是,从达拉斯、芝加哥、波士顿、明尼波利斯等地的社交网络中招募投资者。他最大的据点在佛罗里达,主要借助棕桐海滩俱乐部(Palm Beach Club)。通过许多非正式的中介人士,以及费菲德格林威治(Fairfield Greenwich)与特雷蒙特(Tremont)资产管理公司之类的"对冲基金"类型公司,众多的投资者被推荐过来。[1126]鉴于即便最老成世故的投资者都对麦道夫信任有加,且不理会"如果有些事听起来太好而显得不真实,那它就不是真的"之类的格言,这一骗局得以继续。

心理学教授、《影响力:科学与实践》一书的作者西奥迪尼(Robert Cialdini)提出了"三重威胁组合"的战略。[1127]其一是对冲基金的"模糊性",这让投资者觉得,这是"那些比我们懂得更多的人所属的领域"。其二是社会证明——"我们所信任的人已经决定去投资的证据"。其三是排他性——"除非受到邀请,否则不能进入,这使得投资者的担心从可能会损失金钱的风险,变为他们可能会失去赚钱机会的风险"。如果一个人被邀请加入"老成世故投资者"的俱乐部,那么再做任何进一步的调查就显得几乎是一种"冒犯"。"应有的谨慎"根本就被抛之脑后。在对过去进行检讨时,格林威治圆桌会议(Greenwich Roundtable)的麦克梅纳明(Stephen McMenamin)指出,应有的谨慎是提出好问题的艺术。它也是不接受信仰方面的答案的艺术。[1128]

麦道夫的一些中间人还在欧洲开展了运作。例如,西班牙国际银行(Banco Santander)就从富裕的西班牙人与拉丁美洲人那里募集了大量的资金。法国对冲基金公司Access International向麦道夫投资了15亿美元,其中大部分来自富裕的欧洲人。[1129]运营该公司的具有贵族气质的法国人德拉维拉乌谢(Rene-Thierry Magon de la Villehuchet),感到痛苦万分以致在其办公室自杀。[1130]瑞士联合私人银行(UBP)也通过基金与客户投资组合的形式,把7亿美元的客户资金投放在了与麦道夫有关的项目中。

在麦道夫被曝光后,瑞士联合私人银行向其客户表示,其自身也是一个"弥天舞弊案"的受害者,并声称它已经开展了"应有的谨慎"工作,包括与麦道夫本人会面。[1131]不过,那些当初批准该投资的管理者们没有留意其自身研究部门的警告。该银行原副总裁纽伍特(Gideon Nieuwoudt)提到,他曾对最基本信息的缺乏表示担心——诸如麦道夫持有的资产是什么、有多少进场基金、其投资战略效果如何等。纽伍特走访了超过100个曾对麦道夫投资的基金,他写道:"一切看起来都是非常不透明的。"[1132]没有一家能够解释这一战略为何能够产出持续的回报。仅从"麦道夫的公司是经美国证券交易委员会登记过的"这一可怜的事实中,瑞士联合私人银行的管理者即可高枕无忧。

在其豪华公寓被软禁不久后,麦道夫被送到了北卡罗莱那州的联邦监狱,他将在那里被判处150年监禁。2009年12月,他被转移到该地的医疗中心。[1133]

西门子公司的行贿与腐败丑闻

2006年11月,德国警方对全德范围内的西门子公司办公室进行了突击搜查,以应对有关贿赂与腐败的指控。[1134]作为欧洲营收最大的电子电气工程类企业,该公司被美国司法部与美国证券交易委员会指控牵涉贿赂案。美国证券交易委员会宣称,在2001年3月——2007年9月期间,西门子公司支付了4283次总涉案金额高达14亿美元的贿赂。[1135]据估算,在过去几年中,该公司在全世界范围内共非法支付13亿欧元(合25亿美元)用于打击商业竞争。权威人士表示,此类失当行为是"系统性的",且涉及公司内所有层级的人员,包括原来的高级管理者。

行贿行为指向10个国家的政府官员。它们包括为争取到以下项目而进行的贿赂:在委内瑞拉的交通系统,在中国、越南与俄罗斯的医疗设备,在伊朗与以色列的电力设备,在墨西哥的精炼厂,以及在尼日利亚与孟加拉国的通信设备等。除了常用的虚假咨询合同,西门子公司所使用的隐瞒贿赂行为的方法还包括:使用附有签名的"可消除便条纸"以逃避审计追查,一个供员工用100万欧元(合130万美元)塞满的"空行李箱"以行贿的"付款台",以及向客户提供可兑换现金的机票等。[1136]

西门子公司的纵容性文化允许使用行贿与贿赂基金去赢得合同,但该公司否认问题是"系统性的"。[1137]因被控在2003年审计人员指出可疑的款项后没有采取充分的防范措施,且在其他应遵守事项上误导公司的非执行监管小组,美国证券交易委员会对该公司首席财务官纽伯格(Heinz-Joachim Neuburger)提起了诉讼。[1138]

美国司法部对西门子公司开出了 80 万美元的罚单,这远远低于其可能造成的高达 27 亿美元的犯罪损失。这是在美国《反海外贿赂法》框架下开出的最大一笔罚金。另外,在德国该公司还要支付额外的 3.95 亿欧元(合 5.28 亿美元),以了却在那里的刑事调查。[1139] 3 名该公司原高管受到了缓期的法院判决,并且慕尼黑检方仍对大约 300 名嫌疑人进行调查,这包括该公司原管理委员会成员。其中一名成员是菲尔德梅耶(Johannes Feldmayer),被判处缓期两年的刑罚。[1140] 还有,超过 10 个国家正在开展着针对该公司的相关调查。

该公司的回应

直到最终陷入丑闻之时,西门子公司一直没把反腐败法律太当回事。当事情最终败露时,首席执行官科伦菲尔德(Klaus Kleinfeld)采取了最低限度的措施,承诺对此展开调查。他聘请了知名的反腐败专家赫施曼(Michael J. Hershman)——曾经的美国国会水门事件委员会的调查员,来担任公司管理委员会及监管委员会审计小组的顾问。作为回应,赫施曼表示,科伦菲尔德已下决心铲除非法行为。[1141]

在回应有关企业文化的批评时,科伦菲尔德表示,他意识到有必要对其做出改变,从而"管理者就不会再依赖容易,但非法的行事套路"。[1142]他对员工警告道:"一旦你头脑出问题并想着'我必须击败竞争对手',你就从根本上搞错了。"[1143]他说,公司会避开一些国家,比如苏丹——原因是对于达尔富尔地区人权问题的关切。他暗示,对于一个预测到发展中国家的动力涡轮机需求,及发达国家老龄人口的医疗扫描设备需求都在不断增长的企业而言,贿赂并不是必需的。

印度萨蒂扬计算机服务公司

萨蒂扬(Satyam)计算机系统有限公司成立于 1987 年,是印度最大的科技外包企业之一,为拉贾(Raju)家族所有,并由其创始人兼董事长拉贾(B. Ramalinga Raju)领导。萨蒂扬还控制着其他两家公司:由拉贾的弟弟(B. Rama Raju)管理的 Maytas 资产有限公司,以及 Maytas 建筑有限公司。2008 年 12 月 16 日,当拉贾说服萨蒂扬公司董事会以共计 16 亿美元的价格去收购两家企业时,危机爆发了。[1144] 正是这一决策给该公司带来了危机。查阅那次的会议记录可以看出,那次收购是试图掩盖其公司资产损益表纰漏的釜底抽薪式举动。[1145]至少有3名董事就兼并提出了相关的问题——包括关于拉贾家族与Maytas之间的关系问题。

哈佛大学商学院研究公司治理的教授、曾以电话方式参与那次会议的独立董事帕利普(Krishna Palepu)指出,检讨过去,董事会本应该及早介入。他稍后解释道:"在所采取的(估值)方法方面,应保证完全的透明与合理性。"他还指出了那项提议的两个复杂问题:"无关联的多元化,以及关联性的集团内交易。"尽管如此,与其他董事一道,他投票同意了该项收购。他从董事会辞职并表示,为了让公司重新振作起来,董事会成员将必须在本国花更多的时间去开会,但他做不到这样。当萨蒂扬公司股东反对董事会决定时,形势即刻逆转并导致事情败露。[1146]

在承认多年来一直通过夸大公司的财务健康状况及形成虚假的超过10亿美元现金盈余的方式,去捏造公司年报后,董事长拉贾被迫辞职。他与其曾任公司执行董事的弟弟于2009年1月9日被捕,罪名包括欺诈、伪造、违背信托与其他指控。政府的调查还扩展到与萨蒂扬公司及拉贾家族有关联的其他8家企业。[1147]调查人员因而了解到,数家银行——英国汇丰、美国花旗,以及印度的HDFC银行与印度工业信贷投资银行(ICICI)——的账户余额结单与确认信函都是伪造的。[1148]

改革

萨蒂扬公司的董事会被一个由政府任命的董事会所取代。这场危机让人们聚焦于印度较为脆弱的公司治理问题,并且那些持有印度股票的投资者也失去了对此类企业的信心。印度工业联合会(Confederation of Indian Industry)据此设置了一个致力于公司治理议题的特别工作小组。[1149]萨蒂扬公司的新董事会也替换掉了已为其服务八年的原有审计机构普华永道(Price Waterhouse Coopers)。

帕玛拉特公司无耻的欺诈行为

意大利奶业巨头帕玛拉特(Parmalat)公司的倒闭,是欧洲有史以来最大的企业破产案。超过10万名私人投资者因此遭受损失。该公司曾是意大利资本主义的明珠,也是欧洲最大且最具国际化的企业之一。单在北美地区,其营收就达 33 亿美元。它在纽约上市,并向美国投资者销售了超过 15 亿美元的债券。坦济(Calisto Tanzi)在其二十多岁时就创立了这家企业。其主营业务是奶业——尤其是长保质期奶制品。它还延伸至酸奶、果汁与其他食品销售领域,截至 2000 年,它在 31 个国家拥有 3.6 万名员工。

2003 年 12 月,在 11 月中旬未能偿付 1.85 亿美元的债券后,帕玛拉特公司走向破产。在对投资者、监管者、审计师、银行家,甚至公司的许多其他管理者进行欺骗超过 10 年之后,坦济及其他高管还是露出了马脚。[1150]他们曾经系统地对公司进行洗劫,造成 180 亿美元的账面亏空。有大约 85 亿—120 亿美元的资产不知去向。[1151]或者像坦济本人所说的:"钱并没有消失,只是不存在资产。"[1152]意大利奶业巨头帕玛拉特公司成了欧洲的安然、世通与泰科公司。

舞弊的方式

调查人员震惊于该事件上的简单化与不专业。帕玛拉特公司在开曼群岛新设了一个名为本莱特(Bonlat)的子公司,借此帕玛拉特公司大部分的大宗离岸运作及据传的欺诈性金融交易得以实施。[1153]一个据猜测存有 48 亿美元——占到该公司资产的 38%——的美国银行账号,却难觅踪迹。该公司高管曾捏造资产以抵消高达 162 亿美元的债务,并伪造相关账户长达 15 年之久。[1154]

有一个细节显示了审计人员的草率作为。他们本应与一家古巴的国有进口商之间进行情况互通,表明价值 6.2 亿美元的奶粉——可生产 25 亿夸脱——已被购买,并作为资产列入本莱特公司资产损益表。该信件被伪造在一张带有美国银行抬头的信笺纸上,信上的签名则由一名对此一无所知的数据处理员从一封老的信件中获取。[1155]正如检方后来所表示的,该交易非常明显是虚假的,因为如果那个数字是真的,"我们就会到牛奶里游泳"。[1156]

检方逮捕了致同(Grant Thornton)会计师机构意大利分部的两名高管——董事长朋卡(Lorenzo Penca)与米兰办事处的合伙人边奇(Maurizio Bianchi),罪名是其行为导致了帕玛拉特公司的破产。逮捕凭证指控他们提供了帕玛拉特公司高管借以对其下属公司的"资产损益表造假"的方式,且接下来对其财务报表提供了"虚假的证明"。[1157]

审计与监管机构的失灵

这一案例暴露出企业账户上的透明度缺乏问题,以及审计人员在揭露此类舞弊方面的无能——或不胜任。会计师事务所的失灵成为一个惊人的话题。作为美国会计师机构第二阵营中最大的专业机构之一,致同国际会计师机构在1990—1999年间为其提供服务,其后被德勤(Deloitte Touche Tohmatsu)所取代。[1158]在帕玛拉特公司不能向致同会计师事务所提供有关一项名为Epicurum投资的价值去向时,意大利市场开始质疑该公司,德勤会计师事务所随后不得不对其第三季度的结果予以"合规化"处理。[1159]

监管机构也失灵了,由于该公司是一家通过一系列上市公司方式控制的家族企业,这导致公司治理与监管工作极为困难。其董事会充斥着家族成员与本地乡绅。其非执行董事缺乏独立性。并且,坦济本人既为董事长,同时还担任首席执行官,这增大了其控制力度。《经济学人》指出,意大利以糟糕的公司治理与对少数股东厚颜无耻的剥削而出名,但同时提到,这在法国、荷兰与瑞士之类的欧洲国家也同样如此。[1160]意大利议会希望借鉴英国金融服务监管局(Britaia's Financial Services Authority)模式,设立一个新的金融市场监管机构。[1161]

逮捕与定罪

坦济本人,其儿子、弟弟,公司原首席财务官托纳,以及其他大约16人——包括原董事会成员甚至公司法律顾问,都被予以调查。他本人则于12月27日以涉嫌舞弊、侵占、伪造账目及误导调查者被逮捕。他承认曾挪用大约6.2亿美元,去掩盖其家族所控制的其他企业的损失。[1162]法学教授莫塞特(Umberto Mosette)指出,主要的法律问题是"伪造账目、未充分披露以及向投资者提供误导性信息"。[1163]

2008年12月,坦济由于操纵市场、伪造账目及妨碍市场监管被判处10年徒刑。原首席财务官托纳由于被控编造一个离岸的下属机构以掩饰公司真正的现金流,而被判处两年半徒刑。其他7人——包括3名原美国银行员工——被宣布无罪。[1164]

三鹿公司的配方奶丑闻

中国的食品安全声誉被2008年夏秋之际的奶业丑闻所严重毁

损——尤其是婴幼儿配方奶上的掺假问题。由于所导致的严重肾衰竭问题,6 名婴儿死亡,超过 5.4 万名婴儿受到伤害,并可能造成对他们肾脏的永久性损伤。[1165]另外,有 29.4 万名 3 岁以下的孩子因此发病。[1166]一些奶农与牛奶中间商曾有意向牛奶中加入三聚氰胺,这让那些蛋白质含量低或被稀释的牛奶看起来含有更多的蛋白质,因而能够通过质量检查关。[1167]

一名奶农曾坦率承认:"当收购价过低时,确实奶农们会向生奶中加水。"[1168]这是一种廉价的帮助由营养不良的奶牛所产的奶通过乳品企业质量检查的方式。那些从中间商手里收购牛奶的乳品制造企业,在质量控制方面也是心不在焉。由此,中国的乳品行业,以及中国的国家品牌受到重创。

有 22 家中国的企业牵连进婴幼儿配方奶丑闻中,包括该国数家最大型的乳品企业。[1169]中国的乳品行业曾经繁荣发展,行业规模从 2003 年的 88 亿美元增长到 2007 年的 179 亿美元。同期,配方奶从 14 亿美元增长到 31 亿美元。石家庄三鹿集团受到了最多的关注,但其他诸如蒙牛乳业公司——中国最大的乳制品企业之一——之类的企业也受到牵连。三鹿公司从许多不同的来源购买牛奶,包括那些从奶农手里购买后进行掺混再转卖的中间商。三鹿曾是一个值得信赖的品牌,但正如一位带着其年仅 1 岁的儿子去医院的妈妈所说的:"我再也不相信国产品牌。"[1170]一些妈妈还为此提起了诉讼。[1171]

掺假奶问题成为三鹿集团这一行业巨头的一场大危机。其对问题的应对方式是否认与掩盖。一个早期的警讯是,一名 13 岁女孩的父亲向该公司投诉,他称其女儿在吃了三鹿奶粉后,尿液中因含有小颗粒而变得混浊。5 月 20 日,他还在中国最大的网上论坛——天涯发帖,指责三鹿集团的奶粉。

三鹿集团对待这一投诉的反应是,尽力使整个事情变得悄无声息。投诉的王先生被告知邮寄两袋他的奶粉去实验室检测。尽管检测结果从来没有跟王先生分享,但三鹿集团的一名代表拜访了他,并提出替换其奶粉,这被王先生拒绝了。最初的条件被提高,最终三鹿集团提出给他 25 倍于其购买价格的 4 箱奶粉。王先生接受这个条件,甚至还删除了他当初发的网帖,并表示他原先购买的奶粉是"假的"。不过,他继续向质量监管当局汇报这一问题,却没有取得成功。9月13日,新浪网指控三鹿集团试图跟中国最大的搜索引擎——百度——达成一笔生意,以屏蔽掉针对该公司的负面新闻。在承认两度收到过此类提议后,百度公司发布了一份声明,表示自己拒绝这样做,因为"这违反了公司让用户容易收集到客观信息的原则"。[1172]

传统新闻媒介在报道掺假奶粉方面落在了后面。湖北的《长江商报》在8月底第一次报道称,至少涉及6个省的婴儿被诊断患有肾结石,而且他们都吃了"同一家公司"的配方奶。具有讽刺意味的是,中国中央电视台在9月2日的节目中对三鹿集团的质量控制程序大加赞扬,且在节目最后表示:"我们希望中国拥有更多像三鹿一样珍惜其产品质量的企业。"[1173]直到9月11日,上海的《东方早报》才把这一事件跟三鹿集团的奶粉联系起来。

三鹿与新西兰投资者对公开声明顾虑重重

从2008年三月份开始,三鹿集团就收到了有关患病婴儿的相关报告,但其调查看起来没有发现问题。[1174]五月份,一名患儿死于肾病,但官方仅在后来才把他的死与掺假奶粉联系起来。在六月份发生第二例患儿死亡后,三鹿集团的检测发现了三聚氰胺问题。

直到8月2日——距北京奥运会开幕仅有6天之时,在一次董事会上,三鹿集团的董事们才被通报了相关问题。其中也有来自新西兰乳品企业——恒天然(Fonterra)集团的董事,该公司拥有三鹿集团43%的股份。在那次会上,恒天然集团的首席执行官费里叶(Andrew Ferrier)要求公开:"我们鼓励三鹿,我们鼓励政府,使之公开。"然而,费里叶并没有坚持去公开,因为在做了一番"深思"后,他决定恒天然集团不能单方发布一个公开声明,而是让三鹿集团做出"他们自己的决断"。[1175]这是一个饱受质疑的决定。《新闻周刊》发出质问:是否应该考虑中美两国的政治体制差异?不让其中国同行感觉受冒犯或"丢面子"的文化训诫是否是一个原因?[1176]

费里叶为自己的决定辩解道,赶在中国官方之前曝光问题,确实会是"完全不负责任的"。[1177]他指出,中国地方部门让企业误以为北京的最高卫生部门已经知晓了情况。[1178]在8月2日的董事会后,三鹿集团对通报地方卫生官员的行动做了限制。那些官员让企业不要发布公开声明,但要悄无声息地从商店货架撤下掺假的产品。[1179]相应的,8月6日,三鹿集团要求渠道商召回此前生产的所有配方奶,并在中国范围内的超市、学校与星巴克店面撤下了超过8000吨的相关产品。[1180]

通过遵循此种程序而没有做出公开声明,三鹿集团违背了企业社会责任的要求与职业准则。其首要的关注点应该是公众健康与安全,但相反的是,它拖延了相关的行动。还有,即便三鹿集团真正能做到严肃对待并向消费者披露相关事实,当地卫生官员也是最靠不住的,因为他们表示自己并不处在一个可以自主发布公开声明的层级上。

产品召回

事情过去一个多月后,恒天然集团才在9月5日采取了进一步的行动,向其所在的新西兰政府通报掺假奶问题。克拉克(Helen Clark)总理随即要求该国驻北京大使向北京通报此事——这发生在9月9日。她表示,恒天然集团之前曾花费"数周时间"劝说当地官员允许启动一个公开性的召回行动,但没有任何效果。[1181]9月11日,中国中央政府公开把婴儿肾结石问题与三鹿配方奶粉联系在一起。接着,三鹿集团对市场上剩余的配方奶粉启动了公开召回行动,并且,为了恢复公众对于中国食品供应安全的信心,中国政府还下令,在全国范围内对9月14日之前生产的所有奶制品做下架处理,直至通过安全检测。[1182]

鉴于商业的全球化影响,这一召回行动产生了世界范围内的反响。雀巢公司召回了其在香港的牛奶全系产品,吉百利(Cadbury)公司在亚洲市场撤回了在其北京工厂生产的11种产品,联合利华(香港)公司在香港与澳门召回了4批次的立普顿奶茶产品。当乐购公司(Tesco PLC)宣布,作为一项预防性的措施,在英国、中国与马来西亚召回大白兔奶糖[1183]时,这个曾于1972年尼克松总统访华时因周恩来总理作为礼品赠送而声名鹊起的产品也颜面尽失。[1184]

一些企业尽力撇清自己与婴幼儿配方奶问题之间的关系。达能集团的国际营养部门表示,其在中国生产的配方奶只使用进口的奶品原料。雀巢公司表示,它购买的牛奶来自那些由其自己的农业专家每日进行监督的当地奶农。[1185]

三鹿的案例涵盖了管理失灵危机的全部三种类型。它属于本章的行为失当型危机,原因在于政府严肃对待这种欺骗行为,并严惩了相关责任人。很明显,乳品行业也没有下功夫对相关议题进行监测,因为它似乎对2007年春季发生的宠物食品丑闻毫无了解——4500只动物因食品中被添加三聚氰胺而死亡。[1186]奶农们也表示,由于没有了购买者他们被迫把牛奶倒入河中时,他们自己也变成了受害者。[1187]

处理管理行为失当型危机的战略

管理者的失当行为会伤害到各种重要的关系。因此,此种战略的核心是尽力修复这种伤害。另一种早期的战略是替换掉出错的管理者以及有问题的会计师公司。也必须采取更为长效的也更为困难的努力,以加强更为合乎职业准则的组织文化并对公司治理进行改革。

修复受到伤害的关系

在萨蒂扬公司的危机中,新任管理团队的一项主要工作是留住客户与员工。那种致使客户不信任的危机也往往意味着企业的终结。"每当我们看到美国公司经历此类大规模的信任丧失之时,就会出现大量的客户流失。"他补充道:"如果我是一名首席信息官,当(萨蒂扬公司的)竞争对手打电话时,我肯定会跟他们交流。"[1188]正是出于此目的,萨蒂扬公司融资与金融服务部门主管赶赴纽约,与数家该公司最大的金融客户进行一一会面。自从危机被曝光后,他也几乎一直在通过电话与各方沟通。

另外,该公司的数百名"关系经理"也一直跟众多客户协调,并提出可以安排他们与公司新任的董事会成员直接交流。公司员工也每天收到向他们保证所有合同均安全的电子邮件。但包括美国州立农业保险公司(State Farm Insurance)在内的多家客户仍然就此断绝关系,其他一些客户也在重新审视与该公司的关系。[1189]众多客户与员工都在担心该公司的现金流问题。

对于三鹿集团而言,为了修复受伤害的关系,该企业必须展示出推行必要改革的实际行动。这包括改进风险分析、重建供应链,以及启动并加强质量控制。通过设立新标准并加强监督,中国政府也积极地投入到该项工作当中。

愿意公开披露信息并道歉

如果失当行为严重危及了公众健康与安全——如三鹿奶粉危机,就必须当即遵循通告的危机管理准则,对相关投诉进行彻底调查,并且一旦投诉属实,就立即采取纠正性的行动。当采取此种顺应型战略时,还要做出适当的道歉——包括向受害者提供相应的资金补偿。如果投诉不实,就要采取防御型战略,否认相关的不当指控,并遵循律师的意见降低相关的诉讼风险。正如以上所显示的,三鹿集团没有采取任何一种战略。它反而极力否认并加以掩盖。只是在政府及新闻曝光后的压力之下,它才采取了一些行动。

替换掉出错的管理者与不专业的会计师公司

在本章所讨论的所有案例中,涉事企业的高管都被替换了。他们所犯的错误都极为严重,并且对他们而言,时间也太晚了,因而无法用上形象修复战略。西门子公司替换掉了所有的高管,包括监管委员会主席、首席执行官、总顾问、内部审计主管以及首席合规官(Chief Compliance Officer)。[1190]尽管科伦菲尔德表示没有辞职的打算,但2007年7月他被罗旭德(Peter Loscher)所取代,此人被引入公司来领导一场历史上最大规模的企业清除行动。他熟悉多种文化,曾在香港中文大学与哈佛商学院学习,并娶了一位西班牙妻子。他为这家多元蔓生的工程巨头的每一个部门都任命了法律官员,以强调遵守法律是每一个运营决策的核心所在。另一个步骤是,他在2007年圣诞节向每一位高管所发的信中表示,无知与忠诚都不能成为违法的理由。为了鼓励他们敞开所有事情,他提出了在1月31日前可以赦免的做法——后来又后延了1个月,对此110人这样做了。[1191]

西门子公司决定跟政府部门通力合作,进而削减美国司法部与证券交易委员会所开出的罚金。它还聘请了纽约的德普律师事务所(Debevoise & Plimpton LLP),以向美国当局不断提供相关报告。西门子公司共向该律师事务所与德勤会计师事务所支付了总计超过8.5亿美元的费用与报酬。[1192]

在萨蒂扬公司,董事会任命了新的首席执行官穆尔蒂(A. S. Murty)——一位具有15年资深经历的专业人士。他还会得到无偿的特别顾问的支持,以及来自波士顿咨询公司的帮助。董事会还聘请了Wachtell Lipton Rosen & Katz律师事务所,以代表该公司处理在美国将要面对的两场集体诉讼官司。数家企业还表达了有兴趣收购该公司的意愿。[1193]

本章案例中所有的会计师事务所也被曝出了不光彩的作为。它们没有达到其行业的标准。麦道夫所聘请的外部审计师弗瑞灵(David Friehling),承认了在虚假的审计报告上签字、为麦道夫及其他麦道夫的投资者伪造退税凭证,以及舞弊方面的罪责——尽管他否认自己对庞氏骗局有所了解。[1194]西门子、萨蒂扬与帕玛拉特公司等都重新聘请了新的会计师事务所。在就会计问题的范围进行评论时,美国证券交易委员会主席考克斯(Christopher Cox)向惶恐的企业界表示,上市企业正在面对着一种"不法会计实践全国大流行的局面"。[1195]他举出的一个例子是优先认股权(stock options)的追溯——这即便不是赤裸裸的欺诈,也是存在问题的。这一做法抹掉了超过50亿美元的企业收入。60名高管与董事——包括18名首席执行官——因此而被解职。

加强更为合乎职业准则的组织文化

正如本书第四部分的引言所指出的,管理失灵危机聚焦于不道德的管理者与组织文化,以及薄弱的公司治理与缺乏有效的外部会计审查。其中一个解决办法是加强更为合乎职业准则的组织文化。

一个组织的文化强烈影响着合乎职业准则的员工行为。不幸的是,2008年4月,由职业伦理资源研究中心与人力资源管理学会联合发布的调查发现,有近半数的人力资源专业人士认为,现在合乎职业准则的行为在企业中并不会被鼓励,这意味着,组织文化并不支持此类行为。[1196]许多员工认为,有时一些麻烦的困境确实会让他们有所为难。被调查者认为,最常见的失当行为包括:误报工作时间,向上级、同事、供应商、客户或公众撒谎,滥用组织资产,以及在记录问题上做假或撒谎。相关研究表明,行为标准需要每天都予以强调,而且合乎职业准则的文化也需要持之以恒。正是由于这一点,大多数企业希望有一套现成的职业道德标准。

在营销领域对职业准则的研究也支持这一观点,这项研究指出,"高管们的行为"是管理者关于职业准则问题唯一的最好预言者——尤其在高管谴责不合乎职业准则的行为之时。[1197]在营销管理中,仅有企业或行业准则是不够的,因为相对于营销管理中的不合乎职业准则问题的程度而言,它们显得无力且不相关。它们充其量只会形成关于职业准则的一致价值观。根据对美国营销协会1076名营销专业人士的调查结果,贿赂是他们提到最多的营销人员所面对的职业准则问题。[1198]其他提到较多的还包括:公平、诚实、价格战略、产品战略与人事决策。大多数营销管理者认为,总体上不合乎职业准则的行为不会带来成功,而仅有26%的人认为"为了在自己的企业取得成功,就常常有必要在自己的职业准则上妥协"。不过,他们承认,成功的营销管理者确实曾进行过一些特定的不合乎职业准则的行为:有48%的人把别人的创意与成绩归于自己;43%的人会阻止对自身利益有害的信息;32%的人在感觉到要失败时会寻找"替罪羊";29%的人会让对手在其公司重要人士眼中变得惨不忍睹。

改革公司治理

公司治理方面的薄弱持续性地引发行为失当型危机。在这方面最为恶名昭彰的当数帕玛拉特公司,其董事会大部分由家族成员与其他内部人员组成,这些人不会严肃行使其监督责任。萨蒂扬公司董事会也是玩忽职守,竟然批准了明显涉及腐败的交易。一个健全的会计体系,应该准确记录财务交易,并发现任何的舞弊情形与其他的失当行为及不合乎职业准则的行为。

萨蒂扬公司危机让人们开始关注印度企业薄弱的公司治理问题,这导致许多投资者对该国的企业失去信心。印度工业联合会(Confederation of Indian Industry)据此设置了一个致力于公司治理议题的特别工作小组。[1199]萨蒂扬公司的新董事会也替换掉了已为其服务8年的原有审计机构普华永道。这家常牵连进不当审计的会计师事务所,使用防御性的声明为自己的程序辩解道:"普华永道所开展的审计工作是按照适用的审计标准进行的,并由适当的审计证据支撑。"[1200]后来,印度警方逮捕了该机构印度分部的两名合伙人,指控他们涉嫌刑事阴谋与欺诈。萨蒂扬公司原首席财务官瓦德拉马尼(Srinivas Vadlamani)也因被控伪造、欺诈与违背信托而遭逮捕。[1201]

在帕玛拉特公司案例中,致同会计师事务所也遭撤换。该事务所辩称,自己也是"受害者",但正如同业中人所指出的,声称自己也受到伤害不能成为一个理由。审计者的职责是在其负责监督的企业中找出不当行为。致同会计师事务所在此项工作中败下阵来。美国上市公司会计监管委员会(Public Company Accounting Oversight Board)首席审计师卡尔麦克尔(Douglas Carmichael)在一次演讲中指出,当一名审计师没能发现一个主要的舞弊问题时,"涉事事务所负责人恰当的专业应对,并不是援引繁冗滥调——一名审计师不能负责发现所有的舞弊行为,即使没有发现大部分收入是虚假的,事务所也完全遵守了所有的职业标准"[1202]。

在许多欧洲国家,根本就没有强化会计标准的相关措施,这也正是国际会计标准委员会(UIASB)正努力要改变的。一种办法是,欧盟每一个成员国都设立一个国家级的会计监管者,这类似于根据萨班斯·奥克斯利法案所设立的美国上市公司会计监管委员会。[1203]

加强政府监督

正如麦道夫案例所显示的,美国证券交易委员会的监管完全失灵了。在16年中,其投资公司至少被美国证券交易委员会与其他监管机构进行过8次审查,但都没能查出任何舞弊情况。麦道夫表示他是为对冲基金管理账户,而不从事投资咨询业务,因而欺骗了监管机构。当其交易行为被质疑之时,他推出了新的程序来应对此类问题。美国证券交易委员会的相关工作人员也缺乏充分的专业能力,在相关知识与经验方面也不是麦道夫的对手。[1204]财经专栏作家斯图尔特(James B. Stewart)提到,麦道夫的账务报告是由一家不知名的会计师事务所来审计的,因而另一道防线也失效了。他的建议是,决不要投资对冲基金、合伙股份、共有基金,或任何其账务报告没由广受认可且拥有良好声誉的会计师事务所来审计的项目。[1205]

在三鹿案例中,当省级行政部门在奥运会结束后的 9 月 8 日向中央政府报告相关问题后,相关部门逮捕了数名供应商,并撤销了数名当地官员的职务——包括一名当地食品药品监管机构的负责人。9 月 17 日,三鹿集团董事长田文华被刑事拘留,并在数周后被撤职。她与其他 3 人被控"涉嫌生产与销售伪劣产品罪"。当年 12 月,他们与 17 名其他责任人出庭受审。在以泪洗面的庭审之后,田文华表示认罪,并被判处无期徒刑。[1206]政府希望这些判决能够重建人们的信任。[1207]与此同时,三鹿集团停止运作并申请了破产。[1208]

9 月 13 日,中国政府决定为所有因毒奶粉而致病的患儿提供免费的治疗。随后中国奶业协会发布了一份声明,表示 22 家中国乳品企业会向那些受有毒乳品影响的患儿家庭提供一次性的现金补偿。[1209]

为了重获人们对于乳品行业的信心,温家宝总理宣布,政府会对国内乳品行业进行整顿。[1210]在深圳的国海证券公司的一名分析师也认为这很有必要,他表示,如果中国的乳品企业想避免被外国同行吞并的命运,就必须重建其供应链并履行更好的企业责任。

政府部门推出了多项补救性的措施:(1)派遣政府监管人员去巡查乳品企业;(2)在乳品供应环节制定规章以增强可靠性;(3)对添加剂实行在质量监督部门登记的政策;(4)确保出口商品符合进口国的标准;(5)增加国家认证的独立检测实验室的数量,以对产品杂质进行更广泛的检测。[1212]

结　　论

行为失当型危机是自由市场体系的一个成绩报告单,它昭示着一些企业在滥用其被赋予的自由。有些企业还做出了不合乎职业准则与非法的举动,这会严重影响其声誉,并会伤及他人。它们已经破坏了会计行业的名声——这一行业本应准确记录所有交易行为并提供认证。它们还危及了组织文化。

减少失当行为的主要责任,依赖于企业的董事会。他们通常由首席执行官所指派,因而丧失了其监管责任。其结果是,危机的种子已经被埋下——它们缓慢酝酿直至到达危机临界点,进而失当行为败露。道歉及其他的形象修复技巧是不能寄望去挽救犯事者的。此时再谈论职业准则已为时太晚。高管们会遭遇个人层面上的耻辱性危机,并会因此丢掉其职位。而当政府部门加强监管之时,所有的组织都会受到影响。

第五部分 结 论

第十四章 从危机中学习

危机是关于管理者、组织与社会的各种紧张、破裂与失常的征兆。多年来,在数量、类型与强度方面急剧增加的危机态势显示,各类组织所遭遇的相关压力与要求已远远超过了其应对能力。因此,危机管理不仅在重要性方面显得与日俱增,而且它跟一般性管理的关联性也变得更为显著和紧迫。现在,越来越多的"日常"决策也要求兼顾危机管理思维。

之所以出现此种情况,是因为包含更高程度风险与不确定性的相关问题与决策,正从林林总总的源头一涌而来:更为拥挤的世界与不适于生活的环境;更为短缺的、需要从更远与更深的地方才能掘取到的资源;更为复杂、交织且有时完全陌生的科技;期望值不断增长且各种要求更显变本加厉的社会;数目激增且性质多样、在其目标与价值观方面又往往呈现巨大差异的多元群体;在群体、组织与国家间为了经济与政治霸权而引发的激烈竞争;在履行其使命并成功实现目标方面不断增加的管理者压力;拥有共同目标、规范与联系的社区感的消逝。

本书所探讨的各类危机,正体现了由上述风险与不确定性源头而来的各种挑战与问题。自然环境代表着由自然与科技所构成的现实。人类必须认识到并适应于自然的力量——地震、飓风、洪水、暴风雨、火灾,对于它们的发生,人类根本没有任何掌控力——尽管政治与企业领导人担负着对其预测并应对的责任。关于"世界现状"的环境报告建议,来自自然环境的危机会愈演愈烈。[1213] 而正隐现的全球变暖问题就是一个单一的、最紧迫的挑战。

为了应对来自自然界的挑战,危机管理者运用科技修筑海堤、应急避难所、大坝与泄洪道。但正如曾给新奥尔良大部分地区带来巨大灾难的卡特里娜飓风所揭示的,对允许人们居住在洪水易发区的公共政策质疑正变得越来越多。除了采取应急管理技巧之外,危机管理者也必须积极参与到公共政策过程中,并扮演更加重要的角色。

在尝试通过科技与灾害控制措施减少自然界力量的影响的过程中,人类为了满足自身不断增加的需求,借助发明与使用更为复杂与危险的诸如生物技术之类的科技手段,也进而增添了潜在危机出现的可能。在不同程度上,每一种科技本身都包含着风险与不确定性,对此,必须把它与其给人类所带来的好处与价值相权衡。切尔诺贝利核事故让人们对核电安全提出了严肃的质疑,而挑战者号爆炸事故则让人思索载人空间项目是否必要。

除了应对自然环境,危机管理者还面对着日趋复杂的人为环境。激进行动主义群体的矛头对准他们的靶子组织,要求满足他们的要求、解决他们的抱怨。有些具有极端议程或策略的群体,促使对抗型危机发展成为需要不同处置方式的恶性事件危机。

美国公众在事关其权益的议题上积极寻求相关的授权——比如在工厂与仓库生产或储存的危险化学品,以及有毒废料存放点与核电站的选址问题。由公众组成的利益群体也积极推进各自的社会议程。

恶性事件危机的"暗镜"(dark mirror)[1214]显示,一些诸如动物解放阵线之类的群体是如此的自大与愤怒,以至于为了达到其目的它们会借助极端的手段——包括直接闯入、绑架、邮寄炸弹邮件等。其他一些诸如勒索者或企业间谍之类的个人与群体,则把自身利益置于任何公平规则之上。还有一些群体——比如计算机黑客,仅仅醉心于一显比别人更聪明所带来的震动,而根本不考虑由此而造成的危害。此类或多或少间或出现的袭击,为管理者制造了高度的不确定性,但他们对此又少有或根本没有掌控之力。

然而,来自外部环境的压力并不是危机的唯一来源。正如本书所探讨的四类管理失灵危机——管理失当型危机、价值观偏颇型危机、欺骗型危机与行为失当型危机——所揭示的,越来越多的危机是自身造成的。管理者必须扪心自问自己做错了什么。而只关注投资者利益的做法造成了利害相关者问题上的失衡,由此那些受忽略的利害相关者——消费者、社区居民、反歧视行动群体、环保主义者等——会积极来予以纠正。那些在零和局面中处于失利一方的利害相关者积极寻求的是：承认其利益的变革型企业文化、一个更具代表性的公司治理结构，以及若干形式的社会可靠性。而由消费者所构成的利害相关者群体尤其坚持产品信息的"全面而及时的披露"的做法，以此作为防范由石棉所引发的非正常死亡、由硅胶丰胸假体而造成的伤害，以及其他健康与安全威胁等问题的保障措施。那些企业不轨行为的受害者，会寻求对于职业道德标准与相关法律的遵守。

那些曾经历危机处置严峻考验的危机管理者，已经目睹了其所在组织及其自身的灵魂——不论是好还是坏的呈现方式。他们也最清楚需要重视的软弱之处，以及需要再接再厉的优势所在。

从危机中学习到的教训

危机管理专业人士在总结处置危机的经验时，得出了如下一些值得汲取的教训：

对个人与组织的脆弱性进行评价

如果风险处于潜伏状态，那么，承认其存在并努力去找到它就显得颇有远见。在危机管理中，否认威胁的存在就是一种最常见又严重的纰漏。因为否认会弄巧成拙且代价巨大，危机管理开始于危机爆发前的风险预估与应变计划制订工作。为此，必须投入全部的努力以找出任何可能出错的地方，并运用这一思路设想可能出现的最坏情境。

危机管理专业人士已经了解到，特定的组织机构特征会增加所有组织的脆弱性。例如，当一个企业被列入"公营公司"（public corporation），并被认为是行业龙头之时，它就变得更为脆弱——原因在于它比其他企业更可能被政府、压力群体或新闻媒介当作靶子。同样，在个人层面，那些为此类企业工作的管理者也更可能成为恶性事件——比如绑架——的受害者。并且，一些运用了核电或生物工程之类复杂科技的行业，拥有更具风险性的名声，因而也更为脆弱。

考虑到现代组织所面临的风险与不确定性，危机管理专业人士已经学会在不完全与模糊的信息的基础上做出相关的决策，并适应了面对不期而遇的事件或意料之外的冲击。他们已经克服了先前被认为理想性组织的官僚制所存在的局限性与缺陷——它曾方便地假定外部环境是稳定不变的。在官僚制组织中,不存在意外之事;每一种被事先预料到的事情,都已经被分类并指派给了具体的官僚。这种传统的管理者遵循照章办事的逻辑处理所遇到的问题——该逻辑关注特定的事实,并适用于特定的组织价值观。因而,那些可能预示着危机的非常规性征兆,往往会被忽视或错误地加以对待。

官僚体系中的管理者会认为,在模糊与不确定性条件下开展工作是极为困难的——如果不是不可能的话。相反,危机管理专业人士会对日常决策与非常规决策加以区分。必要时,他们已经准备好全力开展创新性思维与警惕性的问题解决工作(后面会谈及)。

寻求降低脆弱性的途径

远离伤害是应对危险情境的一种显而易见的途径。个人与组织可以选择不去易发生自然灾害的地理区域——尽管对稀有资源的勘探平添了此类风险。通过避开或放弃具风险性的产品生产线,即可规避相关的脆弱性。

把风险分析方面的相关决策倾向于低风险的解决办法,是另一种被证明有效的降低脆弱性的途径。在臭名昭著的福特斑马案例中,福特公司决定保留危险的油箱设计并拿出一部分节省下来的钱,用于向车祸受害者支付赔偿的做法,现在看来是极为不负责任且相当鲁莽的。[1215]同样,使用双壳油轮——至少在阿拉斯加这样敏感的区域——也是一种减少潜在环境危害的途径。在收益与成本之间进行权衡是一项复杂的盘算。

当企业踏入风险区域后,就必须认识到相关的危险并寻求使相关运营及产品尽可能安全的途径。在"负责任的观照"的框架之下,化学品行业已循此方向采取了许多措施:设计封闭环形系统最大限度地减少危险物品的泄漏,保持更小的库存量,并安装更多更好的安全设备。一旦发生事故,应变计划会提示在何处可以获取应急资源,以及采取何种程序。

在缺乏充分企业政策的地方,就往往需要公共政策的介入。在博帕尔惨案中,为了阻止大量的人口在靠近美国联合碳化物公司工厂的区域驻留,当地政府本应该出台土地使用方面的管制措施。如果洪水成为一种呈周期性的威胁,那么就应该修筑大坝、排水沟、泄洪道,以及其他适当的基础设施。正如旧金山、洛杉矶与日本神户所学到的教训,高速公路与建筑物必须进行重新设计——有时翻修改进,以减少地震可能造成的伤亡与破坏。最后,还可以借助提供先期预警及从危险区域撤离的应变计划,减少相关的脆弱性。

时刻保持警惕并设立监测(monitoring)系统

正如人们通过收听早间新闻或浏览电脑网络了解最新消息以便知道正在发生的事情——并可能据此判断是否存在需要担心的情况——一样,组织也必须建立起监测系统。这样做的目的是双重的:使其对外部环境中的威胁与机遇时刻保持知悉,对组织关键性的决策与行为开展审计。

危机管理专业人士已经认识到探测并应对那些预示"大麻烦"的"微弱信号"的重要性。他们建立起了议题管理(issues management)系统,用以监测外部环境中那些可能对组织造成冲击的事件、议题与趋势。此类系统涉及公共关系、公共事务、法律、采购、营销与人力资源等部门的工作,原因在于这些部门均承担着"组织跨界者"(boundary-spanning)的职能。更为重要的是,危机管理也涉及运营管理人员,因为他们的日常决策也会引发或促成危机的出现,并且他们的合作与参与也是推行良好的组织公共政策项目所必需的。

推进利害相关者的沟通与参与工作

在应变计划与决策制定过程中,危机管理专业人士应该吸纳具有广泛涵盖面的利害相关者参与——而不仅仅是组织结构图上所显示的那些员工。这些人的关切、想法与反应是极其重要的信息内容。在组织内部,这些人会向同事和资深人士寻求咨询。而在组织外部,这些人则会跟数目与种类更为繁多的利害相关者群体——金融界、消费者、特殊利益群体、政府官员、政客、社会中介,以及社区居民或团体——沟通与交涉。

在跟各利害相关者打交道的过程中,管理者逐渐学会了寻求共同的目标与利益。他们不再固执己见地要求其他人接受自己的主张,而对这些人的观点不管不顾。管理者正在学着倾听众多利害相关者的关切,并准备着在必要与可能的情况下调整自身的立场。

沟通

在危机发生后,管理者往往会为时已晚地意识到公众的重要性,因为一场危机的后续结果是,涉事组织会被置于公开舞台上并被仔细审视。管理者会给予新闻媒介最高度的重视,因为他们别无选择——媒介因危机情境而侵入进来。危机管理专业人士也明白,新闻媒介在今天的社会中被赋予了看门狗——有时是改革者——的角色。不过,在危机期间,也必须向诸如政府官员、员工、股东、供应商与经销商之类的其他公众,提供相关的信息——因为他们有必要知道。这些利害相关者在危机期间被对待的方式,也检验着彼此间关系的真诚度与健康程度,并为未来的交往奠定着基础。

不管是否接受利害相关者的概念,大型企业的管理者已被迫"走向公开",并把他们四分之一至一半的日常时间花费在沟通工作上。在沟通方面的速成培训也已经变成一种必需。他们学着怎样才能智取媒介采访,并表现得更具人性化与让人信服。他们以一种特别的方式变为"双语人士"——既能理解经济学的冷峻语言,也能领会并表达体现人类情感的温暖话语。并且他们明白,在今天的媒介环境中,形象与语言同样重要。

他们也在提升着自身的技能,以便向各类公众——不管是自己的员工,还是立法者——以一种让人信服的方式呈现其组织的立场。危机管理专业人士清楚地知道,在不同的利害相关者中往往存在着不同立场与诉求上的冲突——尤其是在对抗性危机与管理失灵危机情境中表现得更为突出。[1216]对于企业而言,一个合乎职业准则的做法是,在企业自身利益与社会中其他群体的利益之间实现更为公正的均衡——而且更为重要的是,保护所置身的环境。还有,一个重要的原则是,认识到所有的经济交易都涉及道德层面的彼此间关系。[1217]市场对于交易或交换的关注,不能取代所涉及的社会学意义上的彼此间关系。在最低限度上,管理者必须考量一个基本的道德问题:是否有人可能会因这一交易而受到伤害？这一维度是每一个管理者工作职责的重要一环。

发展彼此间关系

从危机管理实践中得到的一个重要教训是，一个组织必须跟其常规性的利害相关者——包括环保团体——开展持续不间断的协调与交往工作。正如一位公共关系顾问所指出的，组织必须跟其利害相关者建立并发展关系。

为了使这类关系具有实质意义，所有参与方都必须承认彼此的正当性，并努力理解其他参与方的利益所在及其意见。第二，必须倡行双向沟通（two-way communication）。这意味着，一个组织必须最大限度地"全面、及时披露"跟利害相关者有关的所有信息。这是一个从企业欺骗案例——比如安然与银行危机——中总结出来的特殊教训。

以实现相互理解为目的的信息交换，是奉行互益原则的互相适应（mutual accommodation）在实践中得以出现的前提。就所有涉及相互利益的事务，一个组织必须愿意进行讨论，并以各方达成一致意见为目标。这些可以通过公众咨询、协作规划（collaborative planning）与利害相关者谈判等过程来实现。

此类公众参与的一种场景是，拟订应变计划。不过，有意愿跟他人分享决策制定过程，要求所有参与方愿意倾听他人的观点，并据此改变彼此的意见与行为。例如，如果要减少对于危险科技的依赖或降低对于环境的破坏，那么消费者就必须愿意修正其欲求。一些消费者已经开始跟鼓励使用节能产品与照明器材的公用企业合作。

最后，在对关系的界定中，必须认识到其连续性、长期性的本质。必须设想到相关管理决策与行为的长期性后果，并把相关的责任延伸到未来。产品照管（product stewardship）就是这种延长的时间期限的一个例证，在这一规程下，企业严肃对待关于消费品的各项保证，并在必要的情况下，监督对于产品的负责任的使用。

加快并拓宽决策制定过程

传统的工业组织是基于专业化与权威性原则而存在的。组织的任务被分解成不同的专业区域，并指派到其权威仅限于其所在区域的个人层面。然而,现代"经过改造"与"重新设计"的组织,更为看重不同专业人员之间的联系——他们认为自身行为的后果已越过自己所在的区域边界,并尽力去整合原来被割裂开来的各项工作。[1218]在危机期间,这一需求最为明显。危机管理专业人士明白,现代决策制定需要更为广泛的各类信息支撑,并且必须找到把所有这些以一种有意义的方式组织起来的途径。

为了处理那些必须掌握的大量数据,但又不被信息超载所造成的压力所左右,管理者必须在信息选择、分配权重、综合众多变量方面掌握新的技能。必须规避掉信息超载与信息混淆的危害。正如一些心理学家所指出的,必须应用选择性感知,以便于人们能够把关联信息与非关联信息区分开来。鉴于此,找到一条完成此项艰难工作的途径,对于模拟电脑数据库软件储存与检索相关信息的方式并使之简便化是极为重要的。不过,"信息时代"的人千万别忘了公共关系顾问莱斯礼(Philip Lesly)的忠告:"……信息不是情报(intelligence),它仅仅是一些原材料。"他补充道:"信息只为判断、想象,以及富于创造力且训练有素的思维提供内容。"他因而建议人们称之为"情报时代"。[1219]

危机管理专业人士认识到新的决策制定思路的重要性与价值:创新性的思维、警惕性的问题解决方式与组织化的学习。传统的管理者擅长"维持性学习"(maintenance learning),即为坚持现有系统而设计的学习类型。通过此类学习,管理者接受固定的、旨在处理已知和重复出现的情况的观念、方法与规则。一旦情况复杂到超越其经验值,就会出现"休克性学习"(shock learning)。[1220]但是,即便这种学习方式也是不够的,原因在于,此时形成的解决方法仍是在缺乏相关的专业知识或能力技巧条件下做出的,且此类解决方法也是为已知的情况而推出的。

因而,管理学家们正在提出一种更有效的学习类型,这被本尼斯(Warren Bennis)称为"创新性学习"(innovative learning)。他指出,这一学习的核心内容是预测与参与。预测要求管理者主动并富于想象力——而不是被动与墨守成规,且通过倾听他人而学习。应变计划制订就是创新性学习中的预测在现实中应用的范例。参与则要求管理者去塑造事情,而不是反过来被其塑造。[1221]而"塑造"战略就是利害相关者管理与议题管理的根本性内容。[1222]

加文（David A. Garvin）则以另一种方式指出，需要的是"建立一个学习型的组织"——一个"擅长于创造、吸收与转化知识，且积极修正其行为以反映新的知识与见识"的组织。[1223]除了形成新的想法，做事的方式也必须予以改变。加文指出，学习型组织擅长于以下五项行动："系统性的问题解决，试验新的途径，从自身经验与历史中学习，从他人的经验及其最好的实践中学习，快速转化知识。"[1224]还有，管理者必须培养开放、悉心倾听的习惯，并且愿意敞开胸怀接受批评。

在为那些遭遇到颠覆其传统决策方式的情况或问题，并暴露其薄弱环节的组织提供创新性的解决途径时，詹尼斯（Irving Janis）提出了"警惕性问题解决"系统。[1225]这一系统适用于非常规的组织政策制定与危机管理决策。不过，这一警惕性问题解决系统在使用上应慎之又慎，因为这一严苛的方式比常规方式需要更多的工作与资源投入。但是，由于其最终决策的高质量，在情况危急——比如危机情境——时，使用这一方式就显得合情合理了。

一旦意识到以威胁或机遇形式出现的挑战，管理者在采取警惕性问题解决方式时必须遵循以下四个基本步骤：

（1）认真解读问题。询问要满足什么样的要求——避免若干危险、实现若干目标，还是使若干成本保持在可接受的水平。还要问最好的解决办法的方向在哪里，有些事情可能通过推敲替代性的办法来予以解决。

（2）利用信息资源。询问能够追记或检索到哪些之前的信息，通过专家预测、情报收集与分析又可以获取到什么样的新信息。

（3）分析并再解读。询问步骤（1）中的各项要求是否还需要任何增加或改变；是否还有另外的替代办法；是否还有另外的可以减少不确定性的信息。

（4）通过询问以下问题进行评估与选择：
- 每项解决办法的优、缺点分别是什么？
- 最好的替代性办法是什么？
- 是否还存在没有满足的要求？

- 怎样才能使潜在的成本与风险最小化?
- 对于执行、监测与偶发事件,还需要哪些额外的计划?[1226]

在危机期间,相关的决策必须迅速且果断,只有这样,詹尼斯的警惕性问题解决过程才能成为打破传统决策套路的指南与启发物。

采取可变的时间视角

当管理者采取短期的时间视角时(这通常为一年或更短,因为这依据的是季度性财务报告的发布要求),一场危机的风险就会上升。与只采取单一的、武断的时间视角做法不同的是,危机管理专业人士在时间视角上表现得较为灵活,他们能够认真通盘考虑当下的、短期的与长期性的危机影响。

在危机期间,尽管压倒性的任务是需要即刻做出相关决策,以控制损失并重获对于事态的掌控,但管理者必须从长期性的时间视角来看待危机。短期视角必须兼顾到对于组织声誉的长期性后果,以及对于利害相关者关系的影响,尽管一些人认为,只要解决了当下的问题,为什么还要考虑那些可能没有太多关联的遥远未来的情况。强生公司对于泰诺胶囊危机的处理方式,奠定了其未来的企业声誉,并进而对其全系产品带来了可观的帮助。正如一些管理者曾痛苦领悟到的,长期性影响不能被忽视的另一原因是,有些危机是不断发展演化的。在此类情形中,管理者必须能够察觉微弱的征兆,并把握其发展至危机临界点的可能性。

当消费者与消费维权人士把产品看作是一种延伸至未来的不间断服务,而不仅仅是一个物品时,他们就会重新思考产品价格问题。环保人士关注的则是更为长期性的影响——比如对地球臭氧层的破坏,对"炙烤万物与人类"以及仅剩下有限资源的"地球太空船"般宿命的担心。当意识到地球生态的危险状况时,管理者就会开始思考产品照管、栽树(而不是"采矿")与资源循环利用之类的长远性概念。

认识到组织文化及其支持性结构的重要性

正如本书的诸多案例所表明的,组织文化是危机管理中的核心概念。它决定着管理者看待外部环境并对其做出应对的方式;它也影响着管理行为的所有方面。组织文化体现着一个组织的内部灵魂。在危机发生之际,由于必须对相关信息进行快速的处理,管理者就不能坐等到弄清楚其使命与核心价值之时。强生公司对其信条了然于心,并以此为指引。而在其奶制品被指致使婴幼儿死亡之时,三鹿集团则显得章法错乱;它把代表着产品质量与安全的企业文化忘得一干二净。

现在,许多企业正就其对待环境的态度进行抉择——要么勉强遵守相关法规,要么支持环境责任经济体联盟(Coalition for Environmentally Responsible Economies)、全球环境管理协会(Global Environmental Management Initiative)、美国化学品制造商协会(Chemical Manufacturers Association)的"负责任的观照"之类的环保章程。为了避免埃克森原油泄漏危机或其他的价值观偏颇型危机,企业必须弄明白其所处的位置。

职业准则是企业文化不可缺少的部分,它决定着如何公平地对待他人,以及更为广泛的、一个企业超越赢利并对社会负责的意愿。而对职业准则的无视则是大多数行为失当型危机的根源。

一个组织的结构与补偿体系也必须适应于,并能够从总体上加强其价值观,尤其要加强其职业准则。从顶层的公司治理为起点,董事会的构成应该包括负责公共政策议题的成员。依据所在行业的不同,一个组织的结构可能会包括一个负责健康、安全与环境的副总裁,或负责消费者事务的副总裁。他们的权力与责任应以适当的内部汇报机制为支撑,以及在合适的地方,以外部社会报告为支撑——比如对于环境年度报告逐渐增长的关注趋势。[1227]在具有重大经济与社会影响的大型银行,则应该考虑把代表公共利益的人士纳入到董事会成员当中。

一个组织的补偿体系必须体现并与其职业准则相一致。如果薪酬、奖金与职位晋升单纯按照销售表现高低来衡量,那么,就会出现忽视职业准则的诱惑。而如果银行高管们的绩效与分红是由所达到的高赢利水平来衡量,那么,他们就会被鼓励以公众为代价去过度冒险。

危机之后的组织恢复

危机过后,当一个组织检视出错的原因并寻求纠正性举措,则此时正是一个绝妙的启动转型与发展的时机。此领域的管理咨询人士已经开发出新的技巧并提出了新的概念,以着力帮助受困的组织去适应快速变化的科技与环境。诸如风险预估、成本收益分析、运筹学与系统论等一些具体的方法,有助于解决具体的问题并理解它们之间的相互关系。人们所熟知的组织转型过程,就对组织目标、价值观与行为方面所能够实现的必要变革进行了分析。

组织转型

组织转型(organizational transformation)是寻求整个组织在其目标、战略、结构与文化方面进行根本性变革的过程。[1228]组织转型论主张,由于相关事件与趋势发展方式的不连续性,在组织发展(organizational development)方面,依靠对过去行为或累积性的变革去线性外推的做法是远远不够的。正是由于这一原因,组织发展论被认为是不完整的。组织发展论与组织转型论都运用强有力的干预技巧,由个人、群体及整个组织来应对相关的问题。不过,组织转型更关注那些"需要新的认知、思维与行为方式"的大型变革。[1229]

组织转型需要组织内成员的一致同意与承诺,只有这样才不会变成另一个项目。在对那些或成功或失败的组织转型进行考察后,凯尔曼(Ralph Kilmann)与考文(Joyce Covin)指出:"在危机来临之前启动转型,且就即将临头的问题没有得到来自高层的充分认同……可能会使这一行动变成另一个项目。"[1230]而那些仅在课堂、备忘录、演讲与精美小册子上出现的项目与说辞,是注定要失败的。鉴于此类项目没有危及高管们的权力因而会受到追捧,它们也会因此而难以完成变革。并且,领导者必须能够把新的外部需求转化为员工对于变革的真正承诺——通过让他们接触鲜活的现实情况并找到一个他们能够领会到的主题,比如质量。

那些必须在充满竞争的市场与瞬息万变的环境中管理企业的管

理者们所面临的任务是巨大的。他们必须拓展其传统的知识与技能,以吸纳从层出不穷的危机中所获取的洞察力与经验值。除非管理者把危机管理中的问题解决模式纳入其能力体系之中,否则他们自身及其组织将会麻烦不断。相反,如果管理者能够接受新的观点并获得与多变的外部环境打交道的新技能,他们就会成为新时代的领袖,他们的组织也会表现得卓尔不群。

组织一定不能等到危机到来后,才认识到变革其组织文化的必要性。针对两项对其存在潜在影响的职场问题——许多员工将在2020年退休,以及美国最高法院向员工在报复、歧视与骚扰方面提供更广泛保障的相关裁决,佐治亚电力公司启动了相关的变革行动。[1231] 该公司遵循组织文化转型的五步骤过程,着力解决企业与人力资本方面的变革需求:

- 文化分析,聚焦于优先性问题;
- 领导战略与承诺;
- 管理层收购、教育与培训;
- 可信度;
- 员工沟通。[1232]

在文化分析方面,该公司界定了一些管理行为——尤其是那些引起越来越多关注,且为潜在不利因素的、被认为报复性的行为。曾参与这一项目的海皮尔(J. R. Hipple)与维蒂盖茨(Felix Verdigets)总结道:"通过强调信任与包容的核心价值观,组织能够形成具有合作精神与高效率的文化。"[1233]

使组织与社会更和谐

组织转型还涉及一个层面:一个组织跟社会之间的关系。正如亚当斯(John D. Adams)在《转型式工作》一书中所指出的:"组织转型将会帮助一个组织在其与外部环境之间的关系方面实现其目标与使命,并推进必要的基础性变革。"[1234] 其目的是使组织利益与公共利益相一致。笃信自由的市场力量会自动通过看不见的手实现这一目标,是不切实际的。这在金融行业已被证明是行不通的。企业社会责任实践也绝不等同于捍卫公共利益。自由市场体系这一术语已经成为松懈的放任政策的代名词。

即便保守经济学家哈耶克也承认,经济体系需要来自全社会的规则制定与指引,其中政府发挥着双重的根本性角色:第一是确立为商业交易提供可靠法律框架的"法治",第二是强化能使市场高效运转的管制措施。[1235]保守经济学家弗里德曼也看到了这一点,不过他警告道:政府对于经济的干预应该保持在最低限度。[1236]

纳入公民社会

政府不应是决定公共利益所涵盖内容的唯一仲裁者。一个更完善的做法是,鼓励并让公民社会中专业协会之类的机构,在代表公共利益方面发挥更大的作用。专业协会由政府机构授权去代行此种权力,但正如欺骗与行为失当型危机案例所显示的,它们也曾经恶名昭彰地违背了人们的信任。一种解决办法是减少其对于所评价组织的财务依赖,并强化所应遵守行业规章的约束力度。企业则必须愿意出让其在界定公共利益方面的独有裁量权。现在,还需要进一步的纠正措施:"自由"一词应该包含着来自政府与公民社会的更大角色。竞争应该是社会中的所有机构都能够有效运转。

正如哈耶克与弗里德曼二人都认同的那样,自由市场体系需要由适当的各类支撑性机构作为其基础设施。他们指出,政府能够帮助推进的一种方式是,通过发展各类私营企业与公民社会组织,形成一种超越公共事业的机构体系。而此类的公民社会组织则包括:雇主协会、行业协会、商业协会、独立工会、雇员团体、专业协会。还应包括在内的有:独立的政策与咨询机构;自由的报刊、电台与电视台;有关性别、语言、宗教与其他的社会利益团体;社区与乡邻团体。

公共事务与公共关系

公共事务与公共关系的职能是,让一个组织与其外部环境,以及与其存在关联的所有利害相关者密切联系起来。公共事务尤其关注于政府以及众多的对组织提出各种要求的公民社会团体。公共关系则致力于管理一个组织与其所有的利害相关者群体及媒介——包括大众媒介与社交媒介——之间的沟通与关系。卓越公共关系实践的目标是,构建并维持高效、健康的双向对等(two-way symmetrical)关系。

尤其是在管理学相关文献中,曾经存在着一种把公共关系仅等同于公开告知(publicity)的倾向。这其中所忽略的是,有关利害相关者关系的现代概念完全来源于公共关系学科。且不管所使用的具体词汇,其根本主旨就是,一个组织认识到其跟更广泛的社会发生关联是一项重要的义务。而社区关系项目则非常直观地显示出一个组织与当地公民社会组织打交道的众多途径。

企业社会责任是一项值得称道的、跟公共关系密切相关、旨在使一个组织与更广泛的社会发生关系的工作。企业社会责任致力于支持艺术、教育与其他慈善组织及相关活动的公益事业。它也要求一个组织减少自身对于社会所带来的社会成本,并参与到政府及公民社会的工作中去帮助解决社会问题。在最广泛的意义上,企业社会责任寻求的是改善人类的命运。在这些美好的目的之外,就其本质而言,企业社会责任仅仅是使一个组织与社会更和谐这一宏大使命的其中一环。

不要浪费一场危机!

一场危机就是一个转折点——无论是在医学上而言,还是对于一名管理者的职业生涯与一个组织的生存而言都是如此。有关危机的文献指出了曾经出错或可能出错的地方。对危险的过度关注,会错失危机所带来的革新机遇。个人与组织能够从自身的失败中学习,并借此发现能够战胜劣势的优势所在——从而受到新发现的潜在资源与新的发展可能性所激励,进而赢得新生。因此,危机不应被浪费掉。

危机关注于各类危害与风险。其积极的一面是,借此会采取一些减轻性的措施;其消极的一面是,太多的风险会被逃避掉。不过,对损失的担心并不会阻止掉获益的可能性。如果什么也不做,机遇就会被错过或挥霍掉。[1237]危机管理的教训是,如同瑞典运动员佩戴上所有可用的安全装备那样,直面风险并谨慎地加以管理。

注　释

1. Stephen Power, "Political Alliances Shift in Fight Over Climate Bill," Wall Street Journal, October 5, 2009, p. A6.
2. The term "human climate" is borrowed from Philip Lesly's newsletter, Managing the Human Climate, a bimonthly supplement of the weekly pr reporter (Exeter, N.H.).
3. Irving L. Janis, *Crucial Decisions: Leadership in Policymaking and Crisis Management* (New York: The Free Press, 1989), p. 45.
4. Rajdeep Grewal, Jean L. Johnson and Suprateek Sarker, "Crises in Business Markets: Implications for Interfirm Linkages," *Journal of the Academic Marketing Science*, Vol. 35, 2007, pp. 398–416.
5. Mark Sappenfield, "Cut Undersea Internet Cables Slow India's Connectivity," *Christian Science Monitor*, February 4, 2008, p. 4.
6. Ben Worthen, Cari Tuna and Justin Scheck, "Companies More Prone to Go 'Vertical,'" *Wall Street Journal*, November 30, 2009, pp. 1, 16.
7. Catherine Bolgar, "Corporate Resilience Comes From Planning, Flexibility and the Creative Management of Risk," *Wall Street Journal*, May 2, 2007, p. A12.
8. Peter Sanders, "Boeing Takes Control of Plant," *Wall Street Journal*, December 23, 2009, p. B2.
9. "Annual ICM Crisis Report," Institute for Crisis Management, March 2008, p. 2.
10. Ronald Alsop, "Institutions Engage More on Confronting Scandals," *Wall Street Journal*, April 17, 2007, p. B9.
11. Ibid.
12. David W. Guth, "Organizational Crisis Experience and Public Relations Roles," *Public Relations Review*, Vol. 21, Summer 1995, pp. 132–133.
13. Thierry C. Pauchant and Ian I. Mitroff, *Transforming the Crisis-Prone Organization: Preventing Individual, Organizational, and Environmental Tragedies* (San Francisco: Jossey-Bass, 1992), p. 12.
14. The sources of these crisis features are: M.W. Seeger, T. L. Sellnow and R. R. Ulmer, "Communication, Organization and Crisis," in M.E. Roloff (ed.) *Communication Yearbook*, Vol. 21 (Thousand Oaks, C.A.: Sage, 1998), pp. 231–275; Robert Billings, Thomas W. Milburn, and Mary Lou Schaalman, "A Model of Crisis Perception: A Theoretical and Empirical Analysis," *Administrative Science Quarterly*, Vol. 25, June, 1980, p. 301; Charles. F. Hermann, "Some Consequences of Crisis Which Limit the Viability of Organizations," *Administrative Science Quarterly*, Vol. 8, No. 1, pp. 61–82. Also see his "Some Issues in the Study of International Crises," in C. F. Hermann (ed.) *International Crises: Insights from Behavioral Research* (New York: The Free Press, 1972), pp. 3–17.
15. *Impact*, a newsletter of The Public Affairs Council, Washington, D.C., June 2007, p. 2.

16 Charles J. Fombrun and Naomi A. Gardberg, "The Reputation Quotient: Why and How to Measure Corporate Reputation," Vol. 4, No. 2 (May 2001), p. 24.
17 Ibid.
18 Bart J. Mindszenthy, T.A.G. Watson and William J. Koch, *No Surprises: The Crisis Communications Management System* (Toronto, Canada: Bedford House Communications Limited, 1988).
19 James I. Lukaszewski, *Crisis Communication Plan Components and Models* (White Plains, N.Y.: The Lukaszewski Group Inc., 2008).
20 "When Issues 'Go From Zero to 60' overnight, CEO Involvement Is Vital," *Impact*, a publication of the Public Affairs Council, December 2007, p. 3.
21 "Smouldering Crises," Annual ICM Crisis Report, May 2009, p. 4.
22 A prominent example of denial occurred when Toshiba top management ignored early warnings of an imminent crisis caused by one of its subsidiaries that sold military-sensitive machine tools to the former Soviet Union, in violation of the Coordinating Committee for Multilateral Export Controls (COCOM) agreement.
23 Pete Smuddle, "Issue Crisis: A Rose by Any Other name," *Public Relations Quarterly*, Vol. 46, Winter 2001.
24 "When Issues 'Go From Zero to 60' overnight, CEO Involvement Is Vital," *Impact*, a publication of the Public Affairs Council, December 2007, p. 3.
25 This factor is discussed in Richard L. Dahl, *Organization Theory and Design*, Third Edition (New York: West Publishing Company, 1989), pp. 196–197.
26 Patrick Lagadec, *Preventing Chaos in a Crisis: Strategies for Prevention, Control, and Damage Limitation*, trans., Jocelyn M. Phelps (London; New York: McGraw-Hill, 1993), pp. 32–33.
27 Ibid., pp. 65–67.
28 Christine M. Pearson and Judith A. Clair, "Reframing Crisis Management," *Academy of Management Review*, Vol. 23, No. 1, 1998, p. 62.
29 Ibid.
30 Ibid. Reference to T. Pauchant and I. Mitroff is found in their book, *Transforming the Crisis-Prone Organization* (San Francisco: Jossey-Bass, 1992).
31 Ibid., p. 63.
32 Joel Brockner and Erika Hayes James, "Toward an Understanding of When Executives See Crisis as Opportunity," *The Journal of Applied Behavioral Science*, Vol. 44, March 2008, p. 95.
33 Ibid., p. 104.
34 Ibid., p. 106.
35 Robert A. Guth and Keven J. Delaney, "Sky-High Search Wars," *Wall Street Journal*, May 24, 2005, p. B1.
36 "Crisis Group Opens," *PR Week* (US), July 14, 2008, p. 2, "Burson-Marsteller Launch New Practice," *PR Week* (US), January 19, 2009, p. 2.
37 www.wilson-group.com
38 "Managing Distress," *Business Wire*, August 20, 2001.
39 Charles B. Clayman (ed.) American Medical Association, *Family Medical Guide*, Third Edition (New York: Random House, 1994).
40 Ibid., pp. 86, 597.
41 W. Timothy Coombs, *Ongoing Crisis Communication: Planning, Managing, and Responding* (Thousand Island, C.A.,: Sage, 1999), p. 61.
42 See book review by Christopher Farrell, "Skirting the Disaster Ahead," *BusinessWeek*, December 20, 2004, p. 26.
43 "Pope Benedcit Assails 'Insatiable Consumption,'" *Wall Street Journal*, July 18, 2008, p. A6.
44 "Hurricanes: Storm Surge," *The Economist*, September 17, 2005, p. 81.

45 "We Have the Power. Do We Have the Wisdom?" the *Guardian* (London), January 1, 1999, p. 19.
46 Ibid.
47 Christopher Farrell, "Skirting the Disaster Ahead," a book review, *BusinessWeek*, December 20, 2004, p. 26.
48 Roger E. Kasperson and K. David Pijawka, "Societal Response to Hazards and Major Hazard Events: Comparing Natural and Technological Hazards," *Public Administration Review*, Special Issue 1985, p. 7. They reported that in the United States, geophysical hazards accounted for fewer than 1,000 fatalities per year, while the threat from technological development and application rose.
49 See Charles Perrow, *Normal Accidents: Living with High Risk Technologies* (New York: Basic Books, 1984).
50 With some technologies, such as nuclear power, there is an insufficient degree of slack or buffer between each component and sub-system to prevent the whole system from being affected and possibly running out of control. That is what almost happened at Three Mile Island when, over a 33-hour period, the famous hydrogen bubble appeared. The accident started in the secondary cooling system, which in turn was activated when, it is surmised, a leaky seal from the polishing system, contaminated a turbine and tripped (stopped) it. The flow of water was blocked because valves in the emergency feedwater pumps were mistakenly closed during maintenance two days before. In the control room, the operators did not see the indicator of the closed values because a repair tag obscured it. The general lesson is that failure of any part of the system could cause other malfunctions in unanticipated ways.
51 For a summary of the rise in government regulation see Rogene A. Buchholz, *Business Environment and Public Policy: Implications for Management and Strategy Formulation*, Second Edition (Englewood Cliffs, N.J.: Prentice-Hall, 1986), Chapter 8, pp. 171–203.
52 See Foundation for Public Affairs, Public Interest Profiles, 1992–1993 (Washington, D.C.: Congressional Quarterly, Inc., 1992).
53 Christine M. Pearson and Judith A. Clair, "Reframing Crisis Communication," *Academy of Management Review*, Vol. 23, No. 1, 1998, p. 68.
54 Mark A. Hofmann, "Interest in Enterprise Risk Management Is Growing," *Business Insurance*, May 4, 2009.
55 Shivan S. Subramaniam, "Management Trends . . . Keep It Simple: Getting Your Arms Around Enterprise Risk Management," *Executive Action Series*, No. 165 (New York: The Conference Board, October 2005), p. 1.
56 Douglas W. Hubbard, *The Failure of Risk Management: Why It's Broken and How to Fix It* (Hoboken, N.J.: John Wiley & Sons, Inc., 2009), p. 10.
57 Ibid., p. 11.
58 Ibid., p. 26.
59 Ibid., p. 27.
60 Ibid., p. 10.
61 Kenneth N. Myers, *Total Contingency Planning for Disasters: Managing Risk—Minimizing Loss—Ensuring Business Continuity* (New York: John Wiley & Sons, Inc., 1993).
62 Ibid., p. 147.
63 These are quantitative analysts with degrees such as Master of Science in Financial Engineering, Master of Science in Financial Math, and Master in Mathematical Finance. See "The Top 10 Quant Schools, According to the Street," *Wall Street & Technology*, August 1, 2008, p. 32.
64 "Survey of Quants Finds Risk Management Is Larger Part of Role," TECHWEB, August 10, 2009
65 Hubbard, op. cit., p. 3.

66 Ibid., p. 6. His long definition of risk is "The probability and magnitude of a loss, disaster, or other undesirable event."
67 Amy Jacques, "Domino's Delivers During Crisis," *The Strategist*, Vol. 15, Summer 2009, pp. 6–10.
68 Stephanie Clifford, "Video Prank At Domino's Taints Brand, *New York Times*, April 16, 2009, p. B1
69 Jacques, op. cit., p. 9.
70 Ibid. p. 88.
71 Ibid., p. 9.
72 "Message to Domino's: Contingency Planning Still Rules the Roost," press release by Nicolazzo & Associates, April 16, 2009.
73 Jacques, op. cit., p. 9.
74 Ibid.
75 Ibid.
76 Heather Martin, "Crisis Communication Plan—The Next Best Thing to Avoiding a Crisis; The Importance of Crisis Management Is Magnified Every Time a Crisis Ocurs," *New York Construction*, December 1, 2007, *The Bottom Line*, Vol. 55, No. 5, p. 109.
77 Ibid, pp. 3–4.
78 "BU Emergency Response," email dated May 15, 2007.
79 I.I. Mitroff and M.C. Alpaslan, "Preparing for Evil," *Harvard Business Review*, Vol. 81 (4) 2003, pp. 109–115. Mentioned by Carmeli and Schaubroeck (see below, Note 86), p. 180.
80 T. McCollum, "Multinationals Aren't Planning for Crisis Events", *The Internal Auditor*, Vol. 64, February 2007, pp. 13–14.
81 Ben Worthen, "Disaster-Plan Study Finds Firms Less Prepared Than They Think," *Wall Street Journal*, September 18, 2007, p. B3.
82 Ibid., p. B3.
83 "H1N1 Swine Flu Preparedness Uncertainty Results in Higher Business Disruption Risk; Crisis Communication Experts Provide Readiness Plan to Help Companies Plan for Possible Pandemic," PR Newswire, New York: September 10, 2009.
84 Thierry C. Pauchant and Ian I. Mitroff, *Transforming the Crisis-Prone Organization: Preventing Individual, Organizational, and Environmental Tragedies* (San Francisco: Jossey-Bass, 1992), p. 69.
85 The author performed this function at the Potdevin Machine Co. in Brooklyn, N.Y.
86 Abraham Carmeli and John Schaubroeck, "Organisational Crisis-Preparedness: The Importance of Learning from Failures," *Long Range Planning*, Vol. 41, 2008, p. 180.
87 "From Risk Management to Risk Strategy," The Conference Board, p. 4.
88 "Managing Business Risk in 2006 and Beyond" (www.protectingvalue.com). NA-based companies allocate more than half their risk management budget to risk control (loss prevention) rather than risk transfer (buying insurance).
89 Lublin and Tuna, op. cit.
90 Joann S. Lublin and Cari Tuna, "Anticipating Corporate Crises," *Wall Street Journal*, September 22, 2008, p. B5.
91 Joann S. Lublin and Erin White, "More Outside Directors Taking Lead in Crises," *Wall Street Journal*, March 19, 2007, pp. B1, B3.
92 Stuart Z. Goldstein, "Information Preparedness: Harnessing Technology," in Lloyd B. Dennis (ed.) *Practical Public Affairs in an Era of Change* (Lanham, N.Y.: University Press of America, Inc., 1995), pp. 329–346.
93 For a discussion of organizational responses to uncertainty see Richard L. Daft,

Organization Theory and Design, Fourth Edition (New York: West Publishing Company, 1992), pp. 84–89.
94 See www.crisisexperts.com/vulnerability
95 "Annual ICM Crisis Report," —2008 (Louisville, Kentucky: Institute for Crisis Management, May 2009), p. 3.
96 Two useful books are Laurence Barton's *Crisis in Organizations: Managing and Communicating in the Heat of Chaos* (Cincinnati, Ohio: South-Western Publishing Co., 1993) and Jack A. Gottschalk's *Crisis Response: Inside Stories on Managing Image Under Siege* (Detroit, M.I.: Visible Ink Press, a division of Gale Research Inc., 1993).
97 Ian I. Mitroff, *Why Some Companies Emerge Stronger and Better from a Crisis: 7 Essential Lessons for Surviving Disaster* (New York: AMACOM, 2005), p. 98.
98 This is one of four perspectives of completeness in risk assessment. Hubbard, op. cit., p. 48.
99 This classification is based on Exxon Chemical's Emergency Response External Communications Guidelines, 1990.
100 David Ignatius, "The Death of 'National Man'," *Washington Post*, February 8, 2009, p. B07. Also see Hubbard, op. cit., pp. 247–248.
101 Adolf A. Berle, Jr. and Gardner C. Means, *The Modern Corporation and Private Property* (New York: Macmillan, 1932), p. 46.
102 Robert S. Greenberger, "Eminent Domain to Get a Review," *Wall Street Journal*, September 29, 2004, p. A6.
103 "An American's Home is Still Her Castle," *The Economist*, November 25, 2006, p. 36.
104 A point made by Thierry C. Pauchant and Ian I. Mitroff, op. cit., in Chapter 2, "When People and Systems Fail: Lessons from Bhopal," op. cit., p. 34.
105 Dan Keeney, "In the Eye of the Storm: Ten PR Lessons Learned from Hurricane Ike," *Tactics*, a publication of the Public Relations Society of America, November 2008, p. 9.
106 Charles Perrow, *Normal Accidents: Living with High Risk Technology* (New York: Basic Books, 1984), p. 20.
107 Carmeli and Schaubroeck, op. cit., p. 178.
108 For a list of who is represented on a crisis management team and percentage of respondents who mention each position, see Pauchant and Mitroff, op. cit., p. 110.
109 This is a point emphasized by David W. Guth in "Organizational Crisis Experience and Public Relations Roles," *Public Relations Review*, Vol. 21, No. 2, 1995, p. 127.
110 Laura Wetherell, "Crisis Management: Dealing With a Disaster—Bad News Has Become Big Business. Now two leading PR Firms Are Launching All-In Services Ready for the Next Crisis to Erupt," *PR Week*, June 28, 1990.
111 Kyra Auffermann, "'It Still Chokes Me Up'—Responding to a Deadly Campus Shooting at Northern Illinois University," *The Strategist*, Vol. 15, Summer 2009, p. 14.
112 Suggestion by Chris Mundy, "Crisis Simulation—Coping with the Unexpected," *Petroleum Economist*, Vol. 60, October, 1993, p. 66.
113 Cheryl Fenelle, "Lessons Learned: The Response to TWA Flight 800," *Risk Management*, November 11966, Vol. 43, No. 11, p. 58(1).
114 Om P. Kharbanda and Ernest A. Stallworthy, "Planning for Emergencies—Lessons from the Chemical Industry," *Long Range Planning*, Vol. 22, February 1989, p. 88.
115 Stacy Shapiro, "Spotlight Report: International Risk and Benefit Management; Many Multinationals Are Failing to Plan for All Contingencies; All Too

Often, Planning for Crisis Takes Backseat to Other Priorities," *Business Insurance*, November 6, 1995, p. 3.
116 Gonzalez-Herrero Alfonso and Ruiz de Valbuena Miguel, "Trends in Online Media Relations: Web-Based Corporate Press Rooms in Leading International Companies," *Public Relations Review*, Vol. 32, No. 3, 2006, pp. 267-275.
117 Gerald Baron and John Philbin, "Social Media in Crisis Communication: Start with a Drill," *Tactics*, April 2009, p. 12.
118 Ibid.
119 Alfonso and Miguel, op. cit., p. 268.
120 "The End of Newsrooms?" www.prsa.org.
121 Ibrey Woodall, "From Old Media to Social Media: Survey Reveals the Essential Elements for Today's Online Newsroom," *Tactics*, June 2009, p. 17. The 2009 survey can be found at: www.tekgroup.com/research
122 Ibid.
123 Carmeli and Schaubroeck, op. cit., p. 189.
124 Ibid., p. 190.
125 "Psychology's Ambassador to Economics. The Father of Behavioural Economics Daniel Kahneman talks to Vikram Khanna About Cognitive Illusions, Investor Irrationality and Measures of Well-Being," *The Business Times* (Singapore), July 12, 2008.
126 Carmeli and Schaubroeck, op. cit., p. 182.
127 Joel Brockner and Erika Hayes James, "Toward an Understanding of When Executives See Crisis as Opportunity," *The Journal of Applied Behavioral Science*, Vol. 44, March 2008, p. 181.
128 Carmeli and Schaubroeck, op. cit., p. 181.
129 This case is reviewed in the original edition of this book, Otto Lerbinger, *The Crisis Manager: Facing Risk and Responsibility* (Mahwah, N.J.: Lawrence Erlbaum Associates, Publishers, 1997), pp. 192-194.
130 Yukari Twatani Kane, "Sony Apologizes for Battery Recall," *Wall Street Journal*, October 25, 2006, p. B2.
131 Melissa K. Flynn, "First Response: The Importance of Acting Within Minutes, Not Hours," *Tactics*, April 2009, p. 13.
132 James E. Lukaszewski, *Crisis Communication Plan Components and Models* (White Plains, N.Y.: The Lukaszewski Group Inc., 2008).
133 Flynn, op. cit.
134 "The New Crisis Landscape," *PR Week*, February 19, 2007, p. 12.
135 Ibid.
136 This case is partly based on a term paper by Kristie Volante, "Crisis Report: The Sinking of the Russian Submarine—Kursk," November 8, 2000, written for graduate course on crisis management at Boston University's College of Communication.
137 Daniel Williams, "Russian Sub Stranded at Sea Bottom," *Washington Post* Foreign Service, August 15, 2000, p. 1.
138 Yevgenia Borisova, "A Nation Asks: Has Enough Been Done?" *The Moscow Times*, August 18, 2000, p. 1.
139 David Filipov, "Letter From Deep Revives Sub Tragedy," *Boston Globe*, October 27, 2000, p. A1.
140 CNN.com "Anger Grows Amid Vigils for the Kursk Crew," August 18, 2000, p. 2.
141 Foreign Desk Staff, "Putin Flies to Moscow As Relatives Shun Ceremonies," *The Irish Times*, August 24, 2000, p. 2.
142 Much background information was provided by C. Nina Handoko in a paper for a crisis management course at Boston University's College of

143 Communication, "Understanding and Managing Crisis of Clergy Sexual Misconduct in the Roman Catholic Church," November 8, 2000.
143 Some articles by Jason Berry are "Church Strikes Back At Priests' Accusers," *The Atlanta Journal and Constitution*, May 1, 1994; "Listening to the Survivors: Voices of People of God," *America*, November 13, 1993, p. 6.
144 Geoghan was convicted in January 2002 and faces scores of lawsuits that charge he sexually abused 130 children over the three decades he served as a priest in several Massachusetts parishes. Daniel J. Wakin, "Facing a Sin Of the Fathers," *New York Times*, February 17, 2002, p. WK5.
145 See Carl M. Cannon's "The Priest Scandal" in the May 2002 issue of *American Journalism Review*.
146 "Sex and the Catholic Church: Wolves in the Flock," *The Economist*, March 30, 2002, p. 12.
147 For more information, see Cannon, op. cit.
148 Laurie Goodstein, "A Time to Bend," *New York Times*, June 16, 2002, p. NE1
149 From an interview with Susan Gibbs, "The Decentralized Network of the Catholic Church Underscores the Role of Leadership, Structure in Crisis," *pr reporter*, April 8, 2002.
150 Ibid.
151 Ibid.
152 Ibid.
153 Andrew Higgins, "How Muslim Clerics Stirred Arab World Against Denmark," *Wall Street Journal*, February 2, 2006, p. A1.
154 John G. Knight, Bradley S. Mitchell and Hongzhi Gao, "Riding Out the Muhammad Cartoons Crisis: Contrasting Strategies and Outcomes," *Long Range Planning*, Vol. 42 (2009), p. 9.
155 Ibid., p. 13.
156 Lukaszewski, op. cit.
157 Ibid.
158 George S. Lowman, "The Calnev Pipeline Fire," in Jack A. Gottschalk, *Crisis Response: Inside Stories on Managing Image Under Siege* (Detroit, M.I.: Visible Ink Press, 1993), pp. 263–276.
159 Chester Burger, "How to Meet the Press," *Harvard Business Review*, Vol. 53, July–August 1975, pp. 62–70.
160 Cincinnati Microwave Inc. did this. After being visited by a *BusinessWeek* reporter who asked some sensitive questions, company officials in painstaking detail shared some of their responses in a national news release. The company listed a number of rumors and allegations that were not even raised by the reporters, e.g., that the company didn't pay taxes and inflated sales projections to boost its stock. Matt Murray, "Journalism 101: First You Read Story, Then You Comment on It," *Wall Street Journal*, September 28, 1995, p. B1.
161 Greg Efthimiou, "Balance of Power," *The Public Relations Strategist*, Vol. 14, No. 2, 2008, p. 47.
162 Ibid., p. 46.
163 Ibid., p. 47.
164 Lukaszewski, op. cit.
165 Mentioned in Lagadec, op. cit., p. 188.
166 Ibid., p. 105.
167 Many of these questions are suggested by Alan B. Bernstein, *The Emergency Public Relations Manual* (New Brunswick, N.J.: PASE Inc., 1981), pp. 32–33.
168 Matthew Rose discusses this selection in "CEO as Crisis Spokesperson? Think Again," *The Strategist*, Vol. 14, Fall, 2008, pp. 16–19.
169 Quote in Lagadec, op. cit., p. 109. Original source is Sharon M. Friedman,

"TMI: The Media Story," in Lynne Masel Walters, Lee Wilkins and Tim Walters (eds.), *Bad Tidings: Communication and Catastrophes* (Hillsdale, N.J.: Lawrence Erlbaum Associates, Publishers, 1989), pp. 63–83.
170 These events and quotations are from Richard Hyde, "Meltdown on Three Mile Island," in Jack A. Gottschalk, *Crisis Response: Inside Stories on Managing Image Under Siege* (Detroit, M.I.: Visible Ink Press, 1993), pp. 114–117.
171 Jessica E. Vascellaro and Amol Sharma, "BlackBerry Users Stew in Wake of Outage," *Wall Street Journal*, April 20, 2007, p.B4.
172 Case is described in Otto Lerbinger, *The Crisis Manager: Facing Risk and Responsibility* (Mahwah, N.J.: Lawrence Erlbaum Associates, Publishers, 1997), p. 42.
173 Doughty, op. cit., p. 351. After USAir's Flight 427 crashed near Pittsburgh, Pennsylvania, on September 8, 1994, airline employees carefully followed prescribed rules in referring to the passenger manifest. Showing extreme sensitivity to the family and friends, employees were told not to say to callers, "Yes, sir. She was on the plane." Instead, they said, "Yes, sir. Her name is on the list." The rationale is: why falsely alarm someone if perchance a passenger didn't make the flight or someone else used the ticket. Julie Schmit and Del Jones, "The First 24 Hours — How USAir Coped with the Crash," *USA Today*, September 12, 1994, p. 1B.
174 This case is discussed in Otto Lerbinger, *Corporate Public Affairs: Interacting With Interest Groups, Media, and Government* (Mahwah, N.J.: Lawrence Erlbaum Associates, Publishers, 2006), pp. 102–103.
175 Lukaszewski, op. cit.
176 For example, W. L. Benoit, *Accounts, Excuses, and Apologies: A Theory of Image Restorations* (Albany, NY: SUNY Press, 1995), and Keith Michael Hearit, *Crisis Management by Apology* (Mahwah, N.J.: Erlbaum, 2006).
177 Hearit, op. cit., p. 4.
178 Ibid., pp. 15–17.
179 Ibid., p. 17.
180 Ibid., pp. 17–18.
181 Benoit, op. cit.
182 Hearit, op. cit.
183 W. T. Coombs, Ongoing Crisis Communication (Thousand Oaks, C.A.: Sage, 1999).
184 Ibid., p. 126.
185 Coombs, op. cit., p. 123.
186 Hearit, op. cit.
187 Aaron Lazare, *On Apology* (Oxford, N.Y.: Oxford University Press, 2004).
188 Ibid., p. 263.
189 Ibid., p. 1.
190 Barbara Kellerman, "When Should a Leader Apologize and When Not?" *Harvard Business Review*, Vol. 84, April 2006, pp. 73–81.
191 Laurent Belsie, "The Rise of the Corporate Apology," *Christian Science Monitor*, September 13, 2000, p. 1.
192 Hearit, op. cit., pp. 19–39.
193 Phred Dvorak, "Japanese Dairy Pour on the Apologies," *Wall Street Journal*, July 12, 2000, p. A21.
194 Alan Murray, "JetBlue: Now Just Another Airline in a Lousy Business," *Wall Street Journal*, February 21, 2007, p. A13.
195 Maria Bartiromo, "Neeleman Explains Himself," *BusinessWeek*, March 5, 2007, p. 90.
196 Susan Carey, "Changing the Course of JetBlue," *Wall Street Journal*, June 21, 2007, p. B1.

197 "Jonathan Russell Asks Is It Too Much to Expect An Apology?" *The Daily Telegraph* (London), February 9, 2009, p. 4.
198 Ibid.
199 Ibid.
200 Liam Christopher, "We're Profoundly Sorry, Say Bail-Out Banks Ex-Bosses; Regret As RBS Reveals Plan to Axe 2,300 jobs," *Daily Post* (Liverpool), February 11, 2009, pp. 4, 11.
201 *The Daily Star* was particularly severe in its judgment, as its story's headline indicated: Tom Savage, "Sorry . . . But We're Keeping Our Dosh & Sacking 2,300; Bankers Get a Grilling," *The Daily Star*, February 11, 2009, p.4.
202 Ibid.
203 "Economic Reflections; Bailouts, Stimulus Carry Ugly Long-Term Costs," *USA Today*, February 13, 2009, p. 8A.
204 Liam Pleven, "Congress Grills Former AIG Chiefs," *Wall Street Journal*, October 8, 2008, p. A3.
205 Monica Langley and David Enrich, "Citigroup Chafes under U.S. Overseers," *Wall Street Journal*, February 25, 2009, p. A12.
206 Alfred A. Marcus and Robert S. Goodman "Victims and Shareholders: The Dilemmas of Presenting Corporate Policy During a Crisis," *Academy of Management Journal*, Vol. 34, No. 2, 1991, pp. 281–305.
207 Ibid., p. 284.
208 Ibid.
209 Ibid., p. 291.
210 Ibid., p. 282.
211 Ibid., p. 291.
212 Kai Ryssdal, "Author Paul Slansky Discusses His Book *My Bad: 25 Years of Public Apologies* on 'Marketplace'," Minnesota Public Radio, May 10, 2006.
213 Hearit, op. cit., pp. 134, 146. Ford announced a recall of 47,000 of its Year-2002 Explorer and Mercury Mountaineer SUVs. Joseph B. White, Timothy Appel and Clare Ansberry, "Ford Plans to Recall 47,000 Year-2002 SUVs," *Wall Street Journal*, May 21, 2001, p. A3. As stated earlier, the simmering crisis boiled over with *USA Today*'s August 7th story.
214 Hearit, ibid., p. 134.
215 "Ford, A Crisis of confidence," *BusinessWeek*, September 18, 2000, pp. 40–42.
216 "Ford Put Profit Ahead of Safety in Explorer Design," *Los Angeles Times*, September 10, 1990, p. C2.
217 Anthony Flint, "Firestone Fighting to Preserve Image With Recall, Company Implements Strategy to Minimize Damage," *Boston Globe*, August 11, 2000, p. C1.
218 Caroline Mayer and James V. Grimaldi, "Tires Linked to 80 Deaths; NHTSA Asks About Ford Policy Abroad," *Washington Post*, August 31, 2000, p. E01.
219 Kellerman, op. cit.
220 James v. Grimaldi, "Firestone CEO Says Apology Wasn't Admission of Fault," *Washington Post*, October 10, 2000, p. E02.
221 Hearit, op. cit., p. 141.
222 Miki Tanikawa, "Bridgestone President Admits Tire Quality-Control Problems," *New York Times*, September 12, 2000, p. C12.
223 Frank Swoboda, "CEO Nasser, Not Chairman Ford, in Front Seat for Crisis," *Washington Post*, September 10, 2000, p. H01.
224 "Internal PR Efforts at Ford Keep Employees Informed," *PR Week*, October 2, 2000, p. 2.
225 "Hummer Picks New Ad Agency," *Automotive News*, October 16, 2000, p. 1.
226 Robert L. Simson, "For Ford CO Nasser Damage Control Is the New 'Job One,'"

Wall Street Journal, September 11, 2000, p. A1. Also see Ford's press release, "Statement of Jac Nasser, Chief Executive Officer of Ford Motor Company, September 6, 2000."

227 Robert L. Simison, "Ford Pressures Firestone to Release Recall Statistics; Auto Maker Annoyed with Tire Company's Handling of Massive Plan," *The Globe and Mail* (Canada), August 14, 2000, p. B6.

228 Kathryn Kranhold, "Bridgestone Turns to Ketchum to Redo Image After Tire Recall," *Wall Street Journal*, September 12, 2000, p. A4.

229 Ibid.

230 Todd Zaun, "Bridgestone Lets Firestone Be Firestone," *Wall Street Journal*, May 24, 2001, p. A14.

231 Marie Szaniszlo and Eric Convey, "Contrition—Law's Apology Draws Mixed Reaction From Faithful," *The Boston Herald*, March 10, 2002, p. 001.

232 Rose Moss, "A Clergy Ill Prepared to Deal With Scandal," *New York Times*, February 16, 2002, p. A19.

233 See "Title III: The Right to Know, the Need to Plan," *Chemecology*, March 1987, p. 2.

234 Philip Shabecoff, "Industry to Give Vast New Data on Toxic Perils," *New York Times*, February 14, 1988, p. 38; also see p. 1.

235 David L. Schultz, "Toxic Chemical Disclosure: Companies Tackle the Challenge," *Public Relations Journal*, Vol. 45, January 1989, pp. 13–20.

236 Terry McDermott and Carol M. Ostrom, "Face Facts: Living Is a Risky Business," *The Seattle Times*, February 9, 1993, p. A1.

237 Irving Lerch, "Risk and Fear," *New Scientist*, Vol. 85, January 3, 1980, pp. 8–11.

238 The public is also more concerned about toxic waste dumps and underground storage tanks than it is about indoor air pollution and pesticide residues, which pose greater health risks. See "Public and Experts See Risks Differently," *Chemecology*, Vol. 19, February 1990, p. 9.

239 William W. Lowrance, *Of Acceptable Risk: Science and the Determination of Safety* (Los Altos, C.A.: Kaufmann, 1976), p. 87.

240 Ann E. Przybyla, "Risk: How to Talk About It," *Food Engineering*, January 1990, pp. 73ff.

241 Albert H. Cantril (ed.) *Polling on the Issues* (Washington, D.C.: Seven Locks Press, 1980), p. 82.

242 Robert L. DuPont, "The Nuclear Power Phobia," *BusinessWeek*, September 7, 1981, p. 14.

243 Ibid.

244 Paul Slovic, "Perception of Risk," *Science*, Vol. 236, April 17, 1987, pp. 280–285.

245 Robert L. DuPont, "The Nuclear Power Phobia," *Business Week*, September 7, 1981, p. 14. Also see Billie Jo Hance, Caron Chese, and Peter M. Sandman, "Improving Dialogue with Communities: A Risk Communication Manual for Government" (Trenton, N.J.: Division of Science and Research Risk Communication Unit, New Jersey Department of Environmental Protection, 1988).

246 Gregg Easterbrook, "The Sky Is Falling," *The Atlantic Monthly*, June 2008, pp. 74–84.

247 Michio Kaku, "Russia Takes Aim at Asteroids," *Wall Street Journal*, January 6, 2009, p. A13.

248 Ibid., p. 78.

249 Ray Kurzweil, *The Singularity Is Near: When Humans Transcend Biology* (New York: Penguin Group, 2005), pp. 405–406.

250 Among those making this distinction is Robert Tickner, "Reducing the Risk of Chaos After Natural Disasters," *The Canberra Times*, October 10, 2007, p. A15.

251 Marja Eurgenia Ibarraran, Matthias Ruth, Sanjana Ahma, and Marisa

London, "Climate Change and Natural Disasters: Macroeconomic Performance and Distributional Impacts," *Environment Development and Sustainability*, Vol. 11, 2009, pp. 549–579. The authors define disasters as events that have natural causes and lead to 10 or more fatalities, affect 100 or more people, or result in a call for international assistance or the declaration of a state of emergency.
252 Ibid.
253 Joorn Birkmann and Korinna von Teichman, "Integrating Disaster Risk Reduction and Climate Change Adaptation: Key Challenges,—Scales, Knowledge, and Norms," *Sustainability Science*, Vol. 5, Issue 2, July 2010, p. 17.
254 Betty Kotevski, "Flooding Puts Pressure on Australian Investors," *Investor and Pension Asia*, January 14, 2011.
255 Caroline McDonald, "Munich Re Initiates Climate Change Debate As Global Summit Begins," *National Underwriter Property & Casualty/Risk & Benefits Management*, December 1, 2010, News Section No. 12.
256 Anisya Thomas and Lynn Fritz, "Disaster Relief, Inc.," *Harvard Business Review*, Vol. 83, November 2006, pp. 114–122.
257 Byron Scott, "Tsunami Coverage: Slow to Start, Left Us Wanting More," *The Global Journalist*, First Quarter 2005, p. 15.
258 Frances D'Emilio, "Aid Teams Head to Countries Devastated by Tidal Waves," Associated Press Worldstream, December 26, 2004, International News.
259 "Asia's Devastation—Asia's Devastation; the Tsunami," *The Economist*, January 1, 2005, p. 9
260 Jackie Calmes, Ann Carrns, and Jeff D. Opdyke, "New Architecture: As Gulf Prepares to Rebuild, Tensions Mount Over Control," *Wall Street Journal*, September 15, 2005, p. A1.
261 Ibid.
262 Joel Kotkin, *The City: A Global History* (Modern Library, 2005)
263 "New Orleans," *Wall Street Journal*, September 1, 2005, p. A10.
264 Loretta Chao, "In China, Stranded for the Holidays," *Wall Street Journal*, February 1, 2008, p. A6.
265 Jake Hooker and Jim Yardley, "Powerful Quake Ravages China, Killing Thousands," *New York Times*, May 13, 2008, p. 1.
266 "Quake Expert Warns of Aftershocks in Southwest China," BBC Monitoring Asia Pacific –Political, May 12, 2008.
267 "Premier Keeps Promise with Beichuan Students," *Chinadaily.com.cn*, September 2, 2008.
268 Jose de Cordoba and David Luhnow, "Ferocious Earthquake Rocks Haiti," *Wall Street Journal*, January 13, 2010, p. A1. The casualty figure was estimated later.
269 Jose de Cordoba, "Haiti Needs $11.5 Billion, Report Says," *Wall Street Journal*, March 16, 2010, A12.
270 Miriam Jordan, "In Haiti's Tent Cities, Social Order Emerges," *Wall Street Journal*, March 8, 2010, p. A17.
271 "Dionne Searcey and Kevin Noblet, "Time running Out for Haiti Survivors," *Wall Street Journal*, January 16–17, 2010, pp. A1, A6.
272 Christine Kenneally, "The Inferno," *The New Yorker*, October 26, 2009, pp. 46–53. "Australia's Wildfires: The Burning Bush," *The Economist*, February 14, 2009, p. 49.
273 Geoffrey Rogow and Gavin Lower, "Waterlogged Brisbane Begins Cleanup," *Wall Street Journal*, January 15–16, 2011, p. A11.
274 Enda Curran, "Deadly Floods Slam Australian Region," *Wall Street Journal*, January 12, 2011, p. A8.
275 Geofrey Rogow and David Fickling, "Australia's Flood Exact Economic Toll," *Wall Street Journal*, January 6, 2011, p. A13.

276 David Fickling, Enda Curran, and Rachel Pannett, "Australia Floods Peak Woes Rise," *Wall Street Journal*, January 13, 2011, p. A9.
277 Kotevski, op. cit.
278 Audrey E. Kramer, "Russian Villages Ravaged by Wildfires; Thousands Are Homeless and Dozens Are Killed as Heat Wave Sweeps Region," *International Herald Tribune*, July 31, 2010, p. 3.
279 "Floods in Pakistan: After the Deluge," *The Economist*, August 21, 2010, p. 10; Zahid Hussain, "Millions of Children Face Cholera Risk Amid Floods," *Wall Street Journal*, August 17, 2010, p. A9.
280 This section is inspired by Roger E. Kasperson and K. David Pijawka, "Societal Response to Hazards and Major Hazard Events: Comparing Natural and Technological Hazards," *Public Administration Review*, Special Issue, Vol. 45, January 1985, pp. 7–28. Also see entire issue, which is titled "Emergency Management: A Challenge for Public Administration," edited by William J. Petak.
281 Ibid.
282 Robert Block, "Hearings to Shape FEMA's Future," *Wall Street Journal*, September 15, 2005, p. A12.
283 Based on summary by Waugh and Hy, ibid., pp. 2–3.
284 Sian Powell, "Extreme Disasters on the Rise," *The Australian*, All-round Country Edition, August 21, 2007, p.8.
285 Kotevski, op. cit.
286 Waugh and Hy, op. cit., p. 66.
287 Michael Corkery and Ann Carrns, "Supersizing the Levees," *Wall Street Journal*, September 21, 2005, p. A15.
288 Robert Block, Amy Schatz, Gary Fields, and Christopher Cooper, "Power Failure: Behind Poor Katrina Response, a Long Chain of Weak Links," *Wall Street Journal*, September 6, 2005, p. A1.
289 Ann Zimmerman and Valerie Bauerlein, "At Wal-Mart, Emergency Plan Has Big Payoff," *Wall Street Journal*, September 12, 2005, pp. B1, B3.
290 Unfortunately, some communities lack local media. When a train derailment released a toxic cloud of anhydrous ammonia in the small North Dakota city of Minot, local police were unable to broadcast an alert because the six local commercial radio stations were owned by radio giant Clear Channel Communications, which was piping in music and news talk from a remote location. See Will Harper, "Rethinking the Media Monopoly," *East Bay Express* (California), July 7, 2004, in news and features section.
291 Dan Keeney, "In the Eye of the Storm: Ten PR Lessons Learned from Hurricane Ike," *Tactics*, a publication of the Public Relations Society of America, November 2008, p. 9.
292 Joe Hagan and Joseph T. Hallinan, "Why Levee Breaches in New Orleans Were Late-Breaking News," *Wall Street Journal*, September 12, 2005, p. B1.
293 Ibid., p. B4.
294 Ibid.
295 Ibid.
296 Andi Djatmiko, "Death Toll from Tidal Waves mounts to Around 44,000," The Associated Press, December 28, 2004, International News.
297 Patrick Barta and Yayu Yuniar, "Rising Indonesia Tsunami Toll Exposes Flaws in Alert System," *Wall Street Journal*, October 29, 2010, p. A12.
298 Ibid.
299 Mei Fong, "Technology Helped News Spread Quickly," *Wall Street Journal*, May 13, 2008, p. A14.
300 Ibid.
301 "Tsunami Warnings: Run Like the Wind," *The Economist*, January 1, 2005, p. 18.

302 "Escape Snafus: U.S. Power Plants Have Fouled Up Disaster Drills," *Wall Street Journal*, May 9, 1986, p. 8.
303 See Patrick Lagadec, *Preventing Chaos in a Crisis: Strategies for Prevention, Control and Damage Limitation*, translated by Jocelyn M. Phelps (London: McGraw-Hill Book Company, 1993), pp. 305, 337–338.
304 Corey Boles, "Clearing Emergency Radio Waves," *Wall Street Journal*, August 7, 2007, p. A4.
305 Kenneally, op. cit., p. 46.
306 "Chinese President Visits Quake-Hit People in Beichuan County, Sichuan 16 May," BBC Monitoring Asia Pacific—Political.
307 Shai Oster, "Rescue Effort Overwhelms China," *Wall Street Journal*, May 15, 2008, p. A1.
308 Robert Block, Amy Schatz and Gary Fields, "Power Failure: Behind Poor Katrina Response, a Long Chain of Weak Links," *Wall Street Journal*, September 6, 2005, p. A1.
309 Robert Block, "U.S. Had Plan for Crisis Like Katrina," *Wall Street Journal*, September 19, 2005, p. A3.
310 Robert Block, "FEMA Points to Flaws, Blubs in Terror Drill," *Wall Street Journal*, October 31, 2003, p. B1.
311 Alternative: Rowan Callick, "Beijing at Best in Response to Crisis—China Quake," *The Australian*, May 14, 2008, p. 22.
312 James T. Areddy, "China Tries to Help Its Homeless," *Wall Street Journal*, May 21, 2008, p. A15.
313 Ibid.
314 Chad Terihune, "Along Battered Gulf, Katrina Aid Stirs Unintended Rivalry," *Wall Street Journal*, 9/29/05, pp. A1 & A8.
315 Alan Murray, "The Profit Motive Has a Limit: Tragedy," *Wall Street Journal*, Sept. 7, 2005, p. 12.
316 Ad in *Wall Street Journal*, September 7, 2005, p. A13.
317 Murray, op. cit.
318 Susan Warren, "Employers Struggle to Pick Up Pieces," *Wall Street Journal*, September 1, 2005, p. A6.
319 Michelle Krupa, "Report: N.O. Is Poised to Bounce Back; But Post-Katrina Data Not All Favorable," *Times-Picayune*, August 4, 2010, p. B01.
320 Kevin McGill, "Post-Katrina Report a Mixed Bag for New Orleans," The Associated Press State & Local Wire, August 4, 2010.
321 Michael M. Phillips and Cynthia Crossen, "Will New Orleans Rebound?" *Wall Street Journal*, Sept. 1, 2005, pp. B1, B7.
322 Michael Corkery and Ann Carrns, "Supersizing the Levees," *Wall Street Journal*, September 21, 2005, p. A15.
323 From John Carey, Lorraine Woellert, Eamon Javers, and Otis Port, "Let That Be a Warning," *BusinessWeek*, September 12, 2005, pp. 42–43.
324 Alex Frangos, "Can Rebuilding New Orleans Solve Its Old Problems," *Wall Street Journal*, September 8, 2005, p. B1.
325 Tony Freemantle, "Katrina's Aftermath; New Orleans' Revival; Recapturing the City's Flavor Is Not a Given," *The Houston Chronicle*, September 4, 2005, p. A1.
326 "After the Tsunami: The Rebuilding Starts," *The Economist*, February 5, 2005, p. 42. *The Economist* compiled a chart listing the amounts showing government pledges and private donations. See "The Tsunami: After the Deluge," *The Economist*, January 8, 2005, p. 24.
327 "Tourism and Asia's Tsunami: Back to the Beach?" *The Economist*, January 8, 2005, p. 54.

328 Gordon Fairclough and Matt Pottinger, "Tourists Return to Damaged Coasts," *Wall Street Journal*, January 4, 2005, p. D1.
329 Ron Lieber, "Airlines and Hotels Offer Refunds," *Wall Street Journal*, January 4, 2005, p. D5.
330 "Tsunami-Hit Areas Ask West not to Warn Off Vacationers," *Wall Street Journal*, January 26, 2005, p. D5.
331 Bruce Stanley and John Larking, "Tourism Industry Treads Carefully," *Wall Street Journal*, December 31, 2005, p. A5.
332 Members of the Air Force team, the 621st Contingency Response Wing, thought they should have been sent earlier and could have avoided the flight freeze the day before. Dionne Searcey and Kevin Noblet, op. cit., p. 6.
333 Ibid.
334 Dave Yates and Scott Paquette, "Emergency Knowledge Management and Social Media Technologies; A Case Study of the 2010 Haiti Earthquake," *International Journal of Information Management*, Vol. 31, Issue 1, February 2011, pp. 6–13.
335 Jacob Goldstein and Avery Johnson, "Survivors Face Threat of Outbreak of Disease," *Wall Street Journal*, January 15, 2010, p. A11.
336 Robert Greenhill, "The Corporate Response to Haiti," *Wall Street Journal*, July 17–18, 2010, p. A11. A report, "Innovations in Corporate Global Citizenship: Responding to the Haiti Earthquake," will be published by the World Economic Forum.
337 Ianthe Jeanne Dugan and Corey Dade, "Health Risks Grow Among Survivors," *Wall Street Journal*, January 21, 2010, p. A12.
338 "Haiti"s Ongoing Disaster; Earthquake Recovery Efforts Have Stalled Amid Poor Planning, Slow Delivery of Aid and Corruption," Editorial Desk, *Los Angeles Times*, July 19, 2010, p. A16.
339 Inbrid Arnesen and Mike Esterl, "Haiti Struggles to Contain Cholera," *Wall Street Journal*, October 28, 2010, p. A13; Jose de Cordoba, "Aid Spawns Backlash in Haiti," *Wall Street Journal*, November 13–14, 2010, pp. A1, A10.
340 Tarini Parti, "Haiti Earthquake: Six Months Later, Are Relief Efforts Dragging?" *Christian Science Monitor*, July 12, 2010.
341 "Haiti at Six Months," *New York Times*, July 17, 2010, editorial section, p. A18. Also, "Rebuilding Haiti: Dreaming Beyond the Rubble," *The Economist*, April 17, 2010, p. 41.
342 Jose De Cordoba, "Planned Haitian Textile Park Provides Hope for Jobs," *Wall Street Journal*, January 11, 2011, p. A12.
343 Gordon Fairclough, "China Sets Mourning Period as Rescues Continue," *Wall Street Journal*, May 19, 2008 (Online).
344 James T. Areddy and Miho Inada, "China to 'Allow Foreign Help' as Death Toll Is Raised," *Wall Street Journal*, May 16, 2008.
345 Hugo Gurdon, "Why They Left Her to Weep in the Rubble; The Plight of Kobe's Earthquake Victims Was Worsened by the Incompetence of the Authorities," *The Daily Telegraph*, January 27, 1995, p. 19.
346 Norihiko Shirouzu and Michael Williams, "Rescue, Relief Efforts Criticized by Many in Japanese Quake Zone," *Wall Street Journal*, January 19, 1995 p. A15.
347 James Sterngold, "Gang in Kobe Organizes Aid for People in Quake," *New York Times*, January 22, 1995, p. 9.
348 Wall Street Journal News Roundup, "Myanmar Cyclone Death Toll Climbs Into Thousands," *Wall Street Journal*, May 6, 2008, p. A10.
349 "Burman Warned a Week Ago," *The Nation* (Thailand), May 7, 2008.
350 "Myanmar After the Cyclone: A Modest Opening," *The Economist*, May 24, 2008, p. 58.

351 Patrick Barta, "Myanmar Regime Takes Control of U.N. Shipment," *Wall Street Journal*, May 10–11, 2008, p. A5.
352 "Myanmar's Cyclone: The Regime Is Satisfied," *The Economist*, May 17, 2008, p. 52.
353 "The UN and Humanitarian Intervention: To Project Sovereignty, Or to Protect Lives?" *The Economist*, May 17, 2008, p. 73.
354 James Hookway, "Myanmar Urges Vote Amid Crisis," *Wall Street Journal*, May 10–11, 2008, p. A5.
355 "Myanmar After the Cyclone," op. cit.
356 Block, op. cit.
357 Robert Block, Greg Hitt, and Jess Bravin, "Aid for Asia Rises Amid Daunting Needs, Logistics," *Wall Street Journal*, December 29, 2005, p. A1.
358 "The World's Response: More Generous Than Thou," *The Economist*, January 8, 2005, p. 27.
359 Ibid., p. 29
360 Thomas and Fritz, op. cit., p. 114.
361 Guy Gaylor, "U.S. Firms Contribute $80 Million," *Washington Times*, December 31, 2004, p. A01.
362 Kelley Holland, "New Corporate Path To Disaster Relief," *New York Times*, December 23, 2007, Section 3, p. 14.
363 Ibid.
364 Thomas and Fritz, op. cit., pp. 117–119.
365 Phil Turner, "Companies Seek Better Disaster Response," CUP, May 12, 2005.
366 Glenn R. Simpson, "Just in Time: In Year of Disasters, Experts Bring Order to Chaos of Relief," *Wall Street Journal*, November 22, 2005, p. A1.
367 Ibid., p. A12.
368 James Hookway, "Aid Groups Were Ready to Respond," *Wall Street Journal*, October 2, 2009, p. A8.
369 Larry Brilliant, "The Age of Pandemics," *Wall Street Journal*, May 2–3, 2009, p. W1.
370 Herb Schreier, "Don't Be Blinded by the Human Genome Project," *San Francisco Chronicle*, September 18, 2000, p. A17.
371 Robin Cook, "Plague: A New Thriller of the Coming Pandemic," *Foreign Affairs*, November/December, 2009, p. 62.
372 The Black Death is described by Emily Anthes, "What a Pest: Why the Black Death Still Won't Die," *Foreign Policy*, November/December 2009, p. 67.
373 Brilliant, op. cit., p. W2.
374 Dale Keiger, "Farmacology," Johns Hopkins Magazine (http://www.jhu.edu/jhumag/0609web/ farm.html).
375 Ibid., p. 2
376 Mitchell J. Schwaber and Yehuda Carmeli, "Don't Forget the Bacterial Threat," *Wall Street Journal*, August 12, 2009, p. A15.
377 Bryson, op. cit., p. 314. He states the discomforting fact that the average healthy person has a herd of about one trillion bacteria grazing on the skin—see p. 302.
378 Lawrence K. Altman, "Is This a Pandemic? Define 'Pandemic'," *New York Times*, June 9, 2009, p. 1.
379 Betsy McKay, "Swine-Flu Report Details Number of Potential Cases," *Wall Street Journal*, August 25, 2009, p. A3.
380 Betsy McKay, "About 1 in 6 Americans Hit With Swine Flu," *Wall Street Journal*, December 11, 2009, p. A6.
381 Bill Bryson, *A Short History of Nearly Everything* (New York: Broadway Books, a division of Random House, 2003), p. 319.
382 "AIDS: WHO's Counting," *The Economist*, November 24, 2007, p.65.

383 David Ballingrud, "African Dust May Bring Disease to U.S.; Wind Sweeping Bacteria, Fungi Across the Atlantic," *Chicago Sun-Times*, September 6, 2000, p. 42.
384 David P. Fidler, *SARS, Governance and the Globalization of Disease* (New York: Palgrave Macmillan, 2004), p. 13.
385 Matt Pottinger, Elena Cherney, Gautam Naik, and Michael Waldholz, "Cellular Sleuths: How Global Effort Found SARS Virus in Matter of Weeks," *Wall Street Journal*, April 16, 2003, p. A1.
386 "Epidemics & Economics," *BusinessWeek*, April 28, 2003, p. 44. For a comprehensive review of SARS see David P. Fidler, *SARS, Governance and the Globalization of Disease* (New York: Palgrave Macmillan, 2004).
387 "Global Health: Preparing for the Worst," *The Economist*, May 9, 2009, p. 83.
388 Bryson, op. cit., p. 316.
389 Fidler, op. cit., pp. 71–72.
390 Ibid., p. 5.
391 Ibid., p. 6.
392 Ibid.
393 Arthur Kleinman and James L. Watson (eds.) *SARS in China: Prelude to Pandemic?* (Stanford, C.A.: Stanford University Press, 2006), p. 3.
394 Fidler, op. cit., p. 107 ff.
395 Ibid., p. 121.
396 Ibid., p. 74.
397 Ibid., pp. 74–75.
398 Ibid., pp. 1, 76, 82, 187.
399 Ibid., p. 77.
400 Lawrence K. Altman, "Sound the Alarm? A Swine Flu Bind," *New York Times*, April 28, 2009, p. D1.
401 Fidler, op. cit., p. 79.
402 Ibid., p. 93.
403 Ibid.
404 Ibid., p. 95.
405 Viewpoint of Fidler, ibid., p. 95.
406 Ibid., pp. 96–97.
407 "Cracks in the Wall. . . ." *Wall Street Journal*, April 21, 2003, p. A1.
408 Ibid.
409 Fidler, op. cit., p. 99.
410 Ibid., p. 104.
411 Kleinman and Watson, op. cit., p. 5.
412 "Standing Guard: How a Big Factory Is Keeping SARS Out," *BusinessWeek*, May 5, 2003, p. 46.
413 Fidler, op. cit., p. 103.
414 Fidler, p. 118.
415 WHO, *Severe Acute Respiratory Syndrome (SARS): Status of the Outbreak and Lessons for the Immediate Future* (Geneva: WHO, 2003), p. 8
416 Jose de Cordoba and Ana Compoy, "Mexico Closes Schools as Virus Spreads Widely," *Wall Street Journal*, April 28, 2009, p. A5.
417 Marc Lacey and Elisabeth Malkin, "Mexico Takes Emergency Powers to Track and Isolate Cases of a Deadly Flu," *New York Times*, April 26, 2009, p. 6; Betsy McKay and David Luhnow, "Mexico Races to Stop Deadly Flu Virus," *Wall Street Journal*, April 25/26, 2009, p. A1.
418 Henry I. Miller, "Understanding Swine Flu," *Wall Street Journal*, April 28, 2009, p. A13. Also see "The Origin of Swine Flu: Putting the Pieces Together," *The Economist*, May 30, 2009, p. 82.

419 Peter Stein and Gordon Fairclough, "Asian Nations Move Quickly to Check Virus," *Wall Street Journal*, April 28, 2009, p. A4.
420 Jonathan Weisman, "Biden's Remarks Derail President's Temperate Message," *Wall Street Journal*, May 1, 2009, p. A10.
421 Betsy McKay, "New Strain of Flu Virus Spreads to 18 Countries," *Wall Street Journal*, May 4, 2009, p. A14.
422 Andrew Browne, "China Forces Dozens of Mexican Travelers Into Quarantine," *Wall Street Journal*, May 4, 2009, p. A14. Wenran Jiang, "Hard Lessons of SARS Crisis Explain China's Tough Action; In Beijing's View, Quarantining Canadians and Banning Alberta Pork Are Sensible Precautions," *Toronto Star*, May 6, 2009, p. A21.
423 Betsy McKay, "New Strain of Flu Virus Spreads to 18 Countries, *Wall Street Journal*, May 4, 2009, p. A14.
424 Shai Oster and Patricia Jialyi Ho, "China Clashes With Canada as Mexicans Depart," *Wall Street Journal*, May 6, 2009, p. A10.
425 Betsy McKay, "Flu Fears Spur Global Triage," *Wall Street Journal*, April 27, 2009, p. A1.
426 *Wall Street Journal*, May 6, 2009, p. A5.
427 "Birth of a Disaster," *The Economist*, March 14, 1998, p.22.
428 Richard Rhodes, *Deadly Feasts: Tracking the Secrets of a Terrifying New Plague* (New York: Simon & Shuster, 1997), pp. 171–172.
429 Ibid., p. 244.
430 Paula Dwyer, Julia Flynn and Heidi Dawley, "Mad Cows-and Mad Politicians," *BusinessWeek*, April 8, 1996.
431 Rhodes, op. cit., pp. 180–181.
432 Ibid., p. 185.
433 Ibid., p. 212; "Of Secrecy and Madness," *The Economist*, October 28, 2000, p. 53.
434 Fred Barbash, "Mad Cow Disease Fears," *The Washington Post*, March 26, 1996, p. A9.
435 www.bseinquiry.gov.uk
436 http://news.bbc.co.uk/hi/english/sttic/in_depth/health/2000/bse/bse_cases
437 *USA Today*, December 14, 2000, p. 25A.
438 "Mad Cow Rules Are Justified," *The Gazette* (Montreal), July 13, 2007, p. A18.
439 Patrick van Zuanenberg, *BSE: Risk, Science, and Governance* (Oxford: Oxford University Press, 2005), p. 236.
440 Ibid, pp. 231–232.
441 David Brooks, "Globalism Goes Viral," *New York Times*, April 28, 2009, p. A23.
442 "AIDS: WHO's Counting," *The Economist*, November 24, 2007, p.65.
443 Henry I. Miller, "Understanding Swine Flu," *Wall Street Journal*, April 28, 2009, p. A13.
444 Ron Winslow and Avery Johnson, "Deadlier Strain Would Overwhelm Health Systems," *Wall Street Journal*, May 1, 2009, p. A10.
445 Jeanne Whalen and Gautam Naik, "Officials Face a Tough Decision Over Ordering Vaccine," *Wall Street Journal*, April 30, 2009, p. A5.
446 Ibid.
447 Scott Gottlieb, "Why You Can't Get the Swine Flu Vaccine," *Wall Street Journal*, October 28, 2009, p. A21.
448 Nicholas Winning and Laurence Norman, "U.K. Ramps Up Flu Preparation," *Wall Street Journal*, July 21, 2009, p. A11.
449 Donald G. McNeil Jr., "Officials Point to Swine Flu in New York," *New York Times*, April 26, 2009, p. 19.

450 Betsy McKay and Jeanne Whalen, "Delay Undercuts H1N1 Vaccine Campaign," *Wall Street Journal*, October 17–18, 2009, p A4.
451 Flavelle, op. cit.
452 Ibid.
453 Carole Gorney, "Are You Ready for H1N1? The Unique Challenges of Pandemic Preparedness Planning," *Tactics*, a publication of the Public Relations Society of America, September 2009, p. 10.
454 Cam Simpson and Betsy McKay, "Swine Flu Threat to Business Prompts a Call for Readiness," *Wall Street Journal*, August 20, 2009, p. A3.
455 Some of these recommendations and others are mentioned by David Howell, principal of The Pandemic 101 Corp., an emergency preparedness consultancy based in Mississauga in Dana Flavelle, "Corporate Watch Begins on Swine Flu; Preparedness Planners Say They're Advising Firms Not to Overreact Until We Get more information," *Toronto Star*, April 28, 2009, p. B3.
456 "Pandemic Planning: Flu Fighters," *The Economist*, October 6, 2007, p. 88.
457 "University of Toronto Joint Center for Bioethics; Medical Ethics Experts Identify, Address Key Issues in H1N1 Pandemic," *Drug Week*, October 9, 2009, p. 1863.
458 *The Economist*, May 9, 2009, p. 38.
459 Betsy McKay and Cam Simpson, "Fighting Flu Without Big Gun," *Wall Street Journal*, September 9, 2009, p. A3.
460 Emily Steel, "Soap Makers, Others Hitch Ads to Swine Flu," *Wall Street Journal*, April 30, 2009, p. B1.
461 Jennifer Corbett Dooren, "FDA Gives Advice on Divulging Risks," *Wall Street Journal*, May 27, 2009, p. B6.
462 Evan Ramstad, "Korea's Beef With the U.S.," *Wall Street Journal*, June 6, 2008, p. A11.
463 Michael Hansen, "Stop the Madness," *New York Times*, June 20, 2008, p. 21
464 "China's Latest Virus: Better Safe Than Sorry," *The Economist*, May 10, 2008, p. 52.
465 "Global Health: A Shot of Transparency," *The Economist*, August 12, 2006, p. 65.
466 Gautam Naik, "Transmission of Virus a Puzzle for Scientists," *Wall Street Journal*, May 4, 2009, p. A14.
467 Peter A. Singer, "Grading a Pandemic; It's Now Been a Fortnight Since Swine Flu Hit Us. How Have We Handled It, and What Have We Learned?" *National Post* (from *The Financial Post*) (Canada), May 11, 2009, p. A14.
468 Betsy McKay, "New Strain of Flu Virus Spreads to 18 Countries, *Wall Street Journal*, May 4, 2009, p. A14.
469 "New America Media; NAM Launches Emergency Network System That Will Deliver Disaster Alerts and Health Warnings to Ethnic Communities," *Drug Week*, p. 1922.
470 "Google Site Lets Users Follow Flu Outbreaks," *Wall Street Journal*, Nov 12, 2008, p. D16.
471 David Barstow, David Rohde and Stephanie Saul, "Deepwater Horizon's Final Hours," *New York Times*, December 26, 2010, p. 1.
472 Margaret Nelson Brinkhaus, Eve Conant and Andrew Romano, "Death on the Mississippi," *Newsweek*, August 13, 2007, pp. 41–43.
473 Eric Scigliano, "10 Technology Disasters," *Technology Review*, Vol. 105, No. 3, June 2002, pp. 49–50.
474 See Charles Perrow, *Normal Accidents: Living with High-Risk Technologies* (New York: Basic Books, 1984).
475 Alexei Breus, "Chernobyl 22 years later: Reactors Defueled, Sarcophagus Stabilized," *Nucleonics Week*, Vol. 49, May 1, 2008, p. 7; Jane Armstrong, "Nature Lover

Discover Chernobyl," *The Globe and Mail* (Canada), October 5, 2007, p. A22; Guy Fugliotta, "Putting a Lid on Chernobyl," *Washington Post* national *Weekly Edition*, January 6–12, 2003, p. 18.

476 "Russian Authorities Hush Up Chernobyl Disaster Consequences," BBC Monitoring Former Soviet Union—Political, April 26, 2009.

477 Terry Macalister and Helen Carter, "National: Hundreds of Farms Still Restricted by Fallout from Chernobyl," The *Guardian* (London), May 13, 2009, p. 9.

478 Ray Kurzweil, *The Singularity Is Near: When Humans Transcend Biology* (New York: Viking Press, 2005), p. 50.

479 *Questions and Answers on the Singularity*, distributed by Viking Press, p. 3. Kurzweil's book identifies three great overlapping revolutions: genetics, nanotechnology, and robotics—using the acronym GNR. Technology has always been a mixed blessing. Despite its dangers, it will extend life and free us from physical and mental drudgery. The technology of gene engineering "has the potential to bypass evolutionary protections by suddenly introducing new pathogens for which we have no protection, natural or technological." For this reason, some scientists believe that it's better not to carry out certain technologies to avoid possible disastrous outcomes. Opposition to genetically modified organisms (GMOs)—often resulting in crises of confrontation and, sometimes, malevolence—is one consequence of this attitude. Furthermore, GNR can be employed by a bioterrorist "to create a bioengineered biological virus that combines ease of transmission, deadliness, and stealthiness. . . ."

480 "Public and Experts See Risks Differently," *Chemecology*, Vol. 19, February 1990, p. 9.

481 For a further discussion of this topic, see first edition of this book, pp. 272–274.

482 Jeffrey Ball, "Disaster Invokes the Specter of Valdez," *Wall Street Journal*, May 3, 2010, p. A4.

483 Ben Casselman, Russell Gold and Angel Gonzalez, "Blast Jolts Oil World," *Wall Street Journal*, April 22, 2010, p. A4.

484 Guy Chazan, "Final Seal for Well In Gulf Is Delayed," *Wall Street Journal*, August 20, 2010, p. A2. Also see Siobhan Hughes, "Spill Fix Doomed to Fail," *Wall Street Journal*, November 23, 2010, p. A3.

485 Harry R. Weber, "'Bottom Kill' Complete, Engineers Test Gulf Well," *Washington Post*, September 19, 2010, p. A10.

486 Cassandra Sweet, "Spill Uncorked 4.9 Million Barrels," *Wall Street Journal*, August 3, 2010, p. A7.

487 Ann Zimmerman, "Big Skimmer Hindered By Weather; Oil Hits Texas," *Wall Street Journal*, July 6, 2010, p. A14.

488 Chazan, op. cit.

489 Jared Favole and Stephen Power, "Obama to Name Panel to Probe Disasters," *Wall Street Journal*, May 18, 2010, p. A7.

490 Robert Lee Hotz, "Oil Plume From Spill Persists, Data Show," *Wall Street Journal*, August 20, 2010, p. A1, A2. Also see Jeffrey Ball, "Strong Evidence Emerges of BP Oil on Seafloor," *Wall Street Journal*, December 9, 2010, p. A20.

491 Some mishaps occurred, such as when a powerful storm capsized a huge Norwegian oil rig in 1980 that killed all 123 workers aboard. Also, in 1998, a fire aboard a U.K. North Sea platform killed 167 people.

492 Cory Dade, "Containment Structure Near Seafloor," *Wall Street Journal*, May 8–9, 2010, p. A5.

493 Guy Chazan, "New Drilling rules Imperil Some Rig Operators," *Wall Street Journal*, August 3, 2010, p. A6.

494 Sam Fletcher, "Deep Water, Deep Drilling Stimulate Gulf of Mexico," *Oil & Gas*

Journal, June 11, 2007, Vol. 105, Iss 22, pp. 20–24. Also see Bryant Urstadt, "The Oil Frontier," *Technology Review,* Vol. 109, July/August 2006.
495 Russell Gold and Ben Casselman, "Far Offshore, a Rash of Close Calls," *Wall Street Journal,* December 9, 2010, p. A1.
496 Ben Casselman and Guy Chazan, "Disaster Plans Lacking at Deep Rigs," *Wall Street Journal,* May 18, 2010, p. A6.
497 Peter N. Spotts, "Gulf Oil Spill: Why Is it So Hard to Stop?" *Christian Science Monitor,* June 8, 2010.
498 Ed Crooks, "Crisis Exposes Risks of the Deep," *Financial Times,* May 4, 2010, p. 2.; Tom Bower, "Drilling Down: A Troubled Legacy in Oil," *Wall Street Journal,* May 1–2, 2010, p. W3.
499 Spotts, op. cit.
500 Philip Sherwell, Alex Hannaford, James Quinn, "BP: From Bad to Disastrous," *The Sunday Telegraph* (London), June 20, 2010, p. 27.
501 Ulrich Beck, "Comment: No More BPs: We Must Turn Our Deserts into Solar Power: The Deepwater Horizon Disaster Should Make Us Look to the Sun, and Start a Revolution in How We Meet Our Energy Needs," The *Guardian* (London), July 6, 2010, p. 28.
502 Ben Casselman and Siobhan Hughes, "Contractor Accused of Flawed Job on Rig," *Wall Street Journal,* October 29, 2010, p. A1.
503 Ben Casselman, "Industry Weighs New Safeguards for Offshore Drilling," *Wall Street Journal,* May 21, 2010, p. A6.
504 Stephen Power and Guy Chazan, "Navy Joins Oil Spill Fight," *Wall Street Journal,* April 30, 2010, p. A6.
505 Tim Webb and Ed Pilkington, "BP Faces $34 Bn in Fines as Senate Smashes Estimates," The *Guardian,* pp. 10, 18.
506 BP's poor corporate culture is mentioned in "Briefing: BP and the Oil Spill: The Oil Well and the Damage Done," *The Economist,* June 19, 2010, p. 66. Also see Guy Chazan, Benoit Faucon, and Ben Casselman, "BP's Fatal Culture Clash: Cost vs. Safety," *The Australian,* July 1, 2010, p. 26.
507 Paul Sonne, "In Crisis, Hayward Struggled to Find Right Tone," *Wall Street Journal,* July 26, 2010, p. A7.
508 Spotts, op. cit.
509 "BP to Invest $1-Billion Upgrades to Texas City; Company Could Face Criminal Charges Over Refinery Blast," *Platts Oilgram Price Report,* December 12, 2005, Vol. 83, No. 238, p. 1.
510 Steven Greenhouse, "BP Incurs Record Fine for Plant Safety Violation; Failure to Correct Hazards at Texas Refinery Costs Company $50.6 Million," *International Herald Tribune,* August 14, 2010, p. 9.
511 Bower, op. cit. Also see Cassandra Sweet and Guy Chazan, "BP Faces New Hit Over Spill in Alaska," *Wall Street Journal,* November 20–21, 2010, p. B1.
512 Jan Urbana, Justin Gillis and Clifford Kramer, "On Defensive, BP Tests Ideas to Stem Leaks," *New York Times,* May 4, 2010, p. A1. Guy Chazan and Neil King, "BP's Preparedness for Major Crisis Is Questioned," *Wall Street Journal,* May 10, 2010, p. A6.
513 Laurent Belsie, "Six Lessons from the BP Oil Spill; What the Tragedy of the BP Oil Spill Has Taught Us About Regulations, Technology, and How Our Energy Diet Must Change," *Christian Science Monitor,* July 10, 2010, np.
514 Ben Casselman and Guy Chazan, "Disaster Plans Lacking at Deep Rigs," *Wall Street Journal,* May 18, 2010, p. A1.
515 Chazan and King, op. cit.
516 Angel Gonzalez and Brian Baskin, "'Static Kill' Begins, Raising New Hopes,"

Wall Street Journal, August 4, 2010, p. A4. Also see Guy Chazan, "BP Nears Final Steps on Well," *Wall Street Journal*, August 5, 2010, p. A4.
517 Guy Chazan, "Experts Question Why BP Delayed Cap," *Wall Street Journal*, July 22, 2010, p. A6.
518 Russell Gold and Ben Casselman, "Alarm Was Disabled Before BP Blast," *Wall Street Journal*, July 24–25, 2010, p. A1. Jacqui Goddard, "Alarms 'Were Silenced' Before BP Oil Well Blast," *The Times* (London), July 23, 2010, p. 7.
519 "Briefing: BP and the Oil Spill," op. cit., p. 67.
520 "Nuclear Power; Bursting Point," *The Economist*, August 14, 2004, p. 54.
521 Mihama Yamaguchi, "Accident at Japanese Nuclear Plant Kills at Least Four, Raises Worries About Reactor Safety," The Associated Press, August 10, 2004.
522 Peter Landers, "Diary of Nuclear Accident: Japan Wasn't Ready," *Wall Street Journal*, October 8, 1999, p. A17.
523 Stecklow, op. cit., p. A7.
524 Eric Scigliano, "10 Technology Disasters," *Technology Review*, Vol. 105, No. 3, June 2002, pp. 49–50. He explains the 1965 blackout as one of faulty design; "Lights Out: Huge Power Failure Hits Major Cities in U.S. and Canada," *Wall Street Journal*, August 15, 2003, p. A1. Rebecca Smith, "Report Sheds Light on Blackout," *Wall Street Journal*, October 20, 2003, p. A6.
525 "Business and Terrorism: Homeland Insecurities," *The Economist*, August 23, 2003, p. 49.
526 Eleeena de Lisser and Mielikki Org, "After Blackout, Hotels Rethink Disaster Plans," *Wall Street Journal*, August 20, 2003, p. D1.
527 "Homeland Insecurities," *The Economist*, August 23, 2003, p. 49; "Lights Out: Huge Power Failure Hits Major Cities in U.S. and Canada," a news roundup, *Wall Street Journal*, August 15, 2003, p. A1.
528 Rebecca Smith and Jospeh T. Hallinan, "Splintered Midwest Grid Helped Outage Spread," *Wall Street Journal*, August 19, 2003, p. A3.
529 Rebecca Smith, "Blackout Could Have Been Avoided," *Wall Street Journal*, April 6, 2004, p. A6.
530 Ibid.
531 Jason Pontin, editor of *Technology Review*, July/August 2010, p. 10.
532 See Jay Stuller, "The Balance of Terror on Main Street, USA," *Across the Board*, Vol. 24, February 1987, pp. 37–41.
533 Rebecca Smith, "The New Nukes," *Wall Street Journal*, September 8, 2009, p. R3. Backgrounder Even in NASA's space explorations, the desirability of using alternative technology has been proposed. Why risk humans when unmanned robots or research on earth can achieve the same results?
534 Hearing was held on May 11, 2010, and shown on C-span.
535 Belsie, op. cit.
536 Discussed in Irving L. Janis, *Crucial Decisions: Leadership in Policymaking and Crisis Management* (New York: The Free Press, 1989), pp. 145–147.
537 Barry Meier and Terence Toth, "Union Carbide Says Site Lacked New Safety Gear," *Wall Street Journal*, August 13, 1985, p. 3.
538 See first edition of *The Crisis Manager: Facing Risks and Responsibility* (Mahwah, N.J.: Lawrence Erlbaum Associates, 1997), p. 43.
539 Belsie, op. cit.
540 Laurent Belsie, "Six Lessons from the BP Oil Spill; What the Tragedy of the BP Oil Spill Has Taught Us About Regulations, Technology, and How Our Energy Diet Must Change," *Christian Science Monitor*, July 10, 2010, np.
541 Guy Chazan and Neil King, "BP's Preparedness for Major Crisis Is Questioned," *Wall Street Journal*, May 10, 2010, p. A6.

542 Tim Webb, Ed Pilkington, "BP Accused of Oil Spill Lies to Congress," *The Guardian,* June 21, 2010, p. 16.
543 Rowena Mason, "BP 'Told of Safety Device Fault Weeks Before Rig Explosion,'" *The Daily Telegraph,*" June 22, 2010, p. B1.
544 Ben Casselman and Russell Gold, "Federal Probe Extends to 2 BP Managers," *Wall Street Journal,* July 23, 2010, p. A4.
545 Tom Bower, "Drilling Down: A Troubled Legacy in Oil," *Wall Street Journal,* May 1–2, 2010, p. W3. The blame game would continue in anticipation of lawsuits. Two BP executives, who declined to be publicly identified, claimed that Transocean's own documents specify that its workers aboard the Deepwater Horizon rig were in charge of operations and monitoring the oil well. Russell Gold and Guy Chazan, "BP Tries to Shift Blame to Transocean," *Wall Street Journal*, May 22–23, 2010, p. A4
546 Stephen Power and John R. Emshwiller, "Investigators Focus on Failed Device," *Wall Street Journal*, May 6, 2010, p. A5.
547 Ibid.
548 Ad appeared in the *Wall Street Journal*, September 28, 2010, p. A22.
549 Belsie, op cit.
550 Jeffrey Ball, "Oil-spill Dispersants Get Scrutiny," *Wall Street Journal*, August 2, 2010, p. A3.
551 Jeffrey Ball, "Success on Surface, Questions Below," *Wall Street Journal*, August 4, 2010, p. A4. Also see Jeffrey Ball, "Strong Evidence Emerges of BP Oil on Seafloor," *Wall Street Journal*, December 9, 2010, p. A20.
552 Belsie, op. cit.
553 Angel Gonzalez, "Oil Firms Plan Rapid-Response Force," *Wall Street Journal,* July 22, 2010, pp. A1, A6.
554 Ibid.
555 Howard W. French, "Question for Japan," *New York Times*, October 3, 1999, p. NE8.
556 "Operator Blamed for Nuclear Leak at Japanese Plan," *Wall Street Journal*, October 13, 1999, p A25.
557 Landers, op. cit.
558 "Electricity in America; How to Keep the Lights On," *The Economist*, August 23, 2003, p. 10.
559 Peter Coy, "Political Power Overload," *BusinessWeek*, September 1, 2003, p. 28.
560 Jeffrey Ball, "Energizing Off-Grid Power," *Wall Street Journal*, August 18, 2003, p. B1.
561 John J. Fialka, "Power Industry Sets Campaign to Upgrade Grid," *Wall Street Journal*, August 25, 2003, p. A3.
562 Rebecca Smith, "Overloaded Circuits: Outage Signals Major Weaknesses in U.S. Power Grid," *Wall Street Journal*, August 18, 2003, p. A8; Rebecca Smith, "Blackout Probe Focuses on Ohio," *Wall Street Journal*, August 18, 2008, p. A3.
563 Jacob M. Schlesinger, "New Pressure Arises for Energy Bill," *Wall Street Journal*, August 18, 2003, p. A6.
564 Erica Herrero-Martinez, "Fuel Fight: Patrick Moore Believes in Nuclear Power—to the Disbelief of Former Greenpeace Colleagues," *Wall Street Journal*, February 12, 2007, p. R11.
565 Guy Chazan, "Sweden Set to Overturn Ban on Nuclear Power," *Wall Street Journal*, February 6, 2009, p. A7.
566 Mariko Sanchanta, Chester Dawson and Juro Osawa, "Quake, Tsunami Slam Japan," *Wall Street Journal*, March 12—13, 2011, p. A1; Jhred Dvorak, Joro Osawa and Yka Hayashi, "Japanese Crisis Is Ranked Alongside Chernobyl," *Wall Street Journal*, April 21, 2011, p. A1.

567 Chester Dawson and Yka Hayashi, "Fateful Move Exposed Japan Plant," *Wall Street Journal*, July 12, 2011, p. A6.
568 When the Steam Clears, *The Economist*, March 26, 2011, p. 79.
569 Matt Moffett, Anthony Esposito and Carolina Pica, "Chile's Rescue Formula: '75% Science, 25% Miracle,'" *Wall Street Journal*, October 14, 2010, p. A1, 17.
570 Peggy Noonan, "Viva Chile! They Left No Man Behind," *Wall Street Journal*, October 16–17, 2010, p. A17.
571 http://intranet.bnl.gov/newsclips/
572 Anne Trafton, "Nanotech on the Farm," *Technology Review*, Vol. 113, July/August 2010, p. M17.
573 Patti Waldmeir, "The Brave New Risks of Nanotechnology," *Financial Times* (London, USA Edition), September 19, 2007, p. 14.
574 Stephen Baker and Adam Aston, "Why the Old Rules Don't Apply," *BusinessWeek*, February 14, 2005, p. 68.
575 Stephen Baker and Adam Aston, "The Business of Nanotech," *BusinessWeek*, February 14, 2005, pp. 64–71.
576 Alex Scott, "Nanotechnology; Chalking Up Success in the Downturn," *Chemical Week*, August 3, 2009–August 10, 2009, p. 20.
577 James Brewer, "Small Matter Which Could turn Hugely Nasty," *Lloyd's List*, May 12, 2004, p. 2.
578 Ibid.
579 Waldmeir, op. cit.
580 Mandavilli, op. cit., p. 84.
581 Waldmeir, op. cit.
582 This happened when consumers sympathetic to the grape boycott organized by Cesar Chavez's United Farm Workers in 1968 picketed supermarkets to have grapes from California producers removed from stores.
583 Richard Ettenson, N. Craig Smith, Jull Klein and Andrew John, "Rethinking Consumer Boycotts," *MIT Sloan Management Review*, Vol. 47, Summer 2006, p. 6.
584 Ibid.
585 James H. Dowling, "Public Relations in the Year 2000," *Public Relations Journal*, Vol. 46, January 1990, p.6.
586 Frank Den Hond and Frank G. A. DeBakker, "Ideologically Motivated Activism: How Activist Groups Influence Corporate Social Change Activities," *Academy of Management Review*, Vol. 32, July 2007, p. 901.
587 This process is mentioned by Frank G. A. de Bakker and Frank den Hond, "Activists. Influence Tactics and Corporate Policies," *Business Communication Quarterly*, Vol. 71, March 2008, p. 107.
588 Manny Fernandez and Petula Dvorak, "Without IMF, Protesters Giving Peace A Chance," *Washington Post*, September 28, 2001, p. B01.
589 This vulnerability is mentioned in many crisis management articles, e.g., Frank Den Hond and Frank G. A. De Bakker, op. cit., p. 902.
590 Michael J. Lenox, Charles E. Eesley, "Private Environmental Activism and the Selection and Response of Firm Targets," *Journal of Economics & Management Strategy*, Vol. 18, Spring 2009, p. 45.
591 Harry C. Boyte, *The Backyard Revolution; Understanding the New Citizen Movement* (Philadelphia: Temple University Press, 1980), p. 51. See Saul D. Alinsky, *Rules for Radicals; A Practical Primer for Realistic Radicals* (New York: Random House/Vintage Books, 1971).
592 Berry, op. cit., pp. 243–250.
593 Maureen Taylor, Michael L. Kent, and William J. White, "How Activist Organizations Are Using the Internet to Build Relationships," *Public Relations Review*, Vol. 27, Fall 2001, pp. 263–284.

594 Ibid.
595 Tom Horton, "The Green Giant," *Rolling Stone*, September 1993, p. 112.
596 Andrew Higgins, "How Muslim Clerics Stirred Arab World Against Denmark," *Wall Street Journal*, February 2, 2006, p. A1.
597 Ibid.
598 Adam Jones and William Wallis, "Middle East Boycott of Danish Goods Hits Hard; Commercial Impact," *Financial Times* (London), February 4, 2006, p. A6.
599 Raphael Minder and Annukka Oksannen, "Denmark Warns on Saudi Arabia Trips," *Financial Times* (London), January 31, 2006, p. A9.
600 Anthony Shadid and Kevin Sullivan, "Anatomy of the Cartoon Protest Movement; Opposing Certainties Widen Gap Between West and Muslim World," *Washington Post*, February 16, 2006, Final ed., p. A-1.
601 "The Cartoons That Shook the World," *Wall Street Journal*, February 11–12, 2006, p. A7.
602 Stephen Castle, "Europe: Mohamed Cartoons Provoke Bomb Threats Against Paper," *The Independent* (London), February 1, 2006, p. 18.
603 Robert Z. Nemeth, "If You Say 'Sorry' Do It by the Book," *Sunday Telegram*, June 25, 2006, p. C2. The article refers to Aaron Lazare's book, *On Apology* (Oxford, New York: Oxford University Press, 2004). For an article on the ingredients of a sincere apology, see Barbara Kellerman, "When Should a Leader Apologize and When Not?" *Harvard Business Review*, Vol. 85, April 2006.
604 Eric Pfanner, "Danish Companies Endure Snub by Muslim Consumers," *New York Times*, February 27, 2006, late ed—Final. Sec. C-2.
605 Andrew Higgins, "Danish Businesses Struggle With Big Dilemma," *Wall Street Journal*, February 10, 2006, p. A4.
606 Pfanner, op. cit.
607 "Arla Looks to Rebuild Markets," *Daily Farmer*, April 25, 2006, p.-2.
608 "Arla Attempts a Comeback in the Middle East," March 20, 2006; "The Middle Eastern Boycott Is Slowly Lifting," March 29, 2006; and "Breakthrough for Arla in the Middle East," April 6, 2006, www.arlafoods.com, downloaded April 29, 2006.
609 Gary Younge, "The Right to Be Offended," *The Nation*, February 27, 2006, p. 5.
610 Diana Brady, "Pepsi: Repairing a Poisoned Reputation in India," *BusinessWeek*, June 11, 2007, p. 48.
611 "Top 100 Global Thinkers," *Foreign Affairs*, January 2010, p. 74.
612 Brady, op. cit.
613 Ibid., pp. 50, 54.
614 "Perspective 2000: The Year of Global Protest Against Globalization," *Business World* (Philippines), December 26, 2000.
615 "After Seattle: A Global Disaster," *The Economist*, December 11, 1999, p. 19.
616 "$127 M grant from NIG, National Biocontainment Laboratory to be built at BMC," *B.U. Bridge*, Boston University Community's Weekly Newspaper, October 2003, p. 1.
617 Judith Miller, "New Biolabs Stir a Debate Over Secrecy and Safety," *New York Times*, February 10, 2004, p. F1.
618 Frank Propp, "The BU Biowapons Project: Ground Zero for Boston," *Alternative Views* (a nonprofit publication of Newton Dialogues on Peace and War, Newton, M.A.) March 25, 2004, p.1.
619 Christine MacDonald, "Opponents Vow Fight Against BU BIOLAB," *Boston Globe*, February 17, 2005, p. B8.
620 Propp, op. cit.
621 Miller, op. cit.
622 Jia-Rui Chong, "Research Into Potent Bioagents Increases the Risk; Hundreds

of Universities and Labs Have Joined the Study of Toxic Microbes," *Los Angeles Times*, October 3, 2007, p. A1.
623 "Safety Risk posed by BU Lab," *Green News*, a newsletter of the Green Decade Coalition, in Newton, M.A., p. 3.
624 Miller, op. cit.
625 Ibid.
626 Stephen Smith, "Ruling May Stall Opening of Biolab," *Boston Globe*, December 14, 2007, p. B1.
627 Stephen Smith, "US Review of BU Biolab Inadequate, Panel Finds Scientists Point to Safety Issues," *Boston Globe*, November 30, 2007, p. A1.
628 Elizabeth Becker, "Group Says It Will Begin a Boycott Against KFC," *New York Times*, January 6, 2003, p. A12.
629 Kerry Capell, "Animal-Rights Activism Turns Rabid," *BusinessWeek*, August 30, 2004, p. 64.
630 Daniel S. Levine, "Animal Rights 'Terror' Rattles Biotechs' Cage," *San Francisco Business Times*, February 6, 2004, p. 1.
631 Richard Alleyne, "He Got Off Lightly, Says Militant Who Began 'Liberation Struggle,'" *The Daily Telegraph* (London), February 24, 2001.
632 Kim Jennings, "Case Study: Huntingdon Life Sciences v. Animal Rights Campaign and 'Stop Huntingdon Animal Cruelty,'" a class report, Boston University, College of Communication, September 27, 2001.
633 Alleyne, op. cit.
634 "Big Mac Under Attack," *The Gazette* (Montreal), October 17, 1999, p. A5.
635 Richard Tomkins, "When Global Leaders Become Global Targets," *Financial Times*, October 15, 1999, p. 15.
636 Foundation for Public Affairs, op. cit., p. 555.
637 Foundation for Public Affairs, Public Interest Profiles 1992–1993 (Washington, D.C., Congressional Quarterly Inc. 1992, p. 558.
638 Massachusetts Society for Medical Research (Waltham, M.A.), *MSMR News*, September 1990, p. 1.
639 "Animal Rights Extremists: Four Legs Good, Two Legs Bad," *The Economist*, August 27, 2005, p. 45.
640 Jeanne Whalen, "Animal Activists Expand Corporate Attacks," *Wall Street Journal*, August 7, 2009, p. B1.
641 Institute for Crisis Management—2007, p. 4.
642 Steven Greenhouse, "In America Labor Has An Unusually Long Fuse," Week in Review, *New York Times*, April 5, 2009, p. 3.
643 Greenhouse, op. cit.
644 Kent Jackson, "Strikes Becoming Less Common," www.standardspeaker.com
645 These benefits included: finding three alternatives jobs within Danone for every downsized worker or jobs in other firms; also to pay all relocation costs for such workers, paying indemnities to workers or their spouses who suffered a loss of salary in moving, and offering to finance up to two trips for employees and their families to cities where a job was open and paying for training for displaced spouses, and offering to evaluate and finance self-employment projects for employees who decided to leave the company.
646 Greenhouse, op. cit.
647 David Jolly, "Taking the Boss Hostage? In France, It's a Labor Tactic," *New York Times*, April 3, 2009, p. B5. The other companies were PPR, the group that owns Gucci, a 3M plant, and Sony.
648 Foundation for Public Affairs, Public Interest Profiles 1992–1993 (Washington, D.C.: Congressional Quarterly, Inc., 1992).
649 De Bakker and den Hond, op. cit., p. 110.

650 Michael M. Phillips and Yaroslav Trofimov, "Trading Places: Police Go Undercover To Thwart Protesters Against Globalization," *Wall Street Journal*, September 11, 2001, p. A1.
651 597 Paul Magnusson, "Meet Free Traders. Worst Nightmare," *BusinessWeek*, March 20, 2000, pp. 113–116.
652 Michael J. Lenox, Charles E. Eesley, "Private Environmental Activism and the Selection and Response of Firm Targets," *Journal of Economics & Management Strategy*, Vol. 18, Spring 2009, p. 45.
653 Monroe Friedman, "Consumer Boycotts: A Conceptual Framework and Research Agenda," *Journal of Social Issues*, Vol. 47, 1991, pp. 149–168.
654 See Friedman, op. cit.
655 Jason Gay, "Trade Winds: November's World Trade Organization Summit in Seattle Is Shaping Up to Be the Mother of All Political Demonstrations," *The Boston Phoenix*, October 7–14, 1999.
656 Bob Davis, "Economic Forum Focuses on Conflict," *Wall Street Journal*, January 29, 2002, p A13.
657 Roger Thurow and Vanessa Fuhrmans, "This Swiss Ski Village Is in Unlikely Company As a World Trouble Spot," *Wall Street Journal*, January 25, 2001, p. A1.
658 Jim Carlton, "Protests May Be Toned Down at WTO's Meeting in Cancun," *Wall Street Journal*, September 9, 2003, p. A10.
659 Mark Hunter, Marc LeMenestrel, Henri-Claude de Bettignies, "Beyond Control: Crisis Strategies and Stakeholder Media In the Danone Boycott of 2001," Corporate Reputation Review, Vol. 11, No. 4, Winter 2008, pp.335–350.
660 Ibid.
661 Ibid., p. 32.
662 Hal Bernton, "Environmental Advocates Have Links to Corporations," *The Oregonian*, November 30, 1999.
663 Pui-wing Tam, "Turning Videocams Into Weapons," *Wall Street Journal*, September 11, 2001, p. B1.
664 Daniel D. Cook, "Labor's Last Resort," *Industry Week*, Vol. 189, June 28, 1976, p. 31.
665 Roger Thurow and Vanessa Fuhrmans, "This Swiss Ski Village Is in Unlikely Company As a World Trouble Spot," *Wall Street Journal*, January 25, 2001, p. A1.
666 Neil King Jr. and Scott Miller, "Shipping News: Post-Iraq Influence of U.S. Faces Test at New Trade Talks," *Wall Street Journal*, September 3, 2003, p. A10.
667 John Giuffo, "Smoke Gets In Our Eyes," Columbia Journalism Review, Vol. 40, No. 3, September/October 2001, pp. 14–17.
668 Yaroslav Trofimov and Ian Johnson, "Law and Disorder: G-8 Protesters in Italy Describe Police Attack on Group in a School," *Wall Street Journal*, August 6, 2001, p. A1.
669 Sandra Laville, "National: Policing: Specialist Protest Squads at Centre of Investigations Into Police Violence: Territorial Support Teams, Used at Demonstrations and Marches, Involved in Controversy Before," *The Guardian* (London), April 16, 2009, p.7; Paul Lewis, "Caught on Film: Campaigner Who Asked for Police Identification," *The Guardian*, June 22, 2009, p. 1.
670 Diane Feen, "Anti-global Activist Groups Master Art of Grassroots PR," O'Dwyer's PR Services Report, June 2001, p. 33.
671 Alan Marsh, "The New Matrix of Political Action," *Futures*, 11, April 1979, p. 98.
672 *pr reporter*, May 29, 1978, insert from Managing the Human Climate, May–June 1978.

673 Feen, op. cit., "Anti-global Activists Groups Master Art of Grassroots PR," O'Dwyer's PR Services Report, June 2001, pp. 1, 32–35.
674 "The Rise of the 'Three Rs," *New Scientist*, July 20, 2002, p. 15.
675 Lawrence Susskind and Patrick Field, *Dealing with an Angry Public: The Mutual Gains Approach to Resolving Disputes* (New York: Free Press, 1996).
676 Roger Fisher and William Ury, *Getting to Yes: Negotiating Agreement Without Giving In* (Boston: Houghton Mifflin, 1981).
677 Adam Sage, Suzy Jagger and Rory Watson, "Unions fight to 'Stay French' as Kraft Bid for Danone Biscuits," *The Times* (London), July 3, 2007.
678 Mark Hunter, Marc LeMenestrel, Henri-Claude de Bettignies, "Beyond Control: Crisis Strategies and Stakeholder Media In the Danone Boycott of 2001," Insead: Faculty & Research Working Paper. Http://www.insead.edu/facultyresasrch/research/doc.cfm?did=19242
679 Fidler, Stephen, "Inside Track: Opening UP to Criticism," *Financial Times* (London), September 22, 2000, p. 15.
680 Ibid.
681 "Lessons from the World Bank," *pr reporter*, February 4, 2002, pp. 2–3.
682 A table in Edward F. Mickolous' book, *Transnational Terrorism: A Chronology of Events, 1968–1979* (London: Aldwych Press, 1980), p. xxi lists these terrorist methods: kidnapping; barricade-hostage; occupation; letter bombing; incendiary bombing; explosive bombing; missile attack; armed attack; aerial hijacking; non-aerial takeover; assassination or murder; sabotage; exotic pollution; nuclear weapons; threat; theft or break-in; conspiracy; hoax; sniping; shootout with police; arms struggle; other actions.
683 In book review by Paul Johnson, "The Meagre Harvest of Mayhem," *Times Literary Supplement*, August 29, 1986, p. 929.
684 Ibid.
685 David W. Balsiger, "Terrorism: Freedom Held Hostage," Terrorism Edition, *Family Protection Scoreboard* (A BNS-Mott Media Publication), p. 4.
686 "We Have Some Planes," *New York Times*, June 19, 2004, p. A16.
687 Charles A. Russell, Leon J. Banker, Jr., Bowman H. Miller, "Out-Inventing the Terrorist," in Yonah Alexander, David Carlton, and Paul Wilkinson (eds.) *Terrorism: Theory and Practice* (Boulder, C.O.: Westview Press, 1979), p. 12
688 "Terror in Mumbai: India Under Attack," *The Economist*, November 29, 2008, p. 45; Geeta Ahand and Arlene Chang, "Mumbai Marks Year Anniversary of Attacks," *Wall Street Journal*, November 27, 2009, p. A12.
689 Eric Bellman, "A Traumatized Mumbai Seeks to Protect Itself," *Wall Street Journal*, December 18, 2008, p. A12.
690 Michelle Leder, "Perks: Now Available: The Bodyguard Bill," *BusinessWeek*, May 14, 2007, p. 16.
691 Jacob M. Schlesinger and Thaddeus Herrick, "Delayed Reaction; Chemical Manufacturers Elude Crackdown on Toxic Materials," *Wall Street Journal*, May 21, 2003, pp. A1, A10.
692 Evan Perez, Siobhan Gorman, Susan Schmidt and Elizabeth Williamson, "FBI's Anthrax Case Relies on Spores Discovered on a Flask," *Wall Street Journal*, August 6, 2008, p. A3.
693 "Bioterroristm: A Mystery Unravelled," *The Economist*, August 9, 2008, p. 30.
694 Tara Parker-Pope, "How to Distinguish Anthrax Symptoms From Common Illnesses," *Wall Street Journal*, November 2, 2001, p. B1.
695 Jonathan Eig, "Will Local Officials Know Anthrax When They See It?" *Wall Street Journal*, November 2, 2001, p. B1.
696 Catherine Arnst and William C. Symonds, "The Next Phase: Bioterrorism?" *BusinessWeek*, October 1, 2001, p. 58.

697 Ibid.
698 Book review by Catherine Arnst, "Bio-Terrorism under the Microscope," *BusinessWeek*, October 15, 2001.
699 Jonathan Eig, "Will Local Officials Know Anthrax When They See It?" *Wall Street Journal*, November 2, 2001, p. B1. OR Tom Post, "Doomsday Cults: 'Only the Beginning'," *Newsweek*, April 3, 1995, p. 40.
700 Susan W. Brenner, "The Council of Europe's Convention on Cybercrime," in Jack M. Balking, et. al, *Cybercrime: Digital Cops in a Networked Environment* (New York: New York University Press, 2006), p. 107.
701 Ibid., p. 219.
702 Siobhan Gorman, "Arrest in Epic Cyber Swindle," *Wall Street Journal*, August 18, 2009, p. A1.
703 "Cyber Crimes Continue to Plague Businesses and Keep Security Software Spending High," *Chemical Week*, June 20, 2007, p. 29. The survey was conducted among participants in the Computer Security Institute (CSI; San Francisco) and San Francisco Federal Bureau of Investigation (FBI).
704 Siobhan Gorman, "U.S. Fears Threat of Cyberspying at Olympics," *Wall Street Journal*, July 17, 2008, p. A6.
705 Joseph Pereira, "Breaking the Code: How Credit-Card Data Went Out Wireless Door," *Wall Street Journal*, May 4, 2007, p. A1.
706 Cassell Bryan-Low, "Turkish Police Hold Data-Theft Suspect," *Wall Street Journal*, August 10, 2007, pp. A6, A12.
707 W. J. Hennigan, "TJX to Pay for Breach of Data," *Los Angeles Times*, June 24, 2009, pp. B5, B12.
708 Ibid.
709 L. Gordon, "Internet Attacks Are a Real and Growing Problem," *Wall Street Journal*, December 18, 2008, p.A17.
710 Keith Epstein and Ben Elgin, "The Taking of NASA's Secrets," *BusinessWeek*, December 1, 2008, pp.73–78.
711 Ibid., p.73.
712 "Cyberwarfare: Newly Nasty," *The Economist*, May 26, 2007, p. 63.
713 Reid Goldsborough, "Hide and Seek: The Implications of Anonymous Blogging and Commenting," *Tactics*, November 2009, p. 16.
714 "Workplace Violence," *Risk Management*, Vol. 40, June 1993, pp. 76–77.
715 Katestone Lombardi, "Efforts to Stem Violence in the Workplace," *New York Times*, February 13, 1994, Section 13WC, p. 1.
716 Roberto Ceniceros, "Stricter Company Policies Help Lower Number of Homicides in Workplace: Training, Early Intervention Can Keep Violence from Escalating," *Business Insurance*, June 16, 2008, p. 11.
717 W. Barry Nixon, "Assessing Workplace Violence Risk to the Business," *Security*, May 2009, p. 30.
718 Ibid., p. 32.
719 Nancy Lampen and Nellie Brown, "Thinking About the Unthinkable: Workplace Crisis Management," *Perspectives on Work*, Vol. 6, No. 1, 2002, pp. 16–18.
720 For an excellent analysis of this and other workplace violence incidents, see Kathleen Fearn-Banks, *Crisis Communications: A Casebook Approach* (Mahwah, N.J.: Lawrence Erlbaum Associates, 1996), pp. 213–239.
721 Ibid., p. 223.
722 Ibid., pp. 215, 221–226.
723 An excellent summary of the event appeared as a Special Report, Evan Thomas, et al., "Making of a Massacre," *Newsweek*, April 30, 2007, pp. 22–47.
724 Ibid., p. 24. See review by Vincent Carroll, "A Nightmare Re-Examined," *Wall

Street Journal, April 18–19, 2009, p. W8, of two books on the events: Jeff Kass, *Columbine: A True Crime Story*, and Dave Cullen, *Columbine*.
725 "The Virginia Tech Massacre: In the University of Death," *The Economist*, April 21, 2007, p. 27.
726 Natasha Altamirano, "Shooting Report 'Critical' of Tech Response; Steger Defends Actions; Kaine Rejects Calls for Firing," *The Washington Times*, August 31, 2007, p. B01.
727 See Jerry Adler, "Story of a Gun," *Newsweek*, April 30, 2007, p. 36 ff.
728 Burt Helm and Paula Lehman, "Media: Buying Clicks to a Tragedy," *BusinessWeek*, May 7, 2007, p. 42.
729 Stephanie Ebbert, "Colleges Reviewing Security Policies; Shootings Prompt Questions from Student Prospects," *Boston Globe*, February 16, 2008, p. B1.
730 Kyra Auffermann, "'It Still Chokes Me Up'—Responding to a Deadly Campus Shooting at Northern Illinois University," *The Strategist*, Vol. 15, Summer 2009, pp. 12–16. Susan Saulny and Monica Davey, "Gunman Slays Five in Illinois at University," *New York Times*, February 15, 2008, p. A1.
731 "The Virginia Tech Massacre: Curbing Guns, But Not Too Much," *The Economist*, April 19, 2008, pp. 42–43.
732 Stephanie Ebbert, op. cit.
733 "The Virginia Tech Massacre: In the University of Death," *The Economist*, April 21, 2007, p. 27.
734 "Portrait of a Killer," *Express*, a publication of *The Washington Post*, April 18, 2007, p. 1.
735 Ibid.
736 Donna Leinwand, "State Report Criticizes Va. Tech Response; Panel: Cho Long Showed Signs of Mental Illness," *USA Today*, August 30, 2007, p. 3A.
737 Evan Thomas, op. cit., p. 28.
738 Elizabeth Bernstein, "Delicate Balance: Colleges. Culture of Privacy Often Overshadows Safety," *Wall Street Journal*, April 27, 2007, p. A1.
739 The *in loco parentis* doctrine, which required schools to take on the responsibility of parents, was replaced by the Family Educational Rights and privacy Act (FERPA) in 1974. Ibid., A13.
740 Bernstein, op. cit.
741 Otto Lerbinger, *The Crisis Manager: Facing Risk and Responsibility* (Mahwah, N.J.: Lawrence Erlbaum Associates, 1997), pp. 160–161.
742 Michael Doan, "Businesses Fight Back Against 'Cybersmears'," *Kiplinger Business Forecasts*, Vol. 2002, May 6, 2002.
743 "Where Does Apple Go From Here?" *TECHWEB*, February 21, 2009.
744 Marina Emmanuel, "New Samsung Plant May Offer 2,000 Jobs Here," *New Straits Times* (Malaysia), February 3, 2009, p. 1.
745 Fionola Meredith, "A Boom Time for the Rumour Mill," *The Irish Times*, December 5, 2008, p. 17.
746 Richard Weiner, *The Gossip Book* (not yet published in July 2011).
747 Leonard M. Fuld, *The Secret Language of Competitive Intelligence: How to See Through and Stay Ahead of Business Disruptions, Distortions, Rumors, and Smoke Screens* (New York: Crown Publishing Group, a division of Random House, 2006), pp. 181–183.
748 Richard L. Hudson, "London Exchange Probes 'Suspicious Dealings' In Stocks that May Have Been Bear Raid Targets," *Wall Street Journal*, November 7, 1990, p. C12.
749 Case is largely based on A. Berenson, "On Hair-Trigger Wall Street, A Stock Plunges on Fake News," *New York Times*, August 26, 2000, pp. A1 and B, and Karina Khodorkovsky's crisis management class paper, "Emulex and the Fake Press Release," Boston University, College of Communication, November 7, 2000.

750 Dan Thomasson, "Taking Stock of a Hoax," *The Washington Times*, September 4,2000, p. A14; "Swift IR Limits Bogus Release Damage," *Investor Relations Business*, September 11, 2000.
751 "Bankruptcy Rumours Denied, But Countrywide Stock Slides," *The Toronto Star*, January 9, 2008.
752 Steven Mufson and Peter Whoriskey, "Chrysler and Fiat Strike an Alliance," *The Washington Post*, January 21, 2009, p. D1.
753 W. Barry Nixon, "Seven Steps to Implementing a Workplace Violence Crisis Response Plan," LP Magazine, online.
754 Ibid.
755 See Brooks McClure, Chapter 6, "Corporate Vulnerability—and How to Assess It," in Yonah Alexander and Robert A. Kilmarx, *Political Terrorism and Business: The Threat and Response* (New York: Praeger, 1979), pp. 79–96.
756 See the supplement, "Securing the Cloud: A Survey of Digital Security," *The Economist*, October 26, 2002.
757 Peter Day's interview with Mark Anderson on BBC Worldservice, January 2010.
758 "Cyber Crimes Continue to Plague Businesses and Keep Security Software Spending High," *Chemical Week*, June 20, 2007, p. 29.
759 Ibid.
760 Hennigan, op. cit., p. 64.
761 Many books mention this fact. One source is Ernest R. Hilgard, *Introduction to Psychology* (New York: Harcourt, Brace and Company, 1953), p. 184.
762 Russell, Banker, and Miller, op. cit. p. 32. One typology lists groups that are (1) nationalistic/ethnic/separatist, (2) ideological, (3) nihilist, (4) issue-oriented. Nationalistic terrorists are particularly ubiquitous. For example, Shiite Muslims are centered in Iran; Libyans, although not Shiites, are sympathetic to the Palestinians and have a strong hatred of Israel and the United States. The Red Brigades in Italy and the Baader-Meinhof group in Germany are neo-fascist groups that are also known as urban guerrillas. Their particular form of terrorism has a random quality, as evidenced in the bombing of the railroad station in Bologna, which killed more than 80 people.
763 Art Jahnke, "Banking on Terror," *Boston Magazine*, Vol. 78, December 1986, pp. 191–193, 253–256.
764 Peter Merkl, "In the Minds of Terrorists," *The Center Magazine*, Vol. 19, March–April 1986, pp. 18–24. Peter Merkl found that terrorists are typically young, in their early twenties, or younger. Terrorist movements often start with students and then spread to other classes, especially the lower middle class, and sometimes working people. It is assumed that the student milieu combines the element of youth with a preoccupation with cultural issues. The formation of a terrorist group often starts with people who tend to be more intellectual than others and who agonize a good deal. On the other hand, terrorists have often led aimless lives before they became terrorists; some were drop-outs from school or on drugs. One personality feature is a willingness to do something physical. When a division of labor exists, at least some must be willing to "slug somebody" while others are preoccupied with ideology. Once an organization is established and becomes known for its violent deeds, a lot of people jump on board who have no qualms about using violence. Persons who are highly valued are those who have knowledge about the use of weapons or explosives. Also see Charles Mohr, "A Pride of Hesitant Scholars Investigates the Emerging Discipline of Terrorism," *New York Times*, May 27, 1979, p. E8.
765 Jack Honomichl, "Now's the Time to Know a Good Lawyer," *Marketing News*, Oct. 29, 1990, p. 13.

766 Agis Salpukas, "Working Abroad in Terror's Shadow," *New York Times*, April 13, 1986, p. F8.
767 John Markoff, "Ex-Student Faces Trial Over Computer Chaos," *New York Times*, January 7, 1990, p. 18.
768 Mark Lewyn, "Hackers: Is a Cure Worse Than the Disease," *BusinessWeek*, December 4, 1989, p. 37.
769 Ned Barnett, "The PR Response to Virginia Tech and Beyond," *Communication World*, Vol. 24, July/August 2007, pp. 14–15.
770 Greg Toppo, "College on the Alert in Low-Tech Ways, Too; Loudspeakers, Sirens Join High-Tech Devices in schools. Arsenals Against Emergencies," *USA Today*, April 15, 2008, p. 4D.
771 "Community Colleges Improve Crisis Communications with e2Campus Emergency Notification System," PR Newswire, New York: April 14, 2009.
772 Evan Perez, Siobhan Gorman, Susan Schmidt and Elizabeth Williamson, op. cit.
773 David Stipp, "Virus Verdict Likely to Have Limited Impact," *Wall Street Journal*, February 24, 1990, p. B7. Evidence of limited impact is found in the trial of Robert T. Morris, one of the young men who was apprehended. His lawyer argued that Morris was guilty of a mistake, not a crime. One witness described Morris's virus as "neat," and "purely an intellectual experiment."
774 Omar El Akkad, "Hams Recalled After Syringes Found; Casing Discovered in Ontario Pork Processing Plant," *The Globe and Mail* (Canada), November 8, 2006, p. A14.
775 Daryl Passmore and Kellie Cameron, "Blade, Needles in Food," *Sunday Herald Sun* (Australia), May 28, 2006, p. 1.
776 Kurt T. Dirks, Roy J. Lewicki, and Akbar Zaheer, "Repairing Relationships Within and Between Organizations: Building a Conceptual Foundation," *Academy of Management Review*, Vol. 34, No. 1, January 2009, pp. 68–84.
777 Ibid., p. 75.
778 Ibid., p.72.
779 Ibid.
780 As James E. Post states, "Modern management is awash, perhaps drowning, in ethical issues." "Fighting the Ethics Pandemic," *Builders & Leaders*, March 2007, p. 36.
781 Ronald E. Berenbeim and Jeffrey M. Kaplan, "Ethics Programs: The Role of the Board; a Global Study" (New York: The Conference Board, February 17, 2004), p. 4.
782 Archie B. Carroll, "In Search of the Moral Manager," *Business Horizons*, Vol. 30, March–April 1987, pp. 7–15. Unless otherwise noted, the examples in this section are all from Carroll.
783 Toffler, op. cit.
784 As quoted by James O'Toole and Warren Bennis, "What's Needed Next: A Culture of Candor," *Harvard Business Review*, June 2009, Vol. 87, June 2009, op. cit, p. 59.
785 See Barbara Ley Toffler, *Tough Choices: Managers Talk Ethics* (New York: John Wiley & Sons, 1986), pp. 17–18. Competing claims are one of four elements of ethical situations.
786 Committee for Economic Development, Social Responsibilities of Business Corporations (New York: Committee for Economic Development, June 1971), p. 15.
787 Chester I. Barnard, *The Functions of the Executive* (Cambridge, M.A.: Harvard University Press, 1938).
788 Kenneth E. Goodpaster, "Can a Corporation Have an Environmental Conscience?" in W. Michael Hoffman, Robert Frederick, and Edward S. Petry,

Jr. (eds.), *The Corporation, Ethics, and the Environment* (New York: Quorum Books, 1990), Chapter 3, pp. 25–38.
789 Ibid., p. 26.
790 Kurt T. Dirks, Roy J. Lewicki, and Akbar Zaheer, "Repairing Relationships Within and Between Organizations: Building a Conceptual Foundation," *Academy of Management Review*, Vol. 34, No. 1, January 2009, pp. 68–84.
791 "Business Ethics and the Bottom Line," *Christian Science Monitor*, February 21, 2007, editorial, p. 8.
792 Christine M. Pearson and Judith A. Clair, "Reframing Crisis Management," *Academy of Management Review*, Vol. 23, No. 1, 1998, p. 60.
793 Ibid., p. 68.
794 Using these criteria, Pearson and Clair give a low grade to Exxon's handling of the *Exxon Valdez* incident: "Exxon failed: warning signals were ignored; plans and preparations for such an event were substandard, and public statements made by Exxon's CEO Rawl riled stakeholders." Exxon was also generally unwilling to learn from the crisis. Ibid., p. 61.
795 Peter F. Drucker, *Management: Tasks, Responsibilities, Practices* (New York: Harper & Row, Publishers, 1973), pp. 494–505.
796 James O'Toole and Warren Bennis, "What's Needed Next: A Culture of Candor," *Harvard Business Review*, June 2009, Vol. 87, June 2009, p. 56.
797 Ibid., p. 57.
798 Ibid., p. 60.
799 Stephen Power and Ben Cassselman, "White House Probe Blames BP, Industry in Gulf Blast," *Wall Street Journal*, January 6, 2011, p. A2.
800 Examples of faulty decision-making were reported by the *Wall Street Journal* based on BP internal documents along with public testimony before a joint Coast Guard and Interior Department panel. See Russell Gold and Ben Casselman, "On Doomed Rig's Last Day, A Divisive Change of Plan," *Wall Street Journal*, August 26, 2010, pp. A1, 16.
801 Gold and Casselman, op. cit., p. 25.
802 Ben Casselman, "Supervisor Says Flaw Was Found in Key Safety Device," *Wall Street Journal*, July 21, 2010, p. A7.
803 Ben Casselman, "Rig Owner Had Rising Tally of Accidents," *Wall Street Journal*, May 10, 2010, p. A6. In June 2000, BP issued a "notice of default" letter to Transocean over problems with a blowout preventer made by Cameron and another company, Hybrid. Moreover, according to a 2008 lawsuit, both companies used defective blowout preventer equipment resulting in leakage in 2007 from an offshore Louisiana well.
804 Ben Casselman and Siobhan Hughes, "Contractor Accused of Flawed Job on Rig," *Wall Street Journal*, October 29, 2010, p. A16; "Blame and Shame; The Deepwater Horizon Report," *The Economist*, January 8, 2011.
805 Robin Pagnamenta and Robert Lea, *The Times*, notes, pp. 10–11.
806 Stephanie Kirchgaessner, "BP Accused of 'Falling Short' on Data," *Financial Times*, May 21, 2010, p. 8.
807 Patrik Jonsson, "Enter the No-Spin Zone of the Deep: the BP Live Feed," *The Christian Science Monitor*, June 5, 2010. After yielding to congressional pressure, however, it was surprised to reap some unexpected plaudits.
808 The White House also blundered in its public communication when its environmental policy czar Carol Browner and Jane Lubchenco, administrator of the National Oceanic and Atmospheric Administration (NOAA), released a study that nearly 75 percent of the 4.09 million barrels spilled from BP's well in the Gulf had been dispersed, evaporated, or collected in cleanup operations. "Oil Plume From Spill Persists, Data Show," *Wall Street Journal*, August 20, 2010, p. A2.

809 Sherwell, Hannaford and Quinn, op. cit.
810 Monica Langley, "Hayward Defends Tenure, BP's Spill Response," *Wall Street Journal*, July 30, 2010, p. A5.
811 Sonne, op. cit. "In Crisis, Hayward Struggled to Find Right Tone," *Wall Street Journal*, July 26, 2010, p. A7.
812 Daniel Goleman, *Emotional Intelligence: Why It Can Matter More Than IQ* (New York: Bantam Books, 1995).
813 David Teather, "Bosses Who Take Holiday at the Wrong Time Can Find Themselves Sailing Into the Sunset," *The Observer* (London), June 27, 2010, p. 44.
814 Ibid.
815 Jad Mouawad and Clifford Krauss, "Another Torrent BP Works to Stem—Its C.E.O.," *New York Times*, June 4, 2010, p. A1.
816 Robin Pagnamenta, Robert Lea, "BP's Next Great Battle Is Already Under Way—to Salvage Its Battered Reputation," *The Times* (London), June 19 2010, pp. 74, 75.
817 Jack Neff, "What's Ailing J&J–and Why Isn't Its Rep Hurting?" *Advertising Age*, May 10, 2010, p. 0004.
818 Jonathan D Rockoff and Jennifer Corbett Dooren, "FDA Ties Recall of Tylenol to Contaminated Materials," *Wall Street Journal*, August 24, 2010, p. B7.
819 Jonathan D. Rockoff and Jon Kamp, "J&J Contact Lenses Recalled," *Wall Street Journal*, August 24, 2010, p. B7.
820 Jonathan D. Rockoff and Jon Kamp, "For J&J, Latest Recall Is Hip Implants," *Wall Street Journal*, August 27, 2010, p. B1.
821 "NcNeil Recalls Hurt Brand 'Credibility' in OTC Medications," *Supermarket News*, December 20, 2010, p. 17. Also see "House Panel Asks for Names of J&J Employees Involved in 'Phantom Recall,'" *Drug Industry Daily*, Vol. 9, June 2, 2010.
822 Gardiner Harris and Duff Wilson, "U.K. Giant Sets Payout Over Sales of Risky Drugs; $750 million Settlement Includes $96 Million Cut for a Whistle-Blower," *International Herald Tribune*, October 27, 2010, p. 1.
823 Gordon Fairclough, "How a Heparin Maker in China Tackles Risks," *Wall Street Journal*, March 10, 2008, pp. B1, B5.
824 Alicia Mundy and Bill Tomson, "Senate Acts on Food Safety," *Wall Street Journal*, December 1, 2010, p. A3.
825 Jane Zhang and Janet Adamy, "Salmonella Outbreak Exposes Food-Safety Flaws," *Wall Street Journal*, July 23, 2008, p. A2.
826 "Cookie Dough at Nestlé Plant Yield Positive Test for E. Coli," *New York Times*, June 30, 2009, p. A14.
827 "Topps Calls It Quits; Cargill Recalls Patties," *Refrigerate Transporter*, April 1, 2008, p. 13.
828 Jane Zhang, "Salmonella in Peanut Butter Linked to Other U.S. Cases," *Wall Street Journal*, January 13, 2009, p. A2.
829 Michael M. Phillips and Jane Zhang, "Peanut Butter Suspected in Salmonella Outbreak," *Wall Street Journal*, January 12, 2009, p. A3.
830 Julie Schmit, "Broken System Hid Peanut Plants' Risk; Case Reveals Every Link in Food-Safety Chain Failed," *USA Today*, April 27, 2009, p.1B.
831 Ibid.
832 Jane Zhang, "Meatpacker Admits Ailing Cattle Used at Slaughterhouse," *Wall Street Journal*, March 13, 2008, p. B1.
833 Andrew Martin, "Humane Society Sues U.S. in Cattle Case," *New York Times*, February 28, 2008, A16.
834 "USDA Expands Beef Recall, Says Plant Fell Short," *New York Times*, August 15, 2008, p. A3.

835 Gardiner Harris, "E. Coli Kills 2 and Sickens Many Others, Focus on Beef," *New York Times*, November. 3, 2009, p. 12.
836 Timothy W. Martin, "Egg Firms Reassure Customers in Wake of Recall," *Wall Street Journal*, August 20, 2010, p. A3.
837 Alicia Mundy and Bill Tomson, "Egg Inspectors Failed to Raise Alarms," *Wall Street Journal*, September 10, 2010, p. A4.
838 Alicia Mundy and Bill Tomson, "Allegations Fly in Recall of Eggs," *Wall Street Journal*, September 1, 2010, p. A4, and Alica Mundy and Bill Tomson, "Egg Probe Tracks Tainted Feed," *Wall Street Journal*, September 17, 2010, p. A5.
839 Jean Guerrero, "Cracking California's Eggs Rules," *Wall Street Journal*, August 19, 2010, p. A3.
840 Richard Tomkins, "A Spillage of Goodwill," *Financial Times*, June 14, 1999, p. 25.
841 Andy Pasztor, "Airline Safety Gap Cited in Crash Probe," *Wall Street Journal*, May 15, 2009, p. A3.
842 Andy Pasztor, "Crash Probe Examines Pilot Fatigue," *Wall Street Journal*, May 14, 2009, p. A3.
843 Andy Pasztor, "Captain's Training Faulted in Air Crash That Killed 50," *Wall Street Journal*, May 11, 2009, p. A1. Also see Deborah A. Silverman, "A Community Comes Together: The Crash of Continental Flight 3407," *The Strategist*, Summer 2009, pp. 22–24.
844 Andy Pasztor, "Doomed Pilots Talked of Inexperience," *Wall Street Journal*, May 15, 2009, p. A1.
845 Robert D. McFadden, "All 155 Aboard Safe as Crippled Jet Crash-Lands in Hudson," *New York Times*, January 16, 2009, p. A1.
846 Andy Pasztor and Daniel Michaels, "Qantas Drama Fuels Cockpit Lessons," *Wall Street Journal*, December 4–5, 2010, p. B4.
847 Andy Pasztor and Susan Carey, "Pilots Allege That Gulfstream Falsified Work-Hour Records," *Wall Street Journal*, May 29, 2009, p. A5.
848 Andy Pasztor, "Laptops Cited for Pilot Inattention," *Wall Street Journal*, October 27, 2009, p. A3.
849 Cam Simpson and Andy Pasztor, "FAA Reacted Slowly to Errant Jet," *Wall Street Journal*, October 29, 2009, p. A2.
850 Jonathan D. Rockoff, "J&J, Bruised by Recalls, Aims Higher," *Wall Street Journal*, August 19, 2010, p. B10.
851 "Johnson & Johnson Fights for Its Integrity: Consumer Brand Giant CEO Announces Plans to Overhaul Manufacturing Hierarchy, Create New Quality-Control Officer Positions," *Bulldog Reporter's Daily Dog*, August 19, 2010.
852 Suzanne Vranica, "Public Relations Learned the Hard Way," *Wall Street Journal*, December 30, 2010, p. B6.
853 "FSK Responds to 60 Minutes," Google.com
854 Schmit, op. cit.
855 Ibid.
856 "American Meat Institute Elects New Officers," States News Service, October 29, 2009.
857 Ben Worthen, Cari Tuna and Justin Scheck, "Companies More Prone to Go 'Vertical,'" *Wall Street Journal*, November 30, 2009, p. A16; Peter Sanders and Doug Cameron, "Boeing Again Delays 787 Delivery," *Wall Street Journal*, January 19, 2011, p. B3.
858 Ibid., p. A1.
859 Shawn Rhea, "The Rise of Foreign Agents; Drugs and Other Medical Products from Offshore Suppliers Can Offer Tremendous Savings, but Safety Has Become an Increasing Concern," *Modern Healthcare*, Special Report, May 26, 2008, p. 28.

860 Ibid.
861 Matthew Daly, "BP Ad Spending Since Spill: $5 Million a Week," *The Washington Post*, September 2, 2010, p. A21.
862 Steve McClellan, "BP's 'Apology' Ad Not a Complete Disaster," *Adweek*, June 8, 2010.
863 Ad appeared in *Wall Street Journal*, May 22–23, 2010, p. A9.
864 *Wall Street Journal*, July 30, 2010, p. A14.
865 Mouawad and Krauss, op. cit.
866 Jeff Casale, "BP Spill Response Tars Reputation," *Business Insurance*, May 31, 2010, p. 0001.
867 Brian Morrissey, "BP Gets Aggressive," *AdWeek.Com*, June 21, 2010. Also Jaimy Lee, "Oglivy Counsels BP on Social Media Strategy," *PR Week* (US), July 6, 2010, p. 6.
868 Robin Pagnamenta, Robert Lea, "BP's Next Great Battle is Already under Way—to Salvage Its battered Reputation," *The Times* (London), June 19, 2010, pp. 74, 75.
869 Angel Gonzalez and Russell Gold, "BP Puts American Face on Crucial U.S. Market," *Wall Street Journal*, July 26, 2010, p. A6.
870 Bruce Orwall, Monica Langley, and James Herron, "Embattled BP Chief to Exit," *Wall Street Journal*, July 26, 2010, p. A1.
871 Chazan, August 5, 2010, op cit.
872 Guy Chazan, "BP Reveals Comeback Plan," *Wall Street Journal*, July 28, 2010, p. A1. Also see "Briefing: BP and the Oil Spill," op. cit., p. 66.
873 Jad Mouawad and Clifford Krauss, "BP Details $30 Billion Plan to Pay for Spill," *New York Times*, July 28, 2010, p. B1.
874 Karla Cook, "Peanut Recall's Ripples Feel Like a Tidal Wave For Some Companies," *New York Times*, February 26, 2009, p. B6.
875 Julie Schmit, "Broken System Hid Peanut Plants' Risk; Case Reveals Every Link in Food-Safety Chain Failed," *USA Today*, April 27, 2009, p.1B.
876 Zhang and Adamy, op. cit.
877 Jane Zhang, "Hoping to Make Food Safer, States Decide to Go it Alone," *Wall Street Journal*, May 12, 2009, p. A13.
878 Jane Zhang, "FDA Warns on Pistachios Amid Salmonella Probe," *Wall Street Journal*, March 31, 2009, p. A2.
879 Jared A. Favole, "FDA Requires Faster Food-Safety Alerts," *Wall Street Journal*, September 9, 2009, p. A3.
880 Mundy and Tomson, op. cit.
881 Ibid.
882 Russell Gold, Ben Casselman and Maurice Tamman, "Permit Snafus on BP's Oil Well," *Wall Street Journal*, June 1, 2010, p. A8.
883 Russell Gold and Stephen Power, "Regulator Ceded Oversight of Rig Safety to Oil Drillers," *Wall Street Journal*, May 7, 2010, p. A4. For example, offshore oil workers in the United States in the past five years were more than four times as likely to be killed than a worker in European waters. At least one company complained about the inadequacy of the agency's safety investigations.
884 Ibid.
885 Andy Pasztor, "Flight Plan: How China Turned Around A Dismal Air Safety Record," *Wall Street Journal*, October 10, 2007, p. A1.
886 Ibid., p. A18.
887 Ibid.
888 These are some of the "essential lessons" discussed in Ian I. Mitroff., *Why Some Companies Emerge Stronger and Better from a Crisis: 7 Essential Lessons for Surviving Disaster* (New York: AMACOM, 2005), p. xiii.

889 John A. Byrne, "The Making of a Corporate Tough Guy," *Business Week*, January 15, 1996, p. 61. In less than two years after his arrival at Scott, the company's stock rose 225 percent, adding $6.3 billion in value to the company. Sacrificed, however, were more than 11,000 laid-off employees—71 percent of headquarters staff, 50 percent of the managers, and 20 percent of hourly workers. Also eliminated were all corporate gifts to charities, including reneging on the final $50,000 payment of a $250,000 pledge to the Philadelphia Museum of Art. Managers were even forbade from becoming involved in community activities because that would take away from their business duties.
890 James O'Toole, *Vanguard Management: Redesigning the Corporate Future* (Garden City, N.Y.: Doubleday & Company, Inc., 1985), pp. 42–49.
891 Ian I. Mitroff and Thierry C. Pauchant, *"We're So Big and Powerful Nothing Bad Can Happen to Us"* (New York: A Birch Lane Press Book by Carol Publishing Group, 1990), p. xv.
892 Christine M. Pearson and Judith A. Clair, "Reframing Crisis Management," *Academy of Management Review*, Vol. 23, No. 1, 1998, p. 61.
893 Peter Maass, "Scenes from the Violent Twilight of Oil," *Foreign Policy*, Vol. 174, September/October 2009, p. 114.
894 Russell Gold, "Exxon's CEO Gets Raise," *Wall Street Journal*, April 14, 2009, p. B3.
895 Staunch environmentalists refer to gallons rather than barrels: 11,000,000 gallons makes the spill sound much worse than 240,000 barrels. Also, Prince Edward Sound would be described as "pristine."
896 Alaric Nightingale and Tony Hopfinger, "Exxon Sailing Solo Against Push for Safer Tankers," *The Age* (Melbourne, Australia), March 26, 2009, p. 2.
897 Christopher Reddy, "Let's Not Forget Exxon Valdez," *Boston Globe*, March 24, 2009, p. A15.
898 Gerald Karey, "After 20 Years, Valdez Spill Impact Persists," *Platts Oilgram News*, March 23, 2009, p. 9.
899 "Supreme Court Overturns ExxonValdez $2.5 billion punitive damages aware," *Oil & Gas Journal*, July 7, 2008, p. 39.
900 "Campaign for New, Modern Chairman at ExxonMobil Gathers Weight," *The Times* (London), May 21, 2008, p. 57.
901 Gold, op. cit.
902 Russell Gold, "In Strategy Shift, Exxon Plans $600 Million Biofuels Venture," *Wall Street Journal*, July 15, 2009, p. B4.
903 Ann Davis, Matthew Dalton and Guy Chazan, "BP Moves to Clean Up Troubles," *Wall Street Journal*, October 24, 2007, p. A3.
904 Chip Cummins, Carrick Mollenkamp, Aaron G. Patrick and Guy Chazan, "Scandal, Crises Hasten Exit for British Icon," *Wall Street Journal*, May 2, 2007, p. A1.
905 Jeffrey Sonnenfeld, "The Real Scandal at BP," *BusinessWeek*, May 14, 2007.
906 Chip Cummins, Carrick Mollenkamp, Aaron O. Patrick and Guy Chazan, "Scandal, Crises Hasten Exit for British Icon," *Wall Street Journal*, May 2, 2007, p. A1.
907 Davis, Dalton and Chazan, op. cit.
908 From press release from Ann Pryor at McGraw-Hill for Michael Levine, *Guerrilla PR Wired: Waging a Great Publicity Campaign On-Line, Off-Line, and Everywhere in Between* (New York: McGraw-Hill, 2002).
909 Nicholas Casey, "Mattel Issues Third Major Recall," *Wall Street Journal*, September 5, 2007, p. A3.
910 Bloomberg News, "Mattel to Pay $2.3 Million Penalty for Lead in Toys," *New York Times*, June 6, 2009, p. B2.

911 Jane Spencer and Nicholas Casey, "Toy Recall Shows Challenge China Poses to Partners," *Wall Street Journal*, August 3, 2007, p. A1.
912 Bob Eckhart, "In Defense of Mattel," *Wall Street Journal*, September 11, 2007, p. A19.
913 Bob Dart, "Mattel CEO Defends toy Manufacturing Operations in China," Cox News Service, September 12, 2007, Washington General News section.
914 Emily Parker, "Made in China," *Wall Street Journal*, July 12, 2007, p. A15.
915 Ibid.
916 Andrew Batson and Lauren Etter, "Safety Becomes a Hot Trade Issue," *Wall Street Journal*, July 16, 2007, p. A4.
917 Neil King Jr. and Rebecca Blumenstein, "On message: China Launches Public Response to Safety Outcry," *Wall Street Journal*, June 30/July 1, 2007, p. A1. Also see Chapter 10 on lobbying by China.
918 Nicholas Zamiska, *Wall Street Journal*, June 28, 2007, p. A8.
919 Nicholas Zamiska, "China Sets Arrests over Product Safety," *Wall Street Journal*, October 30, 2007, p. 8; also "China Takes Aim at U.S. on Quality Control," *Wall Street Journal*, October 10, 2007, p. B1.
920 Nicholas Casey, Nicholas Zamiska and Andy Pasztor, "Mattel Seeks to Placate China With Apology," *Wall Street Journal*, September 22–23, 2007, p. A1. Also see "Chinese Manufacturing: Plenty of Blame to Go Around," *The Economist*, September 29, 2007, p. 68.
921 Ibid., p. 7.
922 Ibid.
923 Ibid.
924 Jason Leow "U.S. Pushes China on Safety," *Wall Street Journal*, August 1, 2007, p. A8.
925 Martinez, Anna Wilde Mathews, Joann S. Lublin and Ron Winslow, "Expiration Date: Merck Pulls Vioxx From Market After Link to Heart Problems," *Wall Street Journal*, October 1, 2004, p. A1.
926 Eric J. Topol, M.D., "Failing the Public Health—Rofecoxib, Merck, and the FDA," *New England Journal of Medicine*, Vol. 3351, October 21, 2004, pp. 1707.
927 Ibid.
928 Martinez, op. cit., p. A12.
929 "The Sick Need More Than Just Healthy Profits," *Financial Times*, November 23, 2004, p. 19. Nexis.
930 Topol, op. cit., p. 1708.
931 Alex Berenson, Gardiner Harris, Barry Meier and Andrew Pollack, "Despite Warnings, Drug Giant Took Long Path to Vioxx Recall," *New York Times*, November 14, 2004, p. 1. Nexis.
932 Testimony by David J. Graham, Associate Director for Science and Medicine in the Federal Drug Administration's Office of Drug Safety before the Congressional Committee on Senate Finance, Federal Document Clearing House Congressional Testimony, "Withdrawal from the Market of Vioxx Arthritis Pain Medication," November 18, 2004. Nexis.
933 Jeanne Whalen, "Study of Vioxx Critic Links Drug to Extra Coronary Cases," *Wall Street Journal*, January 25, 2005, p. D3.
934 Ibid.
934 Max H. Bazerman and Michael D. Watkins, *Predictable Surprises: The Disasters You Should Have Seen Coming and How to Prevent Them* (Boston, M.A.: Harvard Business School Press, 2004).
936 Topol, op. cit., p. 1707.
937 Berenson, op. cit.
938 Ibid., pp. 1707–1708 and Alex Berenson, Gardiner Harris, Barry Meier and

Andrew Pollack, "Despite Warnings, Drug Giant Took Long Path to Vioxx Recall," *New York Times*, November 14, 2004, Section 1, p. 1.
939 Anna Wilde Mathews, "Did FDA Staff Minimize Vioxx's Red Flags?" *Wall Street Journal*, October 10, 2004, p. B1.
940 Topol, op. cit., p. 1708.
941 Brian Steinberg, "Celebrex Moratorium Threatens to Chill Some Drug Marketing," *Wall Street Journal*, December 21, 2004, p. B4.
942 Scott Hensley, "In Switch, J&J Gives Straight Talk on Drug Risks in New Ads," *Wall Street Journal*, March 21, 2005, p. B6.
943 Diedtra Henderson, "Kennedy Raps Drug Firms' Sales Tactics," *The Boston Globe*, March 4, 2005, p. C3.
944 Ron Winslow, "What Makes a Drug Too Risky? There's No Easy Answer," *Wall Street Journal*, February 16, 2005, p. B1.
945 John Carey, "Side Effects of the Drug Scares," *BusinessWeek*, March 7, 2005, p. 42.
946 Amy Barrett, "Pharmaceuticals: Will Drugmakers Back Off the Hard Sell?" *BusinessWeek*, March 7, 2005, p. 44.
947 Hensley, op. cit.
948 Ibid.
949 Berenson, op. cit.
950 Topol, op. cit., p. 1709.
951 Graham testimony, op. cit.
952 Barbara Martinez, "Vioxx Lawsuits May Focus on FDA Warning in 2001," *Wall Street Journal*, October 5, 2004, p. B1.
953 Barbara Martinez, "Embattled Merck Touts Cost Cuts, Drug Pipeline," *Wall Street Journal*, December 15, 2004, p. A6.
954 Berenson, op. cit.
955 Scott Hensley, "Merck Faces Twin Vioxx Inquiries," *Wall Street Journal*, November 9, 2004, p. A3.; also *International Herald Tribune*, November 15, 2004.
956 Anna Wilde Mathews and Leila Abboud, "FDA Establishes Board to Review Approved Drugs," *Wall Street Journal*, February 16, 2005, p. A1.
957 John Carey, "The Vioxx Fallout on the Hill," *BusinessWeek*, February 7, 2005, p. 47.
958 Alex Berenson, "Chief Executive Quits at Merck; Insider Steps Up," *New York Times*, May 6, 2005, p. 1.
959 Martinez, op. cit.
960 Amy Barrett, "Merck: How Much Misery After Vioxx?" *Wall Street Journal*, November 22, 2004, p. 48, 50.
961 Barbara Martinez, "A Vioxx Comeback Could Tilt Balance in Merck Litigation," *Wall Street Journal*, February 22, 2005, p. B1.
962 Case is discussed in greater detail in Otto Lerbinger, *The Crisis Manager: Facing Risk and Responsibility* (Mahwah, N.J.: Lawrence Erlbaum Associates, 1997), p. 131.
963 John Carey, "Getting Business to Think about the Unthinkable," *BusinessWeek*, June 24, 1991, p. 104.
964 In analyzing an organization's culture, an excellent reference book is Edgar H. Schein, *Organizational Culture and Leadership*, Second Edition (Jossey-Bass Management Series, 1992).
965 One of the first public relations counselors to recognize this need was Carlton E. Spitzer, *Raising the Bottom Line: Business Leadership in a Changing Society* (New York: Longman, 1982).
966 Peter F. Drucker, *Management: Tasks, Responsibilities, Practices* (New York: Harper & Row, Publishers, 1973), p. 632.

967 Ian H. Wilson, "One Company's Experience with Restructuring the Governing Board," *Journal of Contemporary Business*, Vol. 8, No. 1, 1979, pp. 71–81.

968 Paul Clolery and Mark Hrywna, "Red Cross Audit Comes Up Clean," *The Non-Profit Times*, January 1, 2008, pp. 8, 9.

969 An influential book was by Howard R. Bowen, *Social Responsibilities of the Businessman* (New York: Harper & Brothers, 1953). In it he described the social audit as follows: "Just as businesses subject themselves to audits of their accounts by independent public-accountant firms, they might also subject themselves to periodic examination by independent outside experts who would evaluate the performance of the business from the social point of view." p. 155.

970 Pamela Buxton, "Design: Companies with a Social Conscience," *Marketing*, April 27, 2000.

971 For a full discussion of this subject, see Chapter 2, "Top Management Direction, Goals, and Effectiveness," in Richard L. Daft, *Organization Theory and Design*, Fourth Edition (New York: West Publishing Company, 1992), pp. 36–68.

972 *The Economist*, February 16, 2002, p. 57.

973 *The Economist*, December 8, 2001, p. 62.

974 "The Ship That Sank Quietly," *The Economist*, February 16, 2002, p. 57.

975 Rebecca Smith and Kathryn Kranhold, "Enron Knew Foreign Portfolio Had Lost Value," *Wall Street Journal*, May 6, 2002, p. C1.

976 John R. Emshwiller, "Enron Official Gave Warnings as Early as '99," *Wall Street Journal*, March 18, 2002, p. A3.

977 "Wasted Energy," *The Economist*, Dec. 8, 2001, p. 13.

978 E. Thomas Garman and Raymond E. Forgue, "The Enron Crisis from the Perspective of Personal Finance," *The Houghton Mifflin Guide to the Enron Crisis*, an uncorrected proof (Boston, M.A.: Houghton Mifflin, 2003), p. 7.

979 Bryan Gruley and Rebecca Smith, "Anatomy of a Fall: Keys to Success Left Kenneth Lay Open to Disaster," *Wall Street Journal*, April 26, 2002, p. A1.

980 "The Amazing Disintegrating Firm," *The Economist*, December 8, 2001, p. 62.

981 Ibid., p. 61.

982 "Wasted Energy," *The Economist*, December 8, 2001, p. 13.

983 William Sigismond, "The Enron Case from a Legal Perspective," op. cit., p. 11.

984 "The Amazing Disintegrating Firm," op. cit.

985 David Wessel, "Venal Sins: Why the Bad Guys of the Boardroom Emerged en Mass," *Wall Street Journal*, June 20, 2002, p. A1.

986 Steve Liesman, Jonathan Weil and Scot Paltrow, "When Rules Keep Debt Off the Books," *Wall Street Journal*, January 18, 2002, p. C1.

987 Ellen Joan Pollock, "Limited Partners: Lawyers for Enron Faulted Its Deals, Didn't Force Issue," *Wall Street Journal*, May 22, 2002, p. A1.

988 Michael Schroeder, "Enron's Board Was Warned in '99 on Accounting," *Wall Street Journal*, May 8, 2002, p. A2.

989 Lehrer News Show, January 1, 2002.

990 Vincent Canby "Film; Stone's 'Wall Street,'" *New York Times*, December 11, 1987, p. C3.

991 Kathryn Kranhold and Mitchell Pacelle, "Enron Paid Top Managers $681 Million, Even as Stock Slid," *Wall Street Journal*, June 17, 2002, p. B1.

992 Mitchell Pacelle, "Enron's Disclosure of Awards to Top Officials Draws Outrage," *Wall Street Journal*, June 18, 2002, p. C18.

993 Sana Siwolop, "Enron's Many Strands: A Case Study; Enron Is Grist for Business School Courses," *New York Times*, February 16, 2002, p. C8.

994 David Wessel, "Venal Sins: Why the Bad Guys of the Boardroom Emerged en Mass," *Wall Street Journal*, June 20, 2002, p. A1.

995 Ibid, p. A6.

996 Debbite Thorne Mcalister, "Enron and Beyond: Corporate Citizenship as a Business Imperative," op. cit., p. 27.
997 Kathryn Kranhold, Rick Wartzman and John R. Wilke, "Following the Trail: As Enron Inquiry Intensifies, Midlevel Players Face Spotlight," *Wall Street Journal*, April 30, 2002, p. A12.
998 Peter Coy, "Housing Meltdown," *BusinessWeek*, February 11, 2006, p. 41.
999 "Foreclosures in America: Searching for Plan B," *The Economist*, March 1, 2008, p. 77
1000 "Face Value: The Bailiff," *The Economist*, October 11, 2008, p. 90.
1001 One of the few exceptions in the financial sector was John Paulson, founder of Paulson & Co.'s hedge fund, who saw "overvalued" credit markets in 2006 and made $15 billion in 2007 shorting subprime securities.
1002 Jessica Silver-Greenberg, "Banking: More Muscle for Risk Managers," *BusinessWeek*, February 25, 2008, p. 062.
1003 Damian Paletta and Alistair MacDonald, "Mortgage Fallout Exposes Holes in New Bank-Risk Rules," *Wall Street Journal*, March 4, 2008, p. A1.
1004 David Henry, "None So Blind... How Regulators, Investors, and Lenders Failed to See a Crisis Coming," *BusinessWeek*, March 31, 2008, p. 44.
1005 Kate Kelly, "Excerpt: Inside the Fall of Bear Stearns," *Wall Street Journal*, May 9–10, 2009, p. W3.
1006 "The Captain of the Street," *Newsweek*, September 29, 2008, p. 26. "Bear Stearns: No Picnic," *The Economist*, March 29, 2008, p. 95.
1007 Aaron Lucchetti and Kara Scannell, "SEC Is Urged to Step Up Policing of Rating Firms," *Wall Street Journal*, April 16, 2008, p. C6.
1008 Aaron Lucchetti, "S&P Ramps Up Mortgage Downgrades," *Wall Street Journal*, January 31, 2008, p. A3.
1009 James R. Hagerty, Ruth Simon and Damian Paletta, "U.S. Seizes Mortgage Giants," *Wall Street Journal*, September 8, 2008, p. A1.
1010 Nick Timiros, "Fannie, Freddie Losses May Hit U.S.," *Wall Street Journal*, January 22, 2010, p. A6.
1011 Hagerty, Simon and Paletta, op. cit.
1012 James R. Hagerty and Joann S. Lublin, "Regulatory-Crackdown Fear Drove Countrywide," *Wall Street Journal*, January 29, 2008, p. A3.
1013 Roben Farzad, "Fair Value: In Search of a Subprime Villain," *BusinessWeek*, February 4, 2008, p. 77.
1014 "Why Did IndyMac Implode," *BSW*, August 4, 2008, p. 24.; Damian Paletta, Lingling Wei, and Ruth Simon, "IndyMac Reopens, Halts Foreclosure on Its Loans," *Wall Street Journal*, July 15, 2008, p. C1.
1015 Robin Sidel, David Enrich, and Dan Fitzpatrick, "WaMu Is Seized, Sold Off to J.P. Morgan, In Largest Failure in U.S. Banking History," *Wall Street Journal*, September 28, 2008, pp. A1, A14.
1016 "Face Value: The Bailiff," *The Economist*, October 11, 2008, p. 90.
1017 Paul M. Barrett, "Wall Street Staggers," *BusinessWeek*, September 29, 2008, p. 35.
1018 Susanne Craig, "Lawmakers Lay into Lehman CEO," *Wall Street Journal*, October 7, 2008, p. A3.
1019 Susanne Craig, Jeffrey McCracken, Aaron Lucchetti, and Kate Kelly, "The Weekend That Wall Street Died," *Wall Street Journal*, December 29, 2008, p. A1. Also see Gretchen Morgenson, "How the Thundering Herd Faltered and Fell," *New York Times*, November 9, 2008, p. BU9.
1020 Matthew Karnitschnig, Deborah Solomon, Liam Pleven and Jon E. Hilsenrath, "U.S. to Take Over AIG in $85 Billion Bailout; Central Banks Inject Cash as Credit Drys Up," *Wall Street Journal*, September 17, 2008, p. A1.

1021 Harrison Hong and Justin Lahart, "Bernanke's Bubble Laboratory," *Wall Street Journal*, May 16, 2008, p. A1.
1022 Monica Langley and David Enrich, "Citigroup Chafes Under U.S. Overseers," *Wall Street Journal*, February 25, 2009, p. A12.
1023 Dennis K. Berman, "Post-Enron Crackdown Comes up Woefully Short," *Wall Street Journal*, October 20, 2008 p. C2.
1024 Kevin Phillips, *Bad Money: Reckless Finance, Failed Politics, and the Global Crisis of American Capitalism* (New York: Viking, 2008), p. 4.
1025 Many owners obtained home equity loans that turned wealth into spending money, amounted to $700 billion in the third quarter of 2007. Damian Paletta and Alistair MacDonald, "Mortgage Fallout Exposes Holes in New Bank-Risk Rules," *Wall Street Journal*, March 4, 2008, p. A42.
1026 "O, Canada: Banks Look Healthier," *Wall Street Journal*, March 7–8, 2009, p. B10.
1027 David Henry, "None So Blind... How Regulators, Investors, and Lenders Failed to See a Crisis Coming," *BSU*, March 31, 2008, p. 44.
1028 Case is discussed in Otto Lerbinger, *The Crisis Manager: Facing Risk and Responsibility* (Mahwah, N.J.: Lawrence Erlbaum Associations, 1997), pp. 252–254.
1029 "Economics Focus; Chain of Fools," *The Economist*, February 9, 2008, p. 84.
1030 Joseph Stiglitz, "Central Banks Cannot Act Only After Horse Bolts," *Business Day* (South Africa), February 5, 2008, p. 9.
1031 Robert J. Shiller states that "many people who bought securitized mortgages had little access to financial advice that might have warned them how risky these instruments really were." "Good Financial Information Matters More Than Ever," *Wall Street Journal*, August 9, 2008, p. A17.
1032 Mentioned in a book review by Barry Gewen "Bad Money Reckless Finance, Failed Politics, and the Global Crisis of American Capitalism," *The International Herald Tribune*, April 23, 2008, p. 5.
1033 Kara Scannell, "SEC Faulted for Missing Red Flags at Bear Stearns," *Wall Street Journal*, September 27–28, 2008, p. A3. Only a few financiers exercised their knowledge to foresee the looming crisis. *BusinessWeek*'s David Henry listed four: Warren Buffett, John Paulson, founder of Paulson & Co, Laurence Fink, CEO of BlackRock, and Lloyd Blankfein, CEO of Goldman Sachs. The latter bet against housing and netted $4 billion in 2007. At Goldman, traders flagged their concerns to the firm's top executives who apparently listened; BlackRock had technology "that X-rayed complex collateralized debt obligations, exposing flaws in the underlying securities." But the prescience of these few was not widely shared.
1034 "The Welchway: Murder on the Financial Express," *BusinessWeek*, October 6, 2008, p. 84.
1035 Robert J. Shiller, "Good Financial Information Matters More Than Ever," *Wall Street Journal*, August 9, 2008, p. A17.
1036 Aaron Lucchetti, "Rating Game: As Housing Boomed, Moody's Opened Up," *Wall Street Journal*, April 11, 2008, pp. A1, A15.
1037 Ibid.
1038 Aaron Lucchetti and Judith Burns, "Moody's CEO Warned Profit Push Posed a Risk to Quality of Ratings," *Wall Street Journal*, October 23, 2008, p. A4.
1039 Ibid.
1040 Aaron Lucchetti and Kara Scannell, "SEC Is Urged to Step Up Policing of Rating Firms," *Wall Street Journal*, April 16, 2008, p. C6.
1041 Otto Lerbinger, *Corporate Public Affairs: Interacting With Interest Groups, Media, and Government* (Mahwah, N.J.: Lawrence Erlbaum Associates, 2006), p. 388
1042 Kara Scannell and Sudeep Reddy, "Greenspan Admits Errors to Hostile House Panel," *Wall Street Journal*, October 24, 2008, p. A15.

1043 "The Financial System, What Went Wrong," *The Economist*, March 22, 2008, p. 79.
1044 Kara Scannell, "SEC Faulted for Missing Red Flats at Bear Stearns," *Wall Street Journal*, September 27–28, 2008, p. A3.
1045 Phil Gramm, "Deregulation and the Financial Panic," *Wall Street Journal*, [no date] with the passage of the Financial Services Modernization Act.
1046 Damian Paletta and Alstair MacDonald, "Mortgage Fallout Exposes Holes in New Bank-Risk Rules," *Wall Street Journal*, March 4, 2008, p. A1.
1047 Allan H. Meltzer, "Keep the Fed Away From Investment Banks," *Wall Street Journal*, July 16, 2008, p. A17.
1048 David Folkenflik, "Where Were The Media As Wall Street Imploded?" from Planet Money, National Public Radio, March 9, 2009.
1049 Martha M. Hamilton, "What We Learned In the Meltdown," *Columbia Journalism Review*, January/February 2009, p. 36.
1050 Stephen J. Adler, "Editor's Memo: Beware Groupthink on the Economy," *BusinessWeek*, February 16, 2009, p. 016,
1051 Ibid.
1052 Folkenflik, op. cit.
1053 Thomas Frank, "Financial Journalists Fail Upward," *Wall Street Journal*, March 18, 2009, p. A13.
1054 Folkenflik, op. cit.
1055 Folkenflik, op. cit.
1056 Ibid.
1057 Carrick Mollenkamp, Susanne Craig, Jeffrey McCracken and Jon Hilsenrath, "The Two Faces of Lehman's Fall," *Wall Street Journal*, October 6, 2008, p. A1, A15.
1058 David Enrich and Damian Paletta, "Finance Reform Falters as Shock of '08 Fades," *Wall Street Journal*, September 9, 2009, p. A1.
1059 Liam Pleven and Susanne Craig, "Congress Grills Former AIG Chiefs," *Wall Street Journal*, October 8, 2008, p. A3.
1060 Robert J. Shiller, "Good Financial Information Matters More Than Ever," *Wall Street Journal*, August 9, 2008, p. A17.
1061 Paul M. Barrett, "Wall St. Staggers," *BusinessWeek*, September 29, 2008, p. 31.
1062 Emanuel Derman and Paul Wilmott, "Perfect Models, Imperfect World," *BusinessWeek*, January 12, 2009, p. 59.
1063 Ibid., p. 60.
1064 Maria Bartiromo, "FACETIME: Nell Minow on Outrageous CEO Pay—and Who's to Blame," *BusinessWeek*, March 2, 2009, p. 15.
1065 Susanne Craig and Dan Fitzpatrick, "BofA's Lewis Subpoenaed Over Merrill; Thain Talks," *Wall Street Journal*, February 20, 2009, p. C1.
1066 Michael M. Phillips, "Outrage Overflows on Capitol Hill as Lawmakrs Denounce Bonuses," *Wall Street Journal*, March 11, 2009, p. A4; Randall Smith and Liam Pleven, "Some Will Pay Back AIG Bonuses," *Wall Street Journal*, March 11, 2009, pp. A1, A4.
1067 Kara Scannell, Anita Raghavan and Amir Efrati, "The Subprime Cleanup Intensifies," *Wall Street Journal*, February 2–3, 2008, p. B1.
1068 Amir Efrati, Susan Pulliam, Kara Scannell and Craig Karmin, "Prosecutors Widen Probes Into Subprime," *Wall Street Journal*, Februrary 8, 2008, p. C1.
1069 Kara Scannell, "SEC Presses Hedge Funds," *Wall Street Journal*, September 29, 2008, p. A3.
1070 Klaus Schwab, "Bank Bonus and the Communitarian Spirit," *Wall Street Journal*, January 15, 2010, p. A19.

1071 Ken Brown and David Enrich, "Rubin, Under Fire, Defends His Role at Citi," *Wall Street Journal*, November 29–30, 2008, p. A1.
1072 Ibid., Susanne Craig, "Lawmakers Lay into Lehman CEO," *Wall Street Journal*, October 7, 2008, p. A3.
1073 Mary Ellen Podmolik, "Financial Industry Mum on Crisis," *B to B*, November 12, 2007, p. 1.
1074 Ibid.
1075 Maria Bartiromo, "FACETIME: Nell Minow on Outrageous CEO Pay—and Who's to Blame," *BusinessWeek*, March 2, 2009, p. 16.
1076 Ibid.
1077 Jessica Silver-Greenberg, "Banking: More Muscle for Risk Managers," *BusinessWeek*, February 25, 2008, p. 062.
1078 Judith F. Samuelson and Lynn A. Stout, "Are Executives Paid Too Much?" *Wall Street Journal*, February 26, 2009, p. A13.
1079 "Bank Strategies: No Size Fits All," *The Economist*, August 16, 2008, p. 13.
1080 Monica Langley and David Erich, op. cit.
1081 "Moody's President Will Step Down at End of July," *New York Times*, February 20, 2009.
1082 "Corporate Culture: When Something Is Rotten," *The Economist*, July 27, 2002, pp. 53–54.
1083 Aaron Lucchetti, "S&P Ramps Up Mortgage Downgrades," *Wall Street Journal*, January 31, 2008, p. A3.
1084 Liam Pleven and Amir Efrati, "Documents Show AIG Knew of Problems With Valuations," *Wall Street Journal*, October 11–12, 2008, p. B1.
1085 Kara Scannell and Aaron Lucchetti, "SEC Tightens rules for Ratings Firms," *Wall Street Journal*, December 4, 2008, p. C3.
1086 Elizabeth Williamson, "AIG Still Lobbies to Relax Oversight Rules," *Wall Street Journal*, October 16, 2008, p. A6. The mortgage-broker oversight law is known as the SAFE Act, short for the Secure and Fair Enforcement for Mortgage Licensing Act of 2008. Also see Elizabeth Williamson and Louise Radnofsky, "Banks Keep Up Lobbying Efforts," *Wall Street Journal*, October 20, 20008, p. A3. Note: American Financial Services Association.
1087 Ibid.
1088 Elizabeth Williamson and Brody Mullins, "Firms Keep Lobbying As They Get TARP Cash," *Wall Street Journal*, January 23, 2009, p. A4. In the auto industry, GM spent $3.3 million In the 4th quarter of 2008; in all of 2008, it spent $13.1 million on lobbying, down, however, from $14.3 million in 2007.
1089 Elizabeth Williamson and Louis Radnofsky, "Banks Keep Up Lobbying Efforts," *Wall Street Journal*, October 20, 20008, p. A3.
1090 Gottfried Haberler, *Prosperity and Depression: A Theoretical Analysis of Cyclical Movements* (New York: Atheneum, 1963). (Originally published by Harvard University Press.)
1091 The specifics of these ads are: (1) "The mortgage industry may be uncertain, but that doesn't mean you have to be . . ." "We think that buying or refinancing a home should be within reach of every individual who meets the requirements." It also says, "In fact, in the past three months alone, we've funded more than $50 billion in home loans, financing over 250,000 home, sweet homes." (*Wall Street Journal*, November 14, 2008, p. A7; December 1, 2008, p. A11.) (2) "Giving America the credit it deserves," which said, "That's why in 2008, we extended $35 billion in new credit lines to nearly 6 million credit card customers." "Last year alone, we worked together with our customers to modify nearly 850,000 consumer credit card loans by reducing interest rates, reducing/forgiving fees or working out new

payment plans." (*Wall Street Journal*, February 20, 2009, p. A9.) (3) "We're working to help people stay in their homes, not just buy them." (*Wall Street Journal*, January 28, 2009, p. A16.)

1092 Beth Snyder Bulik, "Bank Marketing Fails to Reassure Wary and Befuddled Customers," *Advertising Age*, Vol. 80, March 2, 2009.

1093 Jonah Bloom, "AIG Misses Chance to Prove Value of Honest Communication," *Advertising Age*, Vol. 80, March 23, 2009, p. 20.

1094 Ibid.

1095 Jack Neff, "Public Floggery for Bailed Out Marketers," *Advertising Age*, Vol. 80, No. 5, p. 1.

1096 Ad appeared on November 26, 2008, p. A7. Other banks pursued these themes: (1) "Citi's commitment to helping our clients and customers find solutions that will drive their financial success." (*Wall Street Journal*, November 24, 2008, p. A13.) (2) Bank of America's "the mortgage industry may be uncertain, but that doesn't mean you have to be . . . We think that buying or refinancing a home should be within reach of every individual who meets the requirements. . . . In fact, in the past three months alone, we've funded more than $50 billion in home loans, financing over 250,000 home, sweet homes." (*Wall Street Journal*, November 14, 2008, p. A7; December 1, 2008, p. A11.)

1097 See Frank H. Knight, *Risk, Uncertainty & Profit* (New York: Harper & Row: Harper Torchbooks, 1921). He was a Chicago University economist.

1098 "Economics Focus (Nearly) Nothing to Fear But Fear Itself," *The Economist*, January 31, 2009, p. 84.

1099 Michael S. Rosenwald, "How Thinking Costs You; Behavioral Economics Shows That When It Comes to Investing, People Aren't That Smart," *Washington Post*, May 25, 2008, p. F01.

1100 Ibid.

1101 "Psychology's Ambassador To Economics; the Father of Behavioural Economics Daniel Kahneman Talks to Vikram Khanna about Cognitive Illusions, Investor Irrationality and Measures of Well-Being," *The Business Times* (Singapore), July 12, 2008, section "Raffles Conversation."

1102 Rosenwald, op. cit.

1103 Ibid.

1104 Katherine Penaloza, "How Behavioural Economics Is Shaking Our Beliefs," *The Business Times* (Singapore), June 13, 2008, Book section.

1105 Ibid.

1106 Peter Foster, "The Dangers of Behavioural Economics" *Financial Post* (Canada), November 26, 2008, p. FP1.

1107 Rosenwald, op. cit.

1108 Suzanne Garment, *Scandal: The Culture of Mistrust in American Politics*, (New York: Times Books, a division of Random House, Inc., 1991), p.14.

1109 A point made by Hiroshige Seko, "Scandal Management," a Master of Science thesis, Boston University, College of Communication, May 1992.

1110 "German Tax Scandals: The Disgrace of Germany AG," *The Economist*, February 23, 2008, p. 68.

1111 "Crisis Management: Hyundai's 'We're Sunk' Defense," *BusinessWeek*, June 19, 2006, p.13.

1112 Moon Ihlwan, "South Korea: A Smoother Ride Minus the Big Wheel?" *BusinessWeek*, May 25, 2006, p. 48.

1113 Moon Ihlwan, "A Scratch on Hyundai's Paint Job," *BusinessWeek*, April 17, 2006, p. 82.

1114 "Samsung Chairman Takes Responsibility for Scandal," *Wall Street Journal*, April 7, 2008, p. B7.

1115 Laurie P. Cohen, "Chiquita Under the Gun," *Wall Street Journal*, August 2, 2007, p. A1.
1116 Christopher Farrell, "Do-Gooders Doing Mischief," *BusinessWeek*, April 21, 2008, p. 18.
1117 Rana Foroohar, "The $1.6 Trillion Non-Profit Sector Behaves (or Misbehaves) More and More Like Big Business," *Newsweek*, Atlantic (Algeria) Editions, September 5, 2005, p. 30.
1118 Anne Marie Chaker and John Hechinger, "Cuomo Assails Lack of Student-Loan Oversight," *Wall Street Journal*, April 28, 2007, p. A6.
1119 Jennifer Harper, "Government in 'an Ethics Crisis,' Survey Finds; Workplace Said to Breed Misconduct," *Washington Times*, January 30, 2008, p. A5.
1120 Amir Efriti, Tom Lauricella and Dionne Secrecy, "Top Broker Accused of $50 Billion Fraud," *Wall Street Journal*, December 12, 2008, p. A1.
1121 Steve Stecklow, "In Echoes of Madoff, Ponzi Cases Proliferate," *Wall Street Journal*, pp A1, A12.
1122 Ibid, p. 14.
1123 Robert Frank, Peter Lattman, Dionne Searcey and Aaron Lacchetti, "Fund Fraud Hits Big Names," *Wall Street Journal*, December 13–14, 2008, p. A7.
1124 "The Madoff Scandal; Follow the Feeders," *The Economist*, January 3, 2009, p. 55.
1125 Paul M. Barrett, et al., "Wall St. Staggers," *BusinessWeek*, September 29, 2008, p. 28.
1126 Robert Frank, Peter Lattman, Dionne Searcey and Aaron Lacchetti, "Fund Fraud Hits Big Names," *Wall Street Journal*, December 13–14, 2008, p. A7.
1127 Jason Zweig, "How Bernie Madoff Made Smart Folks Look Dumb," *Wall Street Journal*, December 13–14, 2008, p. B1.
1128 Ibid.
1129 Jane J. Kim, "Burned Investors Won't Find Strong Safety Net," *Wall Street Journal*, December 17, 2008, p. A8.
1130 Dionne Searcey and David Gauthier-Villars, "Big Madoff Investor Found Dead," *Wall Street Journal*, December 24, 2008, p. A1.
1131 Cassell Bryan-Low, "Inside a Swiss Bank, Madoff Winnings," *Wall Street Journal*, January 14, 2009, p. C1.
1132 Ibid.
1133 Amir Efrati and Dionne Searcey, "Madoff Is Moved to Medical Facility," *Wall Street Journal*, December 24, 2009, p. C1.
1134 "Face Value: Stopping the Rot," *The Economist*, March 8, 2008, p. 76.
1135 Mike Esterl and David Crawford, "Siemens to Pay Huge Fine in Bribery Inquiry," *Wall Street Journal*, December 15, 2008, p. B1.
1136 Ibid.
1137 "Face Value: Stopping the Rot," op. cit.
1138 Mike Esterl and David Crawford, "Siemens to Pay Huge Fine in Bribery Inquiry," *Wall Street Journal*, December 15, 2008, p. B5.
1139 David Crawford and Mike Esterl, "Siemens Pays Record Fine in Probe," *Wall Street Journal*, December 16, 2008, p. B2.
1140 Mike Esterl, "Ex-Siemens Manager Sentenced," *Wall Street Journal*, November 25, 2008, p. B2.
1141 Mark Landlere and Carter Dougherty "Scandal at Siemens Tarnishes Promising Results," *New York Times*, February 28, 2007, p. C1.
1142 Ibid.
1143 Ibid.
1144 Eric Bellman, "Satyam Investigators to Look at Maytas Companies," *Wall Street Journal*, January 12, 2009, p. B3.

1145 Niraj Sheth and Jackie Range, "Satyam Minutes Show Directors Raised Questions," *Wall Street Journal*, January 16, 2009, p. B1.
1146 Ibid.
1147 Eric Bellman and John Satish Kumar, "Founder Arrested, Board Out at Satyam," *Wall Street Journal*, January 10–11, 2009, p. B1.
1148 Geeta Anand and Romit Guha, "Satyam Bank Documents at Issue," *Wall Street Journal*, January 20, 2009, p. B3.
1149 Eric Bellman and Jackie Range, "Satyam to Hire New Auditor," *Wall Street Journal*, January 13, 2009, p. B3.
1150 Alessandra Galloni, David Reilly, and Carrick Mollenkamp, "Skimmed Off: Parmalat Inquiry Finds Basic Ruses At Heart of Scandal," *Wall Street Journal*, December 31, 2007, p. A1.
1151 Gail Edmondson and Laura Cohn, "Italy: How Parmalat Went Sour: Here's the Skinny on Europe's Enormous Financial Scandal," *BusinessWeek*, January 12, 2004, p. 46.
1152 Alessandra Gdalloni, Carick Molenkamp, and Darren McDermott, "Scandal at Parmalat Broadens; Staff may Have Destroyed Files," *Wall Street Journal*, December 29, 2003, p. A2.
1153 Ibid.
1154 Gail Edmondson and Laura Cohn, op. cit.; "Special Report: Europe's Corporate Governance; Parma Splat," *The Economist*, January 17, 2004, pp. 59–61; Alessandra Galloni, Carrick Molenkamp and Darren McDermott, "Scandal at Parmalat Broadens; Staff May Have Destroyed Files," *Wall Street Journal*, December 29, 2003, p. A2.
1155 Gail Edmondson and Laura Cohn, "Italy: How Parmalat Went Sour: Here's the Skinny on Europe's Enormous Financial Scandal," *BusinessWeek*, January 12, 2004, p. 47.
1156 Alessandra Galloni, David Reilly, and Carrick Mollenkamp, op. cit., p. A4.
1157 David Reilly, Jonathan Weil, and Alessandra Galloni, "Grant Thornton Is Likely to Face Skepticism It Was Ever a Victim," *Wall Street Journal*, December 29, 2003, p. A2.
1158 Edmonson and Cohn, "Italy: How Parmalat Went Sour," op. cit., p. 46.
1159 Alessandra Galloni, David Reilly, and Carrick Mollenkamp, "Skimmed Off: Parmalat Inquiry Finds Basic Ruses At Heart of Scandal," *Wall Street Journal*, December 31, 2007, p. A4.
1160 Gail Edmondson and Laura Cohn, "Special Report: Europe's Corporate Governance; Parma Splat," *The Economist*, January 17, 2004, p. 60.
1161 Edmonson and Cohn, "Italy: How Parmalat Went Sour," op. cit., p. 48.
1162 Ibid.
1163 "Parma Splat," *The Economist*, op. cit., p. 60.
1164 John Hooper, "Parmalat Founder Gets 10 Years. Prison For Market Rigging," *The Guardian* (London), December 19, 2008.
1165 Loretta Chao, "More Firms Tied to Tainted Formula," *Wall Street Journal*, September 17, 2008, p. A23; Gordon Fairclough, "Tainting of Milk Is Open Secret in China," *Wall Street Journal*, November 3, 2008, p. A1. Also see Chao's "More Countries Ban Chinese Products Amid Milk Scandal," *Wall Street Journal*, September 25, 2008, p. A12.
1166 Gordon Fairclough, "Tainting of Milk Is Open Secret in China," *Wall Street Journal*, November 3, 2008, p. A1. Also Loretta Chao, "Ex-Executive Pleads Guilty in China's Tainted-Milk Case," *Wall Street Journal*, January 2, 2009, p. A4.
1167 Gordon Fairclough and Loretta Chao, "Chinese Formula Maker Hid Toxic Danger for Weeks," *Wall Street Journal*, September 18, 2008, p. A15.

1168 Ibid.
1169 Loretta Chao, "Chinese Dairies Face a Worsening Crisis," *Wall Street Journal*, September 19, 2008, p. B1.
1170 Ibid.
1171 Sky Canaves and Juliet Ye, "Chinese Parents File Milk Lawsuit," *Wall Street Journal*, October 1, 2008, p. A21.
1172 Robert Chang, "Tainted," *Global Journalist*, Vol. 14, Winter 2008, p.15.
1173 Ibid.
1174 Fairclough, op.cit.
1175 Gordon Fairclough and Loretta Chao, op. cit.
1176 "China: Saving Face Goes Sour," *Newsweek*, October 6, 2008, p. 7.
1177 Shai Oster and Loretta Chao, "China Arrests 2 in Milk Scandal as Number of Sick Infants Rises," *Wall Street Journal*, September 16, 2008, p. A16.
1178 Shai Oster, Loretta Chao, Jason Leow, and Jane Zhang, "FDA Warns of Products in U.S. Tied to Tainted Milk," *Wall Street Journal*, September 27–28, 2008, p. A14.
1179 Chao, op. cit., January 2, 2009, p. A4.
1180 Sky Canaves and Juliet Ye, "Chinese Parents File Milk Lawsuit," *Wall Street Journal*, October 10, 2008, A21; also Loretta Chao and Jason Leow, "Chinese Tainting Scandal Pulls Milk Off Shelves," *Wall Street Journal*, September 20–21, 2008, p. A10.
1181 "China's Baby-Milk Scandal: Formula for Disaster," *The Economist*, September 20, 2008 p. 57.
1182 Gordon Fairclough, "China Orders Wide Milk-Product Tests in Effort to Restore Public Confidence," *Wall Street Journal*, October 15, 2008, p. A15.
1183 Bill Savadove, "Sales of White Rabbit Candy Halted Over Melamine Scare; Sweet's Maker Takes Action While Awaiting Test Results," *South China Morning Post*, September 27, 2008, p. 7.
1184 Loretta Chao, "More Countries Ban Chinese Products Amid Milk Scandal," *Wall Street Journal*, September 25, 2008, p. A12.
1185 Fairlough and Chao, op. cit.
1186 "Food and Pet Food: Not On the Label," *The Economist*, September 6, 2008, p. 97. Also see Marion Nestle, *Pet Food Politics: The Chihuahua in the Coal Mine*, University of California Press.
1187 David Barboza, "Squeezed by Milk Scandal, China's Dairy Farmers Say They Are Victims," *New York Times*, October 4, 2008, p. A5.
1188 Karl Finders, "Satyam Fraud a PR Disaster for India," *Computer Weekly*, January 13–19, 2009, p. 8.
1189 "Satyam Funds Allegedly Tapped," *Wall Street Journal*, January 23, 2009, p. B5.
1190 Anonymous, *International Financial Law Review*, London, July/August 2009.
1191 "Face Value: Stopping the Rot," op. cit.
1192 David Drawford and Mike Esterl, "Siemens Pays Record Fine in Probe," *Wall Street Journal*, December 16, 2008, p. B2.
1193 Romit Guha and John Satish Kumar, "Satyam Appoints an Insider As New CEO, Secures Funding," *Wall Street Journal*, February 6, 2009, p. B2.
1194 Chad Bray, "Madoff Auditor Says He Was Duped, Too," *Wall Street Journal*, November 4, 2009, p. C3. Amir Afrati, "Madoff Auditor Plea May Signal Other Probe," *Wall Street Journal*, December 10, 2009, p. C3.
1195 James E. Post, "Fighting the Ethics Pandemic. Can We Turn Things Around?" *Builders and Leaders*, DATE?, p. 36.
1196 Amy Joyce, "Rising Pressure and Falling Standards; A New Survey Shows Human Resources Units Feel Caught in an Ethics Bind," *The Washington Post*, May 4, 2003, p. F6.

1197 Lawrence B. Chonko and Shelby D. Hunt, "Ethics and Marketing Management: A Retrospective and Prospective Commentary," *Journal of Business Research*, Vol. 50, December 2000, p. 235.
1198 Ibid.
1199 Eric Bellman and Jackie Range, "Satyam to Hire New Auditor," *Wall Street Journal*, January 13, 2009, p. B3.
1200 Ibid.
1201 Jackie Range, "Accountants for Satyam Arrested by Indian Police," *Wall Street Journal*, January 26, 2009, p. B3.
1202 Ibid.
1203 "Special Report—Europe's Corporate Governance," op. cit., p. 61.
1204 Kara Scannell, "Madoff Chasers Dug for Years, to No Avail," *Wall Street Journal*, January 5, 2009, p. C1.
1205 James B. Stewart: "The Lessons to Be Learned From the Madoff Scandal," *Wall Street Journal*, December 31, 2008, p. D1.
1206 Chao, January 2, 2009, op. cit.
1207 Gordon Fairclough, "China Hopes Melamine Trials Will Restore Trust," *Wall Street Journal*, December 27–28, 2008, p. A4.
1208 Loretta Chao, "Ex-Dairy Executive Is Set for Trial in China's Milk Scandal," *Wall Street Journal*, December 31, 2008, p. A4.
1209 Loretta Chao, "Tainted-Milk Victims to Get Payments," *Wall Street Journal*, December 29, 2008, p. A4.
1210 Sky Canaves and Juliet Ye, op. cit.
1211 Loretta Chao and Jason Leow, "Chinese Tainting Scandal Pulls Milk Off Shelves," op. cit.
1212 Loretta Chao, "China Bolsters Dairy-Supply Oversight In Effort to Rebound From Scandal," *Wall Street Journal*, January 21, 2008.
1213 See such publications as Lester R. Brown, *State of the World 1995* (New York: W.W. Norton & Company, 1995).
1214 An apt phrase borrowed from the title of Richard Clark Sterne's book, *Dark Mirror: The Sense of Injustice in Modern European and American Literature* (New York: Fordham University Press, 1994).
1215 For a discussion of this decision, see Thierry C. Pauchant and Ian I. Mitroff, *Transforming the Crisis-Prone Organization: Preventing Individual, Organizational, and Environmental Tragedies* (San Francisco: Jossey-Bass Publishers, 1992), p. 117.
1216 See Barbara Ley Toffler, *Tough Choices: Managers Talk Ethics* (New York: John Wiley & Sons, 1986), pp. 17–18. Competing claims are one of four elements of ethical situations.
1217 Archie B. Carroll, "In Search of the Moral Manager," *Business Horizons*, Vol. 30, March–April 1987, p. 13.
1218 See the section on "Integrative Action Versus Segmentalism: Keys to Innovation" in Rosabeth Moss Kanter, *The Change Masters: Innovation and Entrepreneurship in the American Corporation* (New York: Simon & Schuster, Inc., A Touchstone book, 1983), pp. 27–36.
1219 From Philip Lesly's newsletter, *Managing the Human Climate*, No. 156, January–February, 1996.
1220 Warren Bennis, *On Becoming a Leader* (Reading, M.A.: Addison-Wesley Publishing Company, Inc., 1989), p. 75.
1221 Ibid., pp. 76–77. For shaping applied to public affairs, see John F. Mahon, "Corporate Political Strategy," *Business in the Contemporary World*, Vol. 2, Autumn 1989, pp. 50–62.
1222 See John F. Mahon, op cit.

1223 David A. Garvin, "Building a Learning Organization," *Harvard Business Review*, Vol. 71, July–August 1993, p. 80.
1224 Ibid., p. 81. The article discusses and illustrates each of the five steps.
1225 See Irving L. Janis, *Crucial Decisions: Leadership in Policymaking and Crisis Management* (New York: The Free Press, a division of Macmillan, 1989), Chapter 5, pp. 89–117.
1226 Ibid., p. 91.
1227 See section on environmental annual reports in Bob Frause and Julie Colehour, *The Environmental Marketing Imperative: Strategies for Transforming Environmental Commitment Into a Competitive Advantage* (Chicago, I.L.: Probus Publishing Company, 1994), pp. 159–163.
1228 Ralph H. Kilmann, Teresa Joyce Covin, and Associates, *Corporate Transformation* (San Francisco: Jossey-Bass Publishers, 1988), p. xiii. They state: "Corporate transformation is a new phenomenon. Never before in the history of the world have so many organizations had to question their very purpose, strategy, structure, and culture as they have had to do in the 1980s."
1229 Ibid., p. xiv.
1230 Kilmann and Covin, op. cit., p. 27.
1231 J.R. Hipple and Felix Verdigets, "Transformers: The Five Elements of Transforming Corporate Culture," *The Public Relations Strategist*, Vol. 14, No. 2, 2008, p. 16.
1232 Ibid.
1233 Ibid., p. 19.
1234 John D. Adams, *Transforming Work* (Alexandria, V.A.: Miles River Press, 1984), p. vii.
1235 See Friedrich A. Hayek, *Individualism and Economic Order* (London: Routledge & Kegan Paul Ltd, 1949), and *The Road to Serfdom* (London: George Routledge & Sons Ltd, 1944).
1236 See Milton Friedman, *Capitalism and Freedom* (New York: Harcourt Brace Javanovich, 1962).
1237 As Leda Karabela, a management coach, observes: Decisions imply consequences. Consequences imply risks. Risks imply possibilities of loss. Does this mean that the fear of losing—however we perceive loss—will prevent us from the possibility of gaining? And what happens when you do nothing? At best, nothing will change.

索　引

Abu Laban　阿布拉本　164
Acceptability of risk　风险的可接受程度　81
Accidents　事故　66
Accommodative strategies　顺应型战略　62-3,67,68-9,181-2
Accounting firms　会计师事务所　255,256
Acoustic switch　声控开关　146
Adams, J. D.　亚当斯　312
AIB International　安邦国际公司　227
AIG　美国国际集团　65,261,268,274-5,275,277
Airbus　空中客车公司　233
Airlines　航空业　225-6; safety reforms in China's arilines　中国航空业的安全改革　232-3
Alaskan pipelines　阿拉斯加输油管线　137
Alcoa　美国铝业公司　282
Alinsky, S.　阿林斯基　162
Allen, K.　艾伦　169
Allen, T.　艾伦　148
American Meat Institute　美国肉品协会　227
American Red Cross　美国红十字会　100,250

Amoco Texas City refinery　阿莫科公司德克萨斯城市炼油厂　137
Animal Liberation Front (ALF)　动物解放阵线　172-3,302
Apple　苹果公司　197
Archdiocese of Washington　华盛顿大主教区　48-9
Arla Foods　爱氏晨曦食品公司　50-1,159,164-6,176
Asteroid collision　小行星碰撞　83
Australia fires　澳大利亚火灾　88-9,97-8,99
Avian flu　禽流感　111
Baby formula scandal　婴幼儿配方奶丑闻　289-92,293,296-7
Bair, S.　谢拉贝尔　258-9
Bam earthquake, Iran　伊朗巴姆地震　108,110
Bank of America　美国银行　276,277
Baptist Church　浸礼会　175
Bartlett, D.　巴特勒　197
Basel II guidelines　新巴塞尔协议　266
Baxter International　百特国际公司　220
Bea, R.　毕　144
Bear Sterns　贝尔斯登银行　258,259

Behavioral economics 行为经济学 278-80

Belgium 比利时 223-5

Benedict, Pope 教皇本笃十六 18-9

Bennis, W. 本尼斯 215-6,307

Benoit, W. L. 贝努瓦 62

Berle, A. A. 伯尔勒 35

Bernanke, B. 伯南克 261

Berry, J. 拜瑞 47

Bhopal gas leak 博帕尔毒气泄漏惨案 37,67

Biden, J. 拜登 121

Biotechnology 生物科技 90,133,172

Bioterrorism 生物恐怖主义 168-70,187-8

Black Death 黑死病 111,114

Blackberry 黑莓公司 56

Blanchard, K. 布兰查德 11

Bloomberg News 布隆伯格新闻网 199

Blowout preventer (BOP) 防喷器 217

Boeing 波音公司 7,228,233

Bonlat 本莱特公司 288

Boston Globe 《波士顿环球报》 74

Boston Phoenix 《波士顿凤凰报》 48

Boston University 波士顿大学 29,179

Bovine spongiform encephalopathy (BSE)(mad cow disease) 牛脑海绵状症(疯牛病) 122-4,128

Boyden, S. 博尹登 69

BP 英国石油公司 232; Deepwater Horizon oil spill 深水地平线石油泄漏事故 131,134-9,216-9

Bridgestone 普利司通集团 70-1,72

British Airways 英国航空公司 38

Brockner, J. 布劳克纳 14

Browne, Lord J. 布朗 229,237,238

Buffett, W. 巴菲特 9

Bureau of Ocean Energy Management, Regulation and Enforcement 美国海洋能源管理、监管与执法局 148,232

Burger, C. 伯格 52

Burston-Marsteller 博雅公共关系公司 16

Cabrera, A. 卡伯雷拉 7

Campbell's soup 金宝汤公司 247

Carlton, K. 卡尔顿 197

Carmeli, A. 卡沫雷 43

Carroll, A. B. 卡罗尔 209-10

Caterpillar 卡特彼勒公司 109

Catholic Church sexual abuse scandal 天主教堂性虐丑闻 47-50,73-4

Celebrex 西乐葆 244,246,247

Center for Science and Environment (CSE) 科学与环境研究中心 187

Ceres 环境责任经济联盟 237

Chemical Emergency Preparedness Plan 化工类突发事件应急准备方案 40-1

Chemical Security Act 化学品安全法案 186

Chernobyl disaster 切尔诺贝利核泄漏事故 78,132

Chertoff, M. 谢特夫 94

Chilean miners rescue 智利矿工救援

行动 151

China 中国 92,128-9;Baby formula scandal 婴幼儿配方奶丑闻 289-292,293,296-7;Lunar New Year snow storm 农历年冰雪灾害 87,95;Mattel recall of toys made in China 美泰公司中国造玩具召回事件 238-42,247-8;safety reforms in China's arilines 中国航空业的安全改革 232-3;SARS crisis SARS 危机 114-9;Sichuan earthquake 四川地震 18,87,95,98,99-100,106;swine flu and diplomatic row with Mexico 猪流感及与墨西哥的外交纠纷 121

Chiquita 金吉达公司 282

Cho S.-H. 赵承熙 194,195-6

Cholera 霍乱 105

Chrysler 克莱斯勒公司 67,199,249

Chung Mong Koo 郑梦九 282

Cialdini R. 西奥迪尼 284

Citigroup 花旗集团 66

Civil society 公民社会 160,312

Clair, J. A. 克莱尔 13,212-3,236

Clark, H. 克拉克 291

Clark, J. 克拉克 182-3

Clarkson, B. 克拉克森 265,274

Classification of crises 危机的分类 17-22

Climate change 气候变化 85

Cloud computing 云计算 201

Cognitive theory 认知理论 13

Cohen, L. 科恩 191

Colgan Air crash 科尔根飞机失事事故 225

Columbine High School shooting 科伦拜恩中学枪击案 193-4

Communication 沟通 1,15,45-59,305-6

Competitive Intelligence 竞争情报 190

Computer Emergency Response Team (CERT) 电脑应急响应小组 204

Confrontation crises 对抗性危机 20,155-7,159-83,302

Consumer movement 消费者运动 161

Containment dome 控油罩 137-8

Continental Airlines 美国大陆航空公司 225

Contingency planning 应变计划制订 26,33-42,44,247-8

Cook, R. 库克 111

Coombs, W. T. 库姆斯 17-8,62-3

Coors beer 康胜啤酒 178

Corporate governance 公司治理 249-50,273-4,295-6

Corporate social responsibility(CSR) 企业社会责任 235,313

Corrective action 矫正性举措 63,71-2

Cost-cutting 削减成本 137

Council for Responsible Genetics(CRG) 负责任遗传学理事会 169

Countrywide Financial Corp. 美国全国金融公司 199,260

Coy, P. 考伊 267,268

Cramer, J. 克莱默 268

Creutzfeldt-Jakob Disease(CJD) 克雅

氏病 122-4

Crisis alert responsibility 危机预警责任 37-8

Crisis communication center 危机沟通中心 38-9,54

Crisis Management Exercise Program 危机管理操作项目 39

Crisis mentality 危机心智 22

Crisis thresholds 危机临界点 36-7

Culp, R. 卡普 272

Customer relationship management (CRM) 消费者关系管理 211

Customer relationship marketing (CRM) 客户关系营销 276

Cybercrime 网络犯罪 188-91

Cybersecurity 网络安全 201-2

Cyclone Nargis 纳尔吉斯热带风暴灾害 107-8

Dalles 达尔斯 188

Danish cartoons crisis 丹麦漫画危机 50-1,159,164-6,176

Danone 达能公司 173-4,179,182,292

Davos 达沃斯 178,180

Debrowski, T. A. 德布朗斯基 241

Decentralization 扁平化 49-50

Decision-making 决策制定 212

Deepwater Horizon oil rig 深水地平线钻井平台 131,134-9,145-8,216-9,228-30

Defensive strategies 防御型战略 62-3,66,67,68-9,205-6

Dell 戴尔公司 45-6

Delta Works project 三角洲工程项目 92

Derivatives 衍生品 259

DHL 敦豪航空货运公司 110

Diamond, J. 戴蒙德 19

Direct-to-consumer advertising (DTC) 直接面向消费者的(药品)广告 243-5

Disney Corp. 迪士尼公司 175

Distributed denial of service (DDOS) attack 分布式拒绝服务式攻击 190-1,202

Domino's Pizza video prank 达美乐比萨公司恶作剧视频事件 27-8

Double-loop learning 双环学习 43,44

Dow Chemical 陶氏化学品公司 79

Dow Corning 道康宁公司 207

Downer cow 患卧地不起病的奶牛 222

Doyle, P. 多依勒 27-8

Doyne, K. 道依纳 46

Dreamliner jet 梦幻客机 7,228

Drucker, P. F. 德鲁克 215

Drug Safety Oversight Board 药品安全监督小组 246

Dudley, R. 杜德利 230

Dunlap, A. J. 邓拉普 235

Dyhes, R. 戴斯 97

Dynergy 德能公司 254,255

E. coli 大肠杆菌 221

Earthquake 地震:Haiti 海地 87-8,103-5;Iran 伊朗 108,110;Kashmir 克什米尔 110;Kobe 大阪 106-7,Sichuan 四川 5,87,95,98,

Easterbrook, G. 伊思特布鲁克 83

Eckard, C. 埃卡德 220

Eckhart, B. 埃克尔特 239

Efthimiou, G. 艾弗斯缪 52

Egeland J. 埃格兰德 108

Electric Power Research Institute 美国电力科学研究院 149-50

Ellis, M. 埃雷斯 57-8

Emergency Planning 应急计划制订 39-40

Emergency Planning and Community Right-to-Know Act(SARA Title Ⅲ) 《应急规划和社区知情权利法案》 16,79

Employee awareness and education programs 员工安全知识与培训项目 203-4

Enron 安然公司 6,254-8

Enterovirus 肠道病毒 128-9

Environmental Protection Agency 美国联邦环境保护署 16

Estonia 爱沙尼亚 190-1

Ethics 职业准则 209-12,

Evacuation plans 疏散方案 97

Extractive industries 冶金行业 36

Exxon Corp. 埃克森公司 10,250

Exxon Valdez oil spill 埃克森石油泄漏事故 10,55,78,134,207,236-7,248,249

Fannie Mae 房利美公司 259-60

Febreze 纺必适除臭剂 196-7

Federal Aviation Authority(FAA) 美国联邦航空管理局 226

Federal Energy Regulatory Commission (FERC) 美国联邦能源管制委员会 149,150

Federal Housing Finance Agency(FHFA) 美国联邦住房金融局 260

FEMA Emergency Management Strategies 美国联邦应急管理署应急管理战略 90-105

Fernandez, F. 富尔南德兹 228

Ferrier, A. 费里叶 290-1

Financial crisis of 2008 2008年金融危机 5,6,27,199,258-70

Firestone tires 凡士通公司轮胎案例 67-72

First Energy Corp. 美国第一能源集团 141

Flextronics 伟创力集团 118

Folino, P. 弗利诺 198-9

Fombrun, C. J. 冯伯伦 9-10

Fonterra 恒天然集团 290-1

Food and Drug Administration(FDA) 美国食品药品监督管理局 128, 223,232,245,246

Foundation for Public Affairs *Public Interest Profiles* 美国公共事务基金会发布的《公共利益档案》 20

Freddie Mae 房地美公司 259-60

Free-market system 自由市场体系 6

Freedom of press 新闻自由 50-1

Friedman, Milton 米尔顿·弗里德曼 312

Friedman, Monroe 门罗·弗里德曼 176

Friehling, D. 弗瑞灵 294

Fritz, L. 弗里茨 109

Fukushima Daiichi nuclear facility 日本福岛核电站 150-1

Fuld, D. 福尔德 260,262,268

Gardberg, N. A. 哥得伯格 9-10
Garvin, D. A. 加文 307-8
General Motors 通用汽车公司 249
Genetic modification 转基因 133
Geoghan, J. J. 杰格汉 47-8
Georgia Power Company 佐治亚电力公司 311
Gibbs, S. 吉伯斯 48-9
Gilmartin, R. V. 吉尔马丁 242,246
Giuliani, R. 朱利安尼 40
Glass Steagall Act 《格拉斯-斯蒂格尔法案》 266
GlaxoSmithKline(GSK) 葛兰素史克公司 220,226-7
Global Pandemic Initiative 全球流感大流行组织 129
Global warming 全球变暖 19,301
Glovis Co. 格罗唯视公司 282
Goldstein, S. Z. 古德斯坦 32
Goodman, R. S. 古德曼 66-7
Goodpaster, K. E. 古德派斯特 212
Government bailout 政府紧急援助 261-2
Graham, D. 格雷厄姆 243,245
Grant Thornton 致同会计师事务所 288,295
Greenpeace 绿色和平组织 164
Greenspan, A. 格林斯潘 265-6
Grocery Manufacturers Association 美国食品杂货制造商协会 231
Guardian 英国《卫报》 136-7
Guerrilla marketing 游击营销 238
Guillain-Barre Syndrome 吉兰—巴雷综合征(又称急性感染性多发性神经炎) 126

Gulf of Mexico oil spill 墨西哥湾原油泄漏事故 131,134-9,145-8,216-9,228-30
Gulfstream 美国湾流航空公司 225
Gun controls 枪支管控 195
Haiti earthquake 海地大地震 87-8
Halliburton 哈利伯顿公司 217-8
Hallmark/Westland Meat Co. 美国加州贺曼/韦斯特兰公司 222
Hard engineering 硬工程 91,92
Hayek, F. 哈耶克 312
Hayward, T. 海沃德 136,218-9,230,238
Hazard information hot line 危害信息电话热线 96
Hazard management strategies 危害管理战略 90-105,105-6
HBOS 哈里法克斯银行 65,66
Health infrastructure 卫生基础设施 124
Hearit, K. 赫瑞特 61,62,63
Heparin 肝素 220,297
Herd instinct 群集本能 280
Hershman, M. J. 赫施曼 286
High credibility people 高可信度的人 41
High-signal accidents 高指向性事故 82,83
Hilton Hotels Corp. 希尔顿酒店集团 101
Hollek, D. 豪勒克 136
Holloway C. 郝勒威 217
Hu Jintao 胡锦涛 98
Hubbard, D. W. 哈伯德 25,26,27
Human error 人为失误 140-1

Humane Society 美国人道协会 222
Huntingdon Life Sciences 亨廷顿生命科学实验室 171-2
Hurricane Ike 艾可飓风 37
Hurricane Katrina 卡特里娜飓风 5,18,86-7,93,94,98-9
Hyundai Motor Co. 现代汽车集团 282
Iacocca, L. 艾柯卡 67
Ignorance 无知 263
Image restoration strategies 形象修复战略 61-75
Immorality 不道德 209-10
Incentive systems 激励体系 6
Incompetence 无能力 263
Indian Ocean tsunami 印度洋大海啸 5,18,86,94-5,108
Industrial agriculture 产业化农业 112
Innovative learning 创新性学习 307
Institute for Crisis Management 危机管理研究中心 33
Interfauna 英国跨动物群公司 173
Interim Haiti Recovery Commission 海地恢复过渡委员会 105
International Accounting Standards Board 国际会计标准委员会 296
International cyberspying 国际网络间谍 188-9,190-1
International Monetary Fund (IMF) 国际货币基金组织 161-2
Investment bankers 投资银行家 255,256
Iran earthquake 伊朗地震 108,110
Issues management systems 议题管理体系 11,304
Ivester, D. 伊维斯特 224
Ivins, B. 埃文斯 205
J. P. Stevens boycott 斯蒂文斯公司遭抵制案例 177-8
Jackson, J. 杰克森 93
Jakob, M. 雅克布 198-9
James, E. H. 詹姆斯 14
Janis, I. 詹尼斯 4,308
Japan Kobe earthquake 日本阪神地震 106-7
Jarvis, J. 贾维斯 45
JetBlue 美国捷蓝航空 63-4
Jobs, S. 乔布斯 197
Johnson & Johnson 强生公司 9-10,226,244
Jyllands-Posten cartoons 丹麦《日德兰邮报》漫画事件 50-1,159,164-6,176
Kahneman, D. 卡尼曼 43,278-80
Kaizaki, Y. 海崎洋一郎 70-1,72
Kaluza, R. 卡卢泽 217
Kaminski, V. 凯敏斯基 254
Kansai Electric Power Company (Kepco) 日本关西电力公司 139-40
Kansas City Hyatt Regency floating walkways 堪萨斯城凯悦酒店悬浮人行道 131-2
Kashmir earthquake 克什米尔地震 110
Kellerman, B. 凯勒曼 70
Kelloggs 家乐氏公司 227
Kelo v. New London 开洛对新伦敦案件 36
Ketchum 凯旋公共关系公司 71

419

Kleinfeld, K. 科伦菲尔德 286,293

Krol, J. 克罗尔 31

Kursk Russian submarine 俄罗斯库尔斯克核潜艇 46-7

Kurzweil, R. 库兹维尔 133,151

Labor disputes 劳资纠纷 173-4

Labor unions 工会 173-4,175

Lagadec, P. 拉格戴克 11,12-3

Lahart, J. 拉哈特 261

Laissez faire government 放任型政府 265-7

Lampe, J. 兰普 68,70,71,72

Landrieu, M. 兰德里奥 101

Lay, K. 雷 255,257,258

Lazare, A. 拉泽尔 63

Leaded paint 含铅油漆 238-42,247-8

Learning organizations 学习型组织 307-8

Lee, R. 李 171-2

Legal action 法律行动 170,179-80

Lehman Brothers 雷曼兄弟公司 258,260,262,268

Lesly, P. 莱斯礼 180-1,307

Li Changjiang 李长江 241

Liddy, E. 里迪 270,274

Lobbying 游说 275-6

Logue, D. 朗格 63

Lombardo, K. 劳姆巴尔杜 48

Long-Term Capital Management 美国长期资本管理公司 269

Loscher, P. 罗旭德 293

Loss aversion 对损失的嫌避 279

Low-probability events 低概率事件 11-2

Lukaszewski, J. E. 卢卡泽维斯基 45,51,59

Mad cow disease 疯牛病 122-4,128

Madoff, B. I. 麦道夫 5,283-5,294,296

Magara, M. 玛格拉 36

Maintenance learning 维持性学习 307

Malthus, T. 马尔萨斯 1

Maple Leaf Foods 加拿大枫叶食品公司 206

Marcus, A. A. 马尔库斯 66-67

Marine Well Containment Co. 海上油井防堵公司 147-8

Marriott Hotels Corp. 万豪酒店集团 101,103

Marsh, A. 马尔施 180

Mattel toy recall 美泰公司玩具召回事件 238-242,247-8

McCubbin, I. 麦卡宾 226-7

McIntyre, T. 麦克因泰尔 27-8

McKinnell, H. 麦金奈尔 109-10

Means, G. C. 米恩斯 35

Media relations 媒介关系 52-3

Melamine 三聚氰胺 239,289,290

Merck 默克公司 242-6,247

Merrill Lynch 美林证券公司 260-1,270

Meteorological responses 气象型反应 92

Metropole Hotel 香港京华国际酒店 116

Metropolitan Edison 大都会爱迪生公司 55-6

Minerals Management Service(MMS) 美国内政部矿产资源管理服务局 217,232

Minow, N. 米诺 273

Mitroff, I. I. 米特罗夫 8,34,235

Moody, J. 穆迪 264-5,268-9

Moody's 穆迪评级机构 264-5,274

Moore, P. 摩尔 66

Morris, K. 莫里斯 64-5

Mortgages, subprime 次贷 259,260,263-4

Mortification 羞愧 63,73

Mozilo, A. 莫奇罗 260

MRSA 耐甲氧苯青霉素金黄色葡萄球菌 112

Mumbai terrorist attacks 孟买恐怖袭击事件 186

Myanmar 缅甸 107-8

Myers, K. N. 麦耶斯 26

Nader, R. 内达 249

Nanotechnology 纳米科技 131,152-3

Narain, S. 纳瑞 166-7

NASA 美国宇航局 190

Nasser, J. 纳瑟尔 71

National Biocontainment Laboratory 美国国家生物控制实验室 168-70

National Rifle Association 美国全国枪支协会 195

Naturalistic syndrome 自然主义综合征 3

Nebraska Beef 内布拉斯加州牛肉公司 222

Neeleman, D. 尼勒曼 64

Nelson, C. 尼尔森 10,11

Nestle 雀巢公司 227,292

New America Media 新美国媒介 129-30

New Century Financial Corp. 新世纪财经集团 31-2

New Orleans 新奥尔良 86-7,92,93,94

New York Society of Security Analysts 纽约安全分析学会 17

New York State Emergency Management Office 纽约州应急管理办公室 40

New conference 记者招待会 56

Nicolazzo, R. 尼克拉泽 28

Nieuwoudt, G. 纽伍特 284-5

Nike 耐克公司

NIMBY attitude 邻避综合征态度 82

9/11 terrorist attack 9·11恐怖袭击 161-2,185

Nixon, W. B. 尼克松 200

Non-governmental organizations(NGOs) 非政府组织 160

Nonprofit organizations 非营利组织 7,250

Nooyi, A. K. 卢英德 167

North American Electric Reliability Council 北美电力可靠性委员会 150

Northwest Airlines 美国西北航空公司 226

Nuclear accidents 核事故:Chernobyl 切尔诺贝利 78,132;Japan 日本 139-40,148-9,150-1;Three Mile Island 三哩岛 55-6,57,83

Nuclear Regulatory Commission 美国核能监管委员会 55

Ocean Spray 海洋浪花公司 29

Office of Patient Protection 患者保护办公室 246

Online newsrooms 网上新闻间 41-2

Ono, M. 小野正利 70,72

Organization for Economic Cooperation and Development (OECD) 经济合作与发展组织 181

Organizational culture 组织文化 32

Organizational development 组织发展 310-1

O'Toole, J. 奥图尔 215-6

Outsourcing 外包 228

Overconfidence 过度自信 279

Pakistan flooding 巴基斯坦洪灾 89-90,98

Palepu, K. 帕利普 286

Paquette, S. 帕魁特 103

Parker, E. 帕克 239-40

Parmalat 帕玛拉特公司 287-9,295

Pauchant, T. C. 鲍先特 8,235

Paulson, H. 保尔森 259,260,261

Peanut Corporation of America 美国花生公司 221-2,227

Pearson, C. M. 皮尔森 13,212-3,236

Pegan, F. 培冈 85

People for the Ethical Treatment of Animals (PETA) 善待动物组织 171,172

Pepsi Cola 百事可乐公司 10,166-7

Perceived risks 被感知的风险 80-3

Perrow, C. 派罗 20,132

Pfizer 辉瑞公司 36,244,246,247

Phuket 普吉岛 103

Podmolik, M. E. 帕德莫里克 271-2

Ponzi scheme 庞氏骗局 283

Port-au-Prince 太子港 87-8

Preemptive strategies 先发制人的战略 57-8

Pre-mortem 事前分析 34-5

Preventive measures 预防性措施 143,146

Price Waterhouse Coopers 普华永道会计师事务所 295

Procter & Gamble (P&G) 宝洁公司 177,181,196-7

Product recalls 产品召回 205-6: Coca-Cola 可口可乐 223-4;Food 食品 221-3;Firestone/Ford tires 凡士通/福特汽车轮胎 67-72;Johnson & Johnson 强生公司 219;Mattel toys 美泰公司玩具 238-42,247-8;Salu baby formula 三鹿配方奶 292-2

Product tampering 产品篡损 58,205-6

Professional associations 专业协会 17,312

Psychoanalytic theory 精神分析理论 16

Public affairs 公共事务 313

Public corporations 公共企业 35,36,303

Public interest groups 公共利益群体 16,20,157

Public policy committees 公共政策委员会 249-50

Public relations 公共关系 313

Public utilities 公用事业 35

Puerto Rico GSK plant 波多黎各葛兰

素史克公司工厂 220

Putin, V. V. 普京 47

Quality assurance 质量保证 226-8

Quality control 质量控制 219-20

Queensland flooding 昆士兰洪灾 89

Raju, B. R. 拉贾 286,287

Rasmussen, A. F. 拉斯穆森 50, 164,165

Rating agencies 评级机构 264-5

Rational behavior 理性行为 278

Rawl, L. G. 罗尔 55,248

Regional transmission organizations (RTOs) 地区输电组织 149

Regulation 管制 36

Relenza 瑞乐砂 125

Relief 救援 91,92,99-105,145

Remedial action 补救措施 240-1,293

Reputation damage 声誉损失 9-10

Response 应对(响应) 90,91,98-9

Reward/compensation system 报偿体系 257

Reynolds American Inc. 雷诺烟草公司 31

Risk: behavioral economics 风险:行为经济学 278-80

Risk analysis 风险分析 78-9

Risk aversion 对风险的嫌避 2

Risk communication 风险沟通 78-9

Risk management 风险管理 25-44, 273

Risk perception 风险感知 80-3

Royal Bank of Scotland (RBS) 英国皇家苏格兰银行 65

Rubin, R. 鲁宾 271,274

Rumors 传言,谣言 196-200,203

Safety devices 安全装置 146

Salmonella 沙门氏菌 188,221,222

Salvation Army 救世军 100

Samsung Group 三星集团 197

Sanlu baby formula scandal 三鹿婴幼儿配方奶丑闻 289-92,293, 296-7

Satyam Computer Services 萨蒂扬计算机系统有限公司 286-7,292-3, 294,295

Schwab, K. 施瓦布 112

Schaubroeck, J. 斯高布罗克 43

Seattle protests 西雅图抗议活动 167-8,175-6,178,181

Securities and Exchange Commission (SEC) 美国证券交易委员会 255,257,266,270,275,296

Selective perception 选择性感知 307

Sepulvado, R. 塞帕尔瓦多 217

Sethi, S. P. 塞西 250

Sexual abuse scandal of the Catholic Church 天主教堂性虐丑闻 47-50,73-4

Sherrill, P. 谢瑞尔 192

Shock learning 休克性学习 307

Sichuan earthquake 四川地震 5,87, 95,98

Siemens 西门子公司 285-6,293-4

Silbergeld, E. 西伯盖尔德 112

Silicon breast implants 丰胸硅胶假体 207

Single-loop learning 单环学习 43

Skilling, J. 斯基林 255

Slovic, P. 斯洛维克 80

Smallpox 天花 188

Snow brand 日本雪印公司 63
Social accountancy 社会核算系统 250
Social audit 社会审计 250
Social media 社交媒介 15,41,197
Social responsibility 社会责任 268-9
Soft engineering 软工程 91,92
Stakeholder management 利害相关者管理 156-7
Static kill procedure 固定封堵程序 138
Steele, J. M. 斯蒂尔 249
Stiglitz, J. 斯蒂格利茨 264
Stock exchanges 股票交易 255,256
Stop Huntingdon Animal Cruelty (SHAC) 停止亨廷顿动物虐待行动 171-2
Sullenberger, C. 苏伦伯格 225
Sullivan, M. 沙利文 268
Superfund Amendments and Reauthorization Act(SARA) 《超级基金修正与再授权法案》 16,79
Supply chain disruption 供应链中断 7
Suppression of information 信息压制 115
Tamiflu 达菲 125
Tanzi, C. 坦济 287,288,289
Temporary shelter 临时避难所 99-100
Terrorism 恐怖主义 185-6,202-3,204,205,341,344
Thain, J. 赛恩 269-70,273
Three Mile Island accident 三哩岛核泄漏事故 55-6,57,83
Time compression 时间压力 12-3

Tokyo Electric Power Co. (Tepco) 东京电力公司 139-40,150-1
Tonna, F. 托纳 289
Top management 高管 53-4
Top Taste 高端味道公司 206
Topol, E. J. 托普尔 243
Topps Meat Co. 美国拓普斯肉食品公司 5,221
Toy recall 玩具召回行动 238-42,247-8
Trade associations 行业协会 227
Trade publications 行业出版物 59
Transparency 透明度 127,128-9,215-6,270-2
Trauma theory 精神创伤理论 13
Troubled Assets Recovery Plan(TARP) 问题资产救助计划 262
Trust 信任 208,262
Tsunami 海啸 150-1
Turner Broadcasting System 特纳广播系统 238
Tyco 美国泰科公司 31
Tylenol 泰诺胶囊 9,10,38,54,58,201,205
UBS AG 瑞银集团 270
Uncertainty 不确定性 11-12
Union Bancaire Privee(UBP) 瑞士联合私人银行 284-5
Union Carbide 美国联合碳化物集团 67
Upshaw, L. 阿普肖 272
USA Today 《今日美国报》 69
Vaccination 疫苗接种 125-6
Vigilant problem solving 警惕性问题解决方式 308

Vioxx 伟克适 242-6,247
Virginia Tech shootings 弗州理工枪击案 29,193-6,204-5
Visibility 曝光度 176-7
Vorhaus, R. 沃豪斯 218
Vulnerability 脆弱性 33-6
Wagner, J. 维格纳 102
Wallach, L. 华莱士 168
Warning signal 警示性征兆 11,69,216,224,237,256
Washington Mutual (WaMu) 华盛顿互助银行(华互) 260
Waugh, W. L. 沃弗 91-2
Weldon, W. 韦尔登 226,244
Wen Jiabao 温家宝 87
Whistle-blowing 揭发舞弊内情 16
Whitman, C. 惠特曼 193
Wilson Group Communications 威尔逊公共关系机构 16-7
Witt, J. L. 威特 90,99

Workplace violence 职场暴力 191-2,200
World Bank 世界银行 182
World Economic Forum 世界经济论坛 178,180
World Health Organization 世界卫生组织 118-9
World Trade Center terrorist attacks 纽约世贸中心恐怖袭击 161-2,185
World Trade Organization, protests against 反世贸组织抗议活动 168
Worst case scenarios 最糟糕的情形 34
Wright County Egg Co. 莱特县鸡蛋公司 222-3
Yamaguchi-gumi 日本犯罪集团山口组 107
Yates, D. 耶茨 103
Zimbardo, P. 津巴度 210
Zumwinkel, K. 崇文礼 282

译　后　记

　　十多年前,笔者应约组织翻译国外经典的公共关系与危机管理著作时,曾咨询过美国公共关系理论权威詹姆斯·格鲁尼格(J. E. Grunig)教授,他当时隆重推荐了本书的第一版(1996年出版),并表示该书是美国危机管理领域的经典之作。后因一些原因,未能翻译出版。2012年,该书作者以其耄耋之年但又笔耕不辍的学术创新精神,对第一版进行了大幅度的修订。笔者在获悉新书出版后,即向出版社隆重推荐,得益于出版社人士的慧眼识珠,当即决定引进并邀请笔者进行翻译。

　　该书呈现了危机管理及公共关系工作在其中所发挥作用的全景图。这对于那些张口闭口"危机公关"却对危机与公共关系本身含混不清、语焉不详的人而言,也是一个难得的回归本质,了解危机及危机管理专业知识,学习提高并进而掌握真正的转危为安、化危为机、增进危机管理绩效的教科书。

　　当然,该书内容并不是给出面对种种危机的现成药方和使用"剂量"与"时机",而是通过对大量案例的剖析与分析,启人心智,让人们真切认识危机的肇因、类别、"征候"及后果,在此基础上让人因"事"施"策",给出真正解决危机"本"与"标"的正确方向、路径、程序与具体方略,并能真正经得起时间与实践的检验。

　　诚如《菜根谭》所言,"无事常如有事时,提防才可以弥意外之变……欲遇变而无仓忙,须向常时念念守得定",试想:没有日常健全的危机管理"一案三制"(危机管理预案及体制、机制、法制化建设与功力),没有基于公共关系从长远角度跟各类公众建立起基于互相控制、信任度、关系满意与关系承诺四项指标为特征的良好关系[1],一个组织怎会不时时面临"撞到鬼"的风险？怎能经受住危机的洗礼与考验？怎能不出现"病急乱投医"的危局、窘境？怎能不误听、误信"招术"而雪上加霜？怎能不贻误"窗口期"而事后"空悲切""奈何花落去"？

就在我写本序言之时,午睡醒来后不久的儿子突然似有所思地说道:"爸爸,我觉得我们中国人幸运了!"我非常吃惊于一个还没上小学的孩子能说出这样的话,遂追问道:"为什么呀?"他非常淡定地答道:"因为我们这里没有龙卷风。"难道是纯属巧合,抑或是冥冥中由儿子来提醒我这个过于悲观、入戏颇深的"当局者"还是要保持乐观,还是要知足常乐？在孩子眼中,没有龙卷风之类的自然灾害就一切太平了。但是,人为原因或管理因素造成的各类危机无时无刻不在提醒人们:在危机面前绝不能单纯乐观,更不能盲目幸运。为了给孩子提供和确保一个安全、无忧的生活环境,我们每一个人都责无旁贷。这也是当初推荐出版社引进本书的目的。

感谢北京大学出版社的周丽锦、董郑芳二位编辑,她们为本书的引介、出版付出了专业、持续的努力与热情！各位读者在阅读中如有任何意见、建议或希望交流的情况,欢迎发送电子邮件至我本人邮箱,weiwuming@gmail.com。

卫五名

---

[1] J. E. Grunig & Y. H. Huang, "From Organizational Effectiveness to Relationship Indicators: Antecedents of Relationships, Public Relations Strategies, and Relationship Outcomes," in J. Ledingham& S. Bruning, eds., *Public Relations as Relationship Management: A Relational Approach to the Study and Practice of Public Relations*, Mahwah, N. J.: Lawrence Erlbaum Associates, 2000, pp. 42-45.